U0583934

本书系国家社会科学基金重点项目（14AZDO34）的研究成果

"中国特色金融法治智库"丛书　　　　丛书主编　王煜宇

INNOVATIONS IN RURAL FINANCIAL SYSTEM
AND LEGAL PRACTICES WITH CHINESE CHARACTERISTICS
Law and Economics Paradigm

中国特色农村金融制度创新与法治实践

基于法经济学分析范式

王煜宇　等　著

社会科学文献出版社
SOCIAL SCIENCES ACADEMIC PRESS (CHINA)

前　言

《中国特色农村金融制度创新与法治实践：基于法经济学分析范式》是国家社会科学基金重点项目（14AZD034）的研究成果。该成果在当前中央高度重视农业农村发展、致力于解决"三农"问题的现实背景下，基于农村金融自身可持续发展与农村金融服务"三农"功能有效发挥的双重层面，科学揭示市场经济条件下我国农村金融制度面临的现实障碍、突破路径与法制方案，旨在为进一步深化我国农村金融体制改革、高效助推乡村全面振兴和农业强国建设、加快形成城乡经济社会一体化格局提供理论与实证支持。该项成果的研究过程中，课题组成员陆续在《现代法学》、《管理世界》、《改革》、《中国农村经济》、*Emerging Markets Finance and Trade* 等 CSSCI、SSCI 检索期刊公开发表阶段性成果 30 多篇，11 篇阶段性成果先后被人大复印报刊资料《经济法学、劳动法学》《农业经济研究》《金融与保险》《高等学校文科学术文摘》全文转载以及《新华文摘》摘编。阶段性成果获得省部级以上领导批示六次，并转相关部门研究，被全国人大、全国政协、中共中央办公厅、农业农村部等采纳，获得省部级社会科学成果一等奖。总之，该项成果获得了学术界和实务界的充分认可，其简要汇总如下。

1. 研究目标

该项成果预期目标涵盖理论目标、实证目标和政策目标，具体包括：（1）科学界定农村金融制度创新与法治实践的理论内涵与外延，并构建基于中国现实背景的农村金融制度绩效评价理论框架与方法体系，充分揭示其实现机理，为提高农村金融制度创新效率提供理论指导；（2）通过宏观绩效评价与微观统计调查分析的有效结合，系统总结国内外农村金融制度创新的经验教训及现实障碍，从而为科学设计中国特色农村金融制度创新的总体框架与实施方案提供实证支持；（3）根据农村金融制度创新的基础性条件，明确我国农村金融制度创新的重点范围与难点突破，确立其协同驱动机制、优化策略与法制化方案，并立足于风险可控前提下的"支农"与"营利"双赢层面，为我国农村金融与农村经济协调发展提供全新的战略思路与政策指导。

2. 研究内容

该项成果主要由理论研究、实证研究和应用对策研究三大部分构成。其中，理论研究"农村金融制度创新与法治实践的理论架构与实现机理"是本课题的逻辑起点，实证研究"农村金融制度创新与法治实践的逻辑规律与现实障碍"是确保科学构建农村金融制度创新具体措施的关键性环节，应用对策研究"中国特色农村金融制度的顶层设计与实施方案"是本课题研究的重点与归宿，体现出本课题研究的主旨。

理论研究"农村金融制度创新与法治实践的理论架构与实现机理"的具体内容包括：农村金融制度创新的理论回顾与理论渊源；农村金融制度创新的理论内涵及外延拓展；农村金融制度创新的内外约束与实现机理；农村金融制度顶层设计与规划的理论依据。

实证研究"农村金融制度创新与法治实践的逻辑规律与现实障碍"的具体内容包括：农村金融制度改革与创新的国际经验借鉴；中国农村金融制度的变革历程与规律总结；中国农村金融制度变革的现实障碍与深入反思；中国农村金融制度创新的宏观与微观效应；中国农村金融制度创新的绩效评价与偏差分析。

应用对策研究"中国特色农村金融制度的顶层设计与实施方案"的具体内容包括：中国农村金融制度创新的目标校正与顶层设计；中国农村金融制度创新的重点范围与难点突破；中国农村金融可持续发展的风险监控制度创新；中国农村金融制度创新的协同机制与优化路径；中国特色农村金融法制化：理论与实践。

3. 研究结论

（1）农村金融发展理论及实践表明，农村金融与经济的良性互动循环，有赖于科学的理论指导、充分的现实把握和合理的制度设计。深化农村金融制度改革与创新，应当科学确立理论指导、精准把握现实背景、合理借鉴国际经验、认真汲取既有教训、加快突破传统思维定式，真正实现农村金融发展中政府与市场的有效结合，进而破解农村金融的门槛制约，降低农村金融服务的交易成本，充分发挥农村金融的服务功能，维护农村金融的安全运行。

（2）农村金融问题是新时期中国经济社会发展不可逾越的关键问题，既有针对农村金融机构的制度调控收效不佳，农村金融制度改革仍未破题。农村金融的种种问题使我国的农村金融成为整个金融体系的瓶颈和"短板"，难以满足农村金融服务多样化的需要，也难以适应乡村振兴和城乡一体化发展的需要。农村金融自身可持续发展能力不足，严重制约了农村金融服务体系的功能发挥，由此抑制了农村经济的健康发展。农村金融改革亟待破题。

（3）中国农村金融问题的根本原因在于制度抑制的长期积累，而解决问题的关键恰恰在于对既有制度供给形式和内容的改革与创新。改革开放以来，由于初始条件不足和经济发展战略在市场经济条件下的延续，农村金融制度设计始终被置于国家工业化、城镇化的目标函数之内和服务于"三农"的目标函数之外，处于"是农非农"的尴尬境地。其"政策＋暂行规定"的运作模式，缺乏对调整对象的深入分析和全面把握，实质上并没有脱离计划金融"简单行政命令"的窠臼，严重滞后于农业农村经济发展的客观需求。破解农村金融的现实困境必须进一步推进制度改革创新。

（4）深化中国农村金融制度改革必须基于长远性和全局性的战略考量，立足服务"三农"与自身可持续发展能力提升，找准重点、突破难点、严控风险、协同推进。为破解农村金融发展的困境、实现农村金融自身可持续发展和服务"三农"发展同步，必须突破传统思维定式，以把握重点克服难点带动全局，用新的思路探索农村金融制度的系统整合、科学创新与协同推进路径。

（5）中国农村金融问题的最终解决，必须充分意识到法律制度在权利配置和市场培育中的基础地位和核心作用，通过科学的顶层设计逐步将农村金融真正纳入法制轨道。历史经验和理论逻辑都无一例外地证明，农村金融法制化是降低农村金融市场交易成本、维护农村金融市场交易秩序、促进农村金融市场健康发展，并最终使农村资金高效转化为农村生产资本、加快农村经济发展、实现城乡统筹的必由之路。进一步深化中国农村金融制度改革与创新应当向法制化建设层面推进，必须在把握农村金融制度本质特征的基础上，科学论证农村金融顶层设计的现实基础与内在要求，准确定位现代农村金融制度的功能与地位，系统构造新形势下农村金融法律制度的完整框架及改革创新实施方案。

4. 对策建议

（1）通过顶层设计与配套制度的有效供给，为农村金融市场有序运行保驾护航。一是加快农村金融法律法规体系建设。农村金融发展的实践经验表明，农村金融市场有序运行且高效发挥其服务功能，需要科学立法予以保障。目前，农村产权抵押、农民合作社内部信用合作、金融扶贫、风险控制的法律及监管缺位需要通过立法予以尽快调整。二是推动农村金融相关配套制度建设。改革创新需要突破农村金融市场上银行类机构"一股独大"的格局，加快在保险、担保、证券、租赁、期货期权等领域形成全面配套的协同服务机制。三是加强农村金融内部治理与外部监管机制建设。一方面要引导农村金融机构建立现代的风险管理模式，提高风险的免疫能力；另一方面要针对风险监测识别、评估预警和化解处置三个金融风险防控的重要环节，从机构、客户、资金、市场、区域和重点领域六个维度，健全和优化全面监管的工作机制。

（2）加快乡村地区金融基础设施建设，实现城乡金融互联互通，并由此建立健全普惠金融体系。一方面，加快建设好乡村支付体系、征信体系、网络体系，应充分发挥国家开发银行作为开发性金融机构的平台功能，推动乡村网络体系以及移动手机终端建设，实现城乡金融的互联互通，并由此建立健全普惠金融体系，为贫困地区农户破除地理障碍、获取高效的数字金融及智慧金融服务提供现实可能；另一方面，加快建设好乡村金融宣传教育体系和权益保护体系，尽快实现农村地区金融宣传教育全覆盖，增强农村金融消费者的风险意识和金融能力，畅通消费者投诉的处理渠道。

（3）根据各类金融功能定位和业务范围，分类为乡村从业主体提供全方位便捷式金融服务。应根据市场需求调查明确各类金融的功能定位，找准各自业务重点并形成多层次、多维度、多类别的服务体系。加快建设农村资本市场，完善农村融资租赁市场，积极探索发展大宗农产品期货市场，鼓励农业经营主体利用期货市场实现套期保值；引导保险公司开发适合农村产业发展特点和实际需求的新型保险产品，积极探索涉农信贷与涉农保险的互动机制；促进担保服务创新，充分利用大数据、信息化手段创新反担保方式，全面盘活农村"沉睡"资产，为农民、农企增信。进一步加强银行业金融机构与证券机构、保险公司、租赁公司、担保公司、期货公司等金融同业的合作与风险共担，降低农业农村从业主体金融服务获取成本。

（4）营造良好的发展环境保障金融市场的公平性与正义性，淡化显性的差别对待和隐性的政策排斥。农村金融市场结构的形成带有浓厚的行政意志，既往的金融体系修补和市场调整更多体现的是供给导向和监管倾向，很大程度上忽视了需求方的行为特征及其产生效果的过程，因而不断调整的农村金融市场也无法有效满足具有庞大基数的普通农民的金融需求。可见，只有在政策层面淡化对不同农村金融机构显性的差别对待和隐性的政策排斥，才有望通过多种形式满足"三农"金融需求，进而迎合农民的利益诉求、农村经济实体的发展动机和传统农业弱质性的修复要求。为此，要通过一系列倡导"良治"与"善治"的行政法规体系和市场监管体系营造良好的市场环境，要在制度层面矫正对农村金融机构的金融压抑和过度干预，在政策层面确保不同成分金融机构的同等待遇与激励公平。

（5）以内嵌于农村社会的角色提供适应乡土社会经济、文化和历史的现代金融服务。一是农村金融的未来发展需要其在变革与调整中审视农村金融生态、环境和伦理，提供适应乡土社会经济、文化和历史的现代金融服务。要有效把握"熟人社会"、"村庄共同体"及农户的知识信息能力特点，以内嵌于农村社会的角色提供金融服务。要激励与引导大型金融机构在业务拓展、运作模式、企业文化、风险控制等方面实现服务乡村振兴与自身运行并重。二是农村金融未来发展需要准确把握乡村发展新动态，加快推动金融与现代科技在乡村的有效结合。要根植于乡村实际情况与产业特色，将互联网金融、大数据、云计算与本地农业农村特色相结合，实现金融产品与服务的多样性与实用性，有效对接不同主体、不同行业、不同规模和不同期限的金融需求。三是农村金融未来发展需要重塑乡村伙伴式产融关系，通过精细分工针对性加强金融产品与服务创新能力。要通过面向乡土社会的金融创新促进供需双方协同成长，通过金融创新拓展金融产品和服务手段，通过金融创新提升防范、抵御和化解金融风险的能力，通过金融创新促进农村金融的适度有序竞争，从而使农村金融更好地适应乡村振兴的现实需要，最终实现"支农"与"营利"的双赢。

5. 主要创新

（1）研究视角的突破和创新。该成果以全景的整体化视角、动态的立体化视角与系统的法制化视角相结合研究农村金融制度创新问题，实现了农村金融制度创新研究的视角突破与创新。采用全景的整体化视角进行理论研究，既研究农村金融制度创新的内在本质属性（内涵），又研究农村金融制度创新的外在维度范畴（外延），并在此基础上推导出农村金融制度创新的内外约束与实现机理，突破了以往农村金融制度创新的理论视角局限。采用动态的立体化视角进行实证研究，从历史与现实、国内与国际、历时与共时、宏观与微观、制度与行为、实证与理论、定量与定性等多维统一角度，全面剖析和深刻揭示农村金融制度创新的现实问题和主要障碍，突破了以往农村金融问题研究的实证视角局限。采用系统的法制化视角进行对策研究，从顶层设计到目标分解、重点定位到难点突破、协同机制到优化策略、实施路径到配套措施，全面系统地提出针对我国农村金融制度创新的法制化解决方案，突破了以往农村金融研究的视角局限。

（2）研究范式的突破和创新。该成果以多视角下的需求范式与功能范式结合、多学科下的内涵分析与模式设计结合、多手段下的制度分析与绩效分析结合，将对农村金融制度创新的研究纳入规范的法经济学研究范式内，实现了对既往农村金融研究分析范式的突破与创新。尽管关于我国农村金融制度创新问题的研究成果不少，但将其纳入规范的法经济学分析范式内的研究却不多。多数研究遵循传统单一研究范式，对我国农村金融问题进行平面式研究，描述分析居多，在研究上既缺少经济学、法学、管理学等多学科结合的科学规范性，政策建议也停留在就事论事和短期激励层面，缺乏对研究对象的深入分析和全面把握，农村金融制度创新尚未"破题"。在当前我国经济社会发展的现实背景下，农村金融制度创新问题不仅是经济学、管理学关注的焦点，同样也是法学研究的重点。因此，该成果以应用经济学、农林经济管理、法学为学科支撑，以金融发展理论、制度创新理论、法与金融理论为理论借鉴，将农村金融制度创新研究纳入规范的法经济学研究范式内，拓展了农村金融制度创新研究的新边界，为中国农村金融问题研究范式的转换和深化奠定了新基础。

（3）研究内容的突破和创新。该成果并不只限于对农村金融制度创新问题的原则性讨论，而是对其内涵与外延、经验与教训、历史与现实、重点与难点、风控与监管、协同与优化以及法制化解决方案等方面的具体问题进行全面系统的界定与分析，从而能够对解决问题提供全面系统具体的理论指导和政策思路，实现了对既往农村金融研究内容的突破与创新。在理论研究中，该成果遵循"理论渊源→理论框架→作用机理→理论依据"的研究思路，基于既往理论研究内容，通过理论演绎和推断系统总结理论并得出农村金融制度创新顶层设计的学理基础，实现了理论研究内容的突破与创新。在实证研究中，该成果遵循"国际经验→国内规律→功能障碍→宏观效应→微观效应→绩效评价→偏差分析"的研究思路，在既往实证研究内容的基础上，通过建立中国农村金融制度创新宏观和微观作用模型，对现有制度进行实际效应研判和绩效偏差分析，进而深刻揭示制约中国农村金融制度创新的影响因素、现实障碍和主要问题，实现了对实证研究内容的突破与创新。在应用对策研究中，该成果遵循"顶层设计→重点难点→风险监控→协同优化→法制保障→政策配套"的思路，将对策研究作为本课题研究的重点，在既往对策研究的基础上，充分意识到法律制度在农村金融权利配置和农村金融市场培育中的基础地位和核心作用，立足长远、冷静谋划、对症下药，以法治思维和法律智慧统领农村金融制度创新的顶层设计与目标校正、重点定位与难点突破、风险控制与监管完善、内外协同与路径优化，将农村金融真正纳入法制轨道，注重制度设计的均衡性、协调性、整体性和可操作性，实现了对策研究方面的突破与创新。

最后，需要指出的是，本课题是集体智慧的结晶。除了项目负责人和11位主要研究成员外，另还有30多位研究生参加了课题调研及资料整理工作。同时，在研究过程中课题组还得到了各级政府实务部门和研究机构的大力支持，特别是全国哲学社会科学规划办公室、农业农村部、中国人民银行、银保监会以及各级地方政府相关部门，在此深表谢意！感谢学术同行提供的大量参考文献，为本课题的研究提供了重要的帮助。此外，报告中可能存在的缺点和错漏概由作者负责，也恳请学术同行批评指正！

目录 CONTENTS

第1章 总论

1.1 研究背景与意义

1.1.1 研究背景

本课题是关于农村金融制度创新与法治实践问题的研究，其基本定位是：在当前中央高度重视中国特色金融强国建设，坚持农业农村优先发展的现实背景下，基于农村金融自身可持续发展与农村金融服务"三农"功能有效发挥的双重层面，科学揭示市场经济条件下我国农村金融制度面临的现实障碍、创新路径与法制方案，旨在为进一步深化我国农村金融体制改革、高效助推乡村全面振兴和农业强国建设、加快形成城乡经济社会一体化格局提供理论与实证支持。具体来说，本课题研究的科学问题主要包括以下五个方面：（1）农村金融制度创新与法治实践的理论基础是什么，如何为其提供有效的理论指导？（2）国内外农村金融制度创新与法治实践的经验教训和主要障碍有哪些？（3）当前中国农村金融制度创新与法治实践的重点难点有哪些方面？（4）如何对农村金融各类制度创新进行系统整合与内外协调？（5）怎样才能最终确立具有可操作性的中国特色农村金融制度创新的实践策略与法制方案，实现农村金融可持续发展？

1.1.2 研究意义

（1）坚持农业农村优先发展，有赖于农村金融服务功能的有效发挥。"金融是现代经济的血液"，农业农村发展离不开农村金融的有效支持。经过40年的改革，我国农村金融发展已经取得了长足进展，新的农村金融服务体系已经形成多层次、共同发展的市场格局，为农业农村发展做出了突出贡献。随着中国特色社会主义进入了新时代，我国社会主要矛盾已经转化为人民日益增长的美好生活需要和不平衡不充分的发展之间的矛盾。其中，农村金融发展不平衡不充分的种种矛盾致使我国农村金融服务功能尚未得到有效发挥，既难以满足农村金融市场多样化的需求，也难以适应乡村振兴的现实需要。

（2）充分发挥农村金融服务功能，必须进一步深化农村金融制度创新与法治实践。农村金融自身可持续发展能力不足，严重制约了农村经济健康运行和城乡经济社会协调发展。由于经营理念和管理方式整体比较落后，加之金融服务创新的激励严重不足，现有农村金融产品与服务的品种不仅不能适应农村发展需求，而且抵御风险的能力不强，农村金融系统性风险伴随着门槛降低情况越来越严重。适应新形势新要求，通过创新驱动农村金融制度的改革与完善，已经成为农业农村优先发展和乡村振兴战略实施的现实选择。《2014 年中央一号文件》明确提出全面深化农村改革、加快推进农业现代化，文件要求必须加快农村金融制度创新、不断丰富农村地区金融机构类型、改善农村金融服务水平、有效防范金融风险。2015 年、2017 年中央 1 号文件明确提出"积极推动农村金融立法"此后，多个中央层面的制度性文件均强调了农村金融制度创新与法制建设的重要性。

（3）深化农村金融制度创新与法治实践，必须找准依据、科学定位、精心谋划、协同实施。改变农村金融难以适应农村经济整体发展态势的格局、破解农村金融发展的困境、实现农村金融自身可持续发展和服务"三农"发展同步，必须突破传统思维定式，用新的思路探索农村金融制度的系统整合、科学创新与推进路径。本课题立足于实现农村金融自身可持续发展和农村金融与经济协调发展的双重层面，深入研究农村金融制度创新的顶层设计、目标定位、重点内容、难点突破及保障措施，并结合本国具体国情与国内外成功经验提出中国特色农村金融法制化的推进策略与实施方案，是深化农村金融体制改革的现实选择，具有重要的理论价值和现实意义。

1.2 研究目标与内容

1.2.1 研究目标

预期目标涵盖理论目标、实证目标和政策目标，具体包括：（1）科学界定农村金融制度创新与法治实践的理论内涵与外延，并构建基于中国现实背景的农村金融制度绩效评价理论框架与方法体系，充分揭示其实现机理，为提高农村金融制度创新效率提供理论指导；（2）通过宏观绩效评价与微观统计调查分析的有效结合，系统总结国内外农村金融制度创新与法治实践的经验教训及现实障碍，从而为科学设计农村金融制度创新与法治实践的总体框架与实施方案提供实证支持；（3）根据农村金融制度创新的基础性条件，明确我国农村金融制度创新的重点范围与难点突破，确立其协同驱动机制、优化策略与实践方案，并立足于风险可控前提下的"支农"与"营利"双赢层面为我国农村金融与农村经济协调发展提供全新的战略思路与政策指导。

1.2.2 研究内容

为了实现上述研究目标，"农村金融制度创新与法治实践"作为基于理论和实证基础上的应用对策研究，其总体框架主要由理论研究、实证研究和应用对策研究三大部分构成。其中，理论研究"农村金融制度创新与法治实践的理论架构与实现机理"是本课题的逻辑起点；实证研究"农村金融制度创新与法治实践的逻辑规律与现实障碍"是确保科学构建农村金融制度创新具体措施的关键性环节；应用对策研究"农村金融制度创新的顶层设计与实施方案"是本课题研究的重点与归宿，体现出本课题研究的主旨。

理论研究"农村金融制度创新与法治实践的理论架构与实现机理"的具体内容包括：（1）农村金融法制化的理论回顾与理论渊源；（2）农村金融制度创新的理论内涵及外延拓展；（3）农村金融制度创新的内外约束与实现机理；（4）农村金融制度顶层设计与规划的理论依据。

实证研究"农村金融制度创新与法治实践的逻辑规律与现实障碍"的具体内容包括：（1）农村金融制度创新与法治实践的国际经验借鉴；（2）中国农村金融制度创新与法治实践的变革历程与规律总结；（3）中国农村金融制度创新与法治实践的现实障碍与深入反思；（4）中国农村金融制度创新与法治实践的宏观与微观效应；（5）中国农村金融制度创新与法治实践的绩效评价与偏差分析。

应用对策研究"农村金融制度创新的顶层设计与实施方案"的具体内容包括：（1）中国农村金融制度创新的目标校正与顶层设计；（2）中国农村金融制度创新的重点范围与难点突破；（3）中国农村金融风险监管的制度创新与法治实践；（4）农村金融制度创新与法治实践的协同机制与优化路径；（5）中国特色农村金融法制化：理论与实践。

整个研究包含 14 个部分内容，实际设计为 11 章。第 1 章，总论；第 2 章，农村金融制度创新与法治实践：渊源与发展；第 3 章，农村金融制度创新与法治实践：内涵与外延；第 4 章，农村金融制度创新与法治实践：经验与教训；第 5 章，农村金融制度创新与法治实践：历史与现实；第 6 章，农村金融制度创新与法治实践：成效与偏差；第 7 章，农村金融制度创新与法治实践：重点与难点；第 8 章，农村金融制度创新与法治实践：风控与监管；第 9 章，农村金融制度创新与法治实践：协同与优化；第 10 章，中国特色农村金融法制化：理论与实践；第 11 章，研究结论与政策建议。

1.3 研究思路与方法

1.3.1 研究思路

本课题遵循的是由"理论研究→实证研究→应用对策研究"的逻辑思路。其中，理论研究是本课题的逻辑起点，实证研究是确保理论科学应用的关键性环节，应用对策研究则是本课题研究的归宿，体现出本课题理论研究的主旨，整个研究总体设计如下。

（1）理论研究的具体路径为："理论渊源→理论框架→作用机理→理论依据"。研究将围绕当前坚持农业农村优先发展，加快农业强国和金融强国建设、全面推进乡村振兴的现实格局，广泛挖掘和科学吸收、利用已有理论资源，以适合中国的研究结论为起点，在充分认识中国农业农村经济与农村金融发展关系特殊性的基础上，将农村金融制度创新与法治实践置于整个宏观经济背景之中，联系客观现实，深入剖析基本概念；在充分认识农村金融制度创新与法治实践理论内涵与外延的基础上，揭示其实现机理和内在要求，由此构建本研究的理论框架，并进一步为构建中国特色农村金融制度顶层设计及具体实施方案提供科学的理论依据。

（2）实证研究的具体路径为："国际经验→国内规律→功能障碍→宏观效应→微观效应→绩效评价→偏差分析"。研究将深入探索农村金融制度创新与法治实践的国际经验与教训，总结中国农村金融制度的改革历程与演进逻辑，调查中国农村金融制度创新的现实障碍，明确农村金融制度创新与法治实践的宏观和微观效应，揭示农村金融制度创新与法治实践的绩效偏差以及主要影响因素，最终为进一步深化农村金融制度创新与法治实践提供科学的实证依据。

（3）应用对策研究的具体路径为："顶层设计→重点难点→风险监控→协同优化→法制保障→政策配套"。本研究首先将根据农村金融制度创新与法治实践的基础性条件和战略目标定位，形成农村金融制度创新的法制化顶层设计，并据以界定农村金融制度创新与法治实践的重点范围和难点突破；

其次，将立足农村金融制度创新与法治实践的安全保障与可持续性，考察农村金融制度创新与法治实践面临的风险因素，提出适合中国现实国情的农村金融风险预警与防范机制，重点构建现代农村金融监管法制体系；再次，根据农村金融制度创新与法治实践协同的必要性和可行性，从宏观与微观相结合的视角揭示农村金融与农村经济制度创新协同的着力点与关键环节，提出农村金融制度创新与法治实践协同的战略规划与优化路径；又次，通过解构农村金融法律关系，建立现代农村金融法律制度的基本框架，清理和修改不合时宜的现行法律法规，并形成相应立法思路与建议；最后，针对性提出进一步深化农村金融制度创新与法治实践的政策建议。

1.3.2　研究方法

本课题实际研究中力求做到规范研究和实证研究的紧密结合。规范研究注重基本概念界定和内涵揭示，并以此为基础展开理论分析；实证研究在规范研究和典型调查的基础上展开，将定性的、定量的、时序的和截面的分析相结合。定性分析注重制度和比较分析法的运用；定量分析强调数据可靠、方法实用、手段先进。各部分具体采用的研究方法和研究手段如下。

（1）开展理论部分"农村金融制度创新与法治实践的理论架构与实现机理"研究、构建农村金融制度创新的理论架构、揭示其实现机理，将以新古典经济学理论分析范式结合唯物辩证法基本原理，综合运用文献分析、辩证分析、系统分析、比较分析和理论推演等方法。①农村金融制度创新与法治实践的理论回顾与理论渊源研究，在既有研究成果基础上，将主要运用文献分析和归纳法，围绕农村金融发展理论、金融风险理论、金融创新理论、法与金融理论以及制度变迁和制度创新理论，通过对国内外相关文献及发展动态的回顾、述评，并跟踪最新研究进展，为研究奠定坚实的理论基础。②农村金融制度创新与法治实践的理论内涵及外延拓展研究，将以新古典经济学的理论和分析范式为起点，针对既有研究的不足，整合国内外相关理论、政策和实践成果，依据"概念是反映客观现实本质属性的思维形式"的哲学认识，结合中国"三农"发展与农村金融发展的客观现实，基于二者各自"成长"与"演化"的逻辑关联关系，科学界定农村金融制度创新的基本范畴，建立研究的逻辑起点。③农村金融制度创新与法治实践的内外约束与实现机理研究，将立足研究的逻辑起点，引入系统理论推演方法，分析农村金融制度创新的系统属性，形成农村金融制度创新过程的基本判断，并从内在动机与外部约束的分析视角，充分揭示农村金融制度创新的实现机理。④中国特色农村金融制度顶层设计与规划的理论依据研究，将遵循系统演进逻辑，依据"概念的展开就表现为理论"的哲学命题，通过比较研究、逻辑演绎、视角转换等方法，逐一解构、分析、界定不同经济结构与经济体制下农村金融制度创新的概念延伸、假设前提、目标层次、基本属性、内在要求、演进过程等，进而提出切实可行的、有针对性的中国特色社会主义市场经济体制下农村金融制度顶层设计的理论依据。

（2）开展实证部分"农村金融制度创新与法治实践的逻辑规律与现实障碍"研究，揭示农村金融制度创新与法治实践的经验教训、逻辑规律与现实障碍，将以制度经济学、比较经济学、经济效率理论为基础，综合运用历史分析、制度分析、动态分析、统计分析、均衡分析、计量分析等方法。①农村金融制度创新与法治实践的国际经验借鉴研究，将主要运用历史分析、制度分析、动态分析结合文献研究法展开。②中国特色农村金融制度创新与法治实践的变革历程与规律总结研究，将运用制度经济学研究方法，通过历史分析、制度分析、统计比较分析反映中国农村金融制度的演进历程，并综合应用动态分析、辩证分析、均衡分析等方法系统总结中国农村金融制度的变迁逻辑。③中国农村金融制度创新与法治实践的现实障碍与深入反思分析，将运用重点调查、典型调查等，结合面上项目统计资料和案例分析手段分别从微观和宏观视角考察农业农村现代化发展对农村金融制度创新的需求以及供给差异，并在此基础上通过系统分析进一步科学揭示农村金融制度的功能障碍。④中国农村金融制度创新的宏观效应与微观效应研究，将以生产函数分析框架为起点，整合产出增长率、经济效率模型予以宏观效应的空间计量；在充分考虑农村金融制度创新的既定要素与环境的基础上，通过建立具有微观基础、结构严谨、论证规范的经验模型，并在模型中引入了诸如不确定性、不对称信息和监督成本等与完全竞争相悖的因素，课题组成员对农户的金融行为特征、风险偏好及其博弈均衡做出规范意义上的推理验证。⑤中国农村金融制度创新与法治实践的绩效评价与偏差分析，将以经济效率理论为主，根据统计数据、调查数据，运用数据包络分析（DEA）方法进行绩效评价和地区比较，并由此进一步明确其现实偏差所在。

（3）开展应用对策"农村金融制度创新的顶层设计与实施方案"研究，将以产业组织理论、战略管理理论、机制设计理论、金融风险控制理论、金融监管理论、法律关系理论、新制度经济学和制度金融学理论为基础，综合运用制度经济学、法经济学、比较法学的交叉学科分析方法。①进行"农村金融制度创新与法治实践：重点与难点"研究，形成农村金融制度创新的顶层设计、探索其重点范围与难点突破，将基于产业组织理论、战略管理理论结合机制设计理论，重点运用产业经济学分析范式、动态能力模型和战略管理分析手段。本部分将采用 PESTEL 分析范式科学定位我国农村金融制度创新的基础性条件；运用权变分析等战略管理理论方法结合机制设计理论，提出农村金融制度创新的顶层设计；运用 BEI 法、因素分析等方法，明确我国农村金融制度创新的重点范围划分和难点突破。②进行"农村金融制度创新与法治实践：风控与监管"研究，探索农村金融风险防控体系与分担机制、构建现代农村金融监管制度体系，将以金融风险控制理论和机制设计理论为基础，重点运用因素分析、系统分析以及法经济学分析等方法。③进行"农村金融制度创新与法治实践：协同与优化"研究，找准农村金融制度创新协同的关键、形成相应的战略规划与优化路径，将以协同理论为主，并由此构建一个基于乡村振兴与农村金融制度创新的战略协同框架，为现代农业农村发展与农村金融自身可持续发展提供有效的战略指导。④进行"中国特色农村金融法制化：理论与实践"研究，解构农村金融法律关系、建立现代农村金融法律制度的基本框架，将以法律关系理论、新制度经济学和制度金融学理论为基础，重点运用比较法分析范式。

最后，提出本课题研究结论及政策建议时，将采用制度经济学中制度创新理论为基础的制度主义演绎分析范式，并结合前述研究成果进行归纳、反馈、总结和凝练的方法。此外，在实施上述研究方案的时候，我们还将对各地区农户、农村企业、农村集体经济组织、农村金融机构、金融监管部门和县乡干部进行问卷调查和实地考察，充分了解他们在日常活动中的行为、感受和体验，有效把握各地区农村经济金融发展状况。

1.4　研究数据与资料

1.4.1　研究数据

本研究的数据既有宏观层面国家法定或权威的数据资料，也有相关政府部门发布的微观调查数据和课题组自己组织的问卷调查数据，主要来源包括以下四个方面。

（1）统计年鉴：《中国统计年鉴》（1981～2018 年）、《中国金融年鉴》（1986～2018 年历年）、《中国人口和就业统计年鉴》历年、《中国财政年鉴》历年、《中国农村统计年鉴》（1985～2018 年历年）、《中国证券期货统计年鉴》

(1997～2018 年历年)、《中国区域经济统计年鉴》（2000～2018 年历年)、《中国县（市）社会经济统计年鉴》（2001～2018 年历年)、《中国乡镇企业年鉴》(1978～2005 年历年)、《中国乡镇企业及农产品加工业年鉴》（2006～2012 年历年)、《全国农产品成本收益资料汇编》（1978～2018 年历年)、《农业统计提要》（2001～2013 年历年)、《新中国五十年统计资料汇编》、《新中国六十年统计资料汇编》、《中国住户调查年鉴》（2011～2018 年)、《中国农村贫困监测报告》、《中国农村住户调查年鉴》（2006～2015 年)、《全国农村固定观察点调查数据汇编（2000～2015 年)》等，除此之外还包括相关各省历年统计年鉴。

（2）统计公报和统计报告：《国民经济和社会发展统计公报》、《中国区域金融运行报告》、《金融行业分析报告》、《中国银行业发展报告》、《中国银行业监督管理委员会年报》、《中国农村金融服务报告》、《金融机构贷款投向统计报告》、《世界银行报告》等等。

（3）一些重要网站：中华人民共和国农业农村部网站、国家统计局网站、中华人民共和国财政部网站、中国人民银行网站、中国证券监督管理委员会网站、中国银行保险监督管理委员会网站以及政府相关部门的公告数据，除此之外还包括各省统计信息网以及统计局网站。

（4）研究中还使用了大量的实地调研数据：本课题组自己组织的对农户、农村企业、农村金融机构和县乡干部的问卷调查，了解他们在农民生产经营活动中的感受和体验，为研究积累的原始数据。该项调查中，首先对问卷进行了初步测试，课题组成员于 2014 年 12 月在重庆市北碚区、四川省广安市、河南省许昌市、福建省漳州市等地与农户面对面进行了预调查。然后，为了降低地区差异对调查结果的影响以及提高问卷的针对性、可信度以及完整性，在预调查结束后，课题组成员对调查问卷做了进一步修改和完善。最后，根据区域经济发展水平和农村经济特点，课题组于 2015 年 2 月初到 3 月末和 7 月初到 8 月末选取了位于三大经济地带的 17 个省 70 个县（市）的部分农户家庭，对其前一年的家庭基本情况进行了正式调查，所有问卷均由调查者采用一问一答的方式完成。问卷调查采用分层随机抽样的方法，分层依据主要是按照国家统计局关于农户家庭人均纯收入对总体进行 5 分层，然后确定在每个县的每层中抽取 10 个农户家庭进行问卷访谈。每个县固定发放 50 份问卷，共发放问卷 3500 份，回收有效问卷 3162 份。

1.4.2　研究资料

本课题研究过程中检索、查阅和引用了大量文献资料，既有官方重要文件，也有本领域专家学者的经典论著，具体包括以下三个部分。

（1）研究中必要的定性资料。主要是国家法律和公开的政策文件、权威性的报告（如各年党中央的"一号文件"、中国共产党第十八届中央委员会第三次全体会议报告）、公告、各级政府工作报告、各年中央经济工作会议文件、各年中央农村经济工作会议文件等。

（2）各级政府部门和研究机构的专业研究报告。主要是中国人民银行、国家统计局、国务院发展研究中心、中国社会科学院及其相关研究机构历年发布的专业报告《金融发展报告》、《农村经济绿皮书》、《"三农"贷款与县域金融统计》等，农业农村部软科学委员会组织的"农业软科学研究系列丛书"，以及鉴定合格的国家和省部级相关课题研究报告。

（3）部分资料来自相关领域学者们的论著，同时加以引注。引用的主要专著均列于参考文献中。引用论文主要来自权威性学术期刊如《中国社会科学》、《经济研究》、《管理世界》、《世界经济》、《数量经济技术经济研究》、《经济学季刊》、《金融研究》、《中国软科学》、《中国农村经济》、《农业经济问题》、*The American Economic Review*、*The Journal of Finance*、*The Quarterly Journal of Economics*、*Developing Economies*、*Econometric Reviews*、*Econometrica*、*Econometric Theory*、*Journal of Economics & Management Strategy*、*Journal of Political Economy*、*American Journal of Agricultural Economics*、*Journal of Agricultural Economics* 等。

第2章 农村金融制度创新与法治实践：
渊源与框架

理论的创造既可以来源于对客观现象的新解释，也可以来源于前人理论与客观现实的有机结合。经济理论的产生与发展既要以客观经济行为的发展规律为前提和基石，也要以前人的理论研究成果为基础。经典理论回顾是任何一项科学研究的逻辑起点，也是任何一项创新活动的现实基础。当前，农村金融发展领域已经形成了一系列经典理论，为农村金融制度创新与法治实践奠定了坚实的基础。

2.1 国外农村金融制度创新与法治实践的理论渊源与理论发展

发达国家较为完善的农业、农村金融制度建设离不开充沛高效的"智库"支持。其农业、农村金融改革的实践发展史就是一部农村金融研究的认识深化史。同时，这些理论与实践成果，在发展中国家得到了充分印证与创新推广。这一历程中，学者们对农村金融制度改革创新的理论基础、实践经验以及立法完善展开了大量卓有成效的系统研究，形成了本课题的逻辑起点。

2.1.1 农村金融发展及其制度创新的理论研究

金融发展理论、金融组织理论、金融中介理论、金融风险理论、金融创新理论以及制度变迁和制度创新理论构成了农村金融制度创新的理论渊源。20世纪40年代以来，这些理论在农村金融领域有机结合，形成了对发展中国家农村金融制度创新具有理论指导意义的农村金融发展理论。近年来，伴随着各国农村金融的深入实践，小微金融理论和普惠金融理论逐渐兴起，农村金融发展理论不断充实完善，反过来又对农村金融制度创新实践产生了深远而积极的推动。

1. 农村金融发展的政府主导理论

早在20世纪中期，Hasody 就曾提出一种典型观点，他认为，由于大多数农民属于小农，提高他们的收入水平应该通过政府发展和组织对小农的贷款来达到。Rodan（1943）的"大推进"（Big Push）理论，主张农业国家要实现工业化，就必须全面的、大规模的、同比率的在各个工业部门（尤其是基础设施建设方面）投入资金。Lewis（1954）也认为，农民需要的资本远超过他们能够进行的储蓄，信贷资金对于小农业、小工业发展和农民收入水平提高是必不可少的。随后，经济学家开始研究发展中国家金融制度落后、经济增长缓慢的原因，开辟了以研究发展中国家金融与经济关系为特征的"金融发展理论"，并形成了本课题的重要理论支撑。Gurley & Shaw（1955）认为金融发展是经济增长的一个必要条件，并通过金融中介作用探讨了不同金融结构系统对经济增长的影响。Nelson（1956）综合研究了在人均收入和人口按不同速率增长的情况下人均资本的增长与资本形成问题，从而形成了"低水平均衡陷阱"理论，认为克服资本稀缺是农村经济发展的关键所在，提出只有政府进行大规模的资本投资，使投资和产出的增长超过人口增长，才能冲出"陷阱"，实现人均收入的大幅度提高和经济增长。Nurkse（1953）指出无论从需求方面还是从供给方面看，发展中国家的资本不足容易产生恶性循环，成为经济发展的障碍；他认为，恶性循环的成因在于发展中国家人均收入过低，人均收入过低的原因是资本稀缺，而资本稀缺的根源又在于人均收入过低，低收入使一国贫穷，低收入和贫穷无法创造经济发展所需要的储蓄，而没有储蓄就没有投资和资本形成，其结果又导致该国的低收入和持久贫穷；由此 Nurkse 得出一个著名的命题："一国穷是因为它穷"；他认为要打破"贫困恶性循环"，必须大规模地增加资金供给，扩大投资，促进资本形成。Patrick（1966）指出金融发展模式包括两种，其一是"供给引导"模式，它是指金融组织的发展先于实体经济部门的金融服务需求，强调的是金融发展及相关金融服务的供给先于经济主体的需求；其二是"需求追随"模式，它是指金融组织的发展是实体经济部门发展的结果，强调的是经济主体的金融服务需求先于金融发展及相关金融服务的供给；同时，其研究还指出，在经济的不同发展阶段，金融发展的模式是有所差异的，对发展中国家而言，在经济发展的早期，供给引导型的组织模式属于主导地位，尤其是它为那些更有效的技术创新的投资提供了可能，一旦经济发展进程进入成熟期，需求追随型的金融组织模式就会占据主导地位；发展中国家与发达国家之间的差距越大，发展中国家越有可能急切地人为模仿"供给引导型"的金融发展模式，以促进实体经济部门的增长和发展。Goldsmith（1969）从历史角度对 35 个主要国家近百年的金融发展模式进行比较研究，揭示出这些国家的金融发展带有规律性的趋势，认为金融发展就是金融结构的变化和演进，创造性地运用 FIR 等指标确认了金融发展的路径和机制，开辟了"金融结构论"；同时，他指出金融理论的职责就在于找出影响一国金融结构、金融工具存量和金融交易流量的主要经济因素，并阐明这些因素如何通过相互作用实现金融发展。

在上述理论的基础上，农村金融发展理论逐步形成并成为研究热点。20世纪 80 年代以前，农业信贷补贴论（Subsidized Credit Paradigm）是农村金融理论界占主导地位的传统学说。该理论的前提是：农村居民特别是贫困阶层没有储蓄能力，农村面临的是慢性资金不足问题。而且由于农业的产业特性（收入的不确定性、投资的长期性、低收益性等），它也不可能成为以利润为目标的商业银行的融资对象。该理论因此得出结论：为扩大农业生产和缓解农村贫困，有必要从农村外部注入政策性资金，并建立非营利性的专门金融机构来进行资金分配。根据该理论，为缩小农业与其他产业之间的结构性收入差距，对农业的融资利率必须较其他产业低。考虑到地主和商人发放的高利贷及一般以高利为特征的非正规金融使得农户更加穷困和阻碍了农业生产的发展，为促使其消亡，可以通过银行的农村支行和农业信用合作组织，将大量低息的政策性资金注入农村。同时，以贫困阶层为目标的专项贷款也兴盛一时。该理论支持一种供给（信贷）先行的农村金融战略。据此，许多学者认为政府在促进农业和农村资本形成中应发挥积极作用。然而，事实上，在低收入发展中国家，政府常常被赋予扶持农业信贷的重要责任，但它们为农民所提供的越来越低息的信贷计划对于刺激农业发展的效果却微乎其微，同农业研究和推广投资或社会资本投资的收益比较，用于信贷计划的资源极少产生令人满意的利润结果（张杰，2003）。此外，政府将信贷计划视为增加农村和农业资本量的一条轻而易举的途径，却忘记了贷款不一定代表资本，仅仅增加货币供给并不必然导致农业、农村资本的积累（温涛等，2005）。

2. 农村金融发展的市场主导理论

20 世纪 70~80 年代，针对发展中国家的二元金融结构、货币化程度低、金融市场落后、金融体制效率低下、政府对金融严格控制的特点，美国经济学家 Mckinnon（1973）在前人研究的基础上提出了著名的"金融抑制论"和"金融深化论"，认为金融发展就是在消除金融抑制的过程中实现金融自由化，金融制度和经济发展之间存在相互促进和相互制约的关系，健全的金融制度能将储蓄资金有效地聚集起来并引导到生产性投资上去，从而促进经济发展；而大多数发展中国家的金融制度与经济发展之间却处于一种相互制约的恶性循环状态，由于金融制度落后和缺乏效率，制约了经济的发展，而缺乏流动性的资金反过来又限制了资金的积累和对金融服务的要求，制约着金融业的发展，形成金融与经济发展相互制约而处于落后的局面；主张发展中国家应从本国实际出发进行金融体制改革、消除金融抑制，消除资本形成的桎梏，制定一套适合本国国情的金融政策。其核心是减少政府干预，消除"金融抑制"，推进"金融深化"，促进国民经济发展。在此基础上，Kapur（1976）、Lee et al.（2010）、Mathieson（1980）、Cho（1984）等人拓展了金融发展理论的研究框架，在吸收当代经济学最新研究成果的基础上，建立了宏观经济模型，扩大了金融发展理论模型的分析视野和政策使用范围，使之能不断适应经济增长、金融体制日益完善的发展中国家的实际情况，他们通过大量的实证研究肯定了金融深化理论的结论，说明金融发展理论可以用于指导发展中国家的实践。

在 Romer（1986）和 Lucas（1988）的内生经济增长模型的影响下，内生金融发展理论也逐步兴起。Bencivenga & Smith（1991）、Levine（1998）、Boyd & Smith（1992）、Schreft & Smith（1998）、Durra & Kapur（1998）等构建了内生金融中介模型；Greenwood & Jovanovic（1990）、Pagano（1993）、Boot & Thakor（1994）、Greenwood & Smith（1997）等构建了内生金融市场发展模型；Gregorio（1992）、King & Ross（1993）、Atje & Jovanovic（1993）、King & Levine（1993）、Sussman（1993）、Levine（1998）、Levine & Zervos（1996，1998）、Rajan & Zingales（1998）等人对金融发展作了大量实证。上述研究通过引入固定进入费用和固定的交易成本，借以说明金融组织机构和金融市场是如何随着人均财富增加而发展的，并进一步指出这种较高的固定成本导致金融发展与经济增长之间的"门槛效应"（Threshold Effect），即只有当经济发展到一定阶段之后，金融市场（金融机构）才得以形成，很好地解释了发达国家与发展中国家的金融发展水平的差别。他们认为，在经济发展的早期，人均收入和人均财富很低，人们无力支付固定的进入费用或者即使有能力支付也因为交易量太小、交易所负担的单位成本过高而没有被激励去利用金融中介和金融市场。由于缺乏金融服务需求，金融服务的供给无从产生，金融组织机构和金融市场也就没有存在的基础。当经济发展到一定阶段后，一部分先富起来的人由于收入和财富达到临界值，他们就被激励支付固定的进入费用去利用金融中介机构和金融市场。这样，各种类型的金融组织得以建立起来。同时，他们还指出金融体系在经济发展的不同发展阶段与发展水平上的作用是不同的。在经济发展初期，人均收入和人均财富较低，人们只有能力构建金融中介机构来降低信息和交易成本，对其他金融组织、金融服务与金融工具的需求较少。只有经济发展和人均财富达到一定程度之后，人们才有能力和动力去积极参与金融市场的活动。

相应地，20 世纪 80 年代后，农村金融市场论或农村金融系统论（Rural Financial Systems Paradigm）逐渐替代了"农业信贷补贴论"。农村金融市场论实际上是金融抑制理论和金融深化理论在农村金融理论领域的发展，该理论强调市场机制的作用，其主要理论前提与农业信贷补贴论完全相反。其代表人物 Adams et al.（2000）认为"农业信贷补贴论"虽然支持信贷供给先行的农村金融战略，但其假设前提是错误的。事实上，即使是贫困农户，也有储蓄需求。许多亚洲国家的经验表明，如果存在储蓄的机会和激励机制，大多数贫困者会进行储蓄，低息贷款政策很难实现其促进农业生产和向穷人倾斜的收入再分配目标，而且，由于贷款的用途是可替换的，低息贷款不太可能促进特定的农业活动，其主要受益人不是农村穷人，低息贷款的补贴可能被集中并转移到使用大笔贷款的较富有的农民身上。因而，政府没有必要向农村注入政策性资金，低息政策妨碍了人们向金融机构存款，抑制了金融发展，运用资金的外部依存度过高是导致贷款回收率降低的重要因素，并且由于农村资金拥有较多的机会成本，非正规金融的高利率是理所当然的。这些理论观点在一些西方学者的研究中得到了有效的证实。例如，Jensen（2000）分析了政府资助的农业信贷体系对信贷市场的扭曲作用，认为在发展中国家，农业信贷资金的筹集主要来自国家财政，而发达国家的城乡金融体系已经日益整合为一体，逐步由政府资助补贴的农业信贷模式向市场化的融资方式转变；Jensen 通过实证分析得出结论：发展中国家政府主导的农业信贷体系在促进农业投资方面缺乏效率，而发达国家的市场化融资方式和国家的必要干预措施明显是更有效的。该理论的核心要点可以概括为：（1）农村内部储蓄动员在农村金融发展中发挥关键作用；（2）为实现储蓄动员、平衡资金供求，利率必须由市场决定，并且实际存款利率不能为负数；（3）农村金融成功与否，应根据金融机构的成果与经营的自立性和持续性来判断；（4）没有必要实行为特定利益集团服务的目标贷款制度；（5）非正规金融具有合理性，不应无理取消，应当将正规金融市场与非正规金融市场结合起来，因此，以完善农村金融市场机制为特征的农村金融市场化改革十分重要。该理论完全仰赖市场机制、极力反对政策性金融对市场的扭曲，20 世纪 80 年代以来一直受到人们的广泛关注。

3. 农村金融发展的市场与政府有效结合理论

20 世纪 90 年代中后期以来，东南亚等地区和国家发生了严重的金融危机，这揭示出市场机制并不是万能的，对于稳定金融市场来说，合理的政府干预非常重要。农村金融理论也发生了一些新的变化，理论学者认识到要培育稳定的、有效率的金融市场，减少金融风险，仍需必要、合理的政府干预。Odedokun（1996）、Hellman（1995）、Murdock（1996）等人在金融发展理论的基础上，提出了实现金融深化的一种新的思路；他们观察到一些发展中国家和转型国家在金融改革进程中没有盲目进行金融自由化改革，而是根据各自的国情采取了循序渐进的改革，从而有效地避免了大的金融动荡和金融危机；据此他们提出对发展中经济和转型经济而言，虽然金融压制状况严重阻碍经济发展，但是在实行金融自由化的初始条件并不具备的条件下，盲目推进自由化不会收到良好的效果；他们运用信息经济学理论重新审视了金融体制中的放松管制与加强政府干预的问题，认为适当的政府干预有助于金融深化和经济的发展，即合理的金融约束是金融自由化的必经阶段，这为金融发展理论提供了新的分析框架，形成了被认为是适合农村金融发展的"金融约束论"。

Stiglitz et al.（1981，1997）的不完全竞争市场论也强调了市场与政府的协调配合，其基本框架是：发展中国家的金融市场不是一个完全竞争的市场，尤其是放款一方（金融机构）对于借款人的情况根本无法充分掌握（不完全信息），如果完全依靠市场机制就可能无法培育出一个社会所需要的金融市场；为了补救市场的失效部分，有必要采用诸如政府适当介入金融市场以及借款人的组织化等非市场要素（Imperfect Market Paradigm）。该理论被认为同样适用于农村金融发展。Stiglitz 认为，由于存在市场失败，政府应积极介入金融市场；政府在金融市场中的作用十分重要，但是政府不能取代市场，而是应补充市场；政府对金融市场监管应采取间接控制机制，并依据一定的原则确立监管范围和监管标准。这一理论的主要政策建议有：一是金融市场发展的前提条件是以低通胀率等为表现特征的宏观经济的稳定；二是在金融市场发育到一定程度之前，相比利率自由化，更应当注意将实际存款利率保持在正数范围内，并同时抑制存贷款利率的增长，若因此而产生信用分配和过度信用需求问题，可由政府在不损害金融机构储蓄动员动机的同时从外部供给资金；三是在不损害银行最基本利润的范围内，政策性金融（面向特定部门的低息融资）是有效的；四是政府应鼓励并利用借款人联保小组以及组织借款人互助合作形式，以避免农村金融市场存在的不完全信息导致的贷款回收率低下的问题；五是利用担保融资、使用权担保以及互助储金会等办法是有效的，可以改善信息的非对称性；六是融资与实物买卖（肥料、作物等）相结合的方法是有效的，以确保贷款的回收；七是为促进金融机构的发展，应给予其一定的特殊政策，如限制新参与者等保护措施；八是非正规金融市场一般效率较低，其改善可以依靠政府适当介入来加以解决。

21世纪以来，一些学者则依据哈耶克局部知识理念（Local Knowledge），从知识论角度，提出了解决不完全竞争和信息不完全问题的金融局部知识分析范式（Local Knowledge Paradigm），从理论和政策上支持了"农村金融市场论"（Tsai，2006）。局部知识论认为事实上信息不对称问题恰恰不应是政府干预的理由，而应该依靠市场机制加以解决。因为竞争是一种发现信息、减少信息不完全和不对称的过程（Hayek，1968，1969；Okun，1995）。农村金融市场中存在着许多散布在特定时间和地点的局部知识，只有类似于劳动分工的知识的分工（Division of Knowledge）才能充分利用这些知识，而竞争有助于发现这些知识（冯兴元，2002）。在特定时间地点的现场交易（包括金融交易）最能利用局部知识，金融机构的多样性可以促进金融工具创新，使金融市场不断逼近完全竞争市场。而那些着眼于服务农村经济主体而成长起来的合作金融机构、非正规金融机构、地方中小型商业金融机构、小额信贷机构等正是农村分散的局部知识的最佳利用者，促进其相互间的竞争，对提高农村金融体系效率和金融资源优化配置至关重要。此外，借款人连带保证小组，也称"团体贷款"（Group Lending）、贷款中的动态激励和有规则还款安排以及借款人互助合作，是促进知识分工尤其是借款人之间的知识分工，充分利用分散的局部知识，避免不完全信息的有效办法之一，政府应该积极培育这类农民组织。非正规金融市场行为，具有交易成本低、信息对称、能够充分利用局部知识等特点，一般效率较高，但其不规范性使之可能存在一定的负面影响，这就需要政府建立和维持某种最低程度的运作秩序框架。由于政府利用局部知识的效能不及市场主体，与市场失灵相比，政府失灵可能更严重，若政府通过其金融机构对农村直接提供补贴贷款往往效率将更低。

因此，农业补贴只能应用于农村金融市场机制失灵的地方。总之，在"局部知识论"框架中，政府虽然有自己的位置，但必须找准自己的位置。

4. 农村金融发展的微型金融理论和普惠金融理论

（1）农村金融发展的微型金融理论

微型金融（Microfinance）是在传统正规金融体系之外发展起来的一种金融方式。根据世界银行集团（the World Bank，简称"世界银行"）的定义，微型金融是指对低收入人口提供的小额金融服务。虽然微型金融的核心是小额贷款（Microcredit），但是微型金融不仅仅是小额信贷，还包括存款、保险及汇兑等金融服务。微型金融是一个非常宽泛的概念，只要是以低收入群体为目标的各种类型的金融服务，无论其性质、规模和发起人如何，都应该算作微型金融服务。微型金融及其小额信贷投放以其完善农村金融制度体系、实现金融扶贫的功效及局限性被越来越多的理论研究所关注。

1976 年孟加拉国的穆罕默德·尤努斯（Muhammad Yunus）教授在该国发起了致力于解决乡村贫困人群金融服务问题的乡村银行项目（Grameen Bank Project），成为微型金融发展的开端。20 世纪 80 年代微型金融在广大发展中国家兴起，20 世纪 90 年代以来快速发展，成为许多发展中国家传统正规金融体系尤其是农村正规金融体系的一个有益的补充。微型金融机构（Microfinance Institutions，MFIs）是提供微型金融服务的机构，即致力于帮助无法从正规金融体系中获得金融服务的小企业、穷人和贫困家庭获得金融服务的金融机构。其最主要的业务内容是向无法获得正式金融机构服务的低收入群体发放微型信贷和吸收存款，尤其是向非常贫困的家庭及微型企业提供很少量的贷款（小额信贷）以帮助他们进行生产性活动或小本经营。其显著特征是单笔交易额非常小，一般低于人均 GDP 水平。虽然学者们均认为微型金融是农村贫困人群获得金融服务的重要方式，但在发展观上存在两种意见相左的争论——机构主义与福利主义的争论。机构主义论的代表，Gonzalez提出微型金融机构的可持续是给穷人成功提供金融服务的关键，自给自足是金融机构可持续的必要条件。福利主义论的代表，Morduch 则提出微型金融机构不需要自给自足就能可持续发展，更强调消除贫困外延的深度（即服务于最穷的客户），而不是广度（即服务于客户的数量），按照社会尺度衡量机构是否成功；认为应该构建多种类型机构，既包括追求利润的也包括承担社会使命的，目标定位于不同的市场、不同的资金组合和不同的社会及金融收益。

此后，亚洲开发银行（Asian Development Bank，简称"ADB"）在 2000 年回顾了小额信贷在消除贫困、消除性别歧视以及对整个金融系统发展方面的巨大作用，同时提出应该扩大小额信贷的受众群体、提高小额信贷的运营效率，实现在消除贫困方面的效用最大化。Baumann 研究了小额信贷在消除南非农村贫困问题方面的作用，并提出政府和社会应该对贫困家庭给予信贷支持。Matin，Hulme & Rutherford（2002）提出小额信贷应该考虑到贫困人口的短期、中期及长期需求，成为一个帮助贫困人口脱贫致富的战略性平台。Marr 采用更为复杂的实证研究框架基于对秘鲁公共银行的经验研究认为，小额信贷不仅能够解决借贷双方的信息不对称问题，还可以有效消除贫困，促进经济的可持续发展。Jalan & Ravallion（2002）通过对资本在中国偏远农村地区之间转移的微观模型的研究发现，对偏远贫困地区进行投资，可以有效地消除贫困。Kurmanalieva，Montgomery & Weiss（2003）通过对亚洲贫困消除情况的研究，发现了小额信贷机构对消除贫困作用的有效性，提出应该重新审视消除贫困的规划，不应该把小额信贷机构作为消除贫困的万能钥匙，而应该寻求新的突破口。Morduch & Rutherford（2003）指出贫困家庭在储蓄、投资、保障生计方面被许多因素制约，而非正规金融部门对低收入家庭提供金融中介服务的便利性和灵活性比正规金融部门更完善，而小额信贷也是如此。Hussein & Hussain（2003）通过对巴基斯坦的研究发现，小额信贷不仅在消除农村贫困方面效果显著，而且对巴基斯坦的性别平等做出了很大的贡献。Judith Shaw（2004）通过对斯里兰卡东南部的微型企业的研究发现，由于地理、财政和社会文化方面的壁垒，阻碍了微型金融在消除贫困方面发挥积极的作用。Montgomery & Weiss（2005）通过对亚洲和拉丁美洲的小额信贷机构研究发现，小额信贷机构在消除贫困方面存在局限性，尤其在消除赤贫情况方面作用微乎其微。Khandker（2005）利用面板数据对孟加拉国进行研究，发现小额信贷不仅让小额信贷的直接参与者尤其是女性参与者的经济情况得到了改善，而且对农村经济发展起到了促进作用。Matovu（2006）通过对乌干达的研究发现，农村女性的受信者在得到小额信贷机构授信后，生活情况改善十分明显。Akhter（2009）以巴基斯坦的穆斯林小额信贷机构 Akhuwat 为样本，研究了无息贷款对消除穆斯林人口贫困的作用，提出无息贷款对解决穆斯林贫困的意义重大。Imai & Azam（2010），Imai，Arun & Annim（2010）利用孟加拉国、印度的数据进行计量分析发现，将贷款用于生产用途的人们在得到小额信贷后生活情况改善显著，而将贷款用于生活用途的人们生活情况改善程度很小，并提出小额信贷机构在发放贷款时应当对借贷者的贷款用途纳入考虑范畴。

近年来，Korankye 利用加纳中部地区的第一手和第二手数据，运用计量方法，对影响小额信贷效率的因素进行了分析，提出了小额信贷机构的职员应当在放款前后接受培训，并且提出，尽管小额信贷面临着诸多挑战，但是毋庸置疑地在消除贫困方面发挥了巨大的作用，并指出这个结果不只适用于加纳，同时适用于全世界的发展中国家。Murisa & Chikweche（2013）通过对发生在津巴布韦的实时案例分析，发现了非银行部门的信贷为极端贫困的人民提供了极大帮助，具有非常好的发展潜质。Ayuub（2013）通过对巴基斯坦 Bahawapur 地区的小额信贷机构的职员以及借贷者进行问卷调查，发现小额信贷机构帮助人们提高了生活水准，是复兴乡村经济的一个重要战略，但也发现了这一地区的贫困农民很难及时地从信贷机构获得贷款，同时存在贷款利率很高的问题。Augsburg，Haas & Harmgart et al.（2013）运用随机对照试验的方法，对波斯尼亚和黑塞哥维那的小额贷款申请人进行了研究，发现小额贷款并没有使乡村贷款人的净收入得到明显改善。Howson（2013）以塞内加尔跨境交易为例强调了仅仅依靠捐助资金作为小额信贷资金供给来源的不利后果。Banerjee，Duflo & Glennerster et al.（2015）利用印度海得拉巴城市的调查数据，实证研究了小额信贷对居民消费、投资、储蓄、医疗、教育等方面支出的影响效应。Ding，Qin & Shi（2018）利用中国 2356 个村庄的数据，实证研究了政府主导型微型金融项目的反贫困效应。Churchill（2019）利用 1526 个微型金融机构的数据实证研究了微型金融机构成长的宏观经济效益和制度因素。

（2）农村金融发展的普惠金融理论

普惠金融（Inclusive financial system）始于联合国（the United Nations，简称"UN"）2005 年宣传小额信贷年时提出的理念，后被联合国和世界银行大力推行，其实质是希望为没有充分享受金融服务的人提供全方位的金融服务。世界银行扶贫协商小组（CGAP）、普惠金融联盟（AFI）、国际金融公司（IFC）、经济合作与发展组织（OECD）以及亚洲开发银行（ADB）等重要组织都对这一议题产生了浓厚的兴趣（Ananth，2012；Tomilove et al.，2013）。普惠金融理论是与金融排斥理论相对应的。金融排斥（Financial Exclusion）理论是一门新兴理论，最初是国外金融地理学家的研究议题，是西方金融地理学家"新金融地理"的研究方向之一，研究的重点是金融机构和服务的地理指向性，后来越来越多的经济学家和社会学家开始关注这个问题。Shoehorn & Thrift（1993）最先提出金融排斥概念，但当时仅仅局限于地理排斥。Pollard（1996）、Fuller（1998）、Leyshorn & Thrift（1997）、Kempson & Whyley（1999）、Cebulla（1999）、Bridgeman（1999）、英国金融服务管理局（FSA）（2000）均进一步对金融排斥及其影响因素进行了深入研究。Argent & Rolley（2000）、Lamer & Heron（2002）则通过分别对澳大利亚和新西兰的金融排斥现象进行研究发现，经济发展落后的农村地区金融排斥问题更为严重。Chattopadhyay（2011）通过对孟加拉国的调查发现，尽管银行在农村地区广泛存在，但是民间借贷仍然是农村金融的主要来源，需求方的因素是金融排斥的原因。基于此，近年来许多学者探讨了构建农村普惠金融的包容性金融体系在缓解金融排斥，尤其是农村金融排斥中的重要作用（Chandran & Manju，2011）。根据联合国的定义，农村普惠金融是指将储蓄、汇款和贷款等基本的金融服务，尽可能地全方位、有效地覆盖农村所有人群。普惠金融体系框架认同的是，只有将包括穷人在内的金融服务有机地融入微观、中观和宏观三个层面的金融体系，才能使过去被排斥于金融服务之外的大规模客户群体获益。最终，这种包容性的金融体系能够对发展中国家的绝大多数人，包括过去难以接触到的更贫困和更偏远地区的客户开放金融市场（Schwittay，2011）。从客户层面看，贫困和低收入客户是普惠金融体系的中心之一，他们对金融服务的需求决定着普惠金融体系各个层面的行动。从金融服务的主体方面看，普惠金融体系的"脊梁"仍然是零售金融服务的提供者，它们直接向穷人和低收入者提供服务。这些金融服务提供者包括从民间借贷者到商业银行的各类机构。此外，普惠金融体系还包括各种基础性的金融设施和一系列能使金融服务提供者降低交易成本、扩大服务规模和深度、提高技能、促进透明度的金融中介，其中包括审计师、评级机构、专业网络、行业协会、征信机构、支付结算系统、信息技术、技术咨询服务、培训机构等。这些服务实体可以是跨国界的、地区性的或全球性的组织。

此外，与普惠金融相关联的包容性金融的发展问题也逐步受到学者的关注。其中，有关金融包容性的测度研究，为普惠金融体系的建立提供了技术支撑。Jones（2008）通过对英国信用社在消除贫困和促进金融包容性方面的分析发现，信用社应包含在金融服务业内，从而在金融排斥群体内产生影响。Sarma（2008）提出了金融包容性指数（IFI）来测量金融包容性，该指数能够获取金融排斥、金融包容性的多维度信息。Chakravarty & Pal（2010）

指出人力发展的测量方法也能够有效地运用在金融包容性的测量。Appleyard（2011）以社区发展金融机构（CDFIs）为例比较了美国和英国贫困地区的金融包容政策，发现尽管 CDFIs 能够为金融排斥企业提供重要的资金来源，但是政策措施造成了不平衡的地理覆盖范围和市场空白，留下了显著的金融排斥空间。Chandran & Manju（2011）认为普惠金融能够动员更多的生产资源，从而推动经济增长、减少贫困，并提出建立穷人的银行是一个可行的选择。Khanna，Kumar & Nitsure et al.（2012）讨论了金融包容性问题，概括了审慎标准的要点，分析了在过去几年不良资产的数据，回顾了在金融机构具体的、共同遵循的方法。Gupte，Venkataramaniand & Gupta（2012）同样研究了如何测量金融包容性，并运用印度乡村的最新数据计算了包含多维变量影响的金融包容性指数。Diniz，Birochi & Pozzebon（2012）指出尽管获取金融资源是促进低收入人群发展的基本方式，但它应与其他包容性机制相协调，如金融教育。Yorulmaz（2013）通过测量了土耳其不同地区之间的金融包容性，结果显示不同地区间的金融包容性与收入成正比。Okpara（2013）为了完善现有的金融包容性指标，使用平均比率指数法提出了 chi-wins 金融包容性指标（CFII）。Chakravarty & Pal（2013）通过对印度 1972～2009 年的金融包容性指数的测量发现，从 1977～1990 年印度的社会银行政策对培育金融包容性起到了重要的作用；此后，市场导向的金融部门改革举措阻碍了金融包容性发展的步伐。Kapoor（2013）讨论了金融包容性将在印度的经济发展中扮演着什么样的角色，并提出了一些可行的方案和政策措施。Swamy（2013）通过实证研究发现，在农村贫困家庭的金融包容性项目中，扣除通胀因素的收入增长率对女性的影响是 8.4%，而对男性的影响是 3.97%，从而表明贫困参与者的性别将影响这些项目的成果。Dixit & Ghosh（2013）阐明了贫困农村地区包容性增长的需要，并以印度为参考提出把金融包容性作为一种工具实现包容性增长。Clamara，Pena & Tuesta（2014），Kapoor（2014），Arun & Kamath（2015），Bayero（2015），Allen，Demirhuc-Kunt & Klapper（2016），Zins & Weill（2016），Pozzebon，Christopoulos & Lavoie（2019），Lal（2019），Han，Wang & Ma（2019）研究了金融包容性的发展基础、决定因素以及金融包容性政策在不同国家或地区的实践。

2.1.2　农村金融制度创新的理论实践及经验总结

在上述理论研究的指导和推动下，农村金融制度创新的实践成果和经验研究也不断增加，主要包括以下几个方面。

1. 农村金融组织与运营制度变革与创新

Bensten & Smith（1976）提出交易成本应成为金融组织理论分析的核心内容，并提出实现规模经营、降低交易成本将是金融中介组织存在和发展的基础。Gale（1985）、Hellwig（1985）、Allen（1993）等人的相关研究普遍认为，除了传统因素外，金融企业组织形式和制度安排也是影响金融组织规模经济与交易成本的重要变量。在农村金融领域，Deaton（1991）、Udry（1994）认为小农为资金需求缺口融资的动机是强烈的，由于较高的信息成本以及不可能提供抵押等原因，小农尽管很难从正规金融得到金融支持，但却能稳定而且有效地通过传统的非正规金融关系进行融资，农户融资表现出更多的内源性特征。Besley（1995）指出由于农村金融组织存在相对更高的交易费用，使得"农村信贷市场距离完全竞争市场相当遥远"，为了克服这种农村金融交易中的高交易费用状况和组织"金融城市偏向"，需要真正构建面向农村和农业服务的金融组织体系。Stiglitz & Weils（1998）明确指出，农村金融的交易成本问题突出；在农业信贷中，贷款往往因挪作他用（如消费）而无法偿还。Herman，Murdoch & Stiglitz（1998）认为，发展中国家如果实行金融抑制，使农村贷款利率保持在零以上，就可以为金融机构创造租金，从而促进农村金融组织发展。Drabenstott & Davis，Gaburci & Hare（1998）立足于农户金融需求角度对农村金融机构及制度进行了设计。Fisher（1999）通过采用分离定理描述了农村金融市场的组织体系，即只要存在一个完备的农村金融体系，就必然能给农村经济提供最大的社会财富价值机会，同时也能为企业财富提供最大价值机会。Empel（2005）从交易成本角度对发展中国家农村金融发展的模式进行了较为细致的比较与分析。Mariana（2007）以美国的农村金融为例，在深入分析现有的农业信贷制度安排缺陷的基础上，提出了创新性的农户信贷俱乐部（Agricultural Credit Club）的制度设计，更好地体现出农村金融服务农户的功能及典型特点。Lakhwinder（2008）认识到欠发达国家政府一直致力于颁布适当的农业金融政策，使农村家庭在获得及时贷款降低交易成本的同时，又能增加农业生产力，提高农业产量，其中尤以印度和巴基斯坦最为突出。

近年来，农村小额贷款等微型金融的组织与经营管理研究成为新的热点。Park，Albert & Ren（2001）在研究扶贫助困的小额信贷的运作机制时，对中国贫困地区农户小额信贷融资组织制度有所涉及。Gibbons & Meehan

（2002）通过研究表明世界上大部分的贫困人口仍然没有得到小额信贷的支持，并呼吁小额信贷机构应当保证资本充足率，以及确立更为实际的消除贫困的规划。Akanji（2006）基于 1995 年世界银行对尼日利亚的贫困调查，认为小额信贷是消除贫困的策略之一，主要手段有建立关联机构、合并正式和非正式的信贷机构、加强对小额信贷项目的建设、保证贫困人口每年有一定的信贷预算。Shastri（2009）通过对印度的小额信贷机构的研究发现，在小额信贷机构迅速成长的同时，不仅市场因素在起作用，政府、非政府组织的作用也非常大，而政府与非政府组织的作用有待重新估量。Vijenderl，Rachnal & Parul（2012）提出印度旨在消除贫困的小额贷款由于通过商业银行进行运作，既无法保证项目的可持续性，商业银行也无法通过这项业务获得利润，提出应当提高小额信贷和小额保险的经营水准，使之达到设定的社会和经济目标。Imai，Raghav & Thapa（2012）提出应该大力打通资金从发达金融机构或发展中国家政府流向小额信贷机构的通道。Ghosh & Tassel（2013）提出非对称信息下资金提供者面临是否发放贷款补贴的两难选择，补贴是否能够减少贫困取决于资金供给量，当资金供给量很少时补贴是有效的，但当资金供给量充足时借款者则最好支付外部资金。Mersland（2013）提出小额信贷机构的商业资金似乎遵循着负筛选的规律，并受到财务绩效和专业化驱动下的补贴资金的影响。Bos & Millone（2013）的实证结果表明大样本的小额信贷机构组织都符合这一假说：非营利和非纯营利小额信贷组织比营利性小额信贷机构更有效，此外当小额信贷组织偏离传统经营模式时，其效率下降。Hartarska（2013）的研究认为小额信贷机构的增长或合并可以提高其效率，合理的组织形势可以实现小额信贷的可持续发展。Toby & Akani（2014）基于公共部门间接干预的新范式研究，认为尼日利亚要想消除贫困应该将非正式小额信贷组织正规化、创造资本市场和农村金融机构的有效联系，通过消除城乡差异、金融市场一体化、建立健全的制度体系完善农村金融机构发展的政策环境。Choudhury，Das & Rahman（2017）实证研究了孟加拉国 NGO 小额信贷运营效应，发现 ASA 小额信贷具有显著的减贫作用，并能增强城乡居民在提高生活水平方面的竞争。

2. 农村金融市场交易与运行制度构建与创新

金融市场是对金融交易机制的概括，即通过金融工具交易进行资金融通的场所与行为的总和。作为金融市场的子市场，农村金融市场则是对农村金融交易机制的概括。Stiglitz & Weiss（1981）认为发展中国家的金融市场不是一个完全竞争的市场，借款方只掌握贷款方的不完全信息，为了补救市场的失灵部分，政府有必要适当介入金融市场。Pischke（1983），Guasch & Braverman（1990）研究了发展中国家农村金融市场对农村经济发展的影响；Greenwood & Jovanovic（1991），Levine（1992）提出了旨在阐明金融市场如何随人均收入水平变化而演进的内生金融发展理论；Naughton & Barry（1993）强调新兴市场经济中的金融机构必须认真制定发展战略；Kay（1993）以市场博弈分析为基础提出发展中国家金融业的战略能力存在于公共关系、声誉和创新之中。Devaney & Weber（1995）建立了评估农村银行结构的动态模型，测算出美国的乡村银行业市场是不完全竞争的，并提出农村银行的政策制定必须以持续地促进现行的和潜在竞争为目标。Dodson（1996），Kocha（1997）研究了农业信贷市场竞争对农业生产增长的制约；Barry（2000）研究了不完善资本市场条件下农业企业的金融结构；Koester（2000）深入研究了功能完善的农村金融市场在提高农村资源配置效率中的核心作用；Vega（2003）论述了发展中国家农村金融市场存在的主要问题是各经济主体的关系，解决该问题的手段主要是农村金融市场深化。

Coetzee（2004）以"规模经济"和"交易成本"为分析工具研究了农村金融市场发展的动因；Conning & Udry（2005）则重点研究了发展中国家农村金融市场中农村金融组织的动态竞争与规制；Llanto & Gilberto（2005）对菲律宾农村金融市场的研究表明，只有真正转型为市场导向的信贷（Market-oriented Credit）与农村金融政策体系，才能从根本上缓解农户的信贷缺口，从而有效促进农村经济增长。Rankin（2008）通过比较越南和尼泊尔的农村金融市场，认为农村金融制度是一个演进的过程，它不是一种捆绑式结构，而是文化价值构建和实践的互动平台，这种平台必然会与大规模的政策性经济、政策性文化联系在一起。Calum（2010）的研究则表明中国正规的金融机构正在获得农户信任，农村金融市场在农村创业过程中的作用逐渐凸显。Demirguc-Kunt & Klapper（2012）通过对全球金融包容性的分析发现，尽管世界上有50%的成年人仍然没有获得银行服务，但是至少35%是可以通过公共政策解决的，其主要市场壁垒是高成本、物理距离和缺乏合适的政策。Banerjee，Duflo & Glennerster et al.（2013）研究了在一个新的农村市场，引入规范的小额信贷组为基础的贷款产品对金融市场的随机影响。Yuan & Xu（2015）利用中国农村的微观调查数据实证研究了贫困人群在非正规信贷市场的信贷可获得性，发现贫困居民受限于社会网络的缺失而很少参与非正规信贷市场。Burlando & Canidio（2016）利用 104 个乌干达群体的调查数据研究了农村信贷市场的资本流动及其货币的边际经济效益。Wolcott（2018）研究了 1951～1971 年印度农村信贷市场的收缩过程及其相应的经验启示。

3. 农村金融产品服务创新与定价制度改革

金融产品服务创新与相应的定价制度设计一直是农村金融领域的研究难点。Meeker（1997）分析了农业资本在农业经济中的作用，总结美国农村金融需求的特点与三大缺陷，并从三方面就如何扩大农村金融产品服务的供给进行了谨慎的制度设计。Wright（1997），Jensen（2000）认为，农村金融除了提供基本的贷款和储蓄服务，还应当为穷人发展新的金融服务。Matin et al.（2000）根据调查得出结论，发展农村金融产品和服务应当适应客户的偏好。Zeller & Sharma（2000）根据从孟加拉国、喀麦隆、中国等 9 个亚非国家的调查数据分析了农村穷人对金融服务的需求情况。Wright et al.（2001）共同研究了农村金融新产品开发之前应当考虑的关键问题，并提出了一个系统开发流程。Morduch（2002）提出小额信贷应该对贫困的人进行甄别，并根据实际情况确立信贷服务供给数量。Buchenau（2003）研究了农村金融服务创新如何适应农村特殊市场。Matul，Szubert et al.（2005）研究了当城市金融机构进入农村市场时，如何通过市场调查为新产品和新服务提供信息。Helms（2005）提出获得金融服务可以帮助穷人和低收入客户增加和稳定收入、置办资产，并为自己的未来投资。Gobezie（2009）从农村金融发展中出现的市场失灵和逆向选择的相关问题出发，强调了有针对性的干预以确保服务惠及穷人和自身可持续发展，并提出致力于可持续发展的农村金融服务提供者不能仅仅依靠捐助，而要从高效率的服务中获取属于他们的运营收入，并且为他们的服务设定适当的价格。Baguma & Loiskandl（2010）、Okpukpara（2010）均发现，金融创新对农业、农村科技推广起到非常明显的促进作用。Schwittay（2011）认为包容性金融作为一个结合主题、技术和理性的全球性产品，目的在于发展贫困群体所适合的金融产品与服务。Biosca，Mosley & Lenton（2011）集中于业务发展服务和预防保健服务两项小额信贷的非金融服务的研究，认为信贷决策取决于借贷人的特征，非金融服务能够提高收入水平和有效消除贫困。Allen，Demirguc-Kunt & Klapper et al.（2012）通过对 123 个国家的 124000 份数据的分析发现银行账户的使用与金融服务的获取环境成正相关，如更低的账户成本、更便捷的金融中介机构。Koker & Jentzsch（2012）以非洲 8 个国家的证据证明移动金融服务与农村正规金融和非正规金融的正相关关系，但非正规就业和现金偏好减少了移动金融服务的使用倾向。Chiu（2014）建立了一个责任金融的道德框架并将其用于农村金融机构分析，以判断农村金融机构的产品和服务是否符合这一道德框架。Finau，Pika & Samuwai（2016）基于斐济社区低收入群体的调查和跟踪访谈研究了农村居民数字金融服务采用意愿的影响因素。Maitra & Upadhyay（2017）以印度 FINO 支付技术为案例研究了通过技术培育农村金融服务的方式和路径。

此外，关于包容性金融和小额信贷扶贫服务创新的研究逐渐增多。Chakrabarty（2012）探讨了金融包容性是否需要改变从传统的会计模式主导的银行业务到以顾客为中心的业务模式。Demirguc-Kunt & Klapper（2012）发现非洲大部分的农村中小企业无法有效地获取金融资源，与其他发展中国家相比，非洲快速增长的中小企业不太可能使用正规金融，正规金融体系没有满足企业的需求。Demirguc-Kunt，Klapper & Randall（2013）通过对64个国家的65000个成年人调查样本分析发现，与其他地区相比，中东地区更不愿意使用正规金融服务。Anzoategui（2013）指出通过促进存款账户的使用，汇款能够对金融包容性有着积极的影响，但是它对正规金融机构的信贷需求和服务提供没有显著的影响。Agier（2013）的实证分析发现女性是小额信贷机构的主要客户，性别虽然不是贷款方法的条件，但却影响着贷款的具体条件。Tavanti（2013）指出小额信贷需要一个更加复杂的政策系统，金融资本的发展取决于人力资本和社会资本的增加，小额信贷应融入社区，认为通过小额信贷对经济发展的影响应根据资金建设、社会资本、个人、集体、系统的水平区别而论。EI-Komi & Croson（2013）指出小额信贷已被确认为改善贫困和发展经济的重要工具，但由于大部分穷人信仰穆斯林，因而无法利用传统的小额信贷合同支付利息，而符合伊斯兰教的合同（利润分享和合资）比传统合同（基于利率）更有效率，所以有针对性的服务创新对于穆斯林和非穆斯林均有广泛的市场前景。Allet（2013）提出除了财政和社会目标，小额信贷制度已经开始关注环保底线，并有针对性地提供其信贷服务。Mariyono（2019）基于印度尼西亚220户农户的调查数据，实证研究了运用小额信贷服务提高农民可持续生计的作用路径。

4. 农村金融风险监管和调控制度改革与创新

伴随着农村金融发展，国外农村金融风险管理问题的研究开始受到重视。Morduch（1995）的研究表明，遭受高风险的贫困家庭会做出反风险行为，从而造成金融市场的动态无效率。Boehlje & Lins（1998），Brennan &

Zechner（1998）的研究表明，持续的突发事件能极大地减少一个社区的社会资本储备，农村家庭为应对风险，需对金融资产进行重新分配。Morduch（1999）根据低频率与高频率、单个与重复突发事件，将农村金融风险进行了分类。Weinberge & Jutting（2000）进一步将农村金融风险划分为四大类：生产风险、健康风险、社会风险和制度风险，他们还对协变风险、异质风险做了一个一般性却十分重要的区分：前者在一定时期的某个方面会影响整个农村社区，后者却只影响家庭。Townsend & Jacob（2001）认为，农村金融风险管理是建立在各种角色的行为之上的，其中公共部门、营利的私人部门、非营利组织和家庭是四种主要的角色，而且各种角色在风险管理的整个过程中所表现出来的特性是有差别的。

Swain & Floro（2008）将脆弱性作为衡量福利的指标，对印度国民银行的 SHG（Self-help Group）项目进行了对比研究，发现参与 SHG 项目能够极大地帮助贫困人口减轻脆弱性。Manasan（2010）指出印度储备银行已经指示所有银行维持"从简账户"（银行账户余额为零）100% 的金融包容性以便将所有的家庭置于正规金融部门的监管之下；但调查显示，这项计划不周，获取利益的是更高的社会阶层。Sriram（2010）提出印度小额信贷部门简约、标准化的商业模式会将经济增长变为泡沫并陷入困境。Kban（2012）指出金融包容性是贫困群体收入增长的关键，实现可持续性金融包容需要一个在技术上可行的商业模式、适当的监管框架以及相互协调的系统。此外印度的经验证明了金融包容需要一个稳定的金融监管环境框架。

Roberts（2012）指出更强的盈利性趋向与农村小额信贷机构的客户的高利率相对应，然而这并不有利于利润实现；高利率导向也使得可持续性小额信贷机构的相关费用必须被重点监控。Cull，Navajas & Nishida et al.（2013）介绍了小额信贷机构业务环境质量的新指标、相关的监管和监督框架内容。Leatherman & Geissler（2013）提出小额信贷机构提供的个体或者小型融资可以扩大穷人现有的选择，好的融资产品包括储蓄和贷款，拥有能够使得客户获利的巨大的潜力，但需要精心设计去优化价值和使风险最小化。Feigenberg（2013）认为金融风险构成了社会干预经济回报的第一个实验证据，并提供了一个成功降低贷款违约风险的理论解释。Majumdar & Gupta（2013）发现尽管参与贷款损失的风险较低并提供贷款担保，全球金融体系委员会（Committee on the Global Financial System，简称 CGFS）还是不会将大量贷款贷给农村中小企业，部分原因在于弱势群体对信贷机构并没有吸引力。

Ahmed（2013）提出为了更好地服务于穷人的需要，农村小额信贷机构必须加强政府监管，改进公司治理和商业模式，建议小额信贷机构需要满足严格的定义，进行调节和监控以保护贷款者，这将有助于小额信贷行业的合法化。Somboon（2015）提出了泰国农村金融市场农业贷款的风险管理评价体系，并据此进行了实证研究。Aluni & Ray（2015）认为构建自助小组风险管理策略是印度 SHG（Self-Help Group）与银行联结计划可持续的重要路径。Mendoza & Rivera（2017）实证研究了菲律宾 567 个农村银行的信贷风险和资本充足率及其二者对银行盈利能力的影响。

5. 农业保险发展模式与制度创新

国外农业保险的理论研究和实践探索较早，对农业保险制度的研究主要集中在三个方面。

一是农业保险的作用及其对国民经济的影响。有效的风险分散与管理是市场导向型经济的必然需求（Skees，1999）。Peter（2000）认为，农业保险作为一种公共产品，其利益具有外部性，农业保险的发展有助于社会福利的提高。Goodwin（2000）认为，缺乏农业保险的情况下，中小农户获得金融资源的能力将进一步弱化，从而形成风险损失与收入下降的恶性循环，加剧社会的不平等；因此，农业保险是政府支持和保护农业发展的重要手段，政府应该在农业保险的发展中发挥重要作用；但是，农业保险的发展应坚持把农业保险作为风险管理的工具，而不主张发挥农业保险收入转移的功能。Townsend（2001）研究了农业保险发展与农村金融和农村经济之间的关系：农业单位在缺乏必要的风险管理情况下，农村金融部门收缩农业信贷规模，将导致农村金融风险增大，"农业风险是许多发展中国家充分发展金融市场的障碍"。Hosseini et al.（2017）研究了农业保险对农业部门投资的影响，发现农业保险及政府补贴对农户投资意愿具有显著影响效应。

二是政府主导型农业保险供给领域的争论。国外农业保险的发展主要依赖于政府的供给，"政府的直接经营或大量补贴是这些国家农业保险发展的必要条件"（Hazell，2000）。但是近年来越来越多的学者开始怀疑政府导向型农业保险发展模式，"全世界被政府支持的农业保险几乎都失败"，因为"政府主导的农业保险不但会降低资金的配置效率，而且对私人保险具有挤出效应，不利于保险市场的发展"（Stutley，2010）。越来越多的学者在全面回顾和反思政府直接经营和大量补贴农业保险发展的效率问题，并告诫发展中国家政府在发展政策性农业保险时应谨慎推进（Villalobo，2013）。

三是农业保险产品与经营技术的创新。农业保险由于普遍存在风险的相关性且容易发生巨灾损失、道德风险和逆向选择严重、交易成本很高等问题，要求农业保险必须积极改进经营技术（Mkhize，2012）。技术创新是近年来国外农业保险研究的热点问题。具有代表性的是借助于现代科技与管理技术（如卫星遥感技术与金融工程技术）将农业自然风险设计成标准的保险产品（如农业气象指数保险合同），同时还开发出应急准备金债券、巨灾股票与巨灾债券等产品以及其他各种农业风险衍生产品。Jensen & Barrett（2017）总结了指数保险作为一种有效发展工具所面临的主要挑战及其应对策略。Kath，Mushtaq & Henry（2018）认为天气指数保险是一种价格比较便宜、能有效防范和转移农业生产过程中的天气变化风险的农业保险产品。农业风险证券化促使农业保险产品与资本市场结合，大大扩展了农业风险的分散范围并提高了抗风险能力（Froot & Duffie，2000；Bhende，2012；Kumar，2014；Kenderdine，2018）。

2.1.3　农村金融制度创新的法治建设及政策保障研究

发达国家已经建立了成熟完善的农业、农村金融法律体系，在这一体系中，理论研究和立法实践相得益彰。

1. 法与金融理论为农村金融法治建设提供了理论依据

法与金融理论是 20 世纪中后期在美国兴起的一门新兴法学与金融学的交叉学科。1997 年、1998 年，La Porta，Lopez-de-Silanes，Shleifer & Vishny（简称 LLSV）相继发表了《外部融资的决定因素》和《法律与金融》两篇论文，标志着法与金融理论的形成。此后，法学家和经济学家为法与金融理论贡献了大量的经典文献，阐明了法律起源、法律发展和法律改革对金融发展的重要作用，其微观视角的法与金融和宏观视角的法与金融对在中国这种新兴加转轨的国家发展农村金融具有较大的借鉴意义。

（1）微观视角的法与金融

最新的文献研究了法律与市场主体的融资能力、法律与银行信贷的关系以及同证券市场发展的关系，取得了不少有价值的成果。Beek，Demiregue-Kunt & Maksimovic（2003）研究了企业规模、企业增长所面临的金融与法律制约问题，结果表明，在金融与法律体制发展不完善和腐败更严重的国家，企业发展受到相关制约更大的影响；研究结果还提供了关于银行官员的腐败制约企业增长的证明，认为在对克服因信息不对称所导致的市场失灵发挥金融制度监测作用进行模型分析时，应该考虑到这一"制度失灵"。Beek，Demirgue-Kunt & Levine（2003）收集了38个国家4000多个企业的数据，用经验性方法证明法律起源上的国际差异与企业层面上金融体制运转之间的联系，并从各种不同解释中确定了法律对金融发展的重要意义。Shleifer（2006）考察了49个国家的证券法，提出关于证券市场"最佳法律配置"的三种理论假说，并进行了相应的实证检验，结果发现：证券法对证券市场的良好发展具有重要的作用，当只存在市场力量，而缺乏相应的法律制度时，证券市场不会繁荣；证券法之所以起作用，不是因为证券法提供了公共执法，而是因为它能够便利私人缔约。这一发现表明了进行法律改革以支持市场发展的必要性。

另外，越来越多的实证研究表明：从长期来看，法律是信贷市场发展的一个重要决定因素（Porta，1997，1998；Levine，1998，1999；Djankov，2006）。法律的主要作用在于它赋予债权人权利以保障合同执行。有效的法律制度能够降低贷款风险，并使经济体中信贷规模占GDP的比重有所增长。Haselmann，Pistor & Vig（2006）对12个经济转轨国家进行了实证研究，研究结果发现：法律确实促进了信贷行为，债权人权利保护的总体水平与信贷规模正相关，而且从银行的角度看，担保制度比破产制度更重要，新进入者，尤其是外资银行，比现有的国内银行从法律变革中受益更多；他们也指出，尽管结果显示法律变革与信贷规模增长之间呈正相关，但并未能完全确定法律影响信贷行为的传导途径；他们进一步认为，如果能够清晰地认识法律对信贷行为的直接和间接影响，就可以证明信贷与法律之间的因果关系，这对于希望促进贷款增长的决策者来说也有重要意义。

（2）宏观视角的法与金融

在解释金融发展的国别差异时，法与金融的重点是法律制度的作用。他们认为，在法律体制强调私人产权、支持私人契约安排并保护投资商合法权利的国家，金融市场更活跃。LLSV（1999）指出成文法传统倾向于建立一个强有力的政府，加上一套相应的执行其决定的成文法往往会使社会的资源流向那些特权群体，同时，强权政府很难不对金融市场进行干预，而这就会阻碍金融的发展。Hart（1995）认为一国的合同法、公司法、证券法以及对这些法律的执行情况从根本上决定了证券持有人以及整个金融体系的运行状况。LLSV（2000a）发现，法律执行力度的差异会影响人们购买证券和参与金融市场的信心。Pistor，Raiser & Geifer（2000）在分析了24个转轨经济国家投资者保护水平与该国证券市场发展规模的关系后发现，执法效率是解释一国证券市场发展规模的一个重要变量，制约转轨经济国家金融市场发展的一个重要因素是执法效率的低下。回归分析表明，执法效率比法律条文的质量对金融市场的发展水平有更强的解释力。该研究结果指出了转轨经济国家从中央计划经济向市场经济转变的一个根本问题，即转轨的成功需要国家的角色从经济活动的直接协调者向公正的公断者转变。而投资者对执法效率缺乏信心表明，这种转变尚未完成。Pistor 和许成钢（2002，2005）认为，法律是内在不完备的，这意味着不可能制定出能准确无误地说明所有潜在损害行为的法律。当法律高度不完备且违法行为会导致重大损害时，将执法权分配给监管者而非法庭是最优的，因为监管者能主动开展调查、禁止损害行为或强制罚款。为了避免阻吓和监管失灵，转型经济应该发展除执法之外的机制。对政府机构进行的任何额外权力的转移，都应该辅之以治理机制，这些机制要能使权力的滥用最小化，还要能创造对政府机构的激励，使他们制定社会福利而不是个人利益最大化的决策。

Pistor 和许成钢（2002，2005）提出了一个新的研究方法——"内生性法律理论"（Endogenous Law Theory）。该理论认为，从法律制度是经济体系中的"内生变量"这个角度来看，通过修改法律制度去强制性地改变各类主体行为的做法不会有多少效果。鹤光太郎（Tsuru Kotaro，2003，2005）发现，法律制度"并非是不变的、外生性的要素，它以民间行为主体自我约束性的博弈均衡形式内生地生成，并对上述均衡与行为模式加以强化、巩固"。对我们来说，重要的是要看清在民间行为模式没有受到制约的情况下存在的自我约束性最优均衡是否已经形成，即对现存法律制度是否阻碍了民间最优反应做出判断。这是因为，均衡作为民间自身的最优行为模式，与法律制度之间经常会发生背离，对这种背离的判断是最关键的。强行地改变法律制度，以此改变人们的行为模式，其结果是"强扭的瓜不甜"。这一分析为我们重新思考法律制度与经济体系的关系、探究法律制度改革提供了一个新的视角。

大量的研究表明：法与金融理论基本是适合中国的，对中国的金融发展有一定的解释与指导作用。比如类似中国这种新兴加转型的金融市场，人们总是试图改进监管模式，而很少注意到金融发展的障碍主要在于法律的滞后。中国是成文法国家，在转型过程中法律体系建设滞后，成文法惯有的滞后性损害了法律本身的适应性，更重要的是，中国法律的执行交易成本非常高。从这个角度讲，正是法律制定与执行的落后导致了金融发展的不足。对此，法与金融理论给出了非常明确的政策建议，那就是通过完善法律制度和加强法律执行机制来促进金融深化与经济增长，而不是通过监管改革来实现目标，类似中国这种新兴加转型国家的重点应该是法律体系建设。

2. 农村金融制度创新的立法实践与法制保障研究

从 20 世纪六七十年代开始，农村金融立法及其政策选择日益成为法学和金融学的研究热点。学者们普遍认为，农村金融的弱质、低效和高风险需要培育专门的农村金融体系，而专门的农村金融体系需要专门的法律制度加以激励和约束（Mathieson，1980；Chaves，1996；Heywood & Nuia，2003；the World Bank，2005；Miller & Jones，2010；Roberts，2013）；法律规范与法制化对于农村金融机构的健康成长具有决定性作用，法律滞后是发展中国家金融抑制的根源（Vogel，1981；Jacob，1994；Zeller，2003；Barr，2005；Getaneh，2009；Chowdhury & Mukhopadhaya，2012；Biswas & Saha，2014）。在立法上，不论普通法国家还是大陆法国家，不论实行民商合一还是民商分立，发达国家普遍都通过为农业政策性金融机构、农业合作性金融机构、农业保险机构、乡村社区金融机构等专门进行相关顶层制度设计来引导培育农业、农村金融主体和金融市场。例如，美国的《史密斯——利弗农业推广法》、《联邦农业信贷法》、《联邦农作物保险法》；日本的《农林渔业金融公库法》、《农业合作法》、《中小企业金融公库法》、《农业协同组织法》以及《农协会并助成法》等 12 个附属法令；法国的《土地银行法》、《农业信贷银行宪章》、《农业互助保险法》；德国的《经营和经济合作社法》；澳大利亚的《各州合作社法》；新西兰的《新西兰农村银行金融公司法》、《农村居间信用法》等。

此外，Kane（1984）提出了规避型金融创新假说，并设定了一个管制者与被管制者互动博弈规则制度的框架。Kochar（1997）研究了缺乏有效法律规范条件下农业信贷的低效率配置问题。Skees（1999）研究了通过农业保险立法保障农民收入稳定的问题。Koester（2000）深入研究了功能完善的农村金融法律体系在提高农村金融资源配置效率中的核心作用。Goodwin（2001）研究了农业保险发展面临的问题，并介绍了发达国家农业保险立法和相关制度建设的有益经验。Meyer & Nagarajan（2001）认为当农村借贷合同违约出现时，由于法律措施的普遍缺乏，惩罚措施往往也难以奏效。Zak（2001）指出，各国在法律制度、社会制度安排以及经济的平等程度上的差异会导致人们之间信用度及信用水平的差异，进而导致各国经济增长与发展水平的不同。Tsai（2004）指出非正规金融的可持续性主要归结于四个原因：正规金融的有限信贷供应、国家实施政策的能力限制、本地市场的政治经济分割、许多小额信贷项目的体制性缺陷。Brau & Woller（2004）介绍了金融学术界对小额信贷和小额信贷机构所指定的纪律，并全面检讨和解决小额信贷机构的可持续发展、产品和服务、管理规范、客户定位、法规和政策以及影响评估的问题。Fleisig & Rena（2005）提出了针对发展中国家有效率改善农村金融市场的法律规范，并对担保交易、农村金融机构的准入与退出设计了具体的法律框架。Gobezie（2009）从农村金融中出现的市场失灵和逆向选择的相关问题出发，强调了针对性的法律制度设计对于确保农村金融服务惠及穷人和自身可持续发展的重要性。Boehe & Cruz（2013）探讨了女性贷款人在小额信贷机构中贷款偿还率与法律制度环境的关系及其原因，研究证明女性在所有的制度环境下对 MFI 的绩效有正向的影响。Garmaise & Natividad（2013）认为对农村金融机构提供信贷补贴是政府和中央银行非常重要和常用的政策工具。Espallier，Hudon & Szafarz（2013）以全球23%的小额信贷机构没有补贴为研究起点，研究金融机构如何在不受资助的情况下完成它们的社会使命，结果发现各国财政政策和立法有很大的地区差异。Marianna Ojo（2013）研究了不同法域中存款小组等新贷款方法与微型金融机构效率之间的联系，并强调了《微型存款条件规程》（*the Micro-Savings Requirement Scheme*）的重要性。

2.1.4　小结

综上所述，国外分别从政府主导、市场主导、市场与政府有效结合以及微型金融与普惠金融理论的发展四个方面对农村金融发展理论进行了系统研究与科学凝练，形成了农村金融制度改革创新的理论基础；伴随着上述理论研究在发达国家、发展中国家的应用，农村金融组织与运营制度创新、农村金融市场交易与运行制度创新、农村金融产品服务创新与定价制度创新、农村金融风险监管和调控制度创新、农业保险发展模式与制度创新的实践经验和教训也不断总结、反馈，有效夯实了农村金融制度创新的实践基础；此外，农村金融制度创新的法治建设及政策保障研究也不断深入，推动发达国家建立了成熟完善的农业、农村金融法律体系。农村金融理论探索、农村金融实践创新与农村金融法制保障三维一体，相互作用、相得益彰。这些极为丰富和深刻的理论基础、实践经验与法制总结，为本课题提供了充分的理论借鉴和逻辑起点。

2.2 国内农村金融制度创新与法治实践的理论源泉与理论实践

农村金融问题是转型期中国经济社会发展不可逾越的关键问题。伴随着40余年的改革历程，农村金融已经成为影响全体社会成员利益、制约国民经济发展全局的关键问题，并由此形成了一系列经典研究成果，为进一步深化农村金融制度创新提供了"巨人肩膀"。

2.2.1 农村金融体制改革与制度创新的理论研究

1. 农村金融体制改革及其深化的理论探索

在国内，20世纪90年代左右，农村金融问题逐步成为经济和金融理论研究的热点。林毅夫等（1989）的"中国农村信贷和农场绩效"，冉光和（1995）的"中国农村金融产业化发展问题研究"，郭晓鸣、雷晓明（1998）的"中国农村金融体制改革与评价"，张军（1999）的"改革后中国农村非正规金融部门：温州案例"，谢平（2001）的"中国农村金融体制改革的争论"，何广文（2001）的"中国农村金融供求特征及均衡供求的路径选择"，曾康霖（2001）的"我国农村金融模式的选择"，杜鹰、张红宇、黄佩民（2001）的"农村金融与信贷政策"等，开始系统剖析中国农村金融运行的问题与改革思路。

张杰（2003）在解析中国农村金融制度的结构与变迁的基础上为中国农村金融改革提供了理论支持。王家传（2003）研究了农村信用社的经营目标与发展模式。张红宇（2004）针对中国农村金融组织体系的功能缺陷，提出了农村金融组织创新改革的思路。何广文、冯兴元、何梦笔（2004）对转型期农村经济与农村金融的特征进行了研究，基于农村经济结构的战略调整和农村工业化和城镇化的战略任务和局部知识范式视角，提出农村金融结构的多元化发展思路。张乐柱（2005）运用新制度经济学的有关理论深入研究了合作金融运行机理与发展路径。李勇等（2005）指出，我国农村金融体系存在问题的根本原因是政府办金融以及过度管制导致农村金融市场缺乏活力，在组织体系、产权模式、服务方式以及监管政策等方面不适合农村特点。谢平（2006）通过对贵州省及其样本县农户和金融机构的问卷调查发现，一方面贫困地区公共财政未能发挥其应有的作用，健全的农村金融体系无法建立；另一方面将农村金融机构作为支农的工具，进一步扭曲了农村的金融体制；提出只有让公共财政发挥应有的作用，才能进一步改革农村金融体系，形成商业可持续的农村金融体制，有效消除农村金融抑制现象。

焦瑾璞（2006）提出形成可持续发展的多层次农村金融体系是下一步农村金融体制改革的主线。王曙光（2006）全面系统地探讨了我国农村金融的结构特征与经济绩效，并对农村负投资的体制根源以及民间金融规范化试点模式等进行了分析。刘锡良（2006）、张杰（2007）、李喜梅（2008）分别从农村金融需求和农村金融功能分析入手，就如何构建和完善农村金融体系，满足"服务三农需求"进行了深入的理论分析。李明贤和李学文（2007）分析了我国农村金融发展的经济基础，并由此提出相关建议。熊德平、冉光和、温涛等（2009）对农村金融与农村经济协调发展的机制与模式进行了深入的研究。白钦先、李钧（2009）从金融功能论的角度，提出了中国农村金融制度满足需求的制度供给的"三元结构"理论。熊德平等（2009）提出建立基于交易视角和功能意义的农村金融发展观。韩俊（2009）细致描述了当前中国农村金融需求和供给的现状，评价了农村金融改革实施的效果和存在的问题。徐忠、张雪春等（2009）以翔实的第一手调研资料为依据，分析了贫困地区农村金融现状和存在的主要问题，提出了贫困地区农村金融改革的原则及相关政策措施。

汪小亚（2009）重点研究了农村金融的改革进程和发展现状，揭示了中国农村金融的改革路径，从农村金融制度设计和政策选择的角度，探索了中国农村金融可持续发展道路。陈雨露、马勇（2010）通过构建农户、国家、社会、制度和文化的结构性视角，对中国农村金融的现实问题与发展路径进行了系统的经济学分析。王煜宇（2011）提出深化农村金融改革必须有效根除农村金融机构发展的制度供给抑制。洪正（2011）比较分析了各类新型农村金融机构的监督效率及其对农村融资状况的影响，指出当前以商业银行为主导的农村金融增量改革，体现了政府隐性存款担保下国家对于民营资本金融风险的过度防范，以及商业银行为了经营特许权价值作出短期选择的双重契合。梁静雅等（2012）通过对新型农村金融机构的发起类型、地区分布、注册资本、可持续经营状况等进行分析，发现新一轮农村金融增量改革并没有达到预期效果。

李树生、何广文（2008），张龙耀、褚保金（2012），冉光和等（2013）

则以创新作为农村金融改革发展的出路，对农村金融创新理论和创新实践进行了分析总结，对创新方向和创新路径进行了设计构建。王煜宇（2012）、王曙光（2013）在充分意识到法律制度在农村金融权利配置和农村金融市场培育中的基础地位和核心作用的基础上，提出应将法制化作为农村金融改革创新的目标和归宿。温涛等（2014）基于城乡统筹视角，研究了农村金融可持续发展的服务创新、动态竞争与风险控制，提出了深化我国农村金融体制改革的战略思路。杨德平（2014）认为在实现城乡经济一体化发展、"四化同步"的关键历史时期，应充分发挥农村金融的宏观、中观、微观三大功能，积极推进农村正式与非正式金融的优势互补。丁汝俊（2014）指出，大力发展微型金融，规范民间金融秩序，重建农村金融体系，是加快我国城镇化发展的重要推动力量。曹雷（2016）认为，我国前期推动的机构导向、行政主导的农村金融改革忽略了农村金融服务需求与市场化的关系。张乐柱、曹俊勇（2016）实证研究发现我国农村金融改革需要在资金配置总额、资金配置方向、资金配置用途与服务方式等方面进行调整与优化。陈放（2018）认为，在乡村振兴背景下，农村金融体制改革面临农村金融风险化解机制缺乏、农村金融供给机制不完善、金融资源配置不均衡等困境。廖红伟、杨良平（2019）基于交易成本理论视角研究了乡村振兴背景下农村金融体系改革的路径和具体措施。冯兴元、孙同全和韦鸿（2019）从农村金融发展的理论逻辑、农村金融发展的范式转换引出在乡村振兴背景下农村金融改革的重要意义和具体实践建议。

2. 农村金融制度变迁与创新的逻辑规律

张杰（1998）对中国金融制度的结构和变迁进行了研究，指出国家金融控制和金融垄断的目的在 1979 年以前是为了推行国民经济的赶超战略，1979年后则是渐进改革的需要。黄燕君（2000）归纳出新中国成立以来农村金融制度自上而下强制变迁的特征，得出这种变迁与农村实际需求相悖的结论。谢家智、冉光和（2000）认为长期形成并不断自我强化的利益体制是农村金融制度变迁路径依赖的根本原因，农村的制度环境、产权制度及组织制度是其利益机制形成的客观条件，因此改革的对策是推动产权制度和组织制度的改革。蔡昉、杨涛（2000）认为，20 世纪 90 年代中期以来城乡收入差距的持续扩大，可能更多来源于改革形成的利益集团对政策和制度的影响，包括城市利益集团的压力以及传统经济体制遗留的制度障碍，由此导致政府形成了"城市化倾向"的政策集合；在此期间的分税制改革与国有银行的商业化改制所产生的"条块分割"的财政金融体制显然是与政府"城市化倾向"经济发展目标相匹配的制度安排。谢平（2001）认为农村金融制度变革的根本是要变革所有权微观上被频繁改变的状况。杜朝运（2001）指出农村非正规金融制度是在基础性制度变迁之前出现的一种过渡性的次级制度安排，对农村非正规金融制度的治理应成为次级行动团体（政府）完善制度变迁的一种行动。冉光和（2002）认为，当前我国农村金融与农村经济发展失调的根本原因是现有的农村金融制度设计不合理，无法适应农村金融需求。

史晋川（2003）、郭斌等（2002）、张震宇等（2003）以温州为样本研究了中国农村非正规金融制度的变迁规律。宋洪远等（2003）将中国城乡居民收入差距扩大的原因归结为体制因素、政策因素和发展因素三方面，其中最重要的是体制因素和政策因素，特别是金融制度与政策。张杰（2004）指出，在中国长期以来国家与农户在分割有限农村剩余过程中存在一种脆弱的平衡，而国家农贷制度的基本功能则是维持这种平衡，由于这种平衡的维持具有节约国家管理资源与控制社会经济活动的效用，因此单方面改变国家农贷制度功能（如商业化）的努力注定要无功而返；此外，中国以民间借贷为主的农贷格局具有很强的内生性、路径依赖性和合理性，在政策上切忌采用自上而下的方式对其进行改造；从长远看，决定中国农贷制度改革与发展绩效的根本因素是农户收入的增加与农业经济的进步，而不是决策层改造现存农贷制度的决心与努力。叶敬忠等（2004）通过社会调查法研究认为，农户金融服务需求兼有内源性和外源性特征，在"制度—行为"的框架内，经济行为和制度之间是相互作用的，制度对交易主体的行为产生约束，影响产出和效率，而农户总是在各种制度约束下使他们的目标函数效用最大化，同时试图改变现有的制度约束，以获得更多的产出，从而导致新的制度安排形式。温铁军（2005）也认为国家主导的农村正规金融制度并不适合小农经济。官兵（2005）认为农村金融制度的决定和变迁是国家及代理人、农户和其他城市利益集团之间利益互动的产物，建立基于农户的市场化的农村金融制度是农村金融的改革方向。张荔、田岗（2006）强调农信社制度安排应加强和保障社员利益，提高社员作为利益相关者的受关注水平。金雪军、朱建芳（2006）从金融制度安排的角度来探讨，并进行了计量实证研究，发现区域金融制度安排的差异是造成中国区域金融发展差异不可忽略的重要因素之一。

何广文（2008）指出要从供应链、城乡一体化、城乡协调发展角度思考农村金融问题，要根据中国农村金融需求出发设计农村金融改革与制度创新的路径，不能简单复制西方发达国家农村金融模式和城市金融发展模式。曾康霖（2008）认为当代农村金融制度安排，要把握住农村的变化，要以扩大农业保险和增强农民的社会保障力度为基点，支持"三农"要以提高农民素质、增加农民收入为目标，要把推进县域经济发展作为切入点，要把发展、壮大民营经济作为着力点。陈雨露等（2010）认为，复杂化的农户经济结构和收入结构导致了金融需求的多样性，为适应这种多样化的金融需求，应该建立包括民间金融、合作金融、商业性金融和政策性金融在内的多层次农村金融制度。冉光和、赵倩（2012）的研究表明，中国农村金融制度效率总体水平不高，区域差异较为明显，东部地区农村金融制度变迁效率要高于中西部地区。冉光和等（2013）还对构建农村金融制度改革与创新的理论逻辑与配套政策进行了深入分析，构建了一个现代农村金融制度的基本框架。汪小亚（2013）系统梳理了当前农村金融改革发展中值得注意的难点，并将农村金融组织制度创新、监管制度创新和产品服务制度创新作为农村金融制度创新的重点。张宁宁（2016）从做好农村金融制度创新的顶层设计、采取自下而上的创新方式、合理确定创新边界、明晰创新实施主体、放松农村金融制度创新政策约束等几个方面提出了新形势下农村金融制度创新的路径。周梅（2017）认为，当前农村金融制度存在结构单一、功能发挥不充分、形式单一、创新不足且对农村民间融资的监管和疏导缺失等问题。温涛、王煜宇（2018）总结了中国农村金融制度变迁的阶段和二元结构系统强制性演进逻辑，并提出了相应的破解路径。

2.2.2 农村金融创新及其相应制度建设的实践经验总结

1. 农村金融组织创新及其制度变革

在经典的凯恩斯宏观经济可靠性模型与钱纳里"双缺口"模型中，土地、资本与劳动三大要素中，信贷缺失导致的一个可能性结果是：土地与劳动力将从那些无法获得信贷的人那里流向可以获得信贷的人，从而加剧社会信贷的不平等，也就是说，客观上需要强化农村金融使农业生产的土地、资本和劳动这三大要素形成联系机制（Relationships Mechanism），这种联系机制的实践形式即表现为农村金融组织体系（林毅夫，2005）。潘敏、夏频（2002）指出"纵向控制的、条状的"金融组织体系制度以及"贷款风险硬约束，存款成本软约束"的激励机制使得农村金融资源大量漏出。何广文（2004）的研究结果则表明，为了满足多样化的农村融资需求，我国农村金融体制改革应该以金融多样化为主线，从不同角度推进农村金融组织多样化。李伟毅、胡士华（2004）通过研究政府行为选择提出了一种模式，即降低市场准入条件，引导扶持民间金融组织的发展。章奇等（2004）检验了金融中介发展对城乡收入差距扩大的影响。温涛等（2005）也证明了中国金融结构体系框架下金融发展对农村居民收入增长的负向作用。王芳等（2005）明确给出了农村金融的交易费用等式，即"农村金融交易费用 = 信息费用 + 实施监督费用 + 界定和保护产权费用 + 保险费用"。同时，为了克服这种农村金融交易中的高交易费用状况和组织"金融城市偏向"，需要真正构建面向农村和农业服务的金融组织体系（温铁军，2005）。曾康霖等（2006）认为从资源配置角度看，农村金融组织体系是农村经济制度中实物资源配置的价值承担载体和启动杠杆，包括资金的筹集、分配和配置体系以及组织机构的配置状况。张琦（2007）以西北欠发达地区农村合作金融组织为例，系统探讨了欠发达地区农村金融组织发展的关键在于制度创新，并且在考虑交易成本的前提下，在法人治理结构上采取动态的股份合作制、在经营上实行合作金融与商业金融相融合的混合经营制是一种不错的建议。

何广文（2007）在考虑了交易成本的前提下，农村金融组织体系的变迁是以政府主导和自发创新两种方式推进的，呈现一定的多元化特征。傅勇、张晏（2007），陶然、刘明兴（2007），王永钦等（2007），陈其安（2008），杜金沛（2008）均认为"纵向控制"的商业金融组织体系和"横向竞争"的财政体制，不仅最大可能地激发出"城市化倾向"的财政金融制度安排和政策组合，也显著扩大了中国城乡收入差距。林毅夫等（2009）从最优金融结构理论视角出发，认为不同的金融机构给不同规模的企业提供金融服务的成本与效率是有差异的，大型金融机构不适合为中小企业提供金融服务，解决中小企业融资难问题的根本出路在于发展与完善中小金融机构。周立等（2009）考察了中国农村金融体系的形成与发展逻辑，发现金融机构的政策响应，往往是以"口号支农"，代替了"行动支农"，指出跳出市场逻辑，才有可能考虑从农村金融、农村发展的外部制约因素着手，真正缓解农村的金融约束。李静（2010）提出应该完善支持农村经济发展的政策性金融组织体系、明确界定和拓展业务范围、建立长期稳定的融资机制、强化金融监管和鼓励金融创新来增加农业政策性金融的投入以达到农业政策性金融支持农村经济发展的良性循环。刘小红（2012）总结了农村政策性金融组织的多维特征，并据此给出其法律规制的建议。张海洋、李静婷（2012）实证分析了村庄金融环境对于农户信贷约束的影响，导出农村信用社调整的重点以及非正规金融与正规金融的分工。王硕平（2012）、张书杰（2012）分别探讨了农村信用社省联社、农村商业银行的改革发展问题。

自 2006 年银监会颁布《关于调整放宽农村地区银行业金融机构准入政策更好支持社会主义新农村建设的若干意见》以来，新型农村金融机构逐步成为农村金融组织创新研究的重点。相关文献一方面肯定了建立新型农村金融机构的必要性（赵建平，2007；孙同全，2009），另一方面也发现了新型农村金融机构在设立和运营过程中的种种问题：如秦汉峰（2009）、沈杰和马九杰（2010）、陆智强等（2011）发现新型农村金融机构不仅没能很好体现出"新"的特点，而且十分容易养成创新惰性，导致业务高端化趋势；杨连波（2008）、李应军（2009）、马勇和陈雨露（2010）、洪正（2011）、周孟亮等（2012）则分别发现新型农村金融机构在资金来源、融资渠道、风险积聚、治理结构、监管设计和可持续经营能力等方面的重大问题；高改芳（2009）、温涛（2010）的调查表明，新型农村金融机构"不支农、垒大户"；而张蕾蕾（2010）的研究发现全国性股份制商业银行与国有大型银行发起设立新型农村金融机构的政治表态大于商业意图。另外，刘国防（2010）着眼于农村小型金融机构的改革与发展，针对农村小型金融机构面临的障碍，提出调整、完善的建议；范迪军（2011）以安徽省凤阳县为例，考察了农村新型互助金融制度创新与绩效；朱显岳（2011）基于个案调查分析反思扶贫型农村互助基金合作社的可持续发展；秦菡培（2011）在财税政策上为农村资金互助社探讨可持续发展路径；王修华、邱兆祥（2011）指出创建普惠性金融体系，发展具有包容性质的农村金融机构是促进农村金融发展、缩小城乡收入差距的有效途径；周孟亮、李明贤（2012）考察了小额贷款公司财税政策的现状，并构建了我国小额贷款公司新型财税政策改革的基本框架；钱枫林等（2012）对于农业合作经济组织进行了供应链融资模式的博弈分析，证成该模式的有效性；黄晓梅（2012）对于小额贷款公司信用风险的控制与防范给予了关注；马九杰、周向阳（2013）则探讨了农村资金互助社的所有权结构、治理机制与金融服务；薛桂霞、孙炜琳（2013）进一步考察了农民专业合作社信用合作的现状和问题，分析了农民专业合作社信用合作的优势；郭建伟、徐宝林（2013）对中国建设金融包容的社会进行了研究，指出新型农村金融机构作为建设金融包容社会的一项重要措施无疑取得了一定成绩；李小鹤（2013）比较了地下钱庄、小额贷款公司和村镇银行的发展绩效，提出只有扶持、鼓励民间资本成为控制者，才能推动新型农村金融组织的快速发展；曲小刚、罗剑朝（2013）分析了新型农村金融机构可持续发展的制约因素，提出促进新型农村金融机构可持续发展的对策。

刘春志、张雪兰和马悦婷（2015）的实证研究发现，银行集中度的下降有助于降低涉农信贷配给程度。刘景东（2016）基于社会网络理论研究了农村民间金融组织的稳定性和脆弱性，发现农户之间的网络对促进农户之间的信任、降低借贷过程的成本等方面具有重要作用。李红玉、熊德平、陆智强（2017）研究发现大多数村镇银行都选择绝对控股模式，且采用绝对控股模式的比例与其规模呈倒 U 形关系。熊德平、陆智强和李红玉（2017）研究发现村镇银行网点数量与所在地区农村金融供给水平呈负相关，与主发起行跨区经营决策及其经营能力呈正相关。殷浩栋、王瑜和汪三贵（2018）研究发现贫困村互助资金与农村金融市场的正规金融、非正规金融部门之间存在替代关系，尤其是替代了非正规金融部门贷款，且这种替代关系在贫困群体及消费性借贷中表现更突出。张正平、江千舟（2018）研究发现互联网金融的发展水平越高，农村金融机构的财务绩效和社会绩效都越差，市场竞争水平的上升将弱化互联网金融发展水平对金融机构财务绩效的影响。杨亦民、高梅玉和王梓龙（2018）从心理学角度研究了农村新型金融组织员工创新的意愿影响。

2. 农村金融市场运行及其制度创新

相比国外的研究，国内对农村金融市场及其制度的研究起步晚，研究成果在 20 世纪 90 年代以后随着农村金融市场化改革的推进才逐渐涌现出来。较早涉足农村金融市场研究的冉光和（1995）认为，市场机制不健全、政府干预过度、农村金融市场发展滞后是中国农村金融发展不可持续的根本原因。此后，一方面，何广文（2003）、林毅夫（2003）、刘民权（2006）、俞建拖（2006）、徐忠（2006）等从农村金融机构缺失的角度指出了中国农村金融市场发育不健全的根源，认为政府对非正规金融的过度排斥是导致目前农村金融市场主体过分单一、垄断和不开放的一个主要诱因。另一方面，万广华（2003）、严谷军（2004）、叶敬忠（2005）、韩俊（2007）等认为农村金融市场可以建设成为一种竞争性的金融市场，在竞争性金融市场不能发挥作用之处，农业政策性融资工具仍然意义重大。

此外，李勇等（2005）指出必须对金融体系进行大的调整，着眼于构建一个以商业金融为主导、合作金融参与、资金能够回流、国家政策支持引导的市场竞争性的农村金融市场。朱喜、李子奈（2006）提出只有在配置有效的前提下，金融资源才能分配到具有最好投资机会的农户或农村企业手中，才能够真正促进生产和投资，从而促进农村经济发展；而在配置无效的前提下，即使农村金融市场成长和供给规模不断提高，金融资源也可能因为被滥用（使用效率低）而不能对产出和收入产生积极的影响，甚至可能误导农户或农村企业采用不适当的资本密集型技术，最终导致农村经济恶化。中国银行业监督管理委员会合作金融机构监管部课题组（2006）分析了银行业金融机构在农村地区的金融服务与竞争充分性情况。马九杰（2006）认为，农村金融基础设施、结算网络渠道、网点布局和人力资源竞争将日趋激烈，但农村信用社和其他金融机构的适度竞争可以打破农村金融的垄断格局，但不同金融机构也可以通过链接和合作方式，不断完善和强化农村金融体系的整体功能。周立（2007）认为农村金融市场存在"严重的信息不对称、抵押物缺乏、特质性成本与风险、非生产性借贷为主"等四大问题。并由此导致"市场失灵"和"政府失灵"。马俊、马双强（2007）认为村镇银行的出现将带来农村金融市场的竞争局面，农村信用社应当从组织创新、技术创新、管理创新、业务创新把握未来的农村金融竞争。张承惠（2008）对中国农村金融市场体系与市场准入准则进行较为系统的设计。

何广文（2008）提出必须从基于市场竞争、市场公平和效率角度出发来考虑农村金融资源的配置，农村金融机构多元化、构建竞争性可持续发展的农村金融市场体系，是中国农村金融市场发展的战略选择。李永山（2009）提出了"农民专业合作组织＋期货市场"的农村金融市场创新模式。王定祥（2009）通过对农村金融市场发展的国际经验进行总结，提出了针对我国农村金融市场发展的政策启示，即健全的农村金融组织体系、发达的合作金融组织、强有力的政府扶持、完善的法律制度，都是确保农村金融市场健康发展的基础条件。游江、范梁（2010）从典型实证及相关金融指标分析两方面对"农村金融抑制问题是什么？金融竞争的程度如何？是否需要重新改革农村金融服务政策体系？"进行了研究。肖华芳和包晓岚（2011）指出有贷款需求的农民创业者只有不到60％能获得正规金融机构资助，农村信贷市场竞争不足、存在明显的信贷约束。米运生等（2013）研究了农村金融新范式——金融联结，其理论和实证分析表明：非正规金融机构在信息甄别、监督、合约执行和交易成本等方面的比较优势是金融联结的正向激励，农村市场内生的低固定成本和市场势力促进了金融联结；正规金融机构因处理系统性风险而产生的低成本是其参与金融联结的主要优势。谭燕芝等（2014）实证了城镇化因素在破解农村金融排斥问题方面具有不可替代的作用，指出建设更加富有竞争性的农村金融市场以及设法实现农民收入更快增长，是破解农村金融排斥难题的关键。许月丽、翟文杰（2015）研究认为，在二元经济框架下，农村金融补贴政策的一个重要功能界定是弥补部门间相对摩擦程度不同所造成的资金跨部门流动的扭曲。张龙耀、王梦珺和刘俊杰（2015）实证研究了农地产权制度改革对农村金融市场的影响及作用机制，发现农地确权和农地流转显著提高了农户的名义信贷需求，金融机构的农地抵押贷款供给具有规模偏好特征。黄惠春、李静（2015）研究发现利率市场化对农村金融市场效率损失的影响与农村金融市场竞争程度、农村信用社市场势力密切相关，提高农村信用社风险控制水平和营运能力有利于减少农村金融市场效率损失。姚曙光、傅昌銮（2015）发现小微企业信贷可得性受农村金融市场结构、中小金融机构的类型以及区域发展的程度等因素的综合影响。栗芳、方蕾（2016）利用信息熵法测算了农村金融市场的银行排斥、保险排斥和互联网金融排斥的程度及其根源。张正平、杨丹丹（2017）利用修正后的霍特林模型分析了新型农村金融机构扩张及金融市场竞争对普惠金融发展的影响，并利用省际面板数据进行了实证检验。

3. 农村金融产品服务创新及其制度变革

何广文（1999）的研究表明，农户信贷来源倾向呈明显下降趋势，说明农户从正规金融机构获得服务越来越少，越来越依靠民间借贷。曹力群（2000）的测算结果同样表明，银行、信用社等正规金融机构在农户借贷总额中占比过低，农户的金融服务需求更多依靠民间私人借贷。宋宏谋（2003）分析了农村金融资源流失对农民收入和城乡差距的潜在影响。温铁军（2004）认为正规的商业化金融不能提供小农经济条件下的信用服务。李勇等（2005）指出，20 世纪 90 年代后期以来，商业银行进一步从偏远农村地区大规模撤离，将信贷业务重点转向中心城市，对农村的放款也限于大型基础设施、国债配套资金和生态建设等大型项目，对农户的农业生产和中小企业的金融服务处于萎缩状态，造成农村资金通过商业银行严重外流；于是，逆向的反哺行为导致农村投资不足、农村经济增长乏力和城乡收入差距的不断扩大。温涛等（2005）进一步提出只有完善农村金融服务功能，农村金融发展才能真正成为农民收入增长的前提和条件。张杰等（2005）提出应尽快确立为农户提供有效金融服务的金融制度安排。

此后，随着新农村建设推进，农村金融服务创新研究增多。韩俊等（2007）的调查表明，正规金融机构提供的服务仍然难以满足农村经济主体的需要，必须推进金融创新进程。李锐（2007）运用农户数据，计量分析了农户金融抑制的程度及其福利损失的大小，从微观视角对农村金融研究的深化提供了重要的借鉴。熊学萍（2007）、阮红新（2007）、易法海（2007）分别从理论和制度方面对农户融资进行了深入探讨，认为农户对资金的有效需求不足，金融参与意识较弱，对农村金融市场现有的融资制度缺乏认知和利用的兴趣，信用意识虽然十分强烈，但实际的信用表现却不容乐观，并认为农户的年龄、文化程度、耕地面积和经济活动类型是影响其融资意愿和实际贷款数量的重要因素。岳意定（2008）对改革和完善农村金融体系进行了深入研究，并对创新农村金融产品与融资机制提出了针对性的政策建议；中国人民银行农村金融服务研究小组（2008）提出促进新农村建设必须鼓励农村金融产品和服务创新，建立有利于降低服务成本的农村金融监管体系和扶持农村金融服务的长效机制；曹力群（2009）提出要全面提高农村金融服务能力，并从适应农村经济特点和农业产业发展需要，着重开发一些适合农业生产发展需要的金融产品；李喜梅（2009）利用分维理论得出我国农村金融整体上存在供需失衡的问题，而且地区间农村金融功能发挥存在差异，各农村地区的融资需求都在不同程度上得不到满足；王修华（2009）发现破解农村金融排斥，需要建立普惠性的金融体系，加强政府规制，发展融合性的金融机构并促进其践行社会责任，不断创新农村金融产品，改善农村金融服务水平。程郁、韩俊、罗丹（2009）采用 Probit 和 Logit 模型对从 1874 个样本农户中收集的数据进行了实证分析，以考察农户正规信贷约束的因素，结论显示：收入、年龄、受教育程度、家庭特征、信用社社员资格、区域金融资源的供给状况等变量对农户的正规信贷约束都有一定的影响。徐璋勇、王红莉（2009）利用分层饱和模型及简约 Logit 模型对来自陕西的 2098 个样本数据进行了实证分析，认为收入、文化程度、贷款用途是影响农户金融服务需求满足程度的主要因素。张雨（2010）指出政府应该以"科技特派员"为平台推动"创业基金、风险基金"等金融服务创新。黄火生和温智良（2010）、夏彦（2010）分别诉诸个案分析诊断农村金融产品和服务方式创新难点，并尝试给出对策。吴盛光（2010）以品类、特点、困境与可持续之策为关注点，探索农村金融产品创新。阮小莉、杨恩（2011）聚焦于农村土地金融，探讨其制度创新问题。中国人民银行成都分行调查统计处课题组（2011）通过对孟加拉国乡村银行和仪陇县乡村发展协会的实证分析，审视中国农村金融服务的可持续性及其进路。

国务院农村综合改革工作小组办公室课题组（2011）总结了近年来农村金融产品创新的具体形式，包括农户信用评定贷款、农户小额信用贷款、农民专业合作社贷款、乡村"2＋1"贷款、"4＋1"农业产业链贷款、"新居乐"农民建房贷款等产品，以及农户联保贷款、"公司＋农户＋银行"、"合作社＋农户＋银行"等信贷模式。高文丽（2012）借助比较分析方法重点探讨了农村规模养殖户动物活体抵押融资问题。张扬（2012）对于农村中小企业融资渠道选择及影响因素予以实证分析。董晓林、徐虹（2012）对我国农村金融排斥影响因素进行了研究，结果表明人口规模小、社会消费品零售总额小、金融基础设施状况差的县域更易受到金融排斥。王曙光（2012）认为，要促进农业产业化经营，培育新型农业经营主体，需要从农业组织自身特点出发，加快金融服务创新。张永升等（2012）借助熊彼特的"创新理论"阐发农村金融制度创新的含义，并重点考察其中的农村金融产品创新设计问题。付东（2013）指出改革农村产权制度是提高农村金融产品创新空间的前提。张茂盛（2013）研究了家庭农场金融产品创新问题。高克勤（2014）展望了新形势下农业金融租赁的广阔前景。饶舜（2014）探讨了微信银行等互联网金融方式在农村金融中的应用。冉光和等（2016）实证研究了农村金融服务与农村可持续消费之间的非线性关系。何婧等（2017）研究发现多数农户存在较为严重的互联网金融储蓄排斥和信贷排斥，其主要原因是自我排斥。罗兴、吴本健和马九杰（2018）研究发现，农村互联网信贷的内在逻辑一定是"互联网＋社会网"，即技术逻辑和社会逻辑的结合。傅秋子、黄益平（2018）实证研究发现数字金融对不同类型农村正规金融需求具有异质性影响效应，一方面会减少农村生产正规信贷需求概率，另一方面又增加了农村消费性正规信贷需求概率。何广文、何婧和郭沛（2018）研究发现农户信贷需求依旧旺盛，非正规信贷仍然是农户满足信贷需求的主要渠道，农户信贷配给仍较严重。王汉杰、温涛和韩佳丽（2019）研究发现连片特困地区政府主导的农村正规信贷资源注入及其所带动的农村非正规信贷无法有效减缓贫困，反而会扩大农户内部收入差距。

4. 农村金融风险控制及监管调控制度创新

国内农村金融风险方面的应用研究比较薄弱。现有文献较少对农村正规金融和非正规金融的二元运行框架中可能蕴含的金融风险及其构成进行专门研究，农村金融市场风险问题尚未得到充分的揭示。中国农村金融市场的二元运行框架是中国农村金融风险构成的现实背景。梅兴保（2000）探讨了我国农村金融风险的生成、防范与化解。中国人民银行（2002）提出了八项措施，对农村信用社实施监管，包括加强信贷管理与规范信贷支农服务、加强对大额贷款的跟踪调查、加强不良贷款监控、明晰产权督促并强化财务收支管理、强化农信社债券投资管理并防范投资风险、加强领导班子的建设与管理。中国工商银行大庆分行（2003）指出了农村银行的特殊服务对象是"三农"，既具有商业银行的一般特点又有别于一般商业金融，因此需要从监管结构、监管周期、风险管理三个维度转变监管理念。尹矣（2003）深入分析了我国农村金融监管存在的缺陷。马九杰（2004）在对我国农村金融改革与发展研究的基础上，重点对农村信用社面临的总体风险进行了定性分析，并构造了我国农村信用社信用风险评价的指标体系。农村合作银行监管工作座谈会（2005）指出，加强农村银行的监管、转换机制，需要完善法人治理与强化约束机制、优化产权结果与做好后续改革、提高人员素质与加强队伍建设、严把新机构准入质量、提高资本充足率、拨备充足率与资产质量、加强合规监管以及重点突出对市场风险、信用风险与操作风险"三类"风险的防范。刘民权（2006）认为农村金融资源漏出的原因不在于农村贷款的收益率低，而是农村信贷的风险成本高，由此形成较高的贷款成本。赵天荣（2007）提出农村金融新格局给监管带来新的课题，如不尽快改善而只顾放开农村金融市场，危机爆发将在所难免。

温涛（2008）基于新农村建设的背景研究了农村金融风险防范与化解机制，分别建立了微观和宏观金融风险预警监控模型。何大安（2009）认为农村金融市场风险是中国金融市场风险的一个重要组成部分，它可以分为内部构成风险和外部冲击风险两大部分。张燕、邹维（2009）对于典型国家的农村民间金融监管进行了比较研究。杨大光、陈美宏（2010）指出农村金融发展长期滞后的根本原因是农村金融风险分担及风险补偿机制不完善，同时建议通过健全信用担保制度、积极拓展农村金融市场、大力发展农业保险、发挥贷款利率风险补偿的作用、加大政府支持力度等途径加以解决。白继山、温涛（2011）建立了农村金融风险预警指标体系与测评方法，对农村经济发展程度和经济稳定程度、农村金融发展程度和地方政府对农村金融影响程度四个方面进行了评价，并在此基础上分析了农村金融风险的基本状态。聂勇（2011）对中国传统农村金融存在的不良贷款率较高、盈利水平较低、市场竞争不完全和信贷信息不对称现象严重等问题进行了研究。刘明等（2012）依据在陕西、青海农村的调研数据做实证观察，发现农村金融机构过高估计了农村金融风险，对农村潜在经济机会估计不足。

王煜宇（2012）进一步提出有效根除新型农村金融机构发展的制度供给抑制，要完善新型农村金融机构监管法律制度，确保其服务"三农"的基本功能，增进其防范和抵御风险的能力。李宁、白展蔚（2013）揭示了处于利率市场化变革中的农村金融风险的表现形式以及农村金融风险的形成原因分析，提出我国农村金融在风险管理方面的应对策略。文春晖、孙良顺（2013）探索了新型农村金融机构监管的"目标导向"模式。王怀勇（2013）对于农村金融监管理论予以系统性构建，并在反思中国农村金融监管实践的基础上探索可行进路和具体设计。韩丽娟、李忠（2014）考察了1929～1949年的金融监管思想与农村金融的内生成长路径。温涛（2014）则运用粗糙集方法构建了农村金融市场风险测度模型。潘文轩（2015），丁忠民、玉国华和许属琴（2016）分别研究了农地经营权抵押贷款和农村产权抵押贷款中的风险类型及形成机理等问题。任劼等（2015）基于陕西省730户农户调查数据实证研究了农户信贷风险配给比例及影响因素。钱水土、陈鑫云（2015）认为，使命偏离、财务收支、流动性是新形势下农村信用社面临的主要风险，并提出坚持服务"三农"定位、创新驱动发展、突出精细管理和联合抱团成长等风险控制策略。钱水土、陈鑫云（2016）基于 Z 省 81 家农村信用社的面板数据实证研究了农村信用社区域性风险的影响因素。林雅娜等（2017）基于福建省 54 家县级农村信用社的面板数据检验了农村金融市场竞争对农村信用社信贷风险的影响。钮中阳、乔均（2018）构建了新型农村金融机构风险评价体系，对道德因素引发的风险进行了实证研究。

5. 农业保险发展模式及制度创新

我国农业保险发展的历史较短，系统的农业保险理论研究和实践的探索还是一个相当薄弱的环节。近年来，随着国家对农业和农村发展问题的高度重视，农业风险管理及农业保险问题受到越来越多的关注。在此背景下农业保险的理论研究和实践探索渐渐活跃起来，但多数还停留在单一视角，缺乏比较全面和系统的研究，而且大多数的研究对策将农业保险的发展定位于政策性的范畴（谢家智、王定祥、温涛等，2009）。郭永利（1999）等分析近年来我国农业保险发展日益萎缩，农业保险落后与农村经济发展的矛盾加剧；杨满社、丁少群（2000）运用福利经济学理论来研究农业保险的作用：

将农业保险看作一种公共项目，其效益包括直接效益和间接效益，其发展有利于提高整个社会的福利水平；许桂红（2001）实证分析了我国农业保险的制约因素。国内更多的学者将我国农业保险研究集中在农业保险发展模式的探讨，主张建立政策性的农业保险公司，同时大力发展合作保险业务（刘宽，1999；龙驰等，2001）。2002 年由中国保险监督管理委员会（以下简称"保监会"）牵头多家单位参与的"中国农业保险研究"课题组，提出了"大农业保险"概念，要求拓展传统狭义的农业保险范畴。庹国柱、王国军（2003）从准公共物品的角度，论证了我国发展政策性农业保险的重要性和可能的模式选择，主张政府应当发挥主导作用。郭左践（2003）认为，针对我国农业保险发展的模式，现阶段我国农业保险发展应走经营主体组织形式多元化的道路。张晓山（2004）认为，单独依靠农村或政府的农业保险方式均不现实，而政府支持下的商业保险模式和政府主导下的政策性保险模式值得考虑，农村社区集体或农民专业合作社可利用集体资金或股份制形式发展互助合作性质的农村保险合作社，政府则通过建立非营利性的国家和地方的农业保险公司，为农村保险合作社办理分保和再保险业务，从而将政策性保险与合作性保险相结合，这也应是一条重要的途径。孙秀清（2004）认为，我国应实行政策性和商业性相结合的农业保险发展模式。农业保险的政策性决定了农业保险不宜进行商业化经营，而我国较低的生产力发展水平又决定了农业保险不宜完全由政府主导，在经营模式和业务内容上应实行政策性和商业性某种程度的融合，并突出政策性保险的主导作用。张顺喜（2004）认为，应鼓励发展农村互助合作保险组织。冯文丽（2004）从制度变迁的角度考察了中国农业保险的变迁轨迹和制度缺陷，设计了中国农业保险制度供给模式。刘京生等（2004）较为全面地研究了农业保险的政策支持方式问题，以及农业再保险的发展问题。关伟、郑适、马进（2005）研究了农业保险的政府支持、产品及制度创新。钟甫宁等（2007）的研究表明：化肥、农药、农膜的施用决策对农户购买农业保险决策的影响不尽相同，农户农业保险购买决策对其化肥、农药、农膜的施用行为以不同的方式产生影响，在我国现行"低保费、低理赔"的农作物保险制度下，鼓励农户参保并不会给环境带来显著的负面影响。孙香玉、钟甫宁（2009）在农业保险存在供给限制的条件下，构建了农业保险强制参与的福利经济学分析框架，通过搜集不同地区农户对不同作物保险的支付意愿的数据测算了强制保险的社会福利变动，与补贴政策的福利变动进行比较，并检验了强制保险的收入分配效应，为选择农业保险参保方式提供了理论和实践借鉴。

此外，朱俊生、庹国柱（2009），赵元凤、柴智慧（2012），刘祚祥、黄权国（2012）均对农业保险制度的绩效进行了实证研究；邱波、郑龙龙（2016）在巨灾风险管理角度从理论上探讨了提高农业保险效率的方向和途径。黄延信、李伟毅（2013）从可持续发展角度，研究了农业保险制度创新。黄亚林、李明贤（2014）的研究发现我国政策性农业保险系统各主体利益的协同度低，我国政策性农业保险系统在宏观上仍处于低有序的发展状态中。刘璐、韩浩（2015）运用消费者剩余理论中的补偿变化与等价变化理论，通过货币变化测量效用变化，分析了政府对保险公司和农户的补贴比例及福利效果，并提出了对保险公司和农户的补贴方式。刘璐、韩浩和马文杰（2016）将财政支农政策划分为预防性财政支农政策和补偿性财政支农政策，并分析了它们对农业保险需求的影响机制。张哲晰等（2018）在对农户农业保险投保决策机理及其生产效应进行理论分析的基础上，利用调查数据研究了农户农业保险对化肥投入、生产效率及家庭收入的影响效应。王克等（2018）利用合约设计理论和蒙特卡罗模拟技术，研究了中国农业保险保障水平的影响因素及提升策略。叶朝晖（2018）从明确农业保险目标、制定农业保险长期战略性规划等方面为建立多层次的农业保险体系提出了政策建议。吴东立、谢凤杰（2018）从梳理农业保险制度演进历程和演进逻辑出发，提出了农业保险下一步改革的方向。郭军、谭思和孔祥智（2019）研究发现各地区农业保险排斥普遍是供给排斥、主动排斥和确实无须求共同作用的结果，且受经济状况、交通便利等因素的影响。李铭、张艳（2019）重点分析了"保险＋期货"项目对农业风险管理的重要作用及面临的主要问题。

2.2.3　中国特色农村金融法制化的理论探索

进入 21 世纪以后，农村金融法律制度的研究开始引起学术界的关注。王锡桐（2005）认为农村保险应该优先建立政策性农业保险制度，包括要使农业保险服务与商业性保险公司分离、对农业保险实行税赋的优惠政策、要对农业保险的目标和经营实行法制化管理、尽早制定和实施《农民保险法》等；李长健、江晓华（2006）针对农村金融供给行为、结构、数量与方式上的缺憾，以法治供给、和谐供给、非均衡供给、多元供给为基本理念，以主体的权利能力、行为能力、责任承担为基点，提出了农村金融供给法律制度建设的思路；尹优平、郭洪文（2006）通过对我国农村金融现状及问题分析，提出为新农村建设立法的研究结论；李昌麒、卢代富（2006）在进行我国农村经济法治研究中，提出了农村金融法律制度建设的基本方向与主要框架；徐德敏、倪楠（2006）着重研究了农村金融问题的法律对策；吴晓灵（2006）指出新农村建设背景下农村金融改革必须试点推进与立法先行；彭春凝（2007）从法律层面分析了农村小额贷款公司的相关问题；张燕、潘虹（2007）对新农村建设中农村合作金融组织创新的若干法律问题进行了探讨；孙永麒（2007）对完善我国农村金融组织体系的相关法律问题进行了研究；张旭娟（2007）研究了农村金融机构的功能与法律定位；庹国柱、朱俊生（2007）着重探讨了在农业保险立法中需要明确的多层面的原则性和可操作性问题，即农业保险的立法目标、经营原则、经营范围、可保风险、财政补贴政策、经营组织、巨灾风险分散机制、风险管理、管理机构等与农业保险立法密切相关的几个问题；张书清（2008）分析了农村民间借贷的制度性压制及其解决途径；王煜宇（2009）对农村金融法律制度的演进逻辑和规律进行了系统总结，并指出了路径创新的方向；黄维健（2009）则对构建现代农村金融制度的支持政策进行了深入分析；杜晓山（2010）提出要使可持续性的小额信贷蓬勃发展，还必须有适宜的法规和政策框架，它们包括中央及地方的政策法规、财税政策、利率政策、批发融资政策等，对小额信贷机构和普惠金融体系的评价要同时考核它的社会效益指标和业务业绩指标。

王煜宇（2011）通过总结农村金融法制化的国际经验，归纳出农村金融法律制度具有政策性、合作性、保障性等显著特征，并强调中国农村金融问题的解决，必须突出政策性金融法律制度、合作性金融法律制度和农业保险法律制度在整个制度体系中的主体地位，注重法律制度供给的均衡性、整体性和协调性，警惕市场化冒进的潜在威胁。郭德香（2012）以法律视角解析农村金融机构主体的法律属性、权利义务及其发展模式共同关心的问题。田春雷（2013）则指出，应在金融资源配置公平指导下进行一系列法律制度的构建，具体而言包括构建包容的金融监管制度和进行扶持性金融资源配置立法。耿平（2013）指出中国农村金融监管存在法律体系不健全、合作监管机制不完善、执法部门职责权限不清和农村金融行业自律能力较低等问题。张宇润（2013）提出我国农村金融创新法律机制建设必须抓住三个基本主线：一是制度安排体现激励创新的精神，给予农民更多的金融自主权；二是政府应当发挥积极作用，提供货币、财税政策支持，实行服务型监管；三是正式制度和非正式制度相结合。庹国柱（2014）指出为促进我国农业保险可持续发展，应尽早建立完善的农业保险法律体系。郑景元（2014）发现我国农村信用社因其立法层级低、变动大、具有公法性等问题而陷于存续危机，提出我国可以借鉴域外农村信用社立法先行、利益交换与民主管理等公私合作经验，通过制定《农村合作金融法》，确立保障农村信用社主体地位的法律机制。高圣平（2014）认为我国农村金融抑制主要是供给型抑制，消除供给型抑制需要通过以放松管制为主要内容的金融深化手段对我国现存农村金融体系进行变革，应去除我国实定法对农地金融化的限制。王煜宇、邓怡（2017）总结归纳了农村金融政策异化的表现及形成原因，并从法制化的视角提出了破解农村金融政策异化问题的具体路径。刘振伟（2018）总结了日本涉农金融法律制度修订经验，即形成以合作金融为主体、政策性金融为支撑、商业性金融积极介入的农村金融服务格局。

对于新型农村金融机构出现的问题，学者们普遍认为法律政策不到位是新型农村金融机构存在问题的主要原因（付强，2008；朱宝丽等，2008；李想，2009；赵天朗、尹波，2010；张德峰，2012），并就一些具体问题提出了法律政策建议（高晋康，2008；黄文胜等，2009；胡元聪、杨秀清，2010；李东方、刘牧晗，2010；王修华，2010；岳彩申，2011；王煜宇，2012）。王学忠（2010）从立法目标、设立原则、准入要件三个维度对于新型农村金融机构市场准入法律制度进行了专门探讨。冯果等（2013）认为，通过农村金融服务的市场准入、市场运营、市场退出监管规则的变革与再造，农村金融应在包容性监管理念指引下，实现农村金融善治。王煜宇、刘乃梁（2016）认为，由内而外，完善企业法人、区域竞争、金融监管和安全保障等制度是新型农村金融机构可持续发展的理想向度。张永亮（2017）认为，重构村镇银行市场准入制度必须以市场为导向，遵循商法自治原则，由政策之治转向法律之治。

2.2.4　小结

国内相关研究的系统梳理表明，农村金融问题已成为社会关注的热点、政治决策的重点和理论研究的难点，并在深化农村金融体制改革的理论探索、揭示农村金融制度变迁与创新的逻辑规律方面形成了一系列经典研究成果。农村金融组织、农村金融产品服务及其相应制度建设方面的实践经验总结也不断积累，但相比国外的研究，国内对农村金融市场及其制度的研究起步晚；农村金融风险方面的应用研究比较薄弱，现有文献对农村正规金融和非正规金融的二元运行框架中可能蕴含的金融风险及其构成缺乏系统研究，农村金融风险及监控问题没有得到充分揭示；我国农业保险发展的历史较短，系统的农业保险理论研究和实践的探索还是一个相当薄弱的环节。此外，农村金融法制及立法问题相关研究刚刚起步，专门针对农村金融法律制度进行系统性研究的成果尚未出现，凸显出农村金融改革顶层规划的缺陷，也进而制约了具体实施方案的形成。总之，中国农村金融制度创新研究有待于进一步深化。

2.3 中国农村金融制度创新与法治实践的理论框架

2.3.1 国外相关成果评价及进一步突破空间

前述文献综述表明，国外极为丰富和深刻的理论与应用研究，为本课题提供了理论借鉴和逻辑起点。发达国家农业、农村金融的服务体系及制度建设，以及农村金融支持农业集约化、专业化、组织化、社会化经营的制度创新给我国农村经济金融发展提供了重要参考。尤其是它们将理论研究、应用研究与立法实践相结合，"立法先行"，不断推进农村金融法制化更是我们必须重点借鉴的关键环节。此外，国外在农村金融组织制度、农村金融市场竞争制度、农村金融服务激励制度、农村金融调控制度、农村金融风险监管制度、农业产业化经营以及与之相适应的投融资工具创新方面的成功经验同样给我们有益的启示。它们较为成熟的实证研究方法和手段也值得学习。但是，中国具体国情以及农业经济和经营环境的特殊条件对其他国家的模式与经验应用构成了明显的约束。破解中国农村金融发展的困境、实现农村金融自身可持续发展和服务"三农"发展同步，必须充分把握现实背景，合理借鉴国际经验、认真吸取教训，突破传统思维定式，用新的思路探索农村金融制度的系统整合、科学创新与推进路径。

2.3.2 国内相关成果评价及进一步突破空间

总体而言，国内的研究应该说找准了方向和明确了目标，比较一致地认为科学合理的农村金融制度对于我国转型期经济社会发展至关重要。然而，国内相关研究要么从宏观层面研究农村金融机构改革如何适应"三农"发展需要，要么则是基于新古典经济学的视角将农村金融看作"投入—产出"的

"黑箱"，尽管根据对农村金融现状或趋势分析提出了比较有意义的对策建议，但由于缺乏顶层设计的清晰定位与打破"黑箱"的应用模型分析，使得我国农村金融制度创新与农村金融可持续发展、农村金融制度创新与农村经济健康成长的协同机理尚未得到有效揭示，无法为农村金融制度创新提供有效的理论指导。而且，农村金融制度创新的逻辑规律、作用机理、现行相关制度的绩效与偏差、机构准入的法律机制与风险防范、服务功能实现的保障机制与监管协同创新、农村金融各类制度创新系统整合与协调等方面的问题还较少涉及；此外，对策研究中缺乏阶段性划分，研究和制度设计呈现出不协调的"两张皮"的状态，顶层规划缺乏立法统率，导致尚未确立具有可操作性的农村金融制度创新实施方案。因此，本研究将在系统总结农村金融制度创新国内外实践的经验教训和主要障碍基础上，找准农村金融制度创新的关键环节，从新型工业化、信息化、城镇化、农业现代化以及金融风险全球化的现实背景下我国农村金融发展的新格局出发，利用全新的视野、思路、理论、方法和技术手段，对农村金融制度创新进行全面、深入、科学、系统的探索和总结。

2.3.3　中国特色农村金融制度创新与法治实践的理论框架

农村金融作为"世界难题"，其核心在于"金融"与"支农"的本质矛盾，"三农发展"需要金融的有效支持，但逐利金融难以支持"三农"。农业的自然禀赋、农民的稀缺财产、农村的信息障碍是影响金融营利、金融担保和金融规模的结构要素。"离农""弃农"是金融的理性选择，"强农""富农"是国家的战略需要。解决农村金融世界难题，必须通过制度创新和法治实践，立法拟制农村金融主体、培育农村金融市场，加强农村金融监管。作为调整处于现代经济核心的各种金融主体、金融活动及其相互关系的法律规范的总称，农村金融法律制度的独立性根源于其调整对象的独立性，农村金融法律制度具有政策性、合作性、保障性等本质特征。历史经验和理论逻辑都无一例外的证明，农村金融制度创新和法治实践能够降低农村金融市场交易成本，维护农村金融市场交易秩序，促进农村金融市场健康发展，并最终使农村资金高效转化为农村生产资本，加快农村经济发展、实现城乡统筹。

中国特色三农发展的历史传统、现实条件和战略目标决定了中国农村金融制度创新与法治实践必须"站在巨人的肩上"，走中国自己的路。2023 年 10 月 30 日 –31 日召开的中央金融工作会议，强调坚定不移走中国特色金融发展之路，加快建设中国特色现代金融体系，加强金融法治建设，早日建成中国特色社会主义金融强国。党中央把马克思主义金融理论同当代中国具体实际相结合、同中华优秀传统文化相结合，努力把握新时代金融发展规律，持续推进我国金融事业实践创新、理论创新、制度创新，奋力开拓中国特色金融发展之路，初步形成了"八个坚持"的中国特色金融理论框架：必须坚持党中央对金融工作的集中统一领导，坚持以人民为中心的价值取向，坚持把金融服务实体经济作为根本宗旨，坚持把防控风险作为金融工作的永恒主题，坚持在市场化法治化轨道上推进金融创新发展，坚持深化金融供给侧结构性改革，坚持统筹金融开放和安全，坚持稳中求进工作总基调。中国特色金融理论是将中国特色的人民主体性、政党先进性、制度优势性和金融资本运行模式创新深度融合的创新理论，我国四十多年的农村金融改革实践是其鲜活的理论来源，农村金融制度创新与法治实践是其重要的结构组成。作为国家金融体系中重要但是薄弱的部门和领域，农村金融制度创新和法治实践应当集中体现中国特色金融的政治性和人民性，在坚持党中央对金融工作的集中统一领导，坚持以人民为中心的价值取向的基础上，以有效服务"三农"、有力防范风险为功能目标，以市场化法治化为主要路径，以适应功能目标的供给侧结构性改革为突破重点，以依法合规的农村金融主体创新、结构创新、业务创新、产品创新为改革方向，从农村金融制度创新与法治实践的内涵与外延、经验与教训、历史与现实、成效与偏差、重点与难点、风险与监管、协同与优化等角度渐次展开。

第3章 农村金融制度创新与法治实践：
内涵与外延

本研究立足全面系统总结国内外理论研究成果和全面深入考察农村金融发展的客观实际，并在此基础上科学探索中国农村金融制度创新这一主题。本章将在前述对理论渊源与理论发展梳理的基础上，从农村金融制度创新的理论内涵及外延拓展、农村金融制度创新的内外约束与实现机理以及农村金融制度顶层设计与规划的理论依据几个方面来进行探讨，以期为后文研究奠定理论基础。

3.1 农村金融制度创新的理论内涵及外延拓展

随着中国农村金融体制改革的深入，理论界和学术界高度重视农村金融对农村经济乃至整个国民经济的重要作用，对农村金融制度研究的侧重点也做出了适应性调整，侧重点呈现出动态变化的特征，农村金融及其制度创新的内涵和外延不断丰富。

3.1.1 农村金融制度创新的内涵界定

一般认为，"金融"泛指资金的融通以及与之相关的银行、保险、证券、信托及相关活动。[①] 现实的文献对"金融"的界定大致可分为"资金融通论"、"金融资源论"、"金融产业论"、"金融工具论"、"金融媒介论"、"金融功能论"、"金融制度论"等几种类型。借鉴冉光和[②]的观点，本研究认为金融是指为实现金融资源有效动员和优化配置而逐渐演化而成的一种交易制度安排。根据这种定义，金融的功能属性、制度属性和分工属性自然显现出来：

---

① 参见黄达《金融学》，中国人民大学出版社，2003。
② 参见冉光和《现代农村金融制度构建与创新》，科学出版社，2015。

金融是分工的产物，其功能是动员和优化配置金融资源，这种功能需要通过契约和交易制度进行规范。沿袭这一定义，本研究认为农村金融是现代农村经济的核心，是指与"农村经济发展"的金融需求相对应的、通过金融资源配置而具有促进农业农村经济发展功能的"金融"，而不是被人为认定"农村"身份，只为农业生产提供信贷服务的农业金融，或仅在农村和农业领域为自身需要而开展业务活动的、地理意义上的农村金融机构及其组织体系。①

以制度需求为重点的制度变迁与创新理论的基本观点认为，制度是关于交易活动的规则，制度创新是制度的变革与改革，其结果是制度总体与其基本特征的变化，即采用更有效率的制度来代替原有的制度从而获取更大的制度净收益。② 与之相应，农村金融制度是指政府及其金融部门根据农村居民和农业生产经营主体的金融需求，有效调控农村金融市场、规范金融交易活动、创新金融产品和金融工具、改进金融服务、强化金融风险管理，进而实现农村金融资源有效供给的一整套制度的总和。很显然，现代意义上的农村金融制度需要与农村经济发展实际相契合，应该是包含政策性金融、商业性金融、合作性金融、普惠金融以及民间金融的系统规范。一套完善的现代农村金融制度体系是农村金融健康、有序、安全运行的制度保障，是实现农村金融资源配置公平、市场运行高效、机构可持续发展的机制保证。

随着农村经济社会的发展变化，农村市场的金融需求也发生着翻天覆地的变化，现代农村金融制度也需要进行适应性创新。那么，什么是农村金融制度创新呢？农村金融和农村金融制度的概念前文已经进行了界定，本研究接下来将在界定制度创新的基础上对农村金融制度创新进行探讨。制度创新不同于制度改良，制度创新可以导致制度变迁，是对制度框架的规则和事实组织所做的编辑调整或对制度的替代、更换与交易过程。③ 所谓制度创新，是指在人们现有的生产和生活环境条件下，通过创设新的、更能有效激励人们行为的制度、规范体系来实现经济社会的持续发展和创新变革。简单来说，就是要在遵循客观实际的情况下，修改、完善、更新、补充现有的相关制度文件。因此，农村金融制度创新就是指在当前中央高度重视"三农"发

---

① 参见熊德平等《农村金融与农村经济协调发展研究》，社会科学文献出版社，2009。

② V. 奥斯特罗姆、D. 菲尼、H. 皮希特编《制度分析与发展的反思——问题与抉择》，王诚等译，商务印书馆，1992。

③ North D. C., *Institutions, Institutional Change and Economic Performance*, Cambridge and New York: Cambridge University Press, 1990.

展，致力于实施乡村振兴战略、全面建成社会主义现代化强国的现实背景下，以解决城乡发展不平衡、农村发展不充分等问题和有效满足农业农村生产经营主体多元化金融需求为主要目的，深化农村金融改革，推动农村金融服务体系完善、农村金融市场交易规范、农村金融组织布局优化、农村金融产品和服务创新、农村金融效率改进和提升、农村金融风险防范和分担，有效克服现有制度不能适应农业农村新的生产力发展要求的现实障碍，最终实现对促进农村金融与农村经济互动良性循环、供需主体协同发展的相关制度和规范体系的动态调整。

3.1.2　农村金融制度创新的构成要素

在社会经济关系中，人类社会的两大基本矛盾主要表现为不同社会利益集团之间的矛盾，利益集团所代表的生产方式决定了其社会地位与谈判方式，从而决定了制度变迁与创新的主导者、核心内容、推动方式与实现目标。① 相应地，农村金融制度创新的主要构成要素包括创新主体、创新内容、创新方式和创新目标四个维度。接下来，本研究将对这四个主要构成要素进行分析说明。

1. 农村金融制度创新主体

农村金融制度创新主体是指在现有的制度不能适应新的生产力发展和经济社会实际要求时，负责研究制定、实施推动和实践探索农村金融制度创新具体内容和选择具体方式的各级政府组织、金融机构、社会团体、科研院所以及基层农民组织等各类主体。

从中国金融制度变迁的历程看，大多数历史阶段政府都对金融制度供给具有垄断性或是绝对主导性，是农村金融制度创新的重要主体。一方面，政府会根据农村经济不同阶段的发展战略来制定不同的金融政策，并调整相应的农村金融制度适应其发展目标，从而在实践上推动农村金融制度创新；另一方面，政府是农村金融市场的监管者，有责任对农村金融机构的经营过程和业务种类、农村金融市场交易活动、农村金融风险防控、农村金融参与主体行为等各方面进行规范性要求和金融安全控制。

农村金融机构是农村金融制度创新的执行者和实践者。无论是自发的、诱致性的农村金融制度变迁与创新，还是政府主导的强制性农村金融制度变

---

① 参见熊德平等《农村金融与农村经济协调发展研究》，社会科学文献出版社，2009。

迁与创新，也无论是农村金融产品创新还是农村金融服务创新，最终都是由农村金融机构来执行的。因此，金融机构是农村金融市场上最关键的参与主体。

一些社会团体和科研机构也是农村金融制度创新的参与主体，一方面它们自身参与农村经济活动产生的金融需求是诱致农村金融制度创新的因素；另一方面它们也承担着众多的相关研究课题，是政府金融政策制定和金融改革的智囊团，他们的新观点和新思维对政府决策具有重要作用。

农户及基层农民组织在其利益与其他农村金融市场主体产生矛盾和冲突时，有强烈动机促进制度的调整和创新，因此也是重要的创新主体。在中国农村金融制度变迁与创新的过程中，除了政府自上而下地强制性推动制度调整外，也存在来自基层的自下而上的诱致性变迁。

2. 农村金融制度创新的内容

农村金融制度创新的内容是指在实践过程中对现有的农村金融制度进行适应性修改、补充、调整和完善所具体涉及的一些主要内容。

首先，农村金融制度创新最重要的是金融机构制度的创新，包括金融机构的市场准入门槛、经营管理、组织结构、企业性质、业务种类、内部控制等。在不同的阶段和区域，农村金融机构所面临的服务对象和外部环境千差万别，当经济社会发展过程中出现制约金融机构经营效益、服务功能及风险隐患等偏差因素时，需要因地制宜做出制度改变，以突破既有障碍因素。

其次，鉴于金融行业的高风险性和传统农村农业生产的弱质性，金融监管制度创新也是农村金融制度创新的主要内容，这涉及一系列相关的法律法规、管理办法以及相应的评价体系和指标等。农村金融监管的主要目的是帮助农村金融机构更好地为农村经济发展服务，这需要一个合理的度，监管过严会抑制农村金融发展，监管不足会疏漏一些潜在的风险，所以如何把握监管度是农村金融制度创新必须重视的一个重要问题。

最后，农村金融制度创新的主要目的是可持续地促进农村经济和农业现代化发展，其作用工具就是形形色色的金融产品和服务，所以金融产品创新和金融服务创新的制度规范同样是农村金融制度创新的重要内容。

3. 农村金融制度创新的方式

农村金融制度创新的方式是指在制度变迁和创新的过程中所使用的方法、手段、技术及其组织形式等。制度变迁与创新的动力源于现有的制度不能适应新的生产力发展的要求。不同利益集团之间的矛盾不同，决定了制度变迁与创新的方式也不同。中国农村金融制度创新实践主要形成了政府主导的强制性制度变迁与创新和内生于农村的诱致性制度变迁与创新两种模式。

在强制性制度变迁过程中，政府为了自身发展战略目标，主要以颁布各类政策文件的方式要求社会团体、金融机构等按照相关规定对农村金融制度进行适应性调整并遵照执行。政府制定这些政策文件的思路、证据和参考标准主要源于针对既定发展目标的各类问题反映及制度实施效果反馈。这种创新是自上而下的强制性变迁，政府具有绝对的领导权和自主决策权。

在诱致性制度变迁过程中，一方面农村金融机构为了迎合农村金融市场需求、提高市场占有率和经济利润而推动供给引导型创新；另一方面基层农民及生产经营组织面临制度约束时为了摆脱困境存在强烈的动机去推动制度变革。这种创新是一种自下而上的诱致性变迁，其原动力是农村经济主体动态变化的金融需求，包括需求量的变化、需求种类的变化、需求特征的变化、需求条件的变化等。

4. 农村金融制度创新的目标

农村金融的本质是为农业农村提供金融服务和契合其发展的金融产品，促进农村市场经济可持续健康发展和农业现代化发展。创新目标就是指通过农村金融制度创新将要达到的理想效果。在新形势下，中国农村金融制度创新的主要目标应当定位为以下四个方面。

第一，要健全功能完备的农村金融组织体系。农村金融组织作为农村金融资源的供给主体，其多样性程度和创新经营能力对现代农村金融的发展起着决定性的作用。农村金融制度创新要根据农村经济主体及其金融需求变化特征，建立健全包括政策性金融、商业性金融、合作性金融、普惠金融以及民间金融组织在内的职责明确、功能完备、资本充足和分工协作的组织体系。政策性金融是执行政府农业农村政策的工具，主要提供政策性金融支持；商业性金融主要为农业产业服务，现代化的农业和特色效益农业发展能够契合商业性金融的利润诉求；合作性金融主要是农村经济主体的内源性融资，体现乡土文化和乡村治理的内在优势；普惠金融为更广阔的群体提供基本金融服务，有着明确的金融扶贫功能；民间金融则主要发挥调剂农村资金余缺的补充作用。

第二，要推动与农村经济相适应的农村金融供给。农村金融制度创新的一个根本目标是促进与农村经济发展相适应的金融产品和服务，提高金融服务农村经济持续健康发展的能力。在现代农村金融发展中，金融供求双方的交易对象表现为丰富多样的农村金融商品与服务，这不仅取决于农村经济主体的需求，还取决于农村金融服务体系对农村金融商品与服务的开发、创新与经营能力。

第三，营造良好的农村金融生态环境。良好的农村金融生态环境是确保农村金融安全运行的关键，因此通过制度安排来营造良好的农村金融生态环境是农村金融制度创新的一个重要目标。打造良好的农村金融生态环境需要大力推进包括市场运行、机构治理、信用评价、信息公开、人才集聚、外部监管、政府支持、法治建设等综合环境的不断完善。

第四，健全农村金融与农村经济协同发展机制。促进农村金融与农村经济协同发展是农村金融制度创新的核心目标。农村金融与农村经济协同发展在本质上是农村金融自身与农村实体经济部门的同步成长，是宏观制度环境下二者相互促进相互制约所达成的最优供求均衡状态。农村金融制度创新要激励农村金融服务功能提升，稳步提高农村经济发展能力，进而形成农村金融与农村经济的良性互动循环，实现二者协同成长。

3.1.3 农村金融制度创新的外延拓展

前述理论内涵界定表明，在当前格局下农村金融制度创新的主要目的在于解决城乡发展不平衡、农村发展不充分等问题和有效满足农业农村生产经营主体多元化金融需求，以及克服现有制度不能适应农业农村新的生产力发展要求的现实障碍。为此，农村金融制度创新的外延拓展，必须包含以下四个方面的核心内容。

1. 农村金融组织体系制度创新

当前，农业农村生产经营主体主要有普通农户和专业大户、家庭农场、农民专业合作社、农业龙头企业等新型农业经营主体以及部分尚未具备自我发展能力的农户。随着农村各项制度改革的推进，普通农户在农业生产领域的地位逐渐被弱化，取而代之的是日益发展壮大的新型农业经营主体。然而，新型农业经营主体的产权结构日趋复杂，生产经营规模也是有大有小，主体分层明显，风险等级和金融需求各不相同，总体表现出金融需求的复杂性、多样化和动态变化性。这就客观上需要有不同产权组织形式的农村金融组织机构与新型农业经营主体的多样性相匹配，需要发展政策性金融、商业性金融、合作性金融、普惠金融、民间金融等多种组织形式。

鉴于农业农村在国民经济发展中的基础作用和传统农业与生俱来的弱质性、风险性和部分公共品属性，诸如农业农村基础设施项目的金融需求需要有农村政策性金融组织与之相对应。随着农业现代化的不断推进，较多的新型农业经营主体也追求利润最大化，相关的一些经济效益显著的项目融资和金融需求可以由农村商业性金融组织予以供给。在某些特定的贫困区域，商业性金融的经营成本较高，以盈利为主要目的的商业性金融不便于开设经营网点，因此这些区域属于正规金融的服务盲区，而且这些区域的农户金融需求较小，资金融通具有较强的互助性，需要合作性金融组织、民间金融组织与之相对应。贫困农户的基本金融服务获取，则有赖于普惠金融组织体系的建立健全。因此，农村金融制度创新必然包含农村金融组织体系制度创新。

2. 农村金融市场体系制度创新

从当前农业农村发展的新形势来看，有效满足新型农业经营主体的多元化的金融需求，必须加快农村金融市场体系制度创新，构建一个功能健全、市场种类齐全的现代农村金融市场体系。与传统农村金融市场体系不同，现代农村金融市场体系不仅包括农村信贷市场，还包括农村资本市场、保险市场、融资担保市场、融资租赁市场、农产品期货市场等。

在重视农村信贷市场建设的同时，更应该不断加快农村资本市场、农村保险市场等其他农村金融市场建设，不断提高新型农业经营主体在农村金融市场上的直接融资比重，扩宽农村新型农业经营主体的融资渠道，优化农村金融市场结构。农村金融制度创新不仅涵盖各类市场的体制机制改革，而且保障农村金融市场交易有效运行、公平发展及风险防控本身也必须强调相应的市场制度随着经济金融发展态势科学调整、创新优化。

3. 农村金融监管体系制度创新

农村金融监管是防范农村金融风险、优化农村金融生态环境的一种重要的制度，其主要目的是降低农村金融交易成本，维护农村金融交易秩序，营造良好的农村金融生态环境。农村金融监管体系涵盖了中央层面、省级政府层面、县级政府层面和地方政府部门等多个维度。

传统农业生产天生具有弱质性和高风险性。小农缺乏有效的抵押、地理位置分散导致信息不对称现象明显，再加上新型农业经营主体发展壮大过程中日益复杂化的产权结构所引起的各种风险与日俱增，加强农村金融监管刻不容缓。加强农村金融监管需要根据农村金融风险状态的变化做出适应性调整和创新，其内容主要包括农村金融监管独立性与合规性、监管主体和客体的权利与义务、对金融交易行为主体做的限制或规定、对金融机构实施的检查和督促、依据农村金融法律对金融机构及其经营活动实施的调控和农村金融业务违规处罚办法等。

4. 农村金融资源开发制度创新

现代新型农业经营主体在发展过程中的金融需求日益扩张。为了满足农业农村经济发展对金融的客观需要，我们不仅需要发展多元化的农村金融组织机构，还需要借助农村金融机构对农村金融资源进行有效开发和创新，不断增加服务和产品供给，进而扩充农村金融资源供给总量。然而，农村金融资源开发也需要注重合理和适度，要坚持可持续发展的基本要求。因此，农村金融资源开发制度创新要更加注重处理好农村金融资源开发、利用与保护的关系，要明确农村金融资源开发的机理和作用过程，要让农村金融资源真正为农业农村经济发展服务，要不断提高农村金融资源的利用效率，这同样需要制度的适时创新调整来予以充分保障。

3.1.4 农村金融制度创新的关联关系

1. 农业农村经济与国民经济的关系

农业农村农民问题既是关系国计民生的根本性问题，也是1978年以来改革开放和经济建设的核心问题，更是全面建成社会主义现代化强国、实现中国梦必须解决的关键性问题。农业农村经济是国民经济的基础，是国家自立、经济安全、社会和谐的基础。从人类的存在和发展历程来看，农业是国民经济中最主要的物质生产部门，是人类生存和发展的基础；从农业与第二、第三产业的关系看，农业生产活动是人类生产活动的起点，没有农业的发展，就没有第二产业和第三产业的发展，农业的发展直接制约着工业和服务业的发展；从农村与城市的关系看，随着农村经济的发展、农业劳动力水平的提高，大量剩余的劳动力从土地上解放出来，向第二、第三产业转移，推动了乡村工业化与城市化发展；从农业农村与人民、国家的关系上看，农业农村的兴衰关系到国民经济的全局，农业农村的发展直接关系着人们的切身利益和社会的安定以及中国在国际竞争中的地位。习近平总书记在党的十九大报告中指出："中国特色社会主义进入新时代，我国社会主要矛盾已经转化为人民日益增长的美好生活需要和不平衡不充分的发展之间的矛盾。"当前，我国社会中最大的发展不平衡，是城乡发展不平衡；最大的发展不充分，是农业农村发展不充分。因此，农村金融制度创新必须有利于突破城乡发展不平衡和农村发展不充分这一现实障碍。

2. 农村金融与农业农村经济的关系

金融是实体经济的血脉，为实体经济服务是金融的天职。现代市场经济是以金融为核心的经济，没有现代金融机构所提供的金融服务以及支付清算的支持，社会资源难以实现合理配置，生产、流通、消费和分配难以实现良性循环，社会和经济发展目标也就难以实现。农业农村经济作为整个经济体系的组成部分，其发展同样离不开金融的有效支持。农村金融与农业农村经济的关系，是指在宏观经济、金融环境及其相应制度安排下，不断运动着的农村金融与农业农村经济系统的内在联系和相互作用，既表现为系统间日益加深的物质、能量和信息的交换与联系，又表现为支撑系统运动的制度及其安排的相互关联和作用。在现实中，农村金融与农业农村经济之间的关系具有三种典型表现形态。

（1）良性互动循环状态，即农村金融与农业农村经济之间呈现相互促进、互惠互利、共同发展的态势。在互惠发展状态下，农业农村经济发展与农村金融发展互为原因，二者相互为对方发展提供不竭的发展动力和发展要素。农业农村经济的发展促进了专业分工，推动农业农村产业结构升级和农业农村规模经济的实现，从而使农村金融需求扩大，农村金融交易扩张。农村金融的参与人数、交易次数的增加以及单位交易规模的扩大，分摊了农村金融中介和农村金融市场的固定成本，降低了交易费用，推动了农村金融体系的发展。随着农业农村经济主体收入水平的不断提高，农村储蓄和财富也随之增加，这既增加了农村金融资源存量，促进农村金融机构开辟农村储蓄的积极性，又提高了农村经济主体参与金融活动的能力，尤其是财产抵押能力，使农村金融交易双方的收益得到增加，进一步诱导了农村金融的扩张；反过来，农村金融发展通过提高储蓄率、储蓄—投资转化率、投资效率和折旧率以及不同时期的消费替代弹性和技术进步等因素，最终通过信贷等金融资源配置，促使资本积累、市场扩张和技术进步三个基本因素支撑农业农村经济的不断发展。农村金融与农业农村经济互惠发展的最高境界和表现形态是二者能够"协调发展"①。其标志是农村经济系统的有效金融需求能够得到合理的满足，不存在融资难的现象；农村金融系统的财务能够可持续，不存在大量的坏账和风险失控；农村金融与农村经济自身的运行都是有序的、健

① 参见熊德平等《农村金融与农村经济协调发展研究》，社会科学文献出版社，2009。

康的、可持续的，它们之间的物质、能量、信息交流处于相互信任之中，能够按照规定的交易时间和交易制度规范运转，较少违约现象，二者呈现协同成长趋势。

（2）单向激励发展状态，即农业农村经济成长促进了农村金融发展，但农村金融并没有反过来形成农业农村经济发展的动力。农业农村经济发展主要表现为农业产出和农民收入增长，其原动力既可能来自农村内部经济金融因素，也可能来自外部因素。外部因素诸如大批农民工进城获得了大量务工收入，在农业收入未增长的情况下，促进农民收入增长，进而带动了农民自主消费和投资，活跃了农业农村经济，也积累了大量的金融资源，为农村金融机构在农村动员储蓄创造了良好的条件，农业农村经济的繁荣一定程度上促进了农村金融的发展。但是，由于传统农业生产的高风险性和低盈利性，农村金融机构只是将少量信贷资金投放到农业农村，而大量的信贷资金通过城市营业网点流向城镇，从而导致大量的农村资金外流，农村金融得到快速发展的同时并没有促进农业农村经济的进一步发展，农村金融的发展不具有可持续性。①

（3）恶性抑制循环状态，即农村金融与农村经济在低水平发展状态下形成相互抑制的恶性循环。针对发展中国家存在二元金融结构、货币化程度低、金融市场落后、金融体制效率低下、政府对金融严格控制的特点，美国经济学家罗纳德·I. 麦金农（R. I. Mckinnon）和爱德华·萧（E. S. Shaw）在前人研究的基础上提出了著名的"金融抑制论"和"金融深化论"。麦金农和萧认为金融制度和经济发展之间存在相互促进和相互制约的关系。而大多数发展中国家的金融制度与经济发展之间却处于一种相互制约的恶性循环状态。金融制度落后和缺乏效率制约了经济的发展；而缺乏流动性的资金反过来又限制了资金的积累和对金融服务的要求，制约着金融业的发展，形成金融与经济发展相互制约而处于落后的局面。相应地，农业农村经济处于贫困或低水平发展状态，农民收入水平低，农村储蓄资源匮乏，导致农村金融机构营业网点少、可贷资金来源少，制约农村金融机构的数量扩张和农村金融的供给增长。而当农村金融的发展陷入困境，无力为农业农村经济发展提供更多金融支持时，农业农村因缺乏足够的资金投入，资本的动态积累不足；过低的资本收益率和人均资本存量可能导致农村潜在的生产要素无法转化为现实

---

① 参见冉光和《农村金融资源开发机理与风险控制》，中国社会科学出版社，2011。

的生产要素，从而使农业农村经济长时间陷入"发展陷阱"而停滞不前。

总之，在农村金融制度创新的过程中，农村金融与农业农村经济之间的关系协调至关重要。农村金融发展的主要任务和目标就是要促进农业农村经济的可持续增长，实现农业农村经济和农村金融的协同发展。这就客观上要求农村金融制度创新能够有效促进第一种状态的形成并长期保持；农村金融与农业农村经济必须相辅相成、相互促进、相互影响，农村金融的发展以农业农村经济可持续增长为基础，农业农村经济增长以农村金融可持续发展为条件。

3. 农村金融与整体金融发展的关系

农村金融制度创新还受制于整体金融发展的目标和要求。一般情况下，农村经济与农村金融相互影响、共同作用，彼此互为发展前提和条件。但是，国家的经济金融发展战略作为一个农村经济系统的外生变量能够改变它们之间的这种作用关系。农村金融一方面属于农业农村经济的范畴，另一方面又属于金融的范畴，是整体金融的重要组成部分。研究和解决农村金融问题时必须围绕并服从整体经济、金融发展的目标和要求。同样，研究整体金融发展问题时必须包括农业农村经济、农村金融的发展。只有在统筹城乡经济、金融发展基础上的经济、金融发展战略才能预防经济、金融发展中的结构失衡问题，保障农村金融服务农业农村经济的基本功能，从而实现二者之间的良性循环。[①] 所以，现阶段我们必须深刻认识到农村金融制度创新的这一独特关联关系。

3.2 农村金融制度创新的内外约束与实现机理

农村金融是为农业农村经济发展服务的金融部门，是农业农村经济发展的产物，既受到自身内部运行条件的约束，又面临其外部环境的影响。农村金融制度创新的实现必须突破二者的双重约束。

3.2.1 农村金融制度创新的内在条件约束

任何事情的发展都受到其内在基础条件因素的影响，农村金融制度创新

---

① 参见温涛《农村金融风险控制与战略重组研究——基于中国新农村建设的现实背景》，西南师范大学出版社，2008。

也不例外。所谓内在条件因素，就是指经济系统内部促使系统发生调整、变革的某些因素。农村金融制度创新的内在条件因素就是农村金融制度本身运行所存在的缺陷使其难以适应当前的经济社会发展，客观上需要进行制度创新予以调整。总体上看，农村金融制度创新的内在条件约束主要指影响农村金融制度运行的自身内部运行基础，包括农村金融的产权结构、治理机制、竞争战略、服务功能、风险防控等维度。

1. 农村金融的产权结构

产权结构清晰是农村金融制度有效运行的前提。然而，农村金融机构普遍存在的产权利益主体的多层次现象，造成了其管理上的"多头"管理与管理"缺位"并存，同时也导致了农村金融内部运营管理问题的产生。

第一，国有产权主导的中国农业银行虽完成了股份制改革，但其财产所有权、使用权、处置权等权利仍主要由国家控制，原则上产权是明晰的，但国家作为非人格化的行为主体，无法行使产权和承担相应的义务，主要由政府代理国家行使产权，这就使得银行经营难以脱离较强的行政干预，容易导致政资不分和政企不分。当然，这种情况也难以真正分离所有权和经营权，导致委托代理链条过长，银行经营效率较低、代理成本较高，出现外部不经济。[①]

第二，农村信用社的产权结构也不合理。随着农村经济增长和农村金融市场竞争加剧，农村金融需求的扩大推动了农村信用社经营规模和经营范围不断扩张，农村信用社的股权结构更加复杂，股份类型增加了集体股、法人股、国家股等，同时其经营方针也逐渐从合作性转为商业化，很多地区的农村信用社已经改制成农村商业银行。

第三，中国农业发展银行股权结构单一。中国农业发展银行作为唯一的一家政策性农村金融机构，产权主体单一，资源来源具有很强的财政属性，导致其资金运用往往受到过多的行政干预，自主经营权较弱，经营管理在一定程度上依赖于政府行政命令，缺乏发展壮大的内在动力。

第四，村镇银行、资金互助社和小额贷款公司等新型金融机构的准入资本受到约束。村镇银行和资金互助社的股东股份安排，严重阻碍了具有较强资金实力的自然人、企业法人向村镇银行注资，抑制了其资本规模的壮大和

---

① 张宁宁：《"新常态"下农村金融制度创新：关键问题与路径选择》，《农业经济问题》2016 年第 6 期。

抗风险能力的提高；而贷款公司"只贷不存"的经营模式则约束了其资金来源规模，削弱了其资产业务运营基础。[①]

2. 农村金融的治理机制

建立、健全农村金融机构的法人治理机制是农村金融制度有效运行的基础。从发展趋势看，要想使农村金融机构健康发展，应按产权制度的要求，建立真正的法人治理结构和治理机制，形成机构成员间相互制衡的关系。但是，目前这一农村金融制度有效运行的基础在我国尚存明显缺陷。

第一，复杂的委托代理关系导致国有大型农村金融机构委托代理矛盾突出。例如，目前中国农业银行主要有两种委托代理链条：一是"国民—国家—政府—经理"，这里面政府既是委托人又是代理人，具有双重角色，所有权和经营权相统一，委托代理关系含混不清；二是"总行—省分行—市分行—县支行—营业部"，这里面除了营业部以外其余各级主体均具有委托代理的双重身份，各级银行的双重身份导致其经营目标多元化，这在一定程度上可能导致代理行的运营行为违背所有者利益，从而产生高昂的代理成本。

第二，传统农村金融机构的法人治理名存实亡。例如，农村信用社通过建立"股东大会—理事会监事会—经理和股东大会—监事会"的治理结构体系，基本实现了所有权、经营权和监督权的三权分离，但在实践中股东大会、理事会和监事会的治理作用不能充分发挥，治理结构往往名存实亡。主要表现为三个方面：一是理事会及其成员多为行政任命，缺乏社员基础，导致民主治理形同虚设；二是监事会仅设监事长，未配常设机构，监事会职能受制于管理层；三是部分入社社员缺乏参与信用社经营管理的主动性和积极性，片面地追求融资便利，再加上信息不对称和社员质量偏低等其他因素的制约，股东大会参与农村信用社公司治理的效果不理想。

3. 农村金融的竞争战略

农村金融选择恰当的竞争战略和竞争模式是一个既关系到农村金融自身可持续发展，也关系到农村金融与农村经济协调发展的重要问题，如何基于服务创新与动态竞争的理论和实践整合，构建一个农村金融可持续发展的动态竞争战略，是实现农村制度有效运行所必须解决的关键性问题。[②] 竞争是

---

① 张晓琳、高山、董继刚：《中国农村金融制度：历史演进、现实困境与创新路径》，《西南金融》2017 年第 7 期。

② 参见温涛等《农村金融可持续发展的服务创新与动态竞争战略研究》，北京师范大学出版社，2014。

效率之源，培育农村金融的适度竞争成为进一步深化农村金融改革的关键。

从银监会公布《关于调整放宽农村地区银行业金融机构准入政策、更好支持社会主义新农村建设的若干意见》和《村镇银行管理暂行规定》以来，村镇银行、贷款公司、农村资金互助社等新型农村金融机构快速成长。渣打、花旗、汇丰等外资银行也先后在农村金融市场建立了据点，四大国有商业银行则开始实施返乡战略。保险、担保、信托等非银行类金融机构和金融业务也不断向农村发展，我国农村金融业已形成商业性金融、合作性金融、政策性金融相结合的，各种金融机构同时并存的新格局。而从动态战略管理角度研究农村金融供给主体的竞争行为、规模效益和业务拓展边界，对于实现农村金融的适度、有序竞争意义重大。

随着城乡统筹整体推进，农村金融需求日益多元化，农村金融服务创新受到挑战。农村金融面临的新形势蕴含了农村金融发展的契机，产品服务与金融创新、风险管理与竞争合作将成为农村金融发展的主题，而金融机构动态竞争能力构建将成为其发展的核心目标，它依赖于科学制定各类金融组织的竞争战略。但是，目前我国农村金融市场竞争和创新激励仍然严重不足，导致农村金融战略定位同质化，各类金融机构在业务上未能形成互补合作机制。

4. 农村金融的服务功能

农村金融服务功能的高效发挥是农村金融制度有效运行的具体表现，其本身就是农村金融制度创新的目的和归宿。总体来看，近年来随着制度创新的激励农村金融服务功能得到明显提升，但与农业农村经济主体的现实要求相比仍然差距明显。

第一，政策性金融功能缺陷明显。中国农业发展银行仅对国内粮食收购和加工企业、农业基础设施建设、农业综合开发和部分扶贫项目提供信贷支持，业务市场定位框定了其固定的支农范围，服务能力有限。

第二，商业银行"去农化"、"离农化"现象严重。为了追求更高的利润回报，商业银行的商业化经营与支农服务背道而驰，农村商业银行、合作银行的资金抽逃现象也广泛存在。商业性金融机构通过系统内部存款、债券投资等方式将资金抽离农村，进一步加剧了农村地区信贷资金的匮乏。

第三，邮政储蓄银行"供水机"职能转变的成效不显著。邮政储蓄长期只存不贷的经营模式，成为农村剩余资金的"抽水机"，加剧了农村地区资金的短缺。2008 年中国邮储银行的成立在一定程度上遏制了这种资金外流现象，但其在银行业务经营、人才储备、金融产品和服务、风险控制等方面仍存在明显短板，严重制约了服务功能发挥。

第四，农村合作金融组织支农发展力不从心。毋庸置疑，农村合作金融组织一直是支农发展的农村金融骨干力量。但是，农村合作金融组织的资本实力相对较弱，抗风险能力不强，吸储揽储能力相对较弱，缺乏雄厚的资金来源作为支农保障。同时，近年来以农村信用社为首的农村合作金融组织逐渐转向商业化经营，支农意愿不断下降。再加上农村金融机构与新型农业经营主体之间的信息不对称、新型农业经营主体的有效抵押物不足、农业生产经营的风险大收益低等多种因素，导致农村合作金融组织都容易出现惜贷行为。

第五，新型农村金融机构的支农能力有限。在较低的市场进入门槛安排下，村镇银行、农村资金互助社和小额贷款公司等新型农村金融机构的经营规模较小，竞争力低，贷款业务具有额度小、对象分散等特点，再加上试点时间短，经营经验不足，在支农方面存在明显的短板，难以有效满足农户信贷需求。而且，大多数的村镇银行和小额贷款公司的业务范围也不断出现"离农"和"去农"现象，核心业务都向县城和非农领域转移，与试点初衷渐行渐远。

5. 农村金融的风险防控

维护农村金融的安全运行是实现农村金融制度有效运行的保障，农村金融服务创新与市场竞争都必须基于风险可控的条件。农村金融只有具备了可持续发展能力，才能够真正提升服务于农村发展的功能。但是，由于经营理念和管理方式整体比较落后，加之金融服务创新的激励严重不足，现有农村金融产品与服务品种不仅不能适应农村发展需求，而且抵御风险的能力不强，农村金融系统性风险伴随着门槛降低越来越严重①。

从农村金融自身运营的角度看，农村金融业务的特殊性、农村金融机构治理结构的缺陷、经营管理手段的滞后以及不良资产的历史遗留等，使得农村金融内部形成潜在的、长期的金融风险。从农村金融发展环境的角度看，国家长期实行"重城市，轻农村；重工业，轻农业"发展战略所导致的制度抑制的积累，使得农村金融发展面临严峻的外部约束，加剧了农村金融风险的积聚与扩散。在金融风险全球化时代，农村金融必须增强包含产品创新与

---

① 参见王煜宇《农村金融法律制度改革与创新：基于法经济学的分析范式》，法律出版社，2012。

风险管理等内容的企业能力，建立现代的风险管理模式，提高风险的免疫能力。

3.2.2 农村金融制度创新的外部环境约束

农村金融制度创新，除了受到自身内部基础性条件的制约，还必然受到其运行外部环境的约束。这些外部环境约束包括法律法规、政府调控行为、生产经营能力、乡村文化习俗等。

1. 法律法规环境约束

农村金融相关的法律法规和部门规章制度形成了农村金融制度创新的外部约束。在一个法治化国家，任何一项创新都必然受到相关法律法规的约束。农村金融制度创新不仅要遵循我国最基本的法律法规，还必须严格遵守与银行业、保险业、证券业、担保业等金融行业有关的法律法规，以及专门针对农村金融的各种法律法规和规章制度，比如《农村信用合作社管理规定》、《农村信用合作社章程》、《村镇银行管理暂行规定》、《农村资金互助社示范章程》等。任何一项农村金融创新都必须遵循这些法律法规的规定，也因而受到相应的法律法规环境的约束。当然，随着农村经济社会发展和金融产业的不断发展变化，相关的规章制度和法律法规也需要做出适应性修改和完善，使得法律法规环境有利于适应新形势的农村金融制度创新。

2. 政府调控行为约束

政府干预和调控行为是农村金融制度创新面临的重要外部约束。从我国农村金融制度变迁历程来看，无论是计划经济时期农业银行"建了撤、撤了建、收了放、放了收、合了分、分了合"，农村信用合作社从最初的合作组织到人民公社的一个部门，再到国有农业银行的基层机构；还是市场经济时期，政府实施的一系列农村金融深化措施，诸如恢复农业银行及其商业化运作和经营、农业发展银行的新建及其业务的调整、农村信用社的隶属关系调整及其规范化运作和商业化、股份合作制改革以及关闭农村合作基金会等等，政府都是金融制度的主要供给者[①]。所有的这些措施都是政府从实现自身目标的角度对农村金融市场所做出的制度性安排，其仅仅从满足制度供给者和制度生产者本身的需求出发，显然不能充分满足农业农村生产经营主体

[①] 参见王煜宇《农村金融法律制度改革与创新：基于法经济学的分析范式》，法律出版社，2012。

的金融需求，从而在很多方面表现出制度供给上的错位和不足，并存在较为明显的市场化的收缩效应，使得农村金融服务的供给严重滞后于农村金融需求。虽然，政府的这种自上而下的调控方式可以降低制度变迁的时滞及摩擦成本，在一定程度上克服农村金融体系的脆弱性，稳定农村金融市场，但未必能在较大程度上体现农民群众的意愿和满足农村经济发展的金融需求，从而导致金融效率总是难以提高①。

3. 生产经营能力约束

农业农村生产经营能力也是农村金融制度创新必须面对的外部环境约束。普通农户和新型农业经营主体是农村金融服务的主要对象，普通农户和新型农业经营主体的经营能力所决定的农村金融需求在一定程度上影响农村金融制度创新。农村金融与农业农村经济是相互作用、相互影响的关系，农业农村经济增长影响农村金融发展，农村金融发展反作用于农业农村经济增长。普通农户和新型农业经营主体均是农业农村经济发展的重要主体，其金融需求是农村金融需求的主要构成部分。生产经营规模和发展能力决定其金融需求状况，两者之间往往呈正相关关系。所以，随着农户和新型农业经营主体生产经营规模的不断扩大，其金融需求总量不断扩大，金融需求种类日益多元化，这驱使农村金融供给随之发生相应的变化，农村金融制度创新也自然随之发生。如果农户和新型农业经营主体的发展能力不足，其金融需求也将不断萎缩，从而对农村金融制度创新产生阻碍。

4. 乡村文化习俗约束

乡村民俗习惯和农民的道德认知水平也会影响农村金融制度创新。任何一项创新只有在被广泛接受的情况下才算成功，农村金融制度创新需要被广大的农村金融需求者接受。乡村民俗习惯、农业生产经营主体的认知水平和道德能力都在很大程度上影响着他们对新制度的接受程度。一方面，中国农村"熟人社会"的环境，具有"村庄共同体"的特点，农户的"圈层结构"表明农户对圈子内的人的信任是道德化的，这是具有良性导向的金融伦理约束②；而农户对不熟悉或陌生的人或事物是不信任的，这是农村金融生态环境天然弱化以及缺乏必要的道德诱导和制度规范的结果。另一方面，因为多

---

① 王煜宇、邓怡：《农村金融政策异化：问题、根源与法制化破解方案》，《西南大学学报（社会科学版）》2017 年第 2 期。

② 温涛、朱炯、王小华：《中国农贷的"精英俘获"机制：贫困县与非贫困县的分层比较》，《经济研究》2016 年第 2 期。

数农户受教育程度有限并且获取信息的渠道有限，所以要农户主动适应和迎合金融体系是有难度甚至不现实的，复杂而烦琐的贷款流程、手续和方式本身就是对作为"低端客户"的农户的一种排斥，大多数农户需要"来回跑"并且四处疏通关系才能获得贷款，农户"贷款难"是现实的难题①。如果农户知识文化水平提高，对新制度新事物的接受能力增强，农村金融制度创新就更容易推行；反之，如果农户对新制度新事物的排斥性比较强，不愿意尝新和做出改变，那么农村金融制度创新推行的阻力就较大。因此，为了有效解决农户的融资问题，需要通过制度安排、体系设计、产品创新、功能延伸等方面体现农村金融的多样性和特色性，以适应乡村社会文化环境。

3.2.3 农村金融制度创新的微观驱动机理

从微观层面看，农村金融制度创新的驱动力量主要来自农村金融市场的需求方，包括农业生产经营主体、各类返乡下乡创业创新主体和地方政府。这些需求主体所创造的金融需求变化会激励和诱致农村金融制度进行适应性调整，形成了"需求追随"的制度创新驱动（见图3-1）。在这里，金融的发展是实体经济部门发展的结果，市场范围的持续扩张和产品的日益多元化，要求更有效地分散风险和更好地控制交易成本，因而，需求追随型的金融制度创新驱动在经济增长的进程中所起的作用往往是被动的，是对实体经济部门金融服务需求的诱致性反应。因此，"需求追随"模式强调的是经济主体的金融服务需求先于金融组织、金融服务及相关制度的供给。

1. 农业生产经营主体的微观需求驱动

农业生产经营主体主要划分为普通农户和新型农业经营主体。普通农户是长期扎根于农村地区从事农业生产的农民家庭，其金融需求是农村金融市场中最稳定的部分。普通农户的金融需求主要表现为一些季节性的周转资金贷款，一般为小额信用贷款。但是，近年来较多普通农户家庭的核心劳动力出现脱农、离农现象，不愿意留守农村从事农业生产，而是长年外出打工，往往都是家庭中老弱病残幼留守农村，农业生产经营规模不断缩小，土地撂荒现象严重。因此，普通农户家庭的金融需求也发生了一定的变化，已经发展成以小额信贷为主，异地汇兑、转账、储蓄等多种零星业务并存的金融需求，客观上要求进一步简化金融交易手续、降低金融服务成本。新型农业经

---

① 参见温涛等《中国农贷市场的"精英俘获"与包容性成长研究》，科学出版社，2017。

营主体是在农业现代化进程中成长起来的，专门从事农业生产经营或农产品
加工流通等活动的从业主体，其金融需求是当前农村金融市场中占比较大、
创新要求最高的一部分。新型农业经营主体主要包括进行适度规模经营的专
业大户、家庭农场、农民专业合作社以及农业龙头企业、农业社会化服务组
织等，不同类型从业主体的生产经营规模、产品种类、生产周期特征等各不
相同，其金融需求也千差万别，既包括不同期限的信用贷款、抵押贷款、质
押贷款等传统的贷款产品，也包括上市融资、农业保险、设备租赁、担保、
农产品期货、互联网结算等。随着新型农业经营主体的不断发展壮大，其金
融需求总量会随之增加，金融需求结构、类型也不断变化。总之，农业生产
经营主体金融需求的动态变化就要求农村金融供给方也做出适应性调整，形
成农村金融制度创新的微观动力源泉。

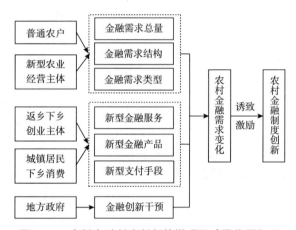

图 3 - 1　农村金融制度创新的微观驱动及作用机理

2. 各类返乡下乡创业创新主体的微观需求驱动

随着休闲农业和乡村旅游等新兴业态的不断发展，越来越多的返乡下乡
创业创新主体、城镇居民到农村地区投资和消费，他们所产生的金融需求是
当前农村金融需求中增速较快的一部分，也是诱导农村金融制度创新的主要
驱动力量之一。农民工返乡和城镇居民下乡必然产生一些新的金融需求：一
方面是农民工返乡、城镇社会资本下乡需要有相应的配套金融服务，才能发
挥撬动作用拉动农业农村经济增长；另一方面城镇居民下乡旅游或消费也需
要便利化的金融服务才能留得住"人"。同时，随着互联网的不断发展和广
泛应用，较多的城乡居民通过农产品网上直销店购买新鲜的农产品和农副产
品，这催生了大量的农产品微商、农产品网店等，与之相伴的微信支付、支

付宝支付也逐渐取代了传统的现金支付和网上银行支付等，这些与农业生产经营相关的互联网金融也不断诱导新的农村金融供给，从而促进农村金融制度创新。

3. 地方政府实现经济社会发展目标的微观需求驱动

对于当前的中国地方政府而言，维持本地经济快速增长与维护本地社会稳定，满足本级政府支出和官员在职发展与管理"消费"的需要，实现上级政府政策命令和个人职位迁升是"经济"的。因此，地方政府在"自利"要求驱动下，总是希望能以各种方式掌握尽可能多的金融资源，为其进行投资扩张、推动经济增长、保持社会稳定、实现政绩和控制权收益最大化积聚财力，甚至不惜通过举债或者隐性干预金融的方式以达到目的。这客观上造成了各级地方政府致力于对监管相对宽松的农村金融进行创新干预，形成对农村金融制度调整的强有力驱动，而地方金融监管部门甚至会成为"幕后推手"。

3.2.4 农村金融制度创新的宏观驱动机理

从宏观层面看，农村金融制度创新的驱动力量主要是中央政府的政策制定部门、金融监管部门及其所调控的各类金融机构。农村金融制度创新的宏观驱动及作用机理具体参见图 3 - 2。在这里，农村金融制度创新主要是中央政府部门的"三农"发展政策、金融政策及各种农村经济发展战略、区域特色农业发展战略及规划所形成的供给强制性动力驱动，以及在这些政策和发展战略的引导下，乡村振兴、精准脱贫和产业发展的现实需要所导致的供需协同驱动。

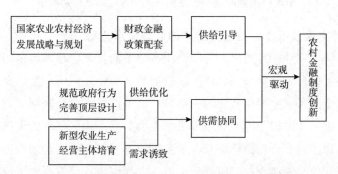

图 3 - 2 农村金融制度创新的宏观驱动及作用机理

1. "供给引导"的宏观创新驱动

单纯的"供给引导"的宏观创新驱动模式，是指金融组织的发展先于实体经济部门的金融服务需求，对经济增长起着积极的推动作用。在供给引导型的金融发展中，金融部门主动动员那些滞留在传统部门的资源，转移到能够推动经济增长的现代部门，从而促进金融资源配置效率的提高（Patrick，1966）。因此，"供给引导"模式强调的是金融组织及相关金融服务的供给先于经济主体的需求，政府及其相关部门在这一过程中扮演着非常重要的角色。中央政府的金融政策及各项经济社会发展战略、各项区域发展战略规划从宏观层面对农村金融制度形成了主导性安排，主动要求金融制度创新为实现战略目标、政策调控目标服务。

"三农"问题一直是党中央重点关注的问题，与之相关的农村金融改革也是层出不穷。2006 年 12 月 20 日，银监会发布《关于调整放宽农村地区银行业金融机构准入政策　更好支持社会主义新农村建设的若干意见》，按照相关规定开始试点村镇银行、贷款公司和农村资金互助社。中国农业银行和中国邮政储蓄银行于 2009 年和 2016 年先后成立"三农"金融事业部，将"三农"业务独立出来，单独配备资源、单独考核，并享受财税优惠、差别化存款准备金率和监管费减免等优惠政策，以促进商业银行更好地服务"三农"。2012 年，财政部联合中国农业发展银行、中国信达资产管理股份有限公司、中国中信集团有限公司，成立了中国农业产业化发展基金。2013 年，党的十八届三中全会将"发展普惠金融"确立为国家战略，2015 年末，习近平总书记主持中央全面深化改革领导小组审议通过、国务院出台《推进普惠金融发展规划（2016～2020 年）》，以小微企业、农民、城镇低收入人群、贫困人群、残疾人、老年人等特殊群体为重点服务对象，不断提升金融服务的覆盖率、可得性和满意度。2015 年 3 月，国务院批复国家开发银行深化改革方案，明确国家开发银行的开发性金融机构的功能定位，主要从事新型城镇化、保障性安居工程等开发性业务。2015 年 7 月，财政部、农业部和银监会联合印发了《关于财政支持建立农业信贷担保体系的指导意见》，拟用 3 年左右的时间建立健全政策性强、专注现代农业发展、覆盖全国的农业信贷担保体系，将更多的农村资金留在农村、用于"三农"，从而有效化解农业农村发展的"融资难"、"融资贵"、"融资慢"等问题。2015 年 8 月，国务院出台了《关于开展农村承包土地的经营权和农民住房财产权抵押贷款试点的指导意见》，正式启动"两权"抵押贷款试点工作。

长期以来，农村金融供给不足一直是制约我国农业现代化发展的一个重要资源瓶颈，所以每一项农村发展战略的出台都必然伴随着一系列相关的配套性政策文件出台，并对农村金融发展进行战略部署和规划。比如，从早期的农业产业化发展到近年的农村三产融合发展，从精准扶贫精准脱贫到乡村振兴，都对农村金融服务提出了新的部署和规划，要求金融大力支持农业农村发展。2015年底，国务院出台了《关于推进农村一二三产业融合发展的指导意见》，此后农业部办公厅联合中国农业银行和中国农业发展银行先后出台了《关于金融支持农村一二三产业融合发展试点示范项目的通知》和《关于政策性金融支持农村一二三产业融合发展的通知》，而各级地方政府在国家宏观战略的指导下根据地方特色提出了地方发展战略规划，这些政策文件的问世为农村金融发展提供了方向和指南，在一定程度上推进了农村金融制度创新。2017年党的十九大提出了精准脱贫战略和乡村振兴战略，对农村经济社会发展进行了重大的战略部署，各地方政府也积极学习和贯彻党的重要精神，积极探索精准脱贫和乡村振兴的新思路、新路径、新制度、新模式，同时也提出了一系列相关的行动方案和指南。例如，为深入贯彻落实中央农村工作会议、《中共中央国务院关于实施乡村振兴战略的意见》和《乡村振兴战略规划（2018～2022年）》的有关要求，切实提升金融服务乡村振兴效率和水平，中国人民银行、银保监会、证监会、财政部、农业农村部于2019年联合印发《关于金融服务乡村振兴的指导意见》，明确提出以市场化运作为导向、以机构改革为动力、以政策扶持为引导、以防控风险为底线，聚焦重点领域，深化改革创新，赋予了农村金融改革的新内容，为进一步推动农村金融制度创新提出了更高的新要求。在政府的战略和政策目标的硬性约束下，为确保各项政策措施有效落实落地，金融监管部门会强化对金融机构的激励约束，而各类金融机构也形成积极推动有效提升政策实施效果的创新激励，从而实现自上而下的供给强制性驱动。

2. "供需协同"的宏观创新驱动

单纯的"需求追随"、"供给引导"模式均没有考虑金融创新发展与经济增长之间的相互促进作用。在经济发展的同一个时期，金融与经济增长都有可能交织在一起，相互推动向前发展或者相互抑制阻碍对方发展；供给引导型的金融制度创新模式可以加速经济增长，但需求追随型的金融制度创新模式也不只是消极地适应实体经济部门对金融的需求，相反，实体经济部门的增长能够促使金融体系自发地向更高层次演进，因为持续的经济发展使得人们有可能建立高成本和日益复杂的金融组织机构和体制机制。

自上而下的供给强制性制度创新驱动与自下而上的需求诱致性创新驱动

也并非完全隔离，自上而下宏观调控过程中需求方的"非适应性"需要通过有效反馈予以供给调整，自下而上微观驱动过程中形成的成功经验同样需要通过顶层确认予以复制、推广。需要注意的是，政府集金融服务需求者、供给者和管理者于一身，通过"命令—服从"的行政手段和层层委托—代理关系实施具体创新政策时，容易出现目标和任务非一致的情况。所以，农村金融的"供需协同"，重点在于一方面加快培育新型农业生产经营主体，提升其生产经营效率；另一方面，必须依托市场进行制度的有效设计与完善，规范政府行为。唯其如此，才能真正突破"三农"发展的金融抑制。

3.3　农村金融制度顶层设计与规划的理论依据

3.3.1　经济结构变化与农村金融制度创新的实现

毋庸置疑，经济增长与金融发展之间是一种相互促进、相互制约的互动关系，金融发展为实体经济部门提供资本要素而促进经济增长，经济增长则带来金融需求增长及复杂化，进一步推动金融发展。在这个相互影响的过程中，经济总量和经济结构都会影响金融发展，尤其是经济结构的变化极为关键。所谓经济结构就是指经济系统中各个要素之间的空间关系，是一个由许多系统构成的多层次、多因素的复合体。基于特定的研究目的和内容，本部分主要从产业结构、区域结构维度来分析经济结构变化对农村金融制度创新的影响。

农村产业结构决定农村金融需求结构，农村金融需求结构的变化需要相应的农村金融制度创新。近年来，随着农村经济社会的发展和科学技术的广泛渗透，农产品加工业、乡村旅游业、农产品仓储运输业等产业不断涌现并快速发展，农村产业结构逐渐从以传统农业为主导向农村一二三产业融合发展转变。传统农业生产经营以农户家庭为核心，生产经营规模偏小，相应的金融需求以季节性小额信用贷款为主，周期性非常明显，贷款规模偏小。实施土地流转制度改革以后，以适度规模经营为主的新型农业经营主体不断形成，生产经营规模不断扩大，金融需求总量不断扩大、种类日益增多，金融需求逐渐转变为以中长期抵押贷款、农业保险、股权债权融资、金融租赁等为主。随着农业产业化发展的不断深化和农村三产融合发展的快速推进，以农业企业为核心的农业产业链逐渐延长，不少城市资本到农村投资，城镇居民到农村消费，农村金融再一次发生巨大变化，对农村金融服务的多样性和便利性提出了更高的要求，促使农村金融制度也需要随之进行创新调整。

我国经济社会的城乡"二元"结构特征直接决定了金融的"二元性"，这对农村金融制度形成与变迁产生了重要的影响。在这种"二元结构"下，整体金融发展对农业农村经济发展产生"结构性"的抑制，而农业农村经济发展滞后又对农村金融深化形成了约束①。没有发达的农业农村经济，农村金融就失去发展和服务的动力与对象。然而，农业农村经济与城市经济、工业服务业经济乃至于整个国民经济相比，始终处于落后的局面和状态，农村金融也由于缺乏农业农村经济发展的支持无法形成健康成长的环境，这就使得一些金融机构打着农村金融的招牌，从事非农产业的业务工作，变相地为城市经济、城市居民服务，农业农村经济与农村金融自然不可能实现相互适应、相互促进的协调发展。因此，加快推进乡村振兴战略，既是打破城乡"二元"结构、促进城乡一体化发展的关键举措，也是影响农村金融制度创新的核心变量。

3.3.2 经济体制嬗变对农村金融制度创新的影响

综观农村经济金融的变革历程，可以发现农村金融改革存在其特定的规律，这种规律与制度演进的时代背景、经济环境等多种因素密切相关，也充分体现了经济体制对制度演进的重要影响。经济体制是指一定区域内制定并执行经济决策的各种机制的总和，它规定了国家与企业、企业与企业、企业与经济部门之间的关系，并通过一定的管理手段和方法来调控或影响社会经济流动的范围、内容和方式等。在不同的经济体制下农村金融发展及其制度变迁呈现出截然不同的特征和规律。其中，最主要的原因是在不同的经济体制下政府的经济社会目标发生了变化，相应地，政府对农村金融市场的干预也会发生调整。

在计划经济体制下，政府在金融市场发展中发挥主导作用，农村金融制度变迁和创新主要以自上而下的强制性制度变迁为主。在任何经济体制下，农业农村经济主体基于利润动机而产生自发的、诱致性的创新需求，这些内生于农村经济的"草根金融"创新总是"野火烧不尽，春风吹又生"。在局

---

① 参见温涛《农村金融风险控制与战略重组研究——基于中国新农村建设的现实背景》，西南师范大学出版社，2008。

部地区或某些特殊时期还出现了由地方政府发起或推动、中央政府默认或支持的准正规金融（如农村合作基金会、金融服务社等），尤其是在外生的"盆景金融"——农村正规金融制度供给严重不足或缺失效率的背景下，这种农村内生金融便会自发生成①。但是，计划经济体制下这些自发的、诱致性的农村金融制度变迁和创新并没有得到政府的承认和支持，最终被政府强制性地升级、取缔、打压，而处于"地下"或"非法"状态。改革开放以后，政府根据不同经济体制下的目标，采用各种不同的干预手段使得农村金融外生化，导致诱致性的农村内生金融制度供给只能存在于"黑市"，农村经济主体的金融创新"欲望"和"动力"，因长期的压抑和缺乏正规的疏通渠道，只能偷偷摸摸地"发泄"，并常常爆发破坏性的"宣泄"。由于国家对农村金融市场准入的过度管制，非政府力量建立起来的金融只能是非正规的，随时都是"打压"和"取缔"的对象，其最终归宿只能是消亡或转入"地下"②。

随着经济体制改革的不断加快和市场经济机制的不断完善，以及政府金融监管手段的不断提升，政府对农村市场的强干预开始减少、减弱，农村金融制度变迁虽然仍然以强制性变迁为主，但诱致性变迁也开始成长。进入 21 世纪以后，中国政府对农村金融进行了几次较大型的变革，其中最典型的一次是 2006 年 12 月银监会发布《关于调整放宽农村地区银行业金融机构准入政策、更好支持社会主义新农村建设的若干意见》，按照规定成立了村镇银行、农村资金互助社和贷款公司，这标志着中国农村金融体制改革进入开放阶段。在新阶段，新型农村金融机构和内生的非正规金融对农村经济发展发挥着重要的作用。政府充分意识到农村金融对农业农村经济的重要作用，意识到了农村非正规金融对正规金融的重要补充作用，因此赋予了农村金融机构更加灵活的经营权利和业务范围，同时对一些特定的、内生的农村非正规金融也是"睁只眼闭只眼"，并在实施农村经济社会发展战略的过程中，鼓励和支持农村金融创新，以满足农村日益增长的多元化金融需求。随着政府对金融市场干预的减少，农村金融制度变迁的原动力更多地来源于农村经济内生的金融需求。

---

① 参见王煜宇《农村金融法律制度改革与创新：基于法经济学的分析范式》，法律出版社，2012。

② 参见熊德平等《农村金融与农村经济协调发展研究》，社会科学文献出版社，2009。

3.3.3 中国特色农村金融顶层设计的理论依据

国内外发展实践表明，农业农村金融与经济的良性互动发展，有赖于科学合理的顶层设计。发达国家农业农村金融制度创新的成功经验为中国农村金融发展提供了很好的思路借鉴，但中国特殊的国情和农村现实对发达国家农村金融制度创新的经验构成了明显的约束，研究中国的农村金融制度创新必须以现有国内外农村金融经典理论为基础，紧密围绕党中央和国务院的战略方针，紧扣中国农业农村特色，从中国农业农村经济实际情况出发对发达国家的经验进行必要的扬弃和创新。鉴于理论研究的针对性和可借鉴性，本部分将中国特色农村金融顶层设计的理论依据总结为五个方面。

1. 顶层设计必须有利于充分发挥农村金融的服务功能

早在 1958 年，Nurkse 就提出要打破"贫困恶性循环"，必须大规模地增加资金供给、扩大投资，促进金融资本形成[①]。作为农村的微观经济主体，农户可以通过获得金融支持改变初始禀赋约束，进行农业投资，扩大生产规模，增加收入；[②] 而金融借贷不仅能够显著提高贷款农户的劳动生产率和收入水平，而且在一定程度上促进了农村社区的发展，形成对贫困群体的有效带动；[③] 此外，由于农业生产具有周期性，农户的收入并不稳定，农户在歉收的年份需要通过金融渠道来平滑消费、填补福利性支出缺口以及缓解经济困境。[④] 包括小额信贷在内的金融服务对许多农户的产出具有决定性影响，并能显著改善贫困农户的福利[⑤]。因此，中国特色农村金融顶层设计必须能够充分发挥农村金融的减贫增收、促进产业发展和改善生活等基本功能。

---

① Nurkse R. , "Problems of Capital Formation in Underdeveloped Countries" [J], *International Journal of Economics & Management*, 1953, Vol. 6 (3), pp. 413–420.

② Feder, Gershon, Lawrence J. Lau. , Justin Y. Lin, and X. Luo, "The Relationship between Credit and Productivity in Chinese Agriculture: A Microeconomic Model of Disequilibrium" [J], *American Journal of Agricultural Economics*, 1990, Vol. 72, pp. 1151–1157.

③ Binswanger H. P. , Khandker S. R. , "The Impact of Formal Finance on the Rural Economy of India" [J], *Journal of Development Study*, 1995, Vol. 32 (2), pp. 234–262.

④ Duong, Pham Bao, and Yoichi Izumida, "Rural Development Finance in Vietnam: A Microeconometric Analysis of Household Surveys" [J], *World Development*, 2002, Vol. 30, pp. 319–335.

⑤ Awojobi, O. & Bein, M. A. , "Microfinancing for Poverty Reduction and Economic Development: a Case for Nigeria" [J], *International Research Journal of Finance and Economics*, 2011, Vol. 72, pp. 159–168.

2. 顶层设计必须有利于突破农村金融的门槛效应制约

在经济发展的早期，人均收入和人均财富很低，人们无力支付固定的进入费或者即使有能力支付也因为交易量太小，交易所负担的单位成本过高而没有被激励去利用金融中介和金融市场，金融发展不利于经济落后地区的产业发展、收入增长和贫困减缓；而当经济发展到一定程度时，人们才有能力和动力去积极参与金融市场的活动，金融发展才有利于贫困的减缓和收入的增长①。金融的减贫增收存在明显的"门槛效应"约束。金融市场缺陷与收入不平等之间的内在联动机制，凸显了缓解农村信贷配给、增强金融服务可得性在消除贫困和不平等方面的作用②。欠发达地区的农户由于地区经济差异、较高的信息成本以及不可能提供抵押等原因，很难从正规金融渠道得到金融支持，存在明显的金融抑制现象，其融资表现出更多的内源性特征③。尽管金融机构在农村地区广泛存在，但是民间借贷仍然是弱势群体依赖的主要渠道，而需求方的因素是金融排斥的主因。同时，金融资源配置失衡、金融波动也会对农村金融发展的服务功能产生不利影响，进而强化这种"门槛效应"的约束④。因此，中国特色农村金融顶层设计必须能够有效规避和突破金融"门槛效应"的约束，加快推动欠发达地区农村金融与经济的协同成长。

3. 顶层设计必须有利于农村金融发展中政府与市场的有效结合

20 世纪 80 年代以前，农村金融理论界占主导地位的"农业信贷补贴论"认为："为增加农业生产和缓解农村贫困，有必要从农村外部注入政策性资金、建立非营利性的专门金融机构来进行资金分配。"20 世纪 80 年代以后，主流的"农村金融市场论"认为政府的低息政策和政策性资金注入抑制了农村金融发展，低息贷款政策很难实现其促进农业生产和向穷人倾斜的收入再分配目标，低息贷款的主要受益人不是农村穷人，低息贷款的补贴可能被集

---

① Greenwood, J. and Jovanovic, B., "Financial Development, Growth, and the Distribution of Income", *The Journal of Political Economy*, 1990, Vol. 98 (10), pp. 1076 – 1107.

② 马九杰、吴本健：《利率浮动政策、差别定价策略与金融机构对农户的信贷配给》，《金融研究》2012 年第 4 期。

③ 刘西川、杨奇明、陈立辉：《农户信贷市场的正规部门与非正规部门：替代还是互补?》，《经济研究》2014 年第 11 期。

④ Henry O. I., "Reviving the Debate on Micro Finance as a Poverty Reduction and Development Policy Instrument: Edo State Micro Credit Scheme Revisited" [J], *Developing Country Studies*, 2015, Vol. 5 (8), pp. 37 – 45.

中并转移到使用大笔贷款的较富有的农民身上，因此，主张仰赖市场机制促进农村金融发展①。此后，Odedokun、Hellman、Murdock、Stiglitz 等基于"有效需求理论"和信息经济学工具分析，认为政府对金融部门选择性地干预有助于金融深化②。与之相对应，一些学者则依据哈耶克局部知识理念，认为农村金融发展中的信息不对称问题不应是政府干预的理由，而应该依靠市场机制加以解决，政府必须找准自己的位置。③ 农村金融发展中市场与政府的有效结合，提高资本配置效率、放松信贷约束，既有利于整体收入增长，也有利于收入不平等和贫困现象的缓解。④ 因此，中国特色农村金融顶层设计必须充分尊重农村金融市场自身成长的逻辑，同时高度重视政府作用的有效发挥，加快推动建立健全二者有效配合的体制机制。

4. 顶层设计必须有利于降低农村金融服务的交易成本

从金融的本质来看，金融资源天然具有逐利性和风险规避性，要使其介入农业农村生产生活当中，就必须保证金融机构能够维持简单再生产的要求。然而，金融发展存在明显的"门槛效应"约束，这就加大了金融服务不具备比较优势的传统农业和农村居民交易习惯的风险性。由此可见，如何有效降低金融服务农业农村的交易成本是解决问题的关键所在。因此，农村金融顶层设计，必须通过体系建设、制度调整和体制改革建立健全农村金融服务体系，力求降低金融服务"三农"的交易成本，提升农村金融的服务可得性和可持续性。从各国农村金融发展的实践看，早期是由政府构建专门的金融机构，节约金融市场的交易成本，但在这过程中又产生了相应的组织成本，农村金融发展受到制约，需要进一步的调整。此后，各国纷纷强调农村金融机构建设和政府的专门政策支持并重，帮助降低农村金融的交易成本，实现农村金融的可持续运作。近年来，各国农村金融开始综合运用多种模式降低农村金融的风险和成本。一是优化了政策支持体系；二是引导金融机构选择特定客户群体，形成稳定预期、规避交易风险、内部化交易成本；三是政策性、公益性资金注入，优先考虑社会效益的决定性地位，通过外源性的

---

① Adams M，Hillier D.，"The effect of captive insurer formation on stock returns：An empirical test from the UK"［J］，*Journal of banking & finance*，2000，Vol. 24 (11)，pp. 1787 – 1807.

② 参见熊德平等《农村金融与农村经济协调发展研究》，社会科学文献出版社，2009。

③ 冯兴元等：《试论中国农村金融的多元化———一种局部知识范式视角》，《中国农村观察》，2004 年第 5 期，第 17 ~ 29，59 ~ 79 页。

④ Galor，Oded and Joseph Zeira.，"Income Distribution and Macroeconomics"［J］. *Review of Economic Studies*，1993，Vol. 60 (1)，pp. 35 – 52.

资金注入来增强农村金融服务的可得性。因此，中国特色农村金融顶层设计必须有利于降低农村金融服务的交易成本，激励和引导金融产品和服务的普惠性、包容性。

5. 顶层设计必须有利于维护农村金融的安全运行

农村金融只有具备了可持续发展能力，才能够真正提升服务于农业农村发展的功能。维护农村金融的安全运行是实现农村金融可持续发展的前提，农村金融制度创新必须基于风险可控的条件。在现代经济生活中，风险无处不在，虽然不能完全避免，但却可以分散或转移。与资源配置功能相对应，金融也有配置风险的功能，农村金融发展必须高度重视金融风险问题，确保农村金融安全运行。一方面，农村金融风险问题会导致农村金融运行不畅，严重阻碍农村金融体制改革的顺利进行，制约农村金融的健康成长，进而影响整体金融的安全；另一方面，农村金融风险问题会导致农村的基本金融服务需求难以满足、农村资金净流失规模持续扩大、农村投融资渠道狭窄、农业产业化发展资金供给严重不足、农民增收缓慢等矛盾，从而阻碍农业农村经济发展的步伐，同时会加剧农村经济区域发展的不平衡，如果不断积累最终将影响到整个经济、社会发展全局。因此，在金融风险全球化时代，中国特色农村金融顶层设计必须有利于建立现代的风险管理模式，提高金融风险的免疫能力。

第4章 农村金融制度创新与法治实践：
经验与教训

贯彻习近平总书记"要做好金融扶贫这篇文章，加快农村金融改革创新步伐"的指示要求，"关键是要找准路子、构建好的体制机制"。哪里有准路子？什么是好机制？数百年来，世界各国在回答这些问题时所表现出的认知能力、实践理性与法律智慧为我们提供了"巨人的肩膀"。本章将甄选发达国家和发展中国家的典型代表，分别介绍这些国家农村金融制度创新方面的实践，总结其经验与教训，探索其机制与模式，旨在为进一步推进中国农村金融制度创新和强化农村金融服务功能提供国际经验借鉴与启示。

4.1 发达国家的农村金融制度创新与法治实践

较之于众多发展中国家，发达国家有着更高的农业经济发展水平和更有效的农村金融市场。这深深植根于发达国家历时长达数十年，甚至上百年的制度创新所形成的农业、农村金融法制体系。下文将以美国、加拿大、法国、日本、韩国五个国家为例子，深入分析发达国家的农业、农村金融制度创新实践。

4.1.1 美国农业金融制度创新与法治实践

美国2018年的GDP总量达到了20.5万亿美元，人均GDP达到了6.2万美元左右，是世界最发达的国家之一。美国拥有目前世界上最大、最强和最现代化的农业，这与美国政府高度重视农业的金融支持、通过不断的制度创新建立健全了一套农业金融制度体系密不可分。美国的农业金融制度创新主要围绕联邦成文的《农业信贷法》和《农业保险法》进行，先后出台了《联邦农业贷款案》、《农业信用法案》、《联邦农作物保险法》、《农业保险修正案》等多部涉农金融法律法规，把农业金融的运作融合到其他的相关法律体系中，从而使农业金融运作有章可循、有法可依。一百多年的时间里，美国形成了包括政策性金融、合作性金融、商业性金融在内的全方位、多层次、结构合理的农业金融服务体系，以及不同主体之间分工明确、功能完善、行为规范的农业金融制度体系，为美国农业发展提供了强有力的金融支撑。

1. 美国农业信贷制度变革与创新

与当前的中国相似，100 多年前的美国，贫困人口主要集中在农村地区。1908 年，西奥多·罗斯福（Theodore Roosevelt）总统任期内的国会相关委员会研究了当时占全国大多数的农村家庭所面临的困难，认为农村金融的可得性是其中最为棘手的问题之一。1912 年和 1913 年，威廉·霍华德·塔夫脱（William Howard Taft）总统和伍德罗·威尔逊（Thomas Woodrow Wilson）总统派人赴欧洲学习合作社土地抵押银行、农业信贷工会以及其他促进农业和农村发展的相关制度，威尔逊委员会提议通过建立提供长短期贷款和土地抵押贷款的农业银行体系以满足农业贷款需求。在此背景下，参照德国的相关立法，美国国会于 1916 年颁布了联邦第一部成文的农业信贷法——《联邦农业贷款法案》（*Federal Farm Loan Act*）。自此至今，根据不断变化的农业经济形势和农村金融需求，美国农业信贷法历经近 30 次修改，其旨在建立"可靠充足、极具建设性的农民所有的合作农业信贷机构"的立法目标却从未改变。

依据 1916 年《联邦农业信贷法》，联邦土地银行（Federal Land Banks）和国家农业贷款协会（The National Farm Land Associations）成立。《联邦农业信贷法》将全美划分为 12 个农业信贷区，每个区设立一个联邦土地银行，下设国家农业贷款协会作为土地银行的代理机构①。联邦土地银行将贷款权委托给协会，由协会向农民提供以不动产抵押权为担保的 5 ~ 40 年不等的长期贷款。农民从协会借款时，须购买协会相当于借款 5% ~ 10% 的股票或股权证，协会再从该区的联邦土地银行购入同样数额的股份，以此层层控股。政府对土地银行和协会免除除其自有不动产税之外的其他一切税收，保证了土地银行经营的低成本，从而保证了土地银行贷款产品的低利率。

1923 年美国又颁布了《农业信贷法》，成立了联邦居间信贷银行（Federal Intermediate Credit Banks），下属生产信贷合作社（Production Credit Associations）和农村办事处以及一些分支机构，构成美国农业生产信贷体系。为农场主提供动产抵押的中短期农业贷款是美国农业生产信贷体系的创立宗旨。作为农

---

① 1960 年改名为现在的联邦土地银行合作社（Federal Land Bank Association）。

业贷款的"批发"机构，联邦居间信贷银行不直接对农场主贷款，也不经营一般银行业务，而是为农业合作社、商业银行和其他一些贷款机构所出具的中、短期票据提供票据贴现。生产信贷合作社实行股权所有制，借款人须拥有相当于借款 5% ~ 10% 的合作社股金或参与权利证，生产信贷合作社资金主要来源于将借款人的票据向联邦中期信贷银行申请贴现或借款。生产信贷合作社借得资金后，负责对农业生产者会员（农场主）发放中、短期生产贷款并承担风险，充当农贷的"零售"机构。生产信贷合作社的资金来源主要包括：一是资本金，二是发行联邦农业债券，三是向商业银行借入资金。而贴现①、贷款②、参与贷款③以及为农场提供融资性大型农业机械租赁业务是生产信贷合作社资金运用的主要投向。与美国土地银行系统一样，创立初期，美国农业生产信贷体系的股权资本完全由政府提供，1968 年，生产合作社购买了联邦居间信贷银行的股票和参与权利证后，将政府资本全部退还，联邦居间信贷银行归生产信贷合作社所有，从而完全成为民间的合作性金融机构。

依据 1933 年《农业信贷法》，美国建立了美国农村合作银行系统和生产信用协会。美国农村合作社银行系统由 13 家农村合作社银行构成，12 个农业信贷区各设一家，外加一个中央合作社银行，提供短期、中期和长期农业贷款。生产信贷协会由《农业信贷法（1933）》授权农业信贷管理局创立，每一农业信贷区设立一家，共 12 家，同农业信贷协会一样，生产信贷协会也实行股权所有制，借款人须拥有相当于借款 5% ~ 10% 的合作社股票或股权证。所有合作银行都是独立的经济实体，实行独立经营、独立核算、自担风险，经营决策由理事会决定。理事会由认购合作银行有投票权股票的合作社成员组成。区合作银行的主要职能是为农业合作社添置设备、补充营运资金、购入商品等提供贷款和咨询服务。中央合作银行是联邦土地银行和联邦

---

① 即为商业银行以及其他金融机构所持有的农业生产者的短、中期票据办理贴现，以此为农业生产者开拓更多的融资渠道。

② 中期信贷银行一般不直接对借款人发放贷款，而是通过生产信贷协会、商业银行和其他金融机构发放。生产信贷协会对借款人发放贷款，协会可以将其贷款合同、财产抵押凭证等票据向中期信贷银行贴现，中期信贷银行也可以购买这些票据，进而向协会提供信贷基金。同时，还对商业银行以及其他金融机构提供贷款，转贷给农业借款人，这表明商业银行和其他金融机构从事农业贷款活动，可从中期信贷银行获得融资，有利于鼓励、促进更多的金融机构扩大对农业的贷款。

③ 生产信贷协会也可参与商业银行和其他从事农业贷款金融机构的农业贷款，该贷款额仅占其总额的 1%。

中期信贷银行系统所没有的机构，主要任务是向各农贷区合作银行提供资金；办理清算；参与各合作银行的大额贷款或独家为业务范围超出一个信用区以上的大合作社提供设备贷款、营运资金贷款和商品贷款等金融服务。中央合作银行理事会由 13 名理事组成，12 个农业信贷区各推荐一名理事，政府指派一名理事长。合作银行最初的资本金全部由联邦政府提供，其后合作银行也将政府资本全部归还。与生产信贷合作社的资金来源相似，合作银行的资金来源也主要包括资本金、① 发行债券和票据所募集的资金以及对外借款。资金主要用于帮助农业合作社扩大农产品销售；促进农产品出口；保证农业生产资料供应和开展与农业有关的其他业务活动的设备贷款、经营贷款、商品贷款。

至此，通过 1916～1933 年的初创和调整，以及四部联邦立法的出台，美国初步建立起了符合国情和农业信贷需求的农业信贷体系——联邦土地（居间）银行体系、合作社银行体系和生产信用协会体系。其中，12 家联邦土地银行通过农业贷款协会为农民提供长期的不动产贷款，12 家联邦中期信贷银行为生产信贷协会和其他服务农业生产的信贷机构提供短期和中长期贷款，12 家合作社银行为农民合作社提供贷款服务，1 家合作社中央银行联合不完全具备贷款能力的地区合作社提供大额贷款服务。另外，监管权限覆盖整个农业信贷系统机构的农业信贷专门监管机构——农业信贷管理局也在这期间建立起来。美国农业信贷体系及其专门监管体系的建立和调整，是对农业信贷发展规律和农民信贷需求的深刻洞察和主动回应，为美国农业的进一步繁荣发展奠定了坚实有效的制度基础。

1980 年《农业信贷法（修正案）》赋予合作银行农产品出口金融服务权，合作银行成为可以开展国际银行业务的农业专业银行，为农业合作社农产品出口提供资金支持。合作银行贷款的利率由各合作银行根据贷款类型、期限而定，一般按贷款成本浮动。这样一来，随着支持和保护农业生产和农民利益的这三家合作性质的政策性银行（联邦土地银行、联邦中期信贷银行、合作社银行）相继在全美 12 个农业信贷区（Farm Credit district）成立，在联邦政府的农业信贷管理局（Farm Credit Administration）和联邦农业信贷

———————

① 依据 1933 年《美国农业信贷法》，合作银行的资本金主要包括借款合作社按应付贷款利息的 10%～25% 所认购的合作银行有投票权的股票和对外公开募集的无投票权的股票两个部分。

委员会（Federal Farm Credit Board）① 的指导、监督和管理下，美国建立了由政府、行业自律协会、资金融通清算中心和互助保险集团构成的，目标一致、职能各异、相互独立、互为补充的农村合作金融管理体系。

1985 年美国政府颁布了新的《农业信贷法》，以适应金融业重组和并购的总体发展趋势，达到节约成本和提高市场竞争力的目标，并重建了农户信贷系统。农户信贷系统的管理核心，包括联邦农户信贷委员会和联邦农户信贷管理局，前者是为确保农户信贷政策的完善和执行而设立的政策管理机构，后者是具体执行机构，负责领导、监督和管理整个农户信贷系统；金融区农户信贷委员会依据农户信贷区而设立，包括联邦土地银行、联邦中期信贷银行和合作社银行，是实质性的专业执行机构；基层协会通过合作方式实现信贷业务，机构设置与区域层次相对应。联邦土地银行协会是联邦土地银行的分支机构，依据修改后的《农业信贷法》，美国现行农户信贷系统虽然仍分为联邦、区域和基层信贷协会三个层次，但区域层次的机构设置已发生了结构性的变化，原有的专业分工区域格局被打破，平行分布于各区域的 3 家专业金融机构合并，重组为综合性的、以区域格局划分的 4 家农户信贷银行和 1 家合作银行，即隶属于农户信贷银行（FCB）系统的美国农业银行（U. S AgBank，FCB）、农业银行（AgriBank，FCB）、第一农业银行（AgFrist，FCB）和得克萨斯农户信贷银行（FCB of Texas），以及隶属于农业信贷银行（ACB）系统的合作社银行（CoBank，ACB）。同时，原有的在区域层次上按金融区域设置的区域农户信贷管理委员会被取消，转变为银行的内部管理决策机构，而区域的监管职能由联邦农户信贷管理局在明尼苏达、得克萨斯、科罗拉多和加利福尼亚 4 个州设立的区域管理机构负责。地方协会层次也随之改变，原有的隶属于专业性银行的专业协会突破了功能限制，改为综合性协会，并按照区域转变为相应区域金融机构的基层组织，而且协会之间也进行了重组，形成了协会组合。

1987 年《农业信贷法》第 410 条将 12 个农业信贷区的联邦土地银行与居间信贷银行合并为农业信贷银行（Farm Credit Banks），经营农民需要的长期和短期贷款；同一地区的联邦土地银行协会和生产信贷合作社可自愿合并为一个新的实体——农业信贷协会，同时合作社银行也可合并；建立联邦土

---

① 该委员会由 13 名成员组成，其中 12 名来自 12 个农业信贷区，由总统任命，1 名由农业部长任命，作为其代表参加委员会。每个农贷区也各有一个农业信贷委员会。

地信贷协会作为直接贷款机构，负责长期抵押贷款；成立联邦农业抵押公司（Farmer Mac），为农业房地产和农村住房抵押贷款搭建二级市场。经过这些结构性调整之后，美国现行农业信贷机构体系主要由农业信贷银行和农业信贷协会构成。所有的机构均须由农业信贷管理局许可，并遵守其规章。依据美国《农业信贷法》，农业信贷银行分为两类：一类是最初成立的农业信贷银行（FCB），现共有 3 家，包括总部位于南加州哥伦比亚的第一农业银行（AgFirst）、总部位于明尼苏达圣保罗的农业银行（AgriBank）以及总部位于得克萨斯奥斯汀的得克萨斯农业信贷银行（FCB of Texas），作为"批发"银行，农业信贷银行主要为全美 50 个农业信贷协会（FCAS）和一个联邦土地信贷协会（FLCA）提供贷款；另一类是合并后的农业信贷银行（ACB），现仅有 1 家——CoBank，是由 FCB 与合作银行（BC）合并而成，因此同时拥有 FCB 的权力——向农业信贷合作社（其中的 26 家）以及联邦土地银行协会（其中的 1 家）提供贷款资金，以及 BC 的权力——向农业、水产业以及公共事业合作社发放所有类型的贷款，同时还有权为美国农业出口提供资金以及向农民所有的合作社提供国际银行服务。农业信贷协会（Farm Credit Association，FCA）由生产信贷协会和联邦土地银行协会组成，是美国农业信贷体系中的合作性"零售"金融机构。农业信贷协会、生产信贷协会与联邦土地银行协会三者之间为母—子结构关系：农业信贷协会为母公司，其全资拥有的生产信贷协会和联邦土地银行协会为子公司，且三者中的任何一个都要对其他两个机构的债务承担责任①。作为农业信贷协会的子公司，生产信贷协会负责发放短期和中期贷款，而联邦土地银行协会只能发放房地产抵押长期贷款。

在《农业信贷法》的持续拟制下，美国目前的农村金融机构体系由 82 家农业信贷银行和农业信贷协会构成，CoBank、AgriBank、AgFirst 以及 FCB of Texas 4 家农业信贷银行向 76 家农业信贷协会以及 2 家独立的联邦土地信贷协会提供贷款，78 家农业信贷协会得到贷款后再向合格的农民借款人发

---

① 有以下好处：首先，使农业信贷合作社能够更有效地建立以及使用资金，并且在成员仅仅持有农业信贷合作社股票的情况下，能够从农业信贷合作社及其子公司三者中的任何一个、或者同时向两个子公司借款，这样就使得农业信贷合作社及其子公司在服务顾客时拥有更大的灵活性，借款人也能更加高效地获得信贷及相关服务。其次，该结构安排使得合作社能够向借款人提供更广泛的专业服务，还使得借款人能够从同一机构获得长期、中期和短期贷款。截至 2014 年 1 月 1 日，农业信贷合作社已占所有直接发放贷款的合作社的 97%。

放。通过对农业信贷银行和农业信贷协会的创设、规范和调整，美国《农业信贷法》实现了建成"农民所有的合作农业信贷系统"的立法目标，在"农业信贷银行—农业信贷协会—农民借款人"的信贷链条中，前者为后者提供贷款，后者是前者的股东，通过层层控股，农业信贷银行实际成为农民借款人所有的专门银行，这从根本上保证了农民借款人信贷需求的满足。涵盖农业信贷银行法律制度和农业信贷协会法律制度的农村金融机构法律制度由此成为美国《农业信贷法》的核心，其他制度安排都围绕这一核心进行。

在美国《农业信贷法》的推动下，截至 2017 年 12 月 31 日，美国农业信贷银行的总资产已超过 2890 亿美元，总贷款量超过 2280 亿美元，净收入超过 21 亿美元；同时期农业信贷协会的总资产、总贷款量、净收入分别超过 1958 亿美元、1846 亿美元、36 亿美元，总体呈上升趋势；同时期，农业信贷银行的不良贷款比率仅为 0.15%，农业信贷协会的不良贷款比率为 0.88%，与 2013~2016 年相比，总体持平，略有下降①。经过近百年的制度实践，美国农业信贷的法律拟制，不仅实现了建设"可靠充足、极具建设性的农民所有的合作农业信贷机构"的立法目标，而且成功破解了"金融支农"的世界难题，实现了"金融"与"支农"的完美统一。

2. 美国农业保险制度变革与创新

美国在农业保险立法之前，曾有 40 多年的实践和研究过程。19 世纪末和 20 世纪初一些私营农业保险公司开始在美国设立，推出农业保险业务，但由于难以单独承受农业的巨大风险，这些公司无一例外地失败或破产。在经历了私营农业保险失败的阵痛后，1922 年，美国财政部成立了农业灾害保险部，并组建专门委员会对农业灾害保险进行调查研究。1923 年，农业保险首次被定位为国家问题，政府认为农业保险必须在国家的管理下才能获得成功。1929 年，美国和其他西方国家爆发了严重的经济危机，农产品价格大幅下滑，农业市场遭受巨大打击。罗斯福政府于 1933 年制定并出台了著名的《农业调整法》以保护家庭农场。1933 年、1934 年连续两年的大旱灾使得美国绝大部分的耕地受到影响，农作物损失严重，以价格为中心的《农业调整法》并没有达到预设的目的，农业保险再次被提上国会议程。

美国国会于 1938 年颁布了联邦第一部成文的农业保险法——《联邦农

---

① 数据来源于美国农业信贷管理局公布的年度报告，https：//www. fca. gov/rpts/fcsindicators. html#fiveyearcomparison，最后访问日期：2018 年 4 月 16 日。

作物保险法》，标志着美国农业保险制度的正式确立。该法授权美国联邦政府制定农业保险项目，为从事农业的生产者提供风险管理工具以减少因农作物减产或农产品价格下跌而造成的损失。该项目覆盖了美国的主要农产区以及主要的农作物。为有效地实施农业保险项目，联邦政府依据《农作物保险法》组建了联邦农作物保险公司来负责农业保险项目的具体实施和管理。依据《农作物保险法》和农作物保险项目，联邦农作物保险公司于 1939 年开始正式承保农业保险。在项目的进行中，农业保险超赔问题严峻，在国营单轨制的经营模式下，超赔部分由联邦政府补足，这无疑加重了联邦政府的运营成本。1943 年，国会通过了《农业支持法》要求联邦政府停止农作物保险项目。1944 年美国的农业保险被迫中止。随后，《农业支持法》重新修改，农业保险在中止 1 年后得以恢复；但恢复后的农作物保险项目被定义为实验性质，而并没有在全美广泛推行；在这个阶段中，联邦政府不断调整和控制农业保险的实施范围、覆盖的农作物品种以及损失率，尝试使用不同的条款、技术来进行农业保险实践；通过一系列的试验，农业保险的实施范围和覆盖品种都有所扩张，农业保险的经营状况也有所改善，联邦农作物保险公司的财务状况逐渐好转；这一阶段的农业保险制度在一定程度上分散了农业生产经营过程中的风险，为从事农业生产的生产者提供了有效的风险管理工具，提升了美国农业生产的效率，同时也为进一步改革和创新农业保险制度提供了有益的制度积累和实践经验。

在实施国营单轨制的 40 余年里，美国农业保险取得了一定的效果，但同时也存在政府运营成本高、保险覆盖率低、农户不认可等问题。同期，美国农业经济面临"产能过剩"的问题，农产品价格持续下跌，农户负债不断加重，农业风险长期积聚无法得到有效排解。1980 年美国联邦政府颁布了新的《农作物保险法》。该法以提升农业保险投保率，使之成为主要的救灾项目为目标，进一步扩大了农作物的承保范围、扩大了农业保险的覆盖地域，并且积极鼓励私营商业性保险企业参与农业保险经营。为更好地提升投保率，吸引私营保险企业参与农业保险经营，该法还明确规定了私营企业参与农业保险经营的补贴政策。法律规定对投保农民和私营商业性保险公司进行农业保险补贴，前者补贴保险费，后者补贴经营管理费用（包括亏损补贴、员工薪酬补贴、税费补贴）。除此之外，该法还明确提出在减少灾害援助项目的基础上，将更多的资源集中到农作物保险项目当中。《农作物保险法》实施后较大地提升了农业保险的投保率，但并没有达到立法时预设的 50% 投保率的目标。

1994 年美国中西部突发洪灾，农业生产遭受严重打击。《农作物保险法》在应对巨灾方面所存在的问题暴露了出来。为了更好地应对巨灾对农业生产以及农户造成的影响，联邦政府于 1994 年颁布了《农作物保险改革法》。该法规定了多项改革措施，如取消政府针对巨灾的农业救济项目，建立巨灾保险项目，投保人只需缴纳少量的保险运行管理费就可以享受该项保险，而保费则由联邦政府进行补贴；在巨灾保险的基础上，该法制定了多风险保险保障机制，并鼓励农户购买保障水平高于巨灾保险的补充保险，联邦政府提供保费补贴；再如该法将联邦政府对农户的各项支持政策与农业保险相挂钩，推行强制性保险机制，使得农户只有购买了农业保险才能享受联邦政府提供的相应支持政策。在《农作物保险改革法》的推动下，美国农业保险发展迅猛，保险作物从 1980 年的 30 种扩大到 47 种，投保率快速提升，1996 年达到了 44%，保费收入达 18 亿美元。

1996 年联邦政府颁布《农业改善和改革法》，该法致力于加强农业生产、农业经济的市场导向作用，以构建一个市场化的农业市场。依据该法，联邦政府农业部专门成立了风险管理局作为农业保险的监督管理机构，负责对联邦农作物保险公司的日常工作进行监督管理。同时该法还规定联邦农作物保险公司退出农业保险直接业务市场，不再经营直接农业保险，只负责保险政策和规则的制定、履行稽核和监督等职能，并且提供农业再保险。联邦农作物保险公司退出农业保险直接业务市场后，农业保险的直接业务则完全由私营商业性保险企业负责经营。在《农业改善和改革法》的推动下美国农业保险的经营模式从公私合营的双轨制顺利转变为私营单轨制。农业保险经营模式成功转变后，为推动农业保险的健康发展，美国联邦政府通过多次制度创新来深化农业保险法律制度体系改革，完善农业保险的经营管理。

2000 年，联邦政府颁布《农业风险保障法》，进一步扩大了农业保险的覆盖范围，通过放开私营商业性保险企业对农业保险产品设计开放的控制、规划设计收入险和产量险等新农业保险产品、加大对私营商业性保险公司经营农业保险的支持力度和对农户投保更高水平农业保险的补贴力度，将农业保险推广至畜牧业试点经营，制定新的费率厘定技术将农场主的业绩与保费折扣相挂钩，同时强化对农业保险的监督管理。2008 年联邦政府修订《农业法》，提高对产量险和收入险的保费补贴比例，将农业保险业务的覆盖范围延伸至有机作物。2014 年联邦政府制定了新的《食物、农场及就业法》，该法取消了美国长期以来实施的高额农业补贴政策，同时再在原有的基础之上加大对农业保险的支持力度，进一步扩大农业保险的覆盖范围，设计新的农业保险产品并提高对农业保险的补贴额度，以突出农业保险在整个农业市场经济中的核心作用。

以联邦立法为途径，通过一系列的制度改革与创新，美国农业保险体系经历了由国营单轨制到公私合营双轨制再到私营单轨制加政府补贴的历史转变。至此，在上述所提到的法律制度的基础之上，美国政府制定包括经济支持、再保险支持、补贴与免税四个方面的政策，法律与政策二者很好地形成了制度合力，保障并推动了美国农业保险的健康发展。目前，美国农业保险已经形成了完善的农业保险组织体系、农业保险品种体系和农业保险制度体系。美国农业保险组织体系由政府、公司、行业协会组成，在功能上可以划分为联邦农作物保险公司、有经营农业保险资格的私营商业性保险公司、农业保险代理人和农险勘察核损人员多个层次及其支撑系统，是一个承担了从政策研究、立法论证、组织机构设置、产品设计开发，到保险品种销售、定损、统计、精算以及相关宣传、推广和教育等职能的，分工明确、各司其职的完整系统。美国农业保险品种体系涵盖包括多种风险农作物保险、团体风险保险、收入保险、冰雹险及其他险种在内的多元品种体系。目前，美国农业保险覆盖的农作物总数超过 120 种，参与各类农业保险的农业土地面积超过农业土地总面积的 85%①。农业保险制度体系此处不再展开详述。

4.1.2　加拿大农业金融制度变革与创新

加拿大 2018 年的 GDP 总量达到了 1.73 万亿美元，人均 GDP 达到 4.65 万美元左右，是典型的发达国家。加拿大是农业高度发达的国家，农业劳动生产率高居世界前列。在加拿大成功的农业系统背后，有着完整全面而细致的农业支持制度体系，其中当属农业金融领域的制度体系最为重要和关键。目前，加拿大的农业金融体系主要由政策性金融、合作性金融为主的农业信贷体系和农业保险体系组成。

1. 加拿大农业信贷和担保制度变革与创新

1929 年以前，加拿大没有专门的农村金融机构，私人银行和贷款公司垄

---

① 郑军、张航：《美国农业保险的利益相关者分析与成功经验》，《华中农业大学学报（社会科学版）》，2018 年第 2 期。

断着农村金融市场，其提供的贷款产品期限较短、利率较高。1929 年经济大萧条加上已持续 10 年以上的自然干旱，使得加拿大草原地区 2/3 的农村居民难以生存，只得靠政府救济度日，而私人银行和贷款公司开始没收无力偿还贷款农民的土地。在此背景下，旨在为农民提供长期的低息抵押贷款的加拿大农场贷款委员会于 1929 年建立。为了更好地履行农村金融职能，加拿大联邦政府于 1934 年通过了《农民债权人安排法》，该法有条件地减免了农民债务额度。1942 年，联邦政府又通过了《退伍军人土地管理法》，鼓励二战退伍军人从事农业生产活动。加拿大农场贷款委员会更名为加拿大农场信贷局，作为全国最高的农业政策性金融机构，加拿大农场信贷局是当今向加拿大农村地区提供贷款的主要部门。在工作机制上，由农业部指定一些农场主或其他专业人员组成一个咨询委员会。委员会是决策机构，具体的贷款工作由分散在全国的 7 个分支机构负责，资金由联邦财政部拨给，向农场主提供长期抵押贷款，并规定借款人必须是达到签订借款合同法定年龄的加拿大公民或定居在加拿大的外国移民，贷款分期偿还，但不得超过 30 年。联邦政府通常提供的优惠贷款是根据有关计划规定的，而各省提供的优惠贷款则是依据对省际贸易有影响的、主要的贷款计划和项目①。加拿大的农村金融立法主要有 1945 年《农场改善贷款法》、1951 年《草原谷物生产者临时资金筹措法》、1959 年《农场信贷法》、1960 年《草原谷物临时支付法》、1970 年《银行法》、1970 年《地区展促进法》、1970 年《农业信贷法》、1970 年《农业开发贷款法》、1970 年《草原谷物预付款法》、1985 年《农业信贷法》、1988 年《农场改善和市场开发合作贷款法》、1993 年《加拿大农场信用法》、1997 年《农场借款调解法案》、2009 年《农场改善和市场开发合作贷款法》等。

　　1945 年《农场改善贷款法》颁布，为农场提供用于农场建筑、电气化、排灌、农机、畜牧等方面的中期贷款，该法案已于 2009 年废止。1959 年，依据《农场信贷法》，加拿大成立"农场信贷公司"，改变了金融体系的组成

---

① 例如，不列颠哥伦比亚省是以银行优惠利率的 50% 提供土地开发贷款（最多为 2.5 万加元）。其他来源的贷款的利率可以低于优惠利率的 10% 左右。阿尔伯塔省提供的 5 年以上的长期贷款的利率比银行优惠利率低 12%，最多可贷 20 万加元；财产不足 35 万加元的新农民，可以按 6% 的利率得到为期 5 年的贷款 20 万加元。萨斯喀彻温省按前 5 年 8% 的利率、后 10 年 10% 的利率向新农民提供 15 万加元贷款。马尼托巴省对新农民的贷款提供 4% 的利率补贴。魁北克省有几类贷款都可以享受利率补贴。

结构，形成了加拿大的农村金融体系，这一体系不断壮大，时至今日，在政府的干预和保障下，加拿大所有的银行和信用机构都可以提供农村金融服务①。1970 年《银行法》颁布，该法明确规定了银行可以向抵押农产品的批发商、运输商等中间商以及符合抵押条件要求的农民提供农业贷款。农民贷款的抵押物涵盖从农场的作物、种子、化肥、打捆机、农用工具、农业设备到相应的农产品。此外，依据该法，农民修理农业生产工具和设备、改善电气系统、修建排灌设施、农场建筑维修等也可以申请贷款。

1970 年《农业信贷法》颁布，该法旨在为激励农民扩大农业经营规模范围，并将传统农业改组为家庭农场提供信贷资金支持。为此，1970 年《农业信贷法》专门成立了为农民发放贷款的农业信贷公司，并详细规定了农业信贷公司负责发放的安置青年农民贷款、青年农民贷款以及标准农业贷款等三类贷款的标准和程序：安置青年农民贷款是《农业信贷法》授权农业信贷公司向 35 岁以下的申请人发放的 5 年非利期贷款，最高贷款额度为 15 万加元或者农地和动产估值的 90%；青年农民贷款是《农业信贷法》授权农业信贷公司向 45 岁以下的申请人发放的低息贷款，最高贷款额度为 10 万加元或土地、禽和设备估价的 75%；标准农业贷款的贷款对象没有年龄限制，最高贷款额度也为 10 万加元或土地和建物估价的 75%。依据《农业信贷法》，上述贷款申请人既可以是单个农民，也可以是联户、农业企业和农业合作社；贷款的使用范围包括购买农地、种畜和农业设备，土地永久性改良，偿还债务以及其他提高农场经营效率的项目；贷款的偿还期一般为 30 年；要想获得贷款，首先必须提交农场经营和发展计划，并提供相应抵押。

1970 年《农业开发贷款法》颁布，旨在鼓励为农民从事农业改良开发、改善农业生产条件提供中短期贷款。该法指定财政部银行和其他金融机构向农民提供担保。依据该法，农业开发贷款主要服务于农业设备、畜禽、农地等农业生产资料的购买和安装，农场建筑物的建设和维修；农场工程的开发和改良。依据该法，财政部承担农业开发贷款的担保责任，但贷款担保的最高数额不超过 5 万加元。如果农业开发贷款的抵押担保责任由银行承担，根

①　在政府的干预下，加拿大构建了由农场信贷公司为主体的强大的政策性农村金融体系。经历了 50 多年的发展，目前农场信贷公司已成为加拿大领先的农业信贷组织，在全国范围内设有 6 家大区办事处以及超过 100 家的区域基层分属机构，这些区域基层分属机构大部分都设立于乡村地区。据其 2016～2017 年报告显示，农场信贷公司此期间发放贷款数量超过 49000 单，应收贷款金额增长 26 亿加元，增幅达到 9%。

据权利义务相一致原则，银行可以取得对所抵押农场的抵押权，但抵押财产的占有和处置方式需与财政部通过协议确定。1997 年《农场借款调解法案》旨在为破产农户和他们的债权人提供调解、处理争议。

2009 年 5 月，加拿大将原来的《农场改善和市场开发合作贷款法》（the *Farm Improvement and Marketing Cooperatives Loans Act*，FIMCLA）修改为新的《加拿大农业贷款法》（*Canadian Agricultural Loans Act*，CALA）。新的《加拿大农业贷款法》授权银行、信用社、信托公司向贷款人和农业信用社提供贷款，并保证当贷款人无法偿还贷款时，借款人可以依据本法提起最高偿付率为 95% 的诉讼，政府将保证在未来 5 年内提供 1 万亿加元的贷款计划，并将放贷的限额提高到合作社最高 300 万加元、个人最高 50 万加元。

除了上述法律规定的情形外，加拿大合作社也为农民、农户和农场主们提供贷款。在加拿大，信用合作社的设立和监管主要由省一级政府负责，相应的制度构建也主要在省一级进行。以萨斯喀彻温省为例，为了应对当时的农业信贷危机，萨斯喀彻温省政府于 1937 年通过了《信用合作社法》，正式确立了信用合作社的法律地位，并设立登记官制度来对信用合作社进行监管。此后的 60 多年间，《信用合作社法》历经多次改革与创新，为萨斯喀彻温省信用合作社在不同历史时期的发展提供了基本的法律框架。1998 年《信用合作社法》使信用合作社存款保险公司成为萨斯喀彻温省信用合作社的主要监管机构，并允许公司在任何时候接受委派的监管任务①。2016 年联邦政府颁布《联邦信用合作社中心法》将省级信用合作社中心的监管责任从联邦转移到省一级，萨斯喀彻温省随后也颁布《信用合作社中心法》将对萨斯喀彻温省信用合作社中心（Sask Central）的监督权赋予信用合作社存款担保公司。依据《加拿大合作社法》，加拿大政府将承担合作社成员因经营风险而导致的最高不超过贷款总额 25% 的偿还责任，也就是说，如果合作社成员因经营风险难以还款，政府财政将为其偿还 25% 的贷款。对农场主而言，加入合作社的优势显而易见，主要体现在：一是合作社的整体经营风险比单个农场主要低，信用水平也明显比单个农场主要高，因此，加入合作社以后，获得贷款就容易多了；二是加入合作社以后，由于政府无偿担保 25% 的还款，

---

① 经过 60 余年的发展，信用合作社存款保险公司成为了一个独立的、系统内监管机构和存款担保机构，在萨斯喀彻温省信用合作社监管模式向审慎、系统监管的转变中发挥了重要作用。

即使自己经营亏损，面临的还款压力也比不加入合作社要小得多。在法律的保障和政府的支持下，加拿大合作社的资本金来源于社员所提供的本地储蓄，贷款利率根据市场供求关系确定，社员既是合作社的存款人，也是合作社的贷款人和所有者，贷款担保方式灵活，采取自我监督、同伴与集体监督等有效监督机制，有效地克服了农村金融与生俱来的资金风险、规模风险和信息风险，实现了合作金融的可持续发展①。据统计，截至 2016 年，加拿大的信用合作社（含储蓄互助社）总数近 700 家，在加拿大金融体系中占据重要地位。

2. 加拿大农业保险制度改革与创新

加拿大农业的健康发展离不开健全、高效的农业保险体系。目前，加拿大农业保险体系的核心是"农业保险计划"（AgriInsurance Program）。该计划由联邦—省—农业—生产者共同组成，通过一系列措施来最小化自然灾害所带来的农业生产经济损失，以维护农业生产者的收入稳定。农业保险计划主要由各省负责具体实施，各省能够在《农业收入保护法》、《加拿大农作物保险法》等法律的框架内通过调整现有的计划和实施新的方案来满足不断变化的现实需求。联邦政府对保险费以及管理费用提供一定的补贴，同时为各省的农业保险计划提供再保险服务。农业保险计划主要涵盖了诸如小麦、玉米、燕麦和大麦等传统作物，以及诸如生菜、草莓、胡萝卜和茄子等园艺作物。依据《未来增长政策方案 II》（*Growing Forward II*）的政策指导，加拿大农业保险计划还将会覆盖畜牧业等领域。

加拿大农业保险体系的形成经历了数十年的制度改革与创新。20 世纪初，加拿大农业保险主要由私营部门尝试运营。但由于保险费率过低，外加自然灾害和外围经济因素的综合影响，私营部门主导的农业保险尝试并没能取得成功。私营部门因无力承担过高的损失赔付而纷纷退出农业保险市场。20 世纪 30 年代，加拿大中西部地区经常遭受旱灾，农场主们开始要求政府提供帮助。1933 年，联邦政府颁布了《草原农场援助法》。按照该法的规定，每个农场主都被强制要求参加了由政府提供的援助计划，缴纳其农作物收入 1% 作为保费，并根据农作物灾害损失的大小从该计划获得损失补偿。《草原农场援助法》规定的援助计划虽具备了农业保险的雏形，但仍不是严格意义上的农业保险。政府每年从平原地区农民那里征收 1% 的农产品销售税，用

---

① 郑良芳：《从国外经验看我国农村合作金融发展》，《武汉金融》2009 年第 7 期。

以建立专项补偿基金，并有专门机构负责管理，管理费用由政府承担。除该法外，政府还提供了其他的灾害补偿计划。这类援助计划虽然在数十年的实施中发挥了重要的作用，但由于基金能力有限，补偿水平很低，并不足以补偿农场因灾害造成的全部损失或大部分损失；另外，援助计划的实施是在政府干预之下运行，由政府提供的补贴并没有列入政府的财政预算，援助的资金来源很难得到保障。这促使加拿大政府开始研究、启动农业保险立法，是加拿大农业保险立法的第一个动因。加拿大政府推动农业保险立法的另一个背景则是 20 世纪 50 年代加拿大的社会保险保障事业迅速发展。第二次世界大战后，加拿大经济、社会发展加快，社会各界普遍关注经济和社会生活的安全保障，在短短几年内全民医疗保险计划、劳动者养老金计划等社会保险计划先后通过立法并付诸实施。但在社会保险保障发展的浪潮中，除医疗保险外从事农业生产的农场主不能从中获益，大部分社会保险保障计划没有将农场主覆盖在内，这造成了农场主的强烈不满，农民组织要求政府建立专门的农作物保险计划以维护他们的收入稳定，并提高农业地区的经济发展水平和社会福利。

在上述历史背景下，加拿大联邦政府于 1959 年制定了《农作物保险法》。自 1959 年以来，《农作物保险法》一直是联邦政府支持的重要项目，旨在帮助农户稳定农业收入，预防农业生产的相关风险。政府参与农作物保险的原因是现实的市场未能为农户提供有效风险管理工具来适当处理生产风险。1959 年《农作物保险法》的颁布使得各省在联邦政府的支持下能向60% 区域的农民提供农作物保险，并形成了一个由联邦政府、省级政府以及农户组成的自愿参与、共同承担费用、精确有效的长期农业保险体系。设立之初，该法规定联邦政府承担 20% 的保险费用以及 50% 的管理费用，这大大减轻了省政府的建设成本和农户的投保成本，促进了农作物保险的推广和普及。1964 年，加拿大联邦政府修订了该法，并将各省和联邦政府之间的《再保险协议》的具体规定纳入其中。1966 年和 1970 年联邦政府就覆盖面和对保险费总额的补贴比例作出了进一步的修改。1973 年的修正案则为联邦政府、省政府、生产者三者分担农业保险相关费用的安排提供了两种可选方案。其一是联邦政府和省政府各承担了 25% 的保险费和 50% 的行政费用；其二是由联邦政府承担 50% 的保险费，各省政府则支付了所有的行政费用。

1991 年联邦政府制定《农作物保险条例》以此替代《农作物保险法》。《农作物保险条例》明确了政府对于农作物保险的资助方法、农作物再保险制度及农作物保险的具体经营方式。《农作物保险条例》制定后经历多次修改，现已成为了引导加拿大农业保险运营的主要法律制度。在联邦立法的推动下，加拿大形成了政府主导式的农业保险体系，联邦政府对经营政策性农业保险业务提供统一的制度框架，使各级政府和各种有权参与农业保险业务的经营组织在这个框架内经营农业保险和再保险业务，同时各级政府为农业保险相关业务的开展提供有力的财政支持和政策支持。在以国家专门保险机构经营政策性农业保险为主导之外，政府还积极鼓励了私营保险企业、联合股份保险企业以及保险互助会等多种形式的保险组织参与到农业保险领域当中，并依据法律规定为其提供再保险等支持。

4.1.3　法国农业金融制度变革与创新

法国 2018 年的 GDP 总量达到了 2.79 万亿美元，人均 GDP 达到 4.16 万美元左右，是典型的发达国家。法国是欧洲的农业大国，农业是法国经济的基础和支柱，农业农村金融制度在法国由来已久。

1. 法国农业信贷制度变革与创新

法国早在 19 世纪就颁布了《土地银行法》，开始着手建立农村金融机构，支持农业农村农民的发展。1884 年法国《协会职业自由法案》允许设立、组织农场工会与合作银行，为法国农村金融机构的成立准备了条件；1885 年第一家法国农业信贷银行（协会）成立①；1894 年通过法令授权成立了农会成员所有的地方农业信贷银行，成为农业信贷银行金字塔体系的基层组织②；1897年，政府通过法令，要求法兰西银行为农会提供票据贴现并注资 4000 万法

---

① "The 1884 Act concerning professional freedom of association allowed the formation of farm unions, and together with the example of mutual banks in Germany and Italy, this created an environment conducive to the emergence of suitable banks. The first bank of this type was created in 1885 in the shape of Société de Crédit Agricole de l'arrondissement de Poligny (Jura), through a local initiative of Louis Milcent"，参见法国农业信贷银行官网 http：//www. credit-agricole. com，最后访问日期：2023 年 5 月 1 日。

② The Third Republic's desire to attract farmers' votes by supporting small family farms, together with the efforts of Agriculture Minister Jules Méline, resulted in the Act of 5 November 1894, which created Crédit Agricole. The Act authorised the creation of Crédit Agricole's Local Banks by members of farm unions. The banks would be owned by their members, according to the principle of mutuality. This was a decentralising move, in opposition to other centralising projects. These Local Banks, which were private-sector co-operatives, formed the first level of Crédit Agricole's institutional pyramid. Because farmers had traditionally been reluctant to borrow money, the first banks consisted of local elites consisting of agronomists, teachers and landowners, and farmers were in the minority.

郎；1898 年，政府通过法令解决了农业信贷银行的担保问题；1899 年，政府通过法令建立农业信贷地区银行，使地区银行成为若干地方金库的联合组织，并赋予其业务协调、分配资金及提高融通长期资金的权能，以消除地区银行在规模和资金上的困境；1920 年，依据法令①，政府成立了专门管理农业信贷地方银行和农业信贷地区银行的国家农业信贷管理局，国家农业信贷管理局于 1926 年更名为全国农业信贷银行（CNCA）；1971 年，政府通过乡村法令将农业信贷银行集团的业务范围拓展至所有农村地区，服务对象拓展至商人和食品生产者，授权开展小微贷款，并通过税收减免优惠等措施进一步拓展了农业信贷银行集团的业务范围；1988 年，法国通过《国家农业信贷银行私有化法》，根据该法的规定，国家农业信贷银行按照"非上市股模式"将 90% 的股权转让给 39 家地区金库，余下的 10% 股权则由员工持股；2001年，国家农业信贷银行私有化进一步深化，其股票开始上市流通，地区金库持有的股份下降为 55.2%，余下 44.8% 股份则由公众持有。法国由此形成了以地方金库为基层机构、以地区金库为中层机构、以全国农业信贷银行为最高领导机构的法国农业信贷银行集团。

法国农业信贷银行集团的法定组织结构以 2573 个基层农业信贷地方银行为基础，基层农业信贷地方银行自下而上地持有农业信贷地区银行的全部表决权股并实现了对其的绝对控股，而农业信贷地区性银行又自下而上地控股法国农业信贷银行，从而实现了基层农业信贷地方银行对农业信贷银行集团的层层控股。法国农业信贷银行集团是由多种所有制银行组合形成的典型的"上官下民"复合型银行——法国农业信贷银行为官方领导机构，农业信贷地方银行和农业信贷地区银行是相互合作性质的金融机构，作为上层组织的全国农业信贷银行也能够积极配合政府农业金融政策和产业政策的实施，促使各项政策和措施自上而下地传达到个体农户，确保传导渠道畅通无阻。

法国农村金融体系属于典型的国家控制式金融模式。法国农村金融机构都是通过国家强制立法拟制而成，农村金融机构运营也要受法律调整。首先是政府指导：全国农业信贷银行受农业部、经济与财政部的双重领导，是法国农业信贷集团的最高领导机构，为政府农业发展政策和计划提出建议，参与制定国家农业信贷政策并积极贯彻政府农业发展政策和意图。因而，以全国农业信贷银行为核心的农村商业性金融在整个运行过程中享有一定的特权

---

① 1920 年法令规定了农业信贷银行运营的法律框架。

和政府扶持的优势。其次是资金保障。在资金来源上，法国农业信贷集团除自有资金外还拥有 4 个资金来源渠道。一是依靠其在农村拥有的庞大的分支机构和服务网络，广泛地动员和吸收定期、活期和储蓄存款。二是由政府担保发行长期和短期债券，其中长期债券每年可发行 2 次，期限为 10 ~ 20 年，短期债券期限为 3 ~ 5 年。三是在货币市场筹集资金。四是政府的直接支持：其直接表现为农业信贷地方银行、农业信贷地区银行和全国农业信贷银行均能享受税收减免的待遇，且政府还将对其发放的低息政策性贷款给予利息补贴，从而使其承担农村金融业务时获得有利的地位和优惠的待遇，激发其不断开拓新的商业性金融业务，发展和扩大现有业务规模，壮大自身的实力，为构建竞争性的农村金融市场提供制度保障。

2. 法国的农业保险制度变革与创新

法国的农业保险始于 18 世纪末由互保协会开办的农作物冰雹灾害保险。1900 年法国政府颁布的《农业互助保险法》，界定了农业互助保险社的法律地位和权益，划分了互助保险社承担的风险范围，标志着法国农业保险法律化进程达到了一个新的高度。在《农业互助保险法》的推动下，20 世纪 40 年代法国境内就已经建立起了 4 万多家农业互助保险合作社。此时的农业保险业务范围主要涵盖牲畜死亡、火灾、冰雹和意外事故四项。为了进一步优化对农业互助保险合作社的管理，法国政府牵头成立了中央农业保险组织来加强对农业互助保险合作社的扶持和监管。

1960 年，法国颁布《农业指导法》对农业保险作出了新的规定。1964 年，法国建立了"农业损害保证制度"，从制度创新层面拓宽了农业保险的业务范围；同时建立"国家农业灾害基金"负责补偿受灾农民的损失。1966 年，为了进一步分散农业风险，加强农业互助保险合作社的承保能力，法国制定了"农业再保险制度"，并在大区范围内设立了多家农业保险组织向农业互助保险合作社提供再保险业务，而中央农业保险组织则为大区农业保险提供再保险业务。1976 年法国编撰出台《保险法典》，其对农业互助保险进行了较为详细的规定。1982 年法国颁布了《农业灾害救助法》，制定了自然灾害的强制保险制度，其范围包括火灾、暴风雨、冰雹和雷灾造成的建筑物及其内部财产、牲畜的损失以及冰雹造成的农作物损失。在遭遇大灾时，政府还可对商业保险公司实行优惠税收或免税政策，并提供止损再保险。1985 年法国成立了"重大灾害预防基金"，为农业互助保险合作社在无力承担重大灾害保险偿付时提供支持和援助。

1986 年，法国成立了以政府控股为主体、社会广泛参股的农业互助保险集团，与大区农业互助保险组织、农业互助保险合作社一起构成了法国农业保险组织体系的三级架构。至今，法国农业保险保持着以政府资助、各级互助保险机构经营为特征的模式，对主要农作物和饲养动物实行强制保险，农民一般只需缴纳保费的 20% ~ 50%，其他部分均由政府承担。

4.1.4 日本农村金融制度变革与创新

日本市场经济高度发达，2018 年日本的 GDP 总量达到了 5.04 万亿美元，人均 GDP 接近 4 万美元，同时也是一个人多地少、资源匮乏的国家，农业生产主要以个体经济和农户小规模经营为主要特征。为实现日本农业的健康发展，日本通过一系列政府主导的金融制度变革与创新，建立了完善的农村金融制度体系，为日本政策性农村金融、合作性农村金融以及农业保险的发展提供了有力制度支撑。

1. 日本农业信贷制度变革与创新

（1）日本的农村政策性金融制度

日本的农村政策性金融主要围绕日本政策金融公库的农林渔业食品事业部（Agriculture, Forestry, Fisheries and Food Business Unit, AFFFU, 其前身为农林渔业金融公库）进行。二战结束后，日本为解决粮食供应不足的问题，于 1952 年颁布《农林渔业金融公库法》。依据该法，日本政府于 1953 年全额出资设立农林渔业金融公库，并创设出土地改良资金、造林资金、渔业造船资金等多种形式的金融信贷产品来为经营农林渔业的个人及法人发放长期低息贷款，以促进日本农林渔业的发展。

农林渔业金融公库的信贷业务发展大致可分为四个阶段。一是战后恢复阶段（1953 ~ 1960 年）。农林渔业金融公库的主要任务是为增加粮食生产、实施土地改良和维持生产力发展等提供必要的资金支持，其信贷资金也主要投向了农地开垦、改良和灌溉设施建设等农业生产领域。二是日本农业经济发展的调整阶段（1961 ~ 1975 年）。1961 年日本颁布《农业基本法》，其目标在于推进农业现代化、合理化发展，提升农业生产者生活水平。《农业基本法》明确了政策性金融对支持农业发展的重要性。为落实《农业基本法》，农林渔业金融公库在这一阶段的支持重点和业务范围有了较大的改变——扩大到与农业生产和农村生活直接相关的农业机械、流动设施等项目上。三是平稳发展阶段（1976 ~ 1990 年）。日本的农业经济在《农业基本法》的制度支持下得到了快速的发展，农产品产量也得到了大幅度的提升，主要农产品出现了供大于求的情况。在此情况下，日本农业经济开启了重大调整，逐步由原来的内向型经济模式转向外向型经济模式。此时农林渔业金融公库的支持重点转向农产品的加工和贸易流通领域，并积极通过农业信贷支持来培养、提升日本的农业竞争力。四是低速发展阶段（1991 年至今）。20 世纪 90 年代，日本经济泡沫破裂，经济发展进入调整期。农业经济受到宏观经济发展及国际农业竞争的影响，也出现了持续的低迷状态，农业生产者数量逐年呈现下降趋势，农业基础大大削弱，相应的社会问题也慢慢滋生。为扭转农业经济衰退的情势，日本于 1999 年颁布了《粮食农业农村基本法》来取代1961 年制定的《农业基本法》。《粮食农业农村基本法》将促进国内农业生产作为日本基本的农业政策，强调政府在粮食、农业、农村发展问题中的职责，要求政府通过法律制度创新、财政以及金融等方面的举措为农业经济发展提供政策支持。为具体落实《粮食农业农村基本法》，日本政府在 2000 年出台了《粮食农业农村基本规划》，将农村政策性金融纳入基本规划框架内。此后的 2005 年和 2010 年，日本政府对《粮食农业农村基本规划》作出了两次修改，进一步明确农林渔业金融公库（日本政策金融公库农林渔业食品事业部）在农业经济发展中的地位和任务。在此背景下，农林渔业金融公库将贷款的重点转移到扶持核心农户、稳定农业经营、确保食品供给、强化农业基础设施建设、提高农业综合产出率、提供农业人口收入等方面。

　　政策性金融体系在推动日本农业经济从二战后恢复并快速发展方面起到了至关重要的作用，同时也造成了一定的负面影响：过于强大的政策性金融体系对私营金融部门产生了挤压；相对低效的运营模式也加重了国民经济负担和政府运营成本。在此背景下，日本启动了对政策性金融机构的改革，这直接影响了日本农村政策金融体系的发展。1998 年日本出台的《中央省厅等改革基本法》开启了日本政策性金融组织机构的大规模合并重组；为减轻财政负担，2000 年日本政府出台《行政改革大纲》，决定对政策性金融机构的业务和组织形式进行改革；2001 年日本政府出台《特殊法人等改革基本法》以及《特殊法人等的整合与合理化计划》，开始了对包括农林渔业金融公库在内的政策性金融机构的实质性改革，并将政策性金融机构定位为民间金融机构的辅助和补偿机构；2005 年日本政府制定了《政策金融改革基本方针》，该文件指出政策性金融的作用已基本结束，提出大幅度精简政策性金融，并将农林渔业金融公库的功能进行了清理，保留资本市场无法替代的对农林渔业的超长期低息融资贷款、对中小微型企业十年以上的长期贷款，在食品产业贷款领域则取消对大型企业的贷款业务。2007年日本出台《株式会社日本政策金融公库法》，农林渔业金融公库与其他四家政策性金融机构合并成立日本政策金融公库，在日本政策金融公库内设立农林渔业食品事业部承接农林渔业金融公库的政策性金融功能。《株式会社日本政策金融公库法》再次将政策性金融的功能定位为民营金融机构的补充。

（2）日本的农村合作性金融制度

日本的农村合作性金融早见于19世纪的"赖母子会"、"报德社"等由农民自发组建形成的合作性金融组织。1900年日本制定了第一部《农业协同组合法》，该法的颁布标志着日本的农协体系正式建立。在原有农村组织的基础之上，日本的农协开始在各地建立起来。1900年的《产业组合法》规定了包括信贷在内的四种产业组合形式，每一组合只能经营一种业务；此外，该法还规定了包括自由入社和退社权、平等的投票权和选举权等在内的会员权益以及农协运营的相关准则；在信贷产业组合设立之初，其业务范围仅限于向会员提供信贷服务。1906年日本政府修订《产业组合法》，拓宽了信贷农协的业务范围，允许信贷农协向会员开办存款等其他业务，现代农协的原型开始出现。经过《产业组合法》的多次修改，信贷产业组合被赋予了更多功能，其业务范围也进一步得到拓宽，存款业务的服务对象也拓展到非会员及家庭。1909年，为了强化信贷产业组合的金融功能，信贷产业组合联合会（县信联）开始出现。1924年日本政府出台《产业组合中央金库法》，设立信贷产业组合中央金库（农林中央金库的前身），确立了单协、县联、中央金库的三级合作金融系统；中央金库最初由政府和县信联各出资50%共同设立，由政府进行管理，为政府领导下的合作性金融组织，直至1959年才完全实现私有化。1943年《农业团体法》颁布，信贷产业组合中央金库更名为农林中央金库。1947年，日本政府颁布了《农业协同组合法》，文件规定设立农协来取代产业组合，并明确规定了农协的性质、目的、业务范围以及组织架构等内容；依据《农业协同组合法》，农协的业务包括提供借贷、吸收存款在内的十二项，其组织架构继承产业组合的三层结构；1992年日本修订了《农业协同组合法》为农协引进了董事会制度；1996年再次修订时引入了双重管理体系，实行管理委员会与董事会双重管理制度；2002年的修订中，规定了从事信贷业务的基层农协须有至少三名全职董事，其中至少有一名负责主管信贷业务。在农协发展的数十年间，日本政府还陆续出台《农协会并助成法》、《农业协同组合财务处理基准令》等多部附属法令，与《农业协同组合法》一起形成了一个规范农协发展的专门法律体系。

在法律规范的保障下，日本构建了以基层农协中的信用合作组织为基层组织、以都道府县的信用联合会为中层组织、以农林中央金库为中央组织的三层级农村合作性金融体系。三层级机构在股权结构上采用由下自上参股的模式，农协会员入股基层农协，基层农协入股都道府县的信用联合会，信用联合会则入股农林中央金库。三层级机构之间不存在行政隶属关系，实行独立核算、自主经营、自负盈亏，形成了组织结构上的相互独立，经济活动中的相互往来，业务和职能上的相互依存、补充和配合。在业务分工上，三级组织之间有明确的界线，基层农协主要服务内部会员，信联会则主要服务中型企业，农林中央金库则负责全国性大型企业的金融业务。

2. 日本农业保险和担保制度变革与创新

在农业信贷支持之外，日本农业的平稳发展还有赖于其独特的农业保险制度。日本的农业保险制度主要由农业共济保险制度和农业信用担保制度构成。日本的农业共济保险制度植根于中国古代宋明时期的"广惠仓"制度，18 世纪江户幕府设立了仓储后备，在发生灾害时向灾民提供公共救济。20 世纪 20 年代末期，沿承公共救济的历史传统，日本的农业保险立法开始出现。1929 年日本制定了《牲畜保险法》，将猪、牛等家畜列入农业保险的覆盖范围。1938 年日本出台《农业保险法》，将水稻、小麦等农作物也列入农业保险的覆盖范围。1947 年日本将《牲畜保险法》与《农业保险法》进行整合修订，制定了新的农业保险法律制度《农业灾害补偿法》。该法构建了由农业共济组合（也就是保险合作社）、农业共济组合联合会以及政府三级机构组成的"共济—保险—再保险"农业共济保险机制，同时还具体规定了：（1）包括组织定位、设立、管理、解散、清算等内容在内的农业共济组合的相关事项；（2）农业共济组合联合会的角色、责任和相关运营准则；（3）政府在农业共济保险体系中的定位和责任，政府主导的农业共济再保险制度、监管制度、补贴制度等具体内容。此外，《农业灾害补偿法》还扩大了原有农业保险的覆盖范围，并提高了政府财政对农作物保险的支持力度。

由农业共济组合（也就是保险合作社）、农业共济组合联合会以及政府（主要是农林水产省）三级机构组成的"共济—保险—再保险"农业共济保险机制是日本农业共济保险体系的核心制度。在这一机制中，处于基层的是共济组合，它由一定区域内的农户自发组建形成，负责基层区域的保险业务办理，收取农户缴纳的保险费用，形成共济关系；向农业共济组合联合会上缴保险费用，形成保险关系。位于中层的农业共济联合会则在收取共济组合缴纳的保险费后，将其中一部分上缴政府，由政府提供再保险服务，形成再保险关系。当灾害发生时，农业共济保险机制能够自上而下地层层进行保险偿付。通过共济关系、保险关系以及再保险关系的构建，农业共济保险机制有效地分散了农业生产经营所面临的巨大风险。

与农业共济保险制度并行的还有农业信用担保制度。该制度依据日本1961 年颁布的《农业信用担保保险法》建立，其目标在于解决农民融资困难的问题，主要是通过为申请贷款的农业生产者提供担保服务，以使其能够顺利获得融资机构提供的信贷服务。农业信用担保制度是一种双重担保制度，由保证保险系统和融资保险系统两个部分组成。保证保险系统主要通过农业信用基金协会进行运转，其运行机制大致为：农业生产者向融资机构提出融资申请的同时，向农业信用基金协会提出担保申请；经过审核后，由农业信用基金协会为农业生产者的融资向融资机构提供债务担保，同时，农业信用基金协会再与农林渔业信用基金就该融资的担保形成保证保险关系，起到反担保的作用；融资机构在获得农业信用基金协会提供的担保后，向农业生产者提供融资。保证保险系统主要针对的是小额农业贷款，而融资保险系统则负责大额农业贷款的融资担保运作，其运行机制与保证保险系统有所不同：首先由农业生产者向融资机构提起融资申请；其次，融资机构在受理融资申请后可向农业信用基金协会提交融资保险申请的相关材料；农业信用基金协会在收到融资机构的融资保险申请后，向农林渔业信用基金转交该申请材料并提交贷款意见书；农林渔业信用基金审核通过后，直接为融资机构提供融资保险。农业信用担保制度使得农业信贷的获得更加顺畅，同时信贷机构的融资风险也得到有效排解，促进了日本农业信贷的发展，进而为日本农业经济的发展提供了良好的金融制度保障。

4.1.5 韩国农村金融制度变革与主要创新

韩国 2018 年的 GDP 总量接近 1.72 万亿美元，人均 GDP 达到 3.34 万美元，是继日本和新加坡之后的第三个亚洲发达国家。韩国农村金融起步较早，其制度体系在"新村运动"中逐步完善。

1. 韩国农村信贷制度变革与创新

20 世纪初，伴随着日本对韩国的殖民侵略，日本的农村信贷制度开始引入韩国，并逐渐生根发芽。1933 年，全国金融组合联合会的成立标志着韩国全国性农村信贷网络的正式形成。但农业和农村经济的不振直接影响了农村信贷体系的发展，农村信贷体系未能发挥其应有作用。到了 20 世纪 50 年代中后期，韩国开始认识到农业经济在整个国民经济体系中的重要性，在国家发展战略上重新确立了农业经济的基础性地位，同时也开启了韩国农村信贷制度的改革与创新。1956 年，韩国出台《农业协同组合法》和《农业银行法》对原有以信贷组合为主体的农村信贷体系进行改革。根据《农业协同组合法》和《农业银行法》的规定，韩国解散原有的信贷组合并设立全新的农业信贷机构——农业协同组合和农业银行，农业银行兼营政策金融业务，随后在 1958 年转变为特殊政策性银行。1961 年，韩国修改《农业协同组合法》，在基层地区建立综合性农协，为农民提供包括信贷、购销等服务在内的综合性服务；同时将原农业协同组合中央会与农业银行合并，成立新的农业协同组合中央会作为农协系统的中央机构，来扮演韩国农业政策性金融机构的角色。各级农业协同组合皆是韩国政府主导下的公法人团体，根据《农业协同组合法》的规定，基层和市郡农协的主席皆由政府任命，农协中央会总裁须由农林部长提名，经财政部长同意，由总统任命，而首席监事则须经财政部长同意，由农林部长任命。《农业协同组合法》的修订是韩国农村信贷制度的重要变革，标志着韩国以农协为中心的货币农业信贷体系的建立。

为推动农业信贷发展，支持农业经济发展，同时解决困扰韩国农村发展多年的农村高利贷问题、整顿农村私债市场，农业协同组合中央会（以下简称"农协中央会"）于 1969 年开始试点经营"相互金融"业务（Mutual Finance），为 150 家基层农协提供信贷服务；1976 年"相互金融"业务从试点走向普及，全国范围内所有基层农协都开始经营"相互金融"业务。农协"相互金融"是指主要为基层农协会员的农业生产经营和日常生活提供的融资服务。在政府的政策支持下，农协"相互金融"可以享受 2000 万韩元以内的存款利息所得税免征（1992 年）、5000 万韩元以内的存款保险（1998 年设立存款保险基金）等优惠。其特点是：协会成员都可以加入互助金融组织借贷使用资金，而非协会成员利用资金比率不得超过资金利用总额的 1/3；资金借贷要通过农协中央会的互助金融特别会计开展，由道支会和室、郡支部起作用。

农协在全国范围内普遍建立起来后，韩国政府将大量的农村发展资助项目（诸如农资购销、农村文化建设、教育建设等）交由农协负责，大部分的政府低息政策性贷款都是通过各级农协转贷到农户手中，韩国农协的综合性和政策性得到进一步体现。为更好地实现农协体系的政策性金融功能，韩国政府不断通过政策性金融制度供给来推动农协开展农业信贷服务。1972 年，韩国政府便与农协共同出资成立农林水产业从业人员保证基金，为因信用问题而无法获得信贷支持的相关农户提供信用保证；1995 年，在农林水产业从业人员保证基金的基础之上，政府与农协设立了贷款损失保全基金来为农林水产业从业人员保证基金范围之外的农户提供信贷支持；为了提升政策性贷款运转的效率，鼓励农协向农户提供贷款，提升国内农业竞争力，韩国政府还一直为农协提供运营管理成本补贴、低息贷款利息保全政策以及高额的财政补贴。在一系列政策扶持下，农协信贷体系始终在韩国农业发展中扮演着重要角色。

从 20 世纪 80 年代开始，农协围绕着组织结构开始了多次改革。在 1981 年，农协的组织结构发生了新的变革，由基层农协和农协中央会组成的双层组织结构取代了原来的"基层农协—市郡农协—农协中央会"三层组织结构，市郡农协并入农协中央会，成为农协中央会的市郡分部。1988 年《农业协同组合法》再一次修改，该次修改重点在于农协的民主化改革。依据新修订的《农业协同组合法》，韩国政府于 1989 年对农协的人事制度进行改革，确立了基层农协主席及农协中央会总裁的直选制度，基层农协主席及农协中央会总裁不再由政府任命，改为由会员代表直选产生；同时也终止了政府对农协体系的直接领导，农协中央会也无须再向政府上报收支预算和事业计划，基层农协也不再受当地政府的直接管辖。为更好地适应市场化农业经济改革，1994 年韩国制定了新的农渔村发展政策。农协中央会作为其实施的主要主体，开始对其内部组织结构进行调整，于 1995 年将市场营销供应和银行保险两大板块作为独立核算的事业部进行运转。1999 年，《农业协同组合法》再次修订，赋予农协中央会依法设立公司的权利，该次修订促进了韩国各涉农协会的一体化进程。2000 年，农协中央会与畜协中央会、人参种植中央社合并，农协中央会变成独立的综合性农业协同事业机构。2012 年，农协中央会进行了新一轮的体制改革，金融、经济两个板块分离，分别成立农协金融控股（下属农协银行、农协人寿保险、农协财产伤亡保险、农协证券投资、农协资产管理等有限公司）和农协经济控股两大独立的商业实体，以提高农协体系的运转效率和市场竞争力。农协中央会下属两大控股公司皆采用农协中央会董事会领导下的 CEO 负责制，在经营管理上具有明显的独立自主性。

通过政府主导、自上而下的层层建立以及制度创新推动下的商业化改革，韩国农协体系在 50 多年间发生了巨大的改变，由原本的政策性金融机构逐渐演变成融政策性、互助性和商业性为一体的综合性农村金融机构。

除了农协信贷体系之外，韩国还建立了以新村金库为核心的非货币农村金库信贷体系。1971 年，韩国开展了著名的"新村运动"，农村金库的改革就是"新村运动"的重要措施之一。韩国最早的农村金库（新村金库的前身）始建于 1963 年，为农村地区村民自发自愿、共同出资所组成的农村金融机构。1965 年韩国"再造国民运动中央委员会"开始组织农村金库的人员培训，但此时的农村金库仍然是未被法律所认可的非正规民间金融机构。直至 1972 年，为进一步整顿民间金融市场，解决农村高利贷问题，韩国政府出台《关于经济成长和安定的紧急法令》、《信用协同组合法》等法律，其中《信用协同组合法》确立了新村金库的法律性质，赋予了新村金库合法的法人地位。1972 年，韩国政府将新村金库事业确立为新农村运动的标准之一。1973 年，新村金库联合会成立，涵盖市郡道及联合会在内的多级新村金库体系形成，但由于当时非法人新村金库的数量仍远多于法人新村金库，同时"再造国民运动中央委员会"也仍是新村金库的主要指导机构，新村金库联合会只能在"再造国民运动中央委员会"的指导下开展部分教育和指导性质的活动，其作用并没有真正显现。为进一步推动新村金库的发展，1975 年"再造国民运动中央委员会"被撤销，其组织结构与全部财产由新村金库联合会继承。新村金库联合会开始正式独立行使法人职权。1977 年，韩国议会将"新农村金库支援"列为新农村运动的"五大试行政策"。1982 年为解决新村金库发展过程中出现的诸多问题，适应新农村运动的发展需要，韩国出台了《新农村金库法》。《新农村金库法》规定新村金库是立足于"韩国固有的相互扶助精神"的国民自主协作组织，同时强化了新村金库联合会的监督管理职能，并制定了保障储户利益的存款保障制度。1989 年《新农村金库法》再次修改并于次年开始实施，此次修法增加了新村金库分支结构、业务范围、会员制度等具体内容。修法后新村金库的业务范围得到明显的扩大，基本涵盖了农村金融的大多数金融业务，构成了韩国现在新村金库运行的法律基础。决策机制上，该法规定新村金库采用一人一票的民主决策制度，而不以股权比例作为决策权的划分标准，这与股份制金融机构有着明显的不同；内部组织架构上，《新农村金库法》明确了新村金库的日常运营由监督总会及理事会负责，贷款则由贷款审查委员会专门负责；监管制度上，该法确立了新村金库联合会为新村金库的指导和监督机构，负责国内所有新村金库的指导和监督。作为一种区域性的农民自发金融组织，新村金库主要在区域会员之间开展吸收存款、小额低息贷款、国内汇兑等基本金融业务；同时，新村金库还是韩国新村运动的主要实施者，承担着新农村建设的组织合作、文化教育、福利建设、经济开发等多种功能。与农协金融组织一样，新村金库同样在存款利息税率、存款保障等方面享受着韩国政府提供的扶持政策。

2. 韩国农业保险制度变革及创新

韩国农业保险的相关立法起步较晚，但早在 20 世纪 30 年代，韩国就已经开始农业共济保险的相关实践，并在 20 世纪 60 年代形成了一套相对完整的共济保险运行框架。农业共济保险之外，韩国政府在农业发展遭受灾害打击时，可以根据《农渔业灾害对策法》来主动为农业恢复提供救济。但政府依据《农渔业灾害对策法》所能提供的救济相当有限，其适用的范围仅是因气象灾害而形成的农业损失（仅限于土地、生产设施、种子、肥料等），补偿的力度也十分有限，基本上只够维持受灾农民的基本生活水平，而无法真正填补农民的受灾损失和帮助农民恢复生产。鉴于《农渔业灾害对策法》在受灾救助方面存在严重缺陷，韩国政府开始着手农业保险立法的相关工作。

在总结韩国数十年农业保险实践的基础之上，吸收了美国和日本的农业保险立法经验，韩国政府于 2001 年制定了第一部农业保险法律制度——《农作物灾害保险法》① 及其实施细则《农作物灾害保险施行令》。2004 年，韩国政府出台《渔船员和渔船灾害补偿法》，为从事渔业生产的渔民和船只提供灾害补偿。2007 年政府出台《养殖水产品灾害保险法》，并于次年颁布了《养殖水产品灾害保险法施行令》，确立了养殖水产品灾害保险制度。与《农作物灾害保险法》的立法体例相似，《养殖水产品灾害保险法施行令》共计 25 条，分别就立法目的、保险范围、经营主体、法律责任等具体内容作了相关规定。

2009 年，韩国政府将《农作物灾害保险法》与《养殖水产品灾害保险法》合并成为统一的《农渔业灾害保险法》。《农渔业灾害保险法》的出台确立了韩国现行的政府主导下的农业保险制度，后经多次修改（2011 年、

---

① 《农作物灾害保险法》共计 19 条，制定了包括组织机构设置、人事任命、财政支持、再保险制度、监管制度等在内的相关内容，初步形成了政府主导的农业灾害保险制度。

2013 年、2015 年、2016 年、2017 年）而趋于完善，为当下韩国农业保险体系的运作提供了有效的法律框架。目前的《农渔业灾害保险法》共计 32 条，将农业、渔业、畜牧业、林业等多行业产品及设施纳入其保险覆盖范围（经历 2011 年修正案修改，并最终在 2015 年修正案修订确立），赋予从事上述行业生产的个人或法人获得农业灾害保险的权利；授权农业、食品与农村事务部以及海洋与渔业部分别牵头设立农业灾害保险审议委员会和渔业灾害保险审议委员会（2013 年修正案修订确立）来负责审议包括保险覆盖范围、政府财政支持、再保险中的政府责任划分等内容在内的农业灾害保险、渔业灾害保险以及相关再保险事项，并制定了审议委员会人员组成的相关细则①；授权总统通过总统令来确定灾害保险所涉灾害种类（2016 年修正案修订确立）；规定由《渔业协同组合法》规定的渔业协会中央会、《林业协同组合法》规定的林业协会中央会以及《保险业法》规定的保险公司（包括农协中央会下属的农协财产伤亡保险公司）等负责经营农业灾害保险（2011 年修正案修订确立，2013 年修正案修改了部分条款的表述）；制定了农渔业灾害损失评估员制度，由灾害损失评估员专门负责灾害损失评估（2013 年、2014 年、2016 年修正案都分别对相关条款进行修改），明确了灾害损失评估员的相关职责（2014 年修正案新增），而灾害损失评估员的资格则由农业、食品与农村事务部制定相应制度进行认证和监督管理（2014 年修正案新增）；规定了投保费率的确定机制；规定了政府对农渔业灾害保险的保费和管理费补贴制度②（2011 年、2013 年修正案对该条表述有部分修改）；规定了政府主导下的农渔业保险再保险制度，明确了再保险基金的设立、资金来源及使用、运营及监管等内容；制定了农业灾害保险的监管制度，规定由农业、食品与农村事务部负责农业灾害保险的具体监管；制定了详细的处罚规定。

　　《农渔业灾害保险法》的制定和修改最终确立了韩国在政府主导下的农

---

① 根据《农渔业灾害保险法》第 3 条第 8 款规定，农业、渔业灾害保险审议委员会由不超过 21 名成员组成，其中主席分别由农业、食品与农村事务部以及海洋与渔业部的副部长担任，副主席则从各审议委员会委员中由委员直接选举产生（2013 年修正案确立），审议委员由农业、食品与农村事务部以及海洋与渔业部按照该法的相关规定指派或任命（经由 2011 年、2013 年修正案修改，由 2014 年修正案最终确立）。

② 韩国各级政府对农业灾害保险的保费补贴力度一直保持在较高水平，以针对农作物的灾害保险为例，农户只需承担 20% 的保费就可享受政府提供的农业灾害保险，50% 保费由韩国中央政府承担，余下的 30% 则由地方政府提供。同时，韩国中央政府通过中央财政资金支持各保险企业开展农业灾害保险业务，如 2013 年农协财产伤亡保险公司经营农业灾害保险业务的管理成本得到中央政府 100% 的财政资助。

业灾害保险制度，各级政府在整个农业灾害保险体系中扮演重要角色，通过财政支持、政策引导等方式推动了农业灾害保险在韩国农业领域中普及，为韩国农业经济的快速发展提供了有效的风险分散工具，有效推动了韩国农业经济的健康发展。

4.2 新兴市场经济国家的农村金融制度创新与法治实践

与发达国家不同，大部分的发展中国家进行农村金融制度创新的直接动力通常是改善农民的贫困生活，消除农村贫困现象。研究发展中国家农村金融改革的实践更有利于为我国提供更为直接、可行的经验。下文将以发展中国家中农村金融制度创新中取得一定成效的国家为例展开经验及教训归纳和借鉴。

4.2.1 巴西农村金融制度变革与创新

巴西是南美洲国土面积最大的国家，拥有得天独厚的自然条件，2018年的GDP总量接近1.92万亿美元，人均GDP达到0.91万美元左右，仍然属于发展中国家，也是世界上最为重要的农业国家之一。近50余年，巴西历届政府坚持通过一系列的农业发展制度供给，不断扶持并实现巴西农业（含牧业）的崛起，使巴西从一个农产品进口国转变为世界范围内主要的农产品出口国，巴西多项农牧业产品产量和出口量位居世界第一。农（牧）业是巴西国民经济体系中的支柱产业，是推动巴西经济发展的重要动力。根据巴西农业部公布的相关数据显示，2017年巴西农（牧）业增长率高达16%。在农（牧）业高速发展的推动下，巴西2017年度国内生产总值增幅为1%，结束了连续两年的国内生产总值负增长，国民经济发展重回正轨。作为巴西农业发展制度供给的重要组成部分，农业信贷制度和农业保险制度历经多次制度创新，形塑了巴西农村金融体系有效运行的制度框架，为巴西农业的快速崛起提供了有力的金融支持。

1. 巴西农业信贷制度变革与创新

巴西的农业信贷制度变革与创新紧跟巴西农业发展的现实需求。其变革与创新的历程大致可以分为三个阶段。

第一个阶段是1965～1985年的制度初创阶段。在这个阶段内，巴西的农业信贷制度变革与创新有着浓烈的政府主导色彩，以国家农村信贷制度的构建为主要标志。20 世纪 60 ~ 80 年代，巴西的经济发展上采取"进口替代"的工业化战略。受此影响，巴西的农业经济主要满足国内人口的消费需求以及通过出口农产品来为扩大其他商品的进口提供外汇支持。为了扩大现代化的农业生产要素在巴西农业经济中的比例，为从事农业生产和销售的农户提供低利率的农业信贷资金，促进农业资本形成过程，改善农户的经济状况，巴西政府于 1965 年制定了第 4829 号法案，设立国家农村信贷制度（National Rural Credit System，SNCR），刺激农业经济发展。国家农村信贷制度主要向农户提供农业周转资金信贷、农产品营销信贷和农业投资信贷等多项信贷服务。由于国家农村信贷制度实施利率补贴政策，农业信贷的名义利率低于当时的通货膨胀率，真实利率为负，在此推动下，农户申请农业贷款的欲望得到有效提升；此外，在政府的刺激和强制下，巴西的金融机构的农业信贷总额也大幅度提升。针对不同类型的农户，国家农村信贷制度规定了明确的信贷配额制度和差别化的利率优惠政策。农户能够获得的信贷配额与其所能够提供的担保额直接相关，大型农户能获得的信贷配额要明显大于中小型农户。差别化的利率优惠政策则刚好相反，中小型农户的小额贷款能够享受比大额贷款低 1% ~ 2% 的利率优惠。为解决农业信贷资金来源的问题（1985 年以前，约 80% 的农业信贷资金来源于巴西政府的货币预算，12% 来自商业银行[①]），巴西银行于 1970 年建立了浮动债务账户，来为巴西央行通过货币手段（印钞）向农业信贷输血提供便利。到了 70 年代末期，巴西国民经济开始出现整体下滑。为应对经济下滑，巴西政府开始实施紧缩性的货币政策，这直接影响了农业信贷的资金来源，导致了农业信贷供给的持续减少（这一趋势延续到 90 年代中期）。在政府的主导下，国家农村信贷制度在 1965 ~ 1985 年的历史阶段内取得了显著的效果，农户信贷数量、农业信贷总额、农业投资总额大幅增加，现代化农业资金被大量使用于农业生产当中，农业经济高速发展。另一方面，政府主导下的国家农村信贷制度也有着明显的负面影响：利率补贴、信贷资金支持等使得政府的财政负担过大，不得不通过货币手段来平衡财政支出，对货币体系造成扭曲；信贷配额制度的存在，使得农业信贷在人群、地域、作物种类等方面呈现出不同程度的集中，农业信贷发展出现了不均衡的问题。这都为后续阶段中的农业经济衰退埋下

---

① 1965 ~ 1985 年阶段，国家农村金融信贷制度规定商业银行须将其活期存款总额的 15% 用于农业金融信贷当中，现为 25%。

隐患。

第二个阶段是 1986～1999 年的制度调整阶段。在这个阶段内，巴西的农业信贷制度变革与创新进入调整期，以市场化改革为主要标志，开始注重市场的作用，政府的主导地位逐渐削弱。从 20 世纪 70 年代末期开始，巴西国民经济发展出现明显下滑，经济发展进入了一个调整阶段。在此情形下，巴西放弃了以往"进口替代"的工业化战略，开始实施市场化改革，强调市场作为资源分配的主要机制的作用，不断减少政府对经济发展的干预，推动国民经济由进口型向出口型的转变。国家经济发展战略的转变促使巴西农业信贷制度开始市场化调整。国民经济的不景气，使得政府难以再像上一阶段那样为农业信贷提供利率补贴和资金支持。农业信贷制度的市场化调整首先从政府的补贴政策开始。1986 年，为解决农业信贷对货币体系的扭曲问题，巴西政府新设"信贷预算"制度，取代了原有的浮动债务账户制度，将农业信贷的资金供给纳入财政预算当中，政府对农业信贷的补贴开始大幅度减少。除了减少补贴外，政府还采取上调农业信贷利率、降低农户授信额度、实施信贷限额制度等措施来对农业信贷进行调控。同年，巴西银行制定并实行农村储蓄制度，区分来源于农村的存款与城市存款，并将农村存款回流到农业信贷当中。随着政府对农业信贷补贴政策的减弱，新的农业信贷机制开始出现，私营部门逐渐成为了农业信贷的主要资金来源。为更好地将资金引入农业信贷领域，巴西创新出了一系列的融资工具和农业信贷项目。1994 年，巴西创设 CDR 工具来解决农业融资困难问题。1994 年巴西的第 8929 号法明确了 CDR 的法律地位，并就 CDR 的运作机制、争端解决机制等作了规定。CDR 工具的出现打破了巴西农业信贷体系的银行信贷一元格局，开拓了农业信贷的债券融资途径，同时也充当了巴西农村金融体系中的对冲工具。1995 年，巴西出台"国家家庭农业促进项目"（National Program for the Strengthening of Family Farming，PRONAF），主要为符合条件的个体农户提供周转资金和投资信贷，并为由小型家庭农户组成的合作社的资本化提供信贷支持。除此之外，PRONAF 还为妇女、青年、林业、农业工业化、农业可持续发展实践提供特别信贷支持。PRONAF 的利率要低于一般商业信贷利率，根据贷款额度及贷款类型的不同，其利率也有所不同（0.3%～3.5%）。PRONAF 是一项农业部管理的联邦政府农业项目，其资金主要来源于巴西国库。此外，巴西还陆续出台如"国家中型农业生产者支持项目"（National Support Program for Medium-size Rural Producer，PRONAMP）等农业信贷计划来对接、引导各金融机构的农业信贷资金进入农业信贷市场。政府角色的转变开启了巴西农业信贷制度调整。通过一系列主动的制度创新，巴西农业信贷体系开始引入市场化机制，打破原有的政府主导格局，激活了农业信贷体系的发展活力，为巴西农业市场化发展提供了相适应的金融支持。

第三个阶段是 2000 年至今的制度成熟阶段。经过上一阶段的市场化改革，巴西的农业信贷制度已逐渐由原来的政府主导型向以市场机制为核心、政府指导为辅的市场主导型制度体系转变。在这一阶段中，巴西农业信贷制度进一步确立并巩固市场机制的核心地位，以农业信贷融资工具的创新为标志，形成了一套成熟有效的农业信贷制度体系。随着巴西国民经济的整体复苏，巴西农业经济也进入了一个相对稳定的发展期，而农业信贷制度的变革重心仍是推动农业信贷的市场化发展。为了刺激更多的社会资本进入农业信贷领域、填补政府资金退出后的空白，巴西政府创设并深化了多元化的农业信贷融资工具体系。2000 年，巴西银行建立了 CDR 指数，并直接在巴西期货交易市场上市流通，推动了农业信贷工具 CDR 的金融化发展；为规范 CDR 的运行，巴西政府分别于 2001 年和 2004 年出台新的法案，增设了 CDR 工具赎回即现金结算方式，进一步规范了 CDR 的登记条件，强化了 CDR 在金融系统流通的风险控制。巴西政府于 2004 年根据第 11.076/04 号法，创设了"农业仓单"工具（Agricultural Certificate of Deposit，CDA）。CDA 是以农产品为基础标的的流通凭证和信用衍生工具，代表着农业生产者作出的提供已储存在仓库的特定农产品的承诺，农业生产者可利用仓单与私营机构进行融资来为农业生产提供资金。CDA 工具通常由 CDA 和 WA 两套单据组成，CDA 单持单人可凭仓单无条件提取约定的农产品，WA 单表示 CDA 下农产品的付款义务，持单人可用以向金融机构申请贷款。除 CDA 之外，巴西政府还创设出了诸如"农企信贷证"工具（Agribusiness Credit Note，LCA）、农企信贷权证工具（the Certificate of Agribusiness Credit Rights，CDCA）和"农企应收款证"工具（the Certificate of Agribusiness Receivable，CRA）等多种农业信贷融资工具。政府虽然不再主导农业信贷体系，但仍然在其中扮演着重要的角色，主要体现在为农业周转资金、市场营销和仓储以及投资提供大量信贷支持。针对农业投资，巴西政府于 2000 年推出了"国家拖拉机、联合收割机和农业机械现代化项目"（the Modernization Program of the National Fleet of Tractors, Combines and Farm Machinery，MODERFROTA），2003 年推出"灌溉和储藏奖励项目"（Incentive Program for Irrigation and Storage，MODERINFRA）和

"农业现代化和自然资源保护项目"（the Program for the Modernization of Agriculture and Conservation of Natural Resources，MODERAGRO），2008 年推出 "促进可持续农业项目"（the Program for Fostering Sustainable Farming，PRODUSA）等。农业信贷债务的重组也是巴西政府在这个阶段主要的农业信贷制度供给。政府曾在 2001 年、2005 年以及 2008 年多次以立法的形式出台可行的农业信贷债务重组措施，其目标是为中小型农民解决他们的财政债务问题，改善他们的长期财务能力，使他们的日常生活和农业生产能够重新获得农业信贷支持。近 20 年来，巴西政府不断加强对农业可持续发展的信贷支持，巴西银行于 2010 年通过第 3896 号法案，制定了 "低碳农业项目"，为农户提供农业信贷服务，促使其在农业发展中进行必要的投资来引入低碳排放的技术，从而改变巴西农业的生产模式，实现农业的可持续发展。这一阶段的农业信贷制度变革与创新是对上一阶段市场化改革的进一步深化，通过更为多元化的制度创新，构建了成熟的农业信贷制度体系。尤其是通过信贷融资工具和信贷项目的创新，引导了更多的社会资金进入农业信贷市场，确立并巩固了市场机制在农业信贷中的主导地位，最终形成了巴西以商业性金融为核心的农业信贷体系。

2. 巴西农业保险和担保制度变革与创新

农业保险制度是巴西农村金融制度体系的重要组成。20 世纪 30 年代，巴西就开始了农业保险的相关尝试。1939 年，巴西政府出资成立农业再保险公司，开始着手经营农业保险和再保险业务，但其业务主要在国外开展，国内业务极少涉及。1954 年，巴西政府制定了第 2168 号法案，根据该法案，巴西政府成立国家农业保险公司在全国范围内推动农业保险试验性实践。但在 1966 年，随着巴西第 73 号法案的颁布以及国家保险公司的倒闭，巴西的农业保险发展陷入停滞。第 73 号法案放宽了农业保险经营主体的限制，允许私营机构经营农业保险业务，因而在 1966 年私人保险企业开始涉足农业保险领域。但私营保险企业经营农业保险的试验并没能取得成功，私营保险企业在失败后纷纷撤出农业保险领域，农业保险业务归入由政府控制的农业再保险公司。

1973 年，巴西政府推出 "农业活动保障项目"（the Guarantee Program for Agricultural Activity，PROAGRO）。在 PROAGRO 的推动下，巴西的农业保险于 1973 年重新起航。PROAGRO 并不是一项专门的针对农产品或农户收入的农业保险项目，而是针对农民信贷的强制性信贷担保项目。该项目由农业部、财政部、中央银行等组成管理委员会，并由政府财政出资设立基金来满足项目实施的资金需求。参加该项目的农民通过向项目基金缴纳一定的"附加费"即可从金融机构中获得信贷贷款，而金融机构则可通过该项目获得贷款信贷担保。当贷款无法收回，金融机构就可以从基金中得到偿付。但该项目的实施并没有取得理想的效果，由于连年的巨额亏损，巴西政府不得不在20世纪90年代开始缩减对该项目的资金支持。政府主导的国有农业保险制度效果不佳的背景下，私营农业保险再次出现。1996年开始，少数几家私营保险企业开始经营农业保险业务。2003年，巴西政府制定了"农村保险费补贴项目"（Premium Subsidies Program for Agricultural Insurance，PSR），为农民购买农业保险提供保费补贴，以提高农业保险的承保率。该项目的覆盖范围包括农作物、牲畜、水产和林木，补贴比例35%～55%。PSR项目的管理由农业部、财政部、农业发展部、计划与预算部、私营保险业国家监督管理委员会的相关官员组成的国家农业保险委员会具体负责，联邦政府则负责PSR规则的建立、提供保费补贴以及维护、监控和管理数据库。目前有资格经营PSR项目的保险机构有 Portoseguro、Swiss Re、Allianz、MAPFRE 等十家，扮演着产品设计与定价、风险预设、损失调整、损失偿付等多种角色。除了PSR项目之外，巴西政府在2004年还推出了"家庭农业活动保障项目"（PROAGRO Mais）来作为 PSR 项目的补充，为参与 PRONAF 项目的农民提供旱灾保险。

4.2.2　印度农村金融制度变革与创新

印度2018年的 GDP 总量达到2.7万亿美元，但人均 GDP 不足2000美元，是典型的发展中国家。印度在不同的历史时期都积极推动以农业信贷为主体的农村金融制度改革与创新，来保障农业经济的健康发展，以解决农村贫困与发展不平等的社会难题。

其一是农村金融制度的创设阶段（1904～1959年），这一阶段中英国殖民政府通过政府主导下的制度供给为印度农村金融发展提供了初始的制度框架。为缓解农民的生产经营压力、解决农业信贷难题，1904年英国殖民政府在借鉴欧洲农村合作性金融的经验之上，制定了《信用合作社法》（*the Cooperative Credit Societies Act*），确立了信贷合作社的法律地位，并将信贷合作社规定为农业信贷的主要供给机构。该法将信贷合作社体系划分为城市和农村两个部分，农村信贷合作社以"赖夫艾森模式"为蓝本进行组建，只为以农业生产为目的的合作社成员提供贷款服务。此外，该法还设立了登记官制度，授权登记官负责农村信贷合作社的组织和管理；并规定了农村信贷合作社的决策机制，实行一人一票的决策制度。《信用合作社法》的颁布标志着以政府为主导的印度农村金融制度体系的开始。1912 年，印度政府重新修订了《信用合作社法》，对信贷合作社的地区性中心机构和监督机构作出了相关规定。1915 年，由爱德华·麦克拉根爵士主持的调查委员会（the Maclagan Committee on Cooperation）发布调查报告建议设立邦级合作银行。1919 年，英国殖民政府出台了《蒙塔古—切姆斯福德法》，各邦有权通过邦立法来规范邦内农村信贷合作社的运转，农村信贷合作社开始在印度各邦盛行起来，邦级农村信用合作机构（邦合作银行）也逐渐得以建立。到了 1930 年，绝大多数的邦已建立邦级农村信贷合作机构，至此印度已经建立起了由邦级机构—地区性中心机构—农村基层机构所组成的农村信贷合作社三层结构。1934 年，英国殖民政府制定了《印度储备银行法》（*the Reserve Bank of India Act*），并于 1935 年正式成立印度储备银行来作为印度的中央银行。该法对农业信贷的相关事项做了明文规定，第 17 条授权印度储备银行通过邦合作银行或其他银行来开展农业信贷服务；第 54 条授权印度储备银行在其内部组建农业信贷部来为中央政府、邦政府、邦合作银行及其他银行开展农业信贷业务提供建议，同时协调印度储备银行的农业信贷功能。1954 年，《全印农村信贷调查》报告发布，该报告对这一历史阶段中印度以信贷合作社为核心的农村合作性金融发展进行了系统的总结。报告肯定了合作金融这一农村金融发展方式，同时指出了印度农村合作性金融发展的缺陷，认为印度农业信贷仍远远无法满足农业生产的现实需求，信贷合作社并没能解决农业信贷不足的问题，并建议商业银行进入农村金融领域提供农业信贷服务。政府主导下的制度创新为印度农村金融体系的形成与发展提供了规范化的制度框架，同时政府通过大力支持农村金融相关调查研究，了解并总结了该阶段中印度农村金融发展的实践经验，为后续的农村金融制度改革提供了经验积累。

其二是农村金融制度的调整阶段（1960~1990 年），这一阶段中印度政府通过制度供给不断调整印度农村金融的发展态势，并最终确立了以印度农业和农村发展银行为核心的农村金融体制。为解决农业信贷不足的现实困境，印度储备银行于 1963 年成立农业再融资公司（the Agricultural Refinance Corporation）来为农村信贷合作社提供信贷资金支持。1966 年，印度政府组建印度农村信贷审查委员会（the All India Rural Credit Review Committee）来对印度第四个五年计划中的农业信贷总体情况、各地农业集约化发展的信贷需求、农业信贷流动等问题进行调研。通过系统的调研，该委员会认为商业银行应当在农村金融领域中充当农村信贷合作社的补充。1969 年和 1980 年，印度政府两次实施国有化政策，20 家商业银行被收归国有。同年，"优先领域"（Priority Sector）制度被引入印度的金融体系当中，其明确规定了银行向优先部门的信贷支持比例，以此推动信贷资金向农业等"优先领域"转移。除此之外，印度政府还出台了"牵头银行"（Lead Bank）制度来进行信贷分流。根据该制度，印度将全国各区域的农业信贷服务分派给 22 家国有银行以及 3 家私营银行，由其分别担任该地区牵头银行，负责区域内农业信贷服务的开展。虽然印度政府推行了一系列的扶持措施引导商业银行进入农村金融领域，但印度的农村金融发展仍然无法达到理想的状态。商业银行系统无法满足中小农户的信贷需求，而信贷合作社由于缺乏信贷资金也同样难以满足农业生产的现实需要。在此背景下，印度政府开始着手建立一个独立的农村金融系统来解决农村信贷问题。1975 年，地区农村银行获准成立；1976 年印度政府出台《地区农村银行法》（the Regional Rural Banks Act）通过立法的形式确立了地区农村银行的法律地位，并规定了相关内容。地区农村银行一般由中央政府（50%）、邦政府（15%）、商业银行（25%）等共同出资成立，设立之初主要为社会脆弱阶层中的小额借款者提供信贷支持。地区农村银行的设立使得印度农村金融体系在 20 世纪 70 年代末期形成了由信贷合作社、商业银行、地区农村银行三个独立系统组成的多元供给结构。1982 年，在融合印度储备银行的农业信贷部、农业再保险和发展公司（the Agricultural Refinance and Development Corporation，由农业再保险公司于 1975 年更名而成）以及地区农村银行的基础上，印度成立了印度农业和农村发展银行（National Bank for Agriculture and Rural Development）来作为印度农业信贷的专门指导机构，位于整个印度农村金融体系的核心。其主要职能是通过有效的信贷支持及相关金融服务促进涉农产业的改革与发展、保持农业的持续稳定增长和农村经济繁荣，具有监管、信贷和开发职能。1989 年，在"牵头银行"制度的基础上，印度推行了"服务区域"制度，明确了各商业银行和地区农村银行的责任范围，并由牵头银行负责协调和监管。该阶段的印度农村金融制度改革与创新仍是以政府主导为主调，以上一阶段农村信贷合作社的实践为基础，在广泛而深入的研究和调查的支持下，通过政策的指引推动了商业银行进入农村金融领域，形成了由信贷合作社、商业银行、地区农村银行组成的多元化农业信贷供给结构，并最终在实践经验的基础上构建了一套以印度农业和农村发展银行为核心的独立于城市金融的农村金融体系。

其三是 1991 年至今的改革深化阶段。以印度农业和农村发展银行为核心的独立农村金融体系的构建标志着印度农村金融基本制度框架的确定，但农村金融发展的现实问题并没有得到完全解决，农村金融机构仍然面临效率低下、盈利能力不足等问题。为此，从 20 世纪 90 年代开始，印度推行了新一轮的农村金融体制改革。这一阶段的改革推行了一系列以农村金融松绑、规范化经营和业务创新为主要标志的制度供给，包括放开对地区农村银行和农村信贷合作社的利率限制、引入审慎会计准则和拨备制度、加大对地区农村银行的再融资支持、对地区农村银行进行资产重组、开展信用卡业务等。同时，政府还制定了新的政策来引导信贷资金进入农村金融领域。2004 年，印度政府出台《综合信贷政策》（the Comprehensive Credit Policy）为农业信贷发展制定了农业信贷总额翻番的三年期阶段性目标，即到 2006 ~ 2007 年度地区农村银行及指定的商业银行的农业信贷比例要达到 30%。2006 年，印度政府制定了《利息补贴计划》，为向地区农村银行及指定的商业银行申请农作物贷款的农户提供利率为 7%、总额不超过 30 万卢比的利率优惠。为激励贷款农户及时偿还贷款，印度政府进一步拓宽利率优惠政策，在 2011 ~ 2012 年度开始推行 3% 的额外利率减免。2013 ~ 2014 年度，《利息补贴计划》的适用范围从地区农村银行和指定的商业银行拓展到私营银行。此外，在 2008 年印度政府还出台过《农业债务免除和减免计划》（the Agricultural Debt Waiver and Debt Relief Scheme of 2008），为农户提供超过 500 亿卢比的农业债务减免，并通过地区农村银行、农村信贷合作社及指定的商业银行为超过 100 亿卢比的农业债务提供一次性的农业债务调解。

经过百余年的探索和改革，印度农村金融体系已经形成了多层次的组织和功能结构。印度储备银行作为印度的中央银行位于整个印度金融体系的顶峰，统筹印度农村金融的发展。国家农业和农村发展银行作为印度农村金融体系的核心，在印度储备银行的授权下，对农村金融体系进行监管，并履行信贷和开发职能。在国家农业和农村发展银行的监管下，印度农村金融的供给主要由地方农村银行、信贷合作社（银行）和商业银行三个独立系统负责。各机构之间有不同的分工与协作，同时又有适当的竞争，层次鲜明、功能互补。

4.2.3　孟加拉国农村金融制度变革与创新

孟加拉国是世界范围内人口密度最高的国家，人口密度达到了 1251.8 人/平方公里，2018 年的 GDP 总量 2700 多亿美元，人均 GDP 只有 1600 多美元。过多的人口与相对落后的农业经济使得贫困仍然是孟加拉国目前所面临的严重社会问题。作为世界上最不发达、最为贫困的国家之一，孟加拉国在长期的改革和探索中，创立了以小额信贷制度为特色的农村金融制度体系，受到了世界各国的广泛关注和效仿。1974 年，受到孟加拉国饥荒的触发，穆罕穆德·尤努斯博士开始进行小额信贷试验；在孟加拉银行的支持下，尤努斯的小额信贷试验逐渐展现成效，试验范围从原本的少数几个村庄扩展到孟加拉国内的其他地区。1983 年，根据孟加拉国政府制定的《格莱珉银行法令》，格莱珉（乡村）银行（the Grameen Bank）正式获授权作为独立银行成立。1990 年，孟加拉政府重新修订了《格莱珉银行法令》。2013 年，孟加拉国会制定《格莱珉银行法》（*the Grameen Bank Act*）来取代原有的《格莱珉银行法令》，新法赋予了孟加拉国政府通过制定运营规则来对乡村银行进行全方位监管的权力。依据《格莱珉银行法》，格莱珉银行是为农村地区无地农民提供信用工具和其他服务的具有独立法人资格的股份制公司。格莱珉银行的法律定位是对传统的"嫌贫爱富"金融理论和实践的一次巨大挑战，它至少面对五个金融技术难题。第一，如何保证资金来源的稳定持久？第二，没有抵押品如何对冲信贷风险？第三，如何设定金融产品的价格以同时保障农民的可承受和银行的可持续？第四，如何实现格莱珉银行的规模效益？第五，如何设计有效的公司治理机制，以避免委托代理问题？《格莱珉银行法》将尤努斯教授格莱珉银行项目的实践经验总结为精妙的法律拟制设计，对上述问题进行了回答。

第一，为了保证资金来源的可持续，格莱珉银行没有采纳传统的以捐赠资金为主要来源的微型金融发展模式。依据《格莱珉银行法》第 6 条、第 7 条的规定，格莱珉银行的股份分为每股 100 塔卡的 100 万股，股本总额 1 亿塔卡。实缴股本的 75% 属于借款人，25% 归政府所有。格莱珉银行实施强制储蓄存款制度，要求借款者必须每周进行存款作为小组基金和紧急基金。除强制存款储蓄以外，格莱珉银行还实施存款激励贷款制度，存款越多，存款利率越高，贷款额度越高，贷款利率越低，这一制度有效吸引了贷款人主动储蓄。截至目前，借款人已拥有格莱珉银行 95% 的股份，政府拥有格莱珉银行 5% 的股份，格莱珉银行事实上已成为它所服务的农村赤贫者借款人的银行①。通过有效的借款人储蓄和借款人购买股份制度，格莱珉银行的借款人同时成为格莱珉银行的存款来源和股东，这不仅很好地解决了资金来源问题，并且从产权角度有效解决了风险制造者和风险承担者的矛盾，实现了剩余控制权与剩余索取权的对称。

第二，为无地农民提供金融支持的法律定位使格莱珉银行无法继续使用传统银行信贷抵押的过滤机制，必须进行抵押替代制度创新。格莱珉银行的抵押替代制度创新主要包括三个方面，持续于贷前、贷中、贷后的整个贷款流程。首先是成立贷款小组和乡村中心，定期召开会议。典型的贷款小组由不含直系亲属的 5 人自发组成，其中 1 人为组长，再由 6~8 个小组组成一个中心，分别选出组长和中心主任，主任任期 1 年，不能连任。小组每周召开一次中心小组会议，乡村中心每半个月左右召开一次会议。组员必须按时出席并交流资金使用情况，银行安排职员参会旁听，贷款资金的发放和偿还、对违反纪律会员的处罚也通过周会进行。其次是按照既定模式，实施小组贷款。格莱珉银行的小组贷款模式经历了传统模式和第二代乡村银行模式两个阶段。在传统模式阶段，格莱珉银行仅为其提供期限为 1 年分期等额还款的小组贷款，借款人不允许一次性提前还清贷款，借款额上限受到严格限制；小组采用 "2+2+1" 贷款次序，首先为小组中最穷的 2 个人提供贷款，然后再贷给另外 2 个人，最后再贷给组长。在第二代乡村银行模式阶段，信贷额度根据小组信用记录确定。严控贷款流程，小组成员共同选择项目，共同监督项目实施和贷款用途，通过小组成员之间的相互监督和帮助来降低违约率，提高还款率。小组成员之间不承担连带担保责任，并且可以一起取得贷款。最后是实行整借零还的每周还款制度。获得贷款的借款人在获得贷款的一周内必须将资金用于预定用途，否则资金将被强制存回乡村银行。得到贷款后的第二周起，借款人每周分期还贷一次，还款率为总贷款本息的 2%。逾期不还的，贷款资金购买的生产生活资料归银行所有。如果逾期偿贷，则丧失获得更大额度贷款资格，从而将信用记录与获取贷款的资格和额度相结合，降低银行放贷风险。对于具有持续融资需求的借款人，动态递增贷款机制的约束激励效果十分明显。格莱珉银行独具特色的小组制度、定期会议制

---

① 温涛、王汉杰、王小华等：《"一带一路"沿线国家的金融扶贫：模式比较、经验共享与中国选择》，《农业经济问题》2018 年第 5 期，第 114~129 页。

度和每周还款制度通过及时有效的信息公开机制和责任分担机制，实现了对金融抵押品的替代，有效降低了风险并符合贫困农民的需求和实际。

第三，《格莱珉银行法》赋予了格莱珉银行的税收优惠权和自主定价权。依据《格莱珉银行法》第 33 条，除政府官方公告进行相反规定以外，免除格莱珉银行按其他税收法律规定必须缴纳的收入税、超级税、所得税等一切税收。依据《格莱珉银行法》第 19 条，格莱珉银行拥有除外汇交易以外的所有银行业务能力，可以自主定价。为了保证格莱珉银行的商业可持续，格莱珉银行在定价时，强调财务自立的成本核算方式，剔除了补贴、贴息、优惠豁免等因素，使得补贴仅仅用于为优质客户提供信贷优惠而非降低金融产品价格。尽管将人员成本和管理费用分摊到贷款产品后，格莱珉银行的贷款平均年利率为 20%，高于该国商业银行 15%～16% 的贷款平均利率，但格莱珉银行的贷款额度、期限结构和还款方式灵活多样，同样具有较强的市场竞争力。格莱珉银行的贷款利率有 4 种：普通贷款利率为 20%、住房贷款利率为 8%、助学贷款利率为 5%、赤贫人员贷款利息为 0（无息）。所有利息都是简单计息，按余额递减法计算。财务自立的成本核算定价制度和灵活多样的产品供给模式既保障了格莱珉银行的财务可持续又保障了其金融产品的市场竞争力。自成立以来，除 1991 年、1992 年外，格莱珉银行每年都实现了盈利，已经成为全球最有影响的农村微型金融机构之一。

第四，作为制度主义微型金融的典型代表，不断扩大覆盖面、实现规模效益既是格莱珉银行降低成本的基本需要，也是格莱珉银行履行社会使命的内在要求。为了最大程度地规避风险、实现可持续发展，格莱珉银行实行同心型拓展方式：新设机构只有在 12 个月内有可能实现财务自立才能扩张机构；拓展的方式是机构分立，一个实现财务自立的机构分设成两三个分支机构，或一个主要分支机构加卫星分支机构及营业所的方式，以一个同心圆形式逐步扩大地理边界和服务规模。

第五，依据《格莱珉银行法》，格莱珉银行构建了以风险控制为中心的法人治理结构和风险控制架构。董事会是格莱珉银行的最高监督管理决策机构，该机构由 13 人构成，其中 9 人从借款人股东中选举产生，3 人由政府指定，此外，尤努斯教授一直担任董事会主席和常务董事。政府指定的董事任期由政府确定，借款人董事任期为 3 年。格莱珉银行的总经理经孟加拉国中央银行提名，由董事会指定。董事会会议投票时，实行每人一票原则，票数相等时，董事局主席有最终决定权。依据 2013 年《格莱珉银行法》，格莱珉银行每年必须聘请 2 家知名的国际性审计公司进行独立审计。① 银行职员走乡串户，上门服务，一名银行职员负责 10 个中心小组的业务。在业务考核中，格莱珉银行将借款人减贫的状况与银行员工的激励结构挂钩，而不考虑贷款偿还指标。另外，《格莱珉银行法令》还规定了监禁一年或（和）罚款 2000 塔卡的董事的过错赔偿责任。综上所述，格莱珉银行法通过借款人—存款人—股东三位一体的产权制度设计，贷款小组—贷款会议—整借零还的贷款发还制度，成本核算市场分级的灵活定价制度，机构可持续的同心扩张制度以及激励约束相容的治理结构制度为"金融支农"世界难题的解答书写了一份精彩的答卷。

目前孟加拉国小额信贷制度已经发展为包括一个批发机构——农村就业支持基金会，一个托拉斯组织——孟加拉乡村托拉斯，两个专业性机构——乡村银行和孟加拉国农村发展委员会，两个基金项目——政府小额信贷项目、国有商业银行小额信贷项目，三个兼营性的非政府组织——孟加拉国农村进步委员会、社会进步协会和普罗西卡等五大板块、九个部分构成的，以乡村银行制度为核心，融汇政策性金融制度的完整体系。截至 2017 年 2 月，格莱珉银行拥有 2568 个分支机构（均实现会计电算化与管理信息系统），遍布于 81396 个村庄，覆盖了孟加拉国超过 97% 的乡村，所服务的贫困贷款人口为 891 万，贫困妇女所占的比例高达 96.57%。

4.2.4　印度尼西亚农村金融制度变革与创新

印度尼西亚是一个农业大国，全国耕地面积约 8000 万公顷，从事农业人口约 4200 万人，2018 年的 GDP 总量接近 1.09 万亿美元，人均 GDP 为 4100 多美元，是典型的发展中国家。印度尼西亚农业的发展离不开其相对独立而有效的农村金融联结制度。作为较早引入农村金融联结制度的发展中国家，印尼农村金融制度的变革与创新以 1997 年金融危机为界点，经历了三个主要阶段。

第一阶段为 1967～1982 年的试验阶段，该阶段的制度变革与创新主要围绕农村金融机构建设与印尼农村金融监管进行。印尼从 1967 年苏哈托政府上台后即开始其农村金融制度的探索和创新。以为农业发展提供信贷支持为目的，依据 1967 年第 14 号法律和 1968 年第 13 号法律，印尼国家银行农村部重新独立为印尼人民银行（BRI），而后依据 1968 年第 21 号法律，印尼人民

---

① 1983 年《格莱珉银行法令》只要求由两名独立审计师进行审计。

银行重新被定位为支农性商业银行①。在大力推动农村金融机构建设的同时，印尼政府制定了以印尼银行（BI）为中央银行的农村金融监管机制。1968年，印度颁布了《中央银行法》和《银行基本条款法》作为印尼农村金融监管的主要法律制度。《中央银行法》赋予了印尼银行以"发展"为主的监管角色以及强有力的监管功能，对大多数从事小额信贷的主要金融机构进行监管，并积极参与其开展的农村金融业务，提供必要的指导和干预。在苏哈托政府的"新秩序"政策中，印尼银行主导的农村金融信贷补贴制度支撑了农村金融市场的早期发展，该制度的主要实施对象为 BRI、村合作社（KUD）等。以 BRI 为例，1969年，印尼政府开始实施"加强大米生产项目"（BMAS），项目规定由农业部的农业推广人员选定贷款对象，由 BRI 的村级机构负责向选定的贷款对象提供利率为 12% 的贴息贷款，印尼银行则以 3% 的利率向 BRI 提供贷款资金，以此来推动农村金融机构开展农村金融业务。到了 20 世纪 80 年代，在"绿色革命"的推动下，印尼基本上实现了粮食的自给自足，BMAS 的历史使命已经完成；同时，农村金融信贷补贴制度对印尼政府的财政造成了过重负担。

第二阶段为 1983～1997 年的改革阶段，该阶段印尼政府开始推动农村金融的自由化改革。1983年，印尼金融领域开始实施第一轮自由化改革。印尼银行取消了对 BMAS 的信贷补贴，要求 BRI 的信贷资金必须来源于存款，同时放开了利率管控。在金融自由化改革的直接影响下，BRI 通过推行新的信贷和存款产品、完善内部管理机制等措施，完成了自身的改革，在乡镇区域的金融业务得到了较大的发展。1988年，印尼开始实施第二轮金融自由化改革。该轮改革以进一步放开农村金融机构准入壁垒为主，允许商业银行在农村地区开设分支机构，下调开设银行的资本金要求。1990年，印尼银行进一步缩减信贷补贴力度。1992年，印尼制定新的《银行法》取消农村金融机构经营的地域限制，并对 BRI 进行了体制改革，BRI 被确立为有限责任公司，印尼政府持有其全部股权。通过近多年的努力，以信贷补贴为联结的农村金融制度构造了印尼农村金融联结制度的早期模型，印尼逐渐形成了以印尼中

---

① 印度尼西亚人民银行（Bank Rakyat Indonesia，BRI）是印尼主要的国有商业银行之一，成立于 1895 年。印尼独立后，依据 1946 年政府第 1 号法令，印度尼西亚人民银行成为印尼共和国第一家国有银行。依据 1960 年第 41 号政府法令，印度尼西亚人民银行与其他银行合并成立印尼社会银行（Bank Koperasi Tani and Nelayan）。依据 1965 年总统第 17 号法令，印尼国家银行（Bank Negara Indonesia）成立，印尼社会银行被合并至印尼国家银行农村部。

央银行领导下的，以信贷补贴为联结，以印尼人民银行、村合作社等为实施主体的独立农村金融制度体系，并成功抵御了 1997 年金融危机所带来的冲击。

第三阶段为 1998 年至今的制度深化阶段，这个阶段以印尼的农村金融联结制度建立为标志。在金融危机的冲击下，印尼整体经济下滑，政府财政缩减，印尼政府决定改革农村金融监管制度，取消政府信贷补贴制度。为支持信贷资金向农村金融领域流动，填补限制政府信贷补贴后留下的资金空缺，印尼政府通过一系列政策和项目逐步开始构建农村金融联结制度。该制度体系主要由中央银行—高级机构—小微金融供给机构（商业银行体系与非商业银行体系）构成。1999 年，印尼出台新的《中央银行法》，依据该法，印尼银行不再承担"发展"的角色，其农村金融信贷补贴功能转由 PN Madani、Bank Mandiri 等国有企业承接，印尼银行只承担政策制定、金融监管、支撑金融联结等功能，成为独立于具体金融活动的金融监管机构。PN Madani、Bank Mandiri 于 1999 年由印尼政府全额出资成立，其目的在于承接 BI 的信贷补贴功能，成为印尼农村金融制度体系中的负责贷款批发的政策性高级机构，但其信贷补贴较之上一阶段已有明显的收缩和限制。2003 年，印尼决定在商业银行体系之外建立一个新的银行体系（a New Banking Architecture），以更好地满足农村金融发展的需要。在此背景下，乡村银行（Bank Perkreditan Rakyat，BPR[①]）体系得以确立。除了政府出资 PN Madani、Bank Mandiri 之外，商业银行则出资设立了 DABANAS 基金作为商业银行体系向乡村银行提供流动资金信贷的高级机构。印尼农村金融联结制度的银行体系主要由商业银行、乡村银行、区域发展银行构成[②]。乡村银行是银行体系中的基层机构，其服务对象的门槛更低，主要为低收入农村群体（尤其是无法获得商业银行小额信贷的农户）提供小额贷款业务。BPR 可分为两种不同的类型，一种是

[①] BPR 作为 1988 年金融自由化改革的一部分，最早是根据 1992 年《银行法》以及 1998 年《银行法》修正案建立起来的。相比于一般的商业银行，BPR 的经营规模更小，业务范围也更为有限，主要活跃于广泛的农村地区。BPRs 主要由私营部门出资设立，也有部分由当地政府出资设立，大部分的 BPRs 以营利为目标，其主要业务是提供短期小额低息贷款，贷款期限为 3~6 个月，同时也可接收农户存款。

[②] 商业银行在联结中主要扮演农村金融信贷零售的角色，在政府的鼓励下与当地的乡村银行等基层农村金融组织互联，为其提供信贷资金；同时其自身也作为小额信贷机构面向部分农户开展农村金融信贷业务，业务对象主要为贫困线以上、有潜力的农民个人或家庭小作坊，贷款期限为 6 个月到 3 年不等。

由中央银行负责监管的 BPRs；另一种则是由 BRI 代理 BI 进行监管的 BKDs。BPRs 有着多重金融联结，除了与 BRI 等商业银行联结外，也和 PN Madani、Bank Mandiri 等高级机构产生金融联结。BKDs 的主要金融联结机构为 BRI①。区域发展银行（BPDs）是金融联结中的重要组成部分，与当地各农村金融机构建立金融联结。BPDs 由各省政府出资设立，每一省份设立一家，协助省政府推动当地发展，同时负责省内各非银行业正式金融机构（LDKP）的监管工作，另外也承担部分的农村金融信贷资金批发业务。在银行体系之外，非银行体系也是农村金融信贷的主要供给者。非银行体系主要可分为正规金融机构与非正规金融机构两种。正规金融机构主要包括以社区为基础的非银行业正规金融机构（LDKPs）②、合作社（Co-ops）③ 等。非正规金融组织主要是指不受政府金融监管的金融机构，主要由非政府组织（NGOs）、自助组织（SHGs）、微型金融机构（MFIs）等组成，这些机构只能开展农村金融信贷业务，但不能办理存款业务。非正规金融组织的联结对象主要是商业银行、BPDs、BPRs 等。

目前来看，根据不同的资金流动方式和目的，印尼形成了多种截然不同的农村金融联结模式。在整个农村金融联结中，不同的农村金融机构在农村金融联结中扮演不同的角色，承担不同的职能。中央银行扮演农村金融推动者和监管者的角色，通过实施各类扶持项目引导资金进入农村金融领域④，通过政策推动农村金融机构间金融联结的建立，⑤ 通过制定金融监管制度并

---

① BKDs 的业务与 BPRs 相类似，都以提供短期小额低息贷款为主，但 BKDs 的储蓄和贷款数额更低，每周也只在当地市场日那天开门营业。

② LDKPs 在 20 世纪 70 年代开始由地方政府设立，其业务与 BKDs 一样，都以提供小额信贷为主，但不能提供存款服务。其金融联结对象为 BPDs，BPDs 负责向 LDKPs 提供资金支持，同时对其进行监督管理。

③ Co-ops 是印尼农村金融体系中的重要组成部分。印尼农村金融领域的合作社最早的是 1967 年依据《合作社法》设立的村合作社（KUDs），它也是印尼农村唯一的合作社机构。KUDs 能够在规定区域内开展存贷款业务，是早期信贷补贴制度的主要实施者之一。1988 年金融改革取消了 KUDs 的垄断地位，允许其他类型的合作社在农村建立。1992 年《合作社法》修改后，储蓄和信贷合作社（KSPs）开始建立；同时 KUDs 开始组建并形成新的农村金融合作组织 USPs。两者共同构成了印尼农村合作金融组织的主体，主要与 PN Madani 进行联结。

④ 如不发达村庄贫困农户的特别项目（IDT 项目）、面向妇女的家庭繁荣项目、小农及渔民增收项目（P4K 项目）等。

⑤ 如 1999 年推出旨在推动商业银行与自助组织建立金融联结的 PHBK 项目（Project Linking Banks with Self-help Groups）。

实施金融监管来维护农村金融市场的有效运行。高级机构和商业银行主要扮演农村金融信贷资金供给者的角色。高级机构作为农村金融信贷的批发者，主要负责向联结对象批发信贷资金、输出资本金，以及信贷技术、人力资源培训、管理咨询、引进先进的计算机技术、建立信息共享的小额信贷信息平台等一揽子服务等；商业银行主要向农村金融中介机构中的联结对象提供流动资金贷款，辅之以结算、存款、监督等业务，同时也直接向农户或小型企业提供信贷服务。此外，部分商业银行（如 BRIs、BPDs）还承担部分的金融监管功能。各类基层农村金融机构（如 BPRs、BKDs、LDKPs、SHGs、MFIs 等）则主要扮演农村金融中介的角色，直接与农户、小型企业等农村金融信贷需求者对接，负责向其提供农村金融信贷服务，同时向高级机构以及商业银行反馈相关信贷信息。直接参与农村金融信贷供给的还有大中型农业企业，其通过商业银行获得农村金融信贷的资金支持，然后直接向农业生产者提供信贷服务。通过农村金融联结制度的构建，印尼农村金融市场的发展有效解决了信贷资金流动的问题，推动了政策性金融机构、商业银行的资金经由基层农村金融机构自上而下向农村金融领域的流动，解决了基层农村金融机构信贷资金不足、无力开展信贷业务的问题；同时也通过信贷信息流的逆向流动，发挥了基层农村金融机构的信息优势，有效防控了农村金融市场的信贷风险。

4.3 农村金融制度创新与法治实践的国际经验借鉴与启示

提取发达国家与发展中国家农村金融改革与创新发展的公因式，我们发现，这些国家的农村金融制度创新凝聚了解答"金融支农"世界难题的认识能力、法律智慧和技术理性，具体体现在以下几个方面。

4.3.1 重视国家层面的立法拟制

无论是以美国、法国、加拿大、日本和韩国为主的发达国家，抑或是以巴西、印度、孟加拉国、印度尼西亚为代表的发展中国家，均高度重视国家立法拟制对农村金融发展的保障，其农村金融市场的形成与发展都离不开法律制度保障，上述国家无一不强调法律制度创新在农村金融发展中的基础性作用。通过国家立法拟制，做到农村金融发展有法可依和有法必依，以完备的法律和法规来规范农村金融行为、维护农村金融主体利益，以引导足够的支农资金进入农村领域。正如尤努斯博士所说："说服政府为小额信贷机构颁布专门法律，并逐步修改这一法律是格莱珉银行发展 30 年来遇到的最大的困难，同时也是取得的最大的成功"。

传统农业发展中的"金融支农"作为世界难题，其实质在于其有效供给无法由市场自生自发提供，必须通过强制性政府干预实现。强制性政府干预的主要手段包括政策、计划指导、行政命令和法律。与政策、计划指导、行政命令相比，法律更具有科学性、远视性、效率性、统筹性和强制力。法律的这些特性对于解决"金融支农"这样带有战略性、根本性、全局性的"不可逾越"的关键问题至关重要。

只有通过法律的科学性，才能准确把握农村金融发展的基本规律，明确农村金融发展的目标定位；只有通过法律的远视性，才能克服农村金融市场主体的自利倾向和短期利益选择；只有通过法律的效率性，才能培育市场主体、降低交易成本、有效配置资源；只有通过法律的统筹性，才能协调部门利益、整合政策资源；只有通过法律的强制力，才能锁定市场主体目标、保障权利能力、严明义务责任。因此，要想根本地、彻底地解决"金融支农"问题，必须通过法律手段，拟制农村金融制度。正是由于充分认识到国家立法拟制在"金融支农"问题解决中的基础地位与核心作用，上述发达国家与发展中国家都不约而同地采取了国家立法拟制农村金融制度的方式。

4.3.2　遵循制度建设的本质规律

在明确了国家立法是解决"金融支农"问题的前提和基础之后，科学立法的法律智慧成为农村金融机构成功运转的关键。科学立法首先要求准确把握立法对象的本质特征和发展规律，确定立法目的，锁定调整方式。无论是美国的农业信贷银行、农业信贷协会，法国的农业信贷银行（农业信贷地区银行、农业信贷地方银行），加拿大的农场信贷公司、金融类合作社，韩国的中央协会银行、基层农协互助金融，还是孟加拉国的格莱珉银行，印度尼西亚的印尼人民银行乡村信贷部，成功的农村金融机构立法都必须首先把握特定国家农村金融市场的基本需求和农村金融机构的基本特征。农村金融机构的功能特征决定了农村金融法律调整的目标和宗旨，地域特征、业务特征和风险特征决定了农村金融机构法律调整的内容和方式。二者相结合形成了农村金融法律制度独具特色的政策性和合作性的调整方式。

农村金融法律制度的政策性调整方式是指，农村金融法律制度本身应当具有的，基于农村金融机构"支农性"的功能特征和"金融性"的业务特征所决定的，为了配合、执行政府的农村经济政策，支持、保护农业生产，诱导和激励农村金融主体和农村金融市场形成与完善，以法律的形式要求政府在一定期限内以优惠条件让渡资金占有权、使用权、收益权和分配权的特有属性。它往往体现为法律直接赋予农村金融机构一系列政策性优惠的金融（财税）权利。农村金融法律制度的政策性调整方式涵盖三个相互关联又缺一不可的要素，即金融性（区别于财政）、优惠性（区别于商业性金融）和法律性（区别于惠农政策与行政命令）。农村金融法律制度的政策性调整方式根源于其调整的农村金融机构的"支农性"，表现为其制度设计的金融性、优惠性和法律性。只有通过金融性，农村金融机构和农村金融市场才有可能获得自身难以积累的原始资本，才能迈过金融机构发展的"门槛效应"；只有通过优惠性，农村金融机构和农村金融市场才有可能逐步形成与完善，才能确保其自身发展的可持续性；只有通过法律性，农村金融机构和农村金融市场所获得"矫正正义"才有可能稳定和规范，农村金融机构的功能和目的才能得到有效的制度保障。

农村金融法律制度的合作性调整方式根源于农村合作金融的内生性和有效性，表现为农村金融机构产权制度设计或产权人关系设计的合作性。与城市不同，农村金融需求主体（以农户为主）数量众多而且分散，使得贷款者和借款者之间的信息高度不对称。商业性金融机构难以获得农村金融需求主体的足够信息，加上商业金融的规模经济问题的制约，使得其在农村金融市场往往无利可图。事实上，正是因为农村金融需求的分散性、担保机制的脆弱性、贷款监督的高成本等原因，使得商业金融在农村金融市场上往往无可作为。正是由于洞悉了农村合作金融的内生性和有效性，美国、加拿大、法国、日本、韩国等发达国家与孟加拉国等发展中国家成功的农村金融立法都不约而同地采取了"借款人—存款人—股权人"、"三位一体"的合作性产权制度设计，有效地满足了农村金融市场需求，降低了农村金融机构的成本和风险。

4.3.3 强调机制设计的技术理性

各国农村金融的成功实践还仰赖于机制设计的技术理性。本质而言，农村金融机构的定位是对传统的"嫌贫爱富"金融理论和实践的一次巨大挑战，它至少需要面对三大金融技术难题。第一，如何保证资金来源的稳定持久？第二，没有抵押品如何对冲信贷风险？第三，如何设定金融产品的价格以同时保障贫困人口的可承受和银行的可持续？各国金融立法将行之有效的实践经验总结为精妙的法律机制设计，对上述问题进行了回答。

为了保证资金来源的可持续，上述各国的农村金融机构均建立了符合本国国情的金融产权机制。例如，依据《格莱珉银行法令》，实缴股本的 75% 属于借款人，25% 归政府所有；格莱珉银行实施强制储蓄存款制度，要求借款者必须每周进行存款作为小组基金和紧急基金。通过有效的借款人储蓄和借款人购买股份制度，格莱珉银行的借款人同时成为格莱珉银行的存款来源和股东，这不仅很好地解决了资金来源问题，并且从产权角度有效解决了风险制造者和风险承担者的矛盾，实现了剩余控制权与剩余索取权的对称。美国的农业信贷银行、农业信贷协会，加拿大的农场信贷公司、金融类合作社，韩国的中央协会银行、基层农协互助金融，印度尼西亚的印尼人民银行乡村信贷部，均以立法确认了与之相似的产权机制。

在发展中国家为无地农民或贫困农民提供金融支持的法律定位使农村金融机构无法继续采取传统金融信贷抵押的过滤机制时，必须进行抵押替代制度创新。还是以格莱珉银行为例，其抵押替代制度创新主要包括三个方面，持续于贷前、贷中、贷后的整个贷款流程。首先是成立贷款小组和乡村中心，定期召开会议；其次是按照既定模式，实施小组贷款；最后是实行整借零还的每周还款制度。格莱珉银行独具特色的小组制度、定期会议制度和每周还款制度通过及时有效的信息公开机制和责任分担机制，实现了对金融抵押品的替代，有效降低了风险并符合贫困农民的需求和实际。印度尼西亚的印尼人民银行乡村信贷部也借鉴了小组贷款、整借零还等行之有效的抵押替代机制。

面对高昂的农村金融风险，上述各国均以立法的形式，赋予金融机构特殊的税收优惠机制和价格决定机制。首先是特殊的税收优惠机制。美国《农业信贷法》第 1.15 条和第 2.16 条规定，农业信贷银行和联邦土地银行协会及其资本、储备金和盈余以及由此产生的收益所得，应免除联邦、州、市和当地的税收。而依据《格莱珉银行法令》第 33 条，除政府官方公告进行相反规定以外，免除格莱珉银行按其他税收法律规定必须缴纳的收入税、超级税、所得税等一切税收。其次是特殊的价格决定机制，美国《农业信贷法》在政策目标中开宗明义的指出"在考虑借款人的信誉，可替代信贷资源的易得性、资金成本、运营成本、信贷损失摊销成本、信贷服务成本、留存利润以保护借款人股票的需要以及新增净借款额等因素基础上，国会将农业信贷系统机构为合格的借款人提供公平的、竞争性的利率，以最大限度满足农业的信贷需求作为一项国家政策"。此外，依照1986年农业信贷法修正案实行的旨在使借款人获得切实最大利益的规定也被国会作为一项国家政策，即"在任何情况下，农业信贷系统机构对任何借款人收取的利率应低于私人贷款者对同等信誉的借款人提供类似贷款的竞争性市场利率和替代性贷款的利率。"而在金融服务严重不足、金融市场很不发达的发展中国家，如果不按市场机制确定扶贫金融机构利率，扶贫金融机构的利润无法覆盖成本，将成为国家的严重负担，扶贫金融机构也无法实现可持续发展。因此，孟加拉国《格莱珉银行法令》和印度尼西亚1968年第21号法律都赋予了格莱珉银行和印度尼西亚人民银行吸收存款、发放贷款并自主确定利率的权利，二者实施的风险加成的浮动利率尽管高于一般商业银行，但由于二者的地域垄断性、存贷款利率浮动挂钩以及较为灵活的贷款额度、期限结构和还款方式，对农村资金需求者同样具有较强的吸引力，同样实现了农村金融的有效可持续。可见，上述各国农村金融制度建设的成功经验在于用机制设计的技术理性解决了"金融"与"扶贫"的传统矛盾，成功实践了"金融"与"支农"的内在统一。

4.3.4 注重政府与市场有效结合

如前所述，"金融支农"作为世界难题，其实质在于其有效供给无法由市场自生自发提供，必须通过强制性政府干预实现。各国在农村金融制度创新的初期普遍采用单一的政府协调手段，以政策、计划指导、行政命令和法律等具体手段来推动农村金融市场发展。然而，在经历了单一协调手段的失败后，各国先后开始重视市场化运作机制作为农村金融发展协调手段的重要性，探索并采用政府、市场等多种协调手段相互配合的模式，最终形成以政府提供政策扶持为条件、以市场为基础、政府和市场有机结合的、与本国农村实际情况相适应的综合协调手段。

以印度尼西亚为例，印尼早期的农村金融发展是在政府"新秩序"政策与"绿色革命"的推动下，以政府信贷补贴为基础发展起来的。以国有银行印尼人民银行等为主的农村金融机构在政府信贷补贴的支持下，执行政府制定的农村金融政策，提供农村金融服务，在短期内推动了印尼农村金融市场的建立和初步发展。但以信贷补贴为主的政府单一协调手段并不能维持农村金融的持续健康发展。随着信贷补贴的减少，印尼的农村金融机构遭遇严重的经营困难。印尼政府意识到单一的政府协调手段所不可避免的缺陷，逐渐开始推动农村金融改革。1983 年第一轮金融自由化改革，通过放开利率管控，允许农村金融机构根据自身经营条件决定贷款利率，激活了 BRIs 等农村金融机构的经营积极性，使得在短期内实现了收支平衡，具备了独立自主经营的经济基础；1988 年开始的第二轮金融自由化改革，降低了农村金融市场进入标准，允许更多的金融机构进入农村金融市场，改革 BRIs 等国有农村金融机构，转变政府角色，规范农村金融监管；同时根据国内各地区的金融发展差异以及各农村金融机构的功能区分，在各农村金融机构间建立了以资金流动和信息流动为核心的多元化农村金融联结制度，既推动了社会资本向农村金融领域的流动，满足了农村金融发展的资金需求，又在通过信息流控制信贷风险的同时，满足了社会资本的盈利本能。改革后的印尼农村金融制度形成了由中央银行提供政策扶持，政策性、合作性、商业性农村金融机构在市场机制的作用下良性互动的发展态势，有效推动了印尼农村金融的独立发展。

4.3.5 构建多元化风险分担体系

发达国家的成功经验和发展中国家改革过程中形成的一系列教训表明，建立健全多元化金融风险分担体系对于农村金融风险防范和化解至关重要。发达国家普遍重视保险、担保、期货等体系建设为农业信贷分担风险。例如，法国和美国都对农村信用合作机构采取了强制的存款保险政策。不同的是，美国的联邦存款保险机构积极参与到了信用合作存款保险机构的建立中，而法国则主要依靠行业组织共同保险基金的方式来建立存款保险机构。日本对合作金融存款保险制度也是国家强制投保，但保险机构是官民合办，国家对信用存款保险不仅从法律上强制，而且从保险机构的建立上比其他国家干预更多，同时具有农村信用保险制度、临时性资金调剂的相互援助制度以及政府和信用合作组织共同出资的存款保险制度、农业灾害补偿制度和农业信用保证保险制度（贷款担保制度）等制度措施的多重保护制度。

发展中国家实践教训表明，农村合作金融经营风险相当大，如果任其内生发展，合作金融必定走上商业化道路，而且其运作不规范会导致极大的金融风险。国家必须在不破坏合作制原则的基础上用法律或者经济手段对其经营风险进行管理。国家可以采取外部监管，也可以采取组织化管理。外部监管一般是通过立法和专业的监管机构来实施，成本很高，而且监管具有时滞性，但是对合作金融的制度效率影响较小。组织化管理就是成立官方的合作金融管理机构，通过经济手段干预基层合作金融活动，成本较小，也有利于国家对于合作金融风险及时控制，但是对合作金融制度效率的影响较大。一个国家的农业在国民经济中的占比越大，合作金融在整个金融系统中的占比越大，该国更加倾向于建立官办的管理机构对基层的农村合作金融机构提供长期资本融通服务和经营风险的间接调控。长期资本的融通能够充实合作金融的资本实力，提高其抵御风险的能力，间接经济调控能够使国家及时有效地控制其经营风险。

发达国家实践经验表明，如果一国农业在国民经济中占比较小，金融系统的风险防范能力很强，比如有强大的期货市场对冲农业风险，银行业风险监管能力较强，则依靠外部监管就是成本最小、效果最好的选择。对于农业合作金融系统性风险的防范，一般采取强制的农村信用合作存款保险制度。农业自身的自然风险或者宏观经济冲击对合作金融造成的风险不可能通过合作金融内部有效的风险管理和外部风险监管或者风险间接调控管理消除掉，因为它不可预测；也不可能依靠商业保险机构为其提供充分的保险，因为风险太大，只有国家或者行业组织共同保险基金有能力提供足量的风险抵冲资本建立合作金融存款保险机构、补偿合作金融机构由于系统性风险造成的损失。所以国家出资或者组织行业共同保险基金建立农村信用合作存款保险并强制农村合作金融组织投保极其必要。总之，实现农业农村金融市场有序运行，有赖于政府积极推动和科学构建多元化的金融风险分担体系及机制。

第5章 农村金融制度创新与法治实践：
历史与现实

改革开放以来，中央高度重视农村金融体制改革，农村金融发展取得了长足进步，为"三农"发展提供了有力支持。然而，受制于农村金融制度改革与创新相对滞后，农村金融的产品供给、服务创新、市场竞争、风险管控及财务可持续等领域依然存在尚未解决的结症，"三农"领域的金融需求与农村金融体系的扩张并未有效契合，"三农"发展依然受到严格的金融约束。因此，本章将基于我国农村金融制度改革的阶段总结与分析，科学揭示市场经济条件下我国农村金融制度演进的逻辑规律和现实障碍，进而明确进一步深化我国农村金融体制改革和制度创新的未来方向及战略思路。

5.1 中国农村金融制度创新的变革历程

总体而言，改革开放以来我国农村金融制度先后经历了重新确立、改革转型、现代制度构建和改革创新深化四个阶段，在各阶段农村金融不仅为农村经济发展提供了资金流通、交换的媒介平台，而且还发挥着动员与配置农村地区闲置的社会资金和资本、分散与转移系统风险和市场风险的作用，同时也活跃了农村经济发展环境，并多角度助推农村经济及农业现代化建设。

5.1.1 农村金融制度重新确立阶段（1978～1992年）

党的十一届三中全会以后，我国开始建立和普遍实行农业家庭承包责任制，最终废除了人民公社体制，同时这一时期农村经济体制也逐步完善。为了配合整个农村经济体制改革的推进，农村金融制度也得到重新确立。1978年，党的十一届三中全会通过的《中共中央关于加快农业发展若干问题的决定（草案）》中明确提出"恢复中国农业银行，大力发展农村信贷事业"①。党的十一届三中全会以后，根据修改后的《农村人民公社工作条例（试行草案）》第 5 条关于"农村信用合作社是集体金融组织，又是农业银行的基层机构，办理农村金融各项业务，执行国家金融部门的职能任务"的规定，农村信用合作社的政策规定、规章制度、经费开支、人员管理、职工福利待遇等同于银行执行，农村信用社走上"官办"道路②。农村地区形成以中国农业银行和农村信用合作社为主的局面。农村合作基金会也得到了快速发展③，对农村经济的融资需求提供了极大支持，一项全国性的调查表明农村合作基金会 45% 的贷款提供给了农户，24% 的贷款提供给了乡镇企业（熊德平，2009）。

5.1.2　农村金融制度改革转型阶段（1993～2003 年）

党的十四大的召开，明确提出建立社会主义市场经济体制的目标之后，农业和农村沿市场经济方向深化的速度加快。与此同时，农村政策性、商业性和合作性金融"三足鼎立"的格局也逐步形成。1993 年 11 月，党的十四届三中全会的《中共中央关于建立社会主义市场经济体制若干问题的决定》，确定了我国金融体制改革的总体目标④。根据这一要求，这一阶段，农村的政策性金融机构——中国农业发展银行成立；农村信用合作社脱离中国农业

---

① 1979 年 2 月，国务院发出《关于恢复中国农业银行的通知》，同年 3 月 2 日，为适应农村商品经济发展，中国农业银行再一次恢复设立。

② 1980 年 8 月，中央财经领导小组在《会议纪要》中提出，把信用社下放到公社不对，搞成"官办"也不对，这都不是把信用社办成真正集体的金融组织。信用社应该在银行的领导下，实行独立核算、自负盈亏。1984 年中共中央 1 号文件明确指出："信用社要进行改革，真正办成群众性的合作金融组织。"由于改革工作是在中国农业银行领导下进行的，其领导、管理的思路和方法有着很深的国有银行烙印，这就决定了合作制原则不可能得到充分贯彻和体现，特别是民主管理在很多地方流于形式。

③ 农村合作基金会源于 20 世纪 80 年代中期兴起的准正规金融组织，20 世纪 80 年代末首先在四川省成立，其经营资本主要依赖于农户的资金注入，其经营活动归农业部而不是中国人民银行管辖。到 1996 年农村合作基金会的存款规模为农村信用合作社的 1/9。

④ 中国人民银行作为中央银行，在国务院领导下独立执行货币政策，从主要依靠信贷规模管理，转变为运用存款准备金、中央银行贷款利率和公开市场业务等手段，调控货币供应量，保持币值稳定；建立政策性银行，实行政策性业务与商业性业务分离；发展商业银行，现有的专业银行要逐步转变为商业银行，并根据需要组建农村合作银行和城市合作银行，商业银行要实行资产负债比例管理和风险管理。

银行的管理，成为独立的金融机构，并逐步推进了改革试点①；中国农业银行结束"一身三任"的历史使命，开始向国有商业银行转变。但是，在经历了亚洲金融危机、1997 年开始的通货紧缩以及加入 WTO 金融不断开放后，我国政府对金融的监管和控制变得更加严厉。1998 年，国务院颁布《非法金融机构和非法金融业务活动取缔办法》，并于随后一年在全国范围内撤销农村合作基金会，并对其进行清算。这一时期，以农村信用合作社为主体的正规金融开始试行并推广小额信贷②，农村金融制度改革客观上强化了农村信用合作社对农村金融市场的垄断。

5.1.3　现代农村金融制度构建探索阶段（2004～2012 年）

2004 年中央 1 号文件以"农民增收"为核心主题，由此开启了"三农"发展的新格局。2004 年文件规定："建立健全金融机构服务于农村的体制机制，明确县域金融组织为'三农'发展提供服务的义务"、"鼓励、支持社会资本和外资开办直接为'三农'提供服务的金融机构。"2006 年，银监会公布《关于调整放宽农村地区银行业金融机构准入政策　更好支持社会主义新农村建设的若干意见》和《村镇银行管理暂行规定》，新型农村金融机构开始建立和发展。党的十七届三中全会《中共中央关于推进农村改革发展若干重大问题的决定》更是明文提出建立现代农村金融制度。相应地，农村金融发展也进入了新的历史时期。渣打、花旗、汇丰等外资银行先后在农村金融市场建立了据点，四大国有商业银行则开始实施返乡战略，加上股份制银行开始在农村增设分支机构以及民间私人贷款的放开，我国农村金融业已形成商业性金融、合作性金融、政策性金融相结合的，各种金融机构同时并存的新格局，"三农"发展面临的金融约束得到一定程度缓解。

---

① 1999 年，首先在浙江绍兴、江西赣州、广东茂名、湖南怀化等 4 家地（市）级的农村信用合作社开展试点。2000 年，在江苏省开展了"以完善体制、转换机制、消化包袱、加强管理和改善服务"为主要内容的农村信用合作社管理体制改革试点。2001 年又在江苏省农村信用合作社系统开展了全面的清产核资工作，并将农村信用合作社以县（市）为单位合并为一个法人，将全省 1658 个基层信用合作社和 81 个联合社合并为 82 个法人，正式成立了江苏省农村信用合作社联社。

② 根据农业银行 2002 年的统计，到 2001 年底，农业银行累计发放扶贫到户贷款 250 亿元，余额 240 亿元帮扶困农户 175 万户。2002 年，全国有 30710 个信用社开办了小额信贷业务，占 92.6%，辖区内 25% 的农户获得了贷款支持，当年发放农户小额信用贷款 967 亿元，年底余额 754.7 亿元，发放农户联保贷款 475.1 亿元，年底余额 253.3 亿元。农村信用合作社成为农村小额信贷的主体。

5.1.4 农村金融制度改革创新深化阶段（2013 年至今）

党的十八大确立了"为全面建成小康社会而奋斗"的目标，提出解决好农业农村农民问题是全党工作重中之重，城乡发展一体化是解决"三农"问题的根本途径。为了增强金融对"三农"发展的支持作用，农村金融制度改革创新在这一时期进一步深化。2013 年中央 1 号文件首次明确优先满足农户信贷需求，支持社会资本充分流向农村金融领域，明确农村金融的首要职能是服务、支持"三农"发展，优先满足"三农"资金需求。2014 年中央 1号文件首次专章对加快农村金融制度创新做出详尽规定，分别对各类金融机构提出服务"三农"的要求，要求发展新型农村合作金融组织、加大农业保险支持力度，切实发挥金融"支农"功能。2015 年中央 1 号文件的最大亮点在于提出推动农村金融立法，而 2017 年则再次强调积极推动农村金融立法。这一时期，加快农村金融创新、强化农村普惠金融发展以及金融扶贫创新方面也取得了巨大成绩。在 2015 年底的中央扶贫开发工作会议中，习总书记明确指出："要做好金融扶贫这篇文章，加快农村金融改革创新步伐。"随后，七部门联合印发了《关于金融助推脱贫攻坚的实施意见》，意见中指出要紧紧围绕"精准扶贫、精准脱贫"的国家战略，全面改进和提升金融扶贫的有效性。到 2015 年 12 月底，贫困地区的人民币贷款总额达到了 4.15 万亿元，同比增长了 18.17%，这为贫困地区注入了大量金融资源，发挥了积极的减贫作用，使中国成为了首个实现"联合国千年发展目标"的国家，对全球贫困减缓的贡献率达到了 70%。2019 年，中国人民银行、银保监会、证监会、财政部、农业农村部联合发布了《关于金融服务乡村振兴的指导意见》，强调要以习近平新时代中国特色社会主义思想为指导，紧紧围绕党的十九大关于实施乡村振兴战略的总体部署，坚持以市场化运作为导向、以机构改革为动力、以政策扶持为引导、以防控风险为底线，聚焦重点领域，深化改革创新，建立完善金融服务乡村振兴的市场体系、组织体系、产品体系，促进农村金融资源回流。

5.2 中国农村金融制度的演进逻辑

改革开放以来，上述四个阶段农村金融制度改革存在其特定的规律，这种规律与制度演进所处的时代背景、经济基础、改革主体性质等因素密切相关，这种逻辑规律也充分表现为制度演进的基本特征。

5.2.1 农村金融制度改革的逻辑主线

考察农村金融四十年来制度演进的主要路径和核心内容可以发现，我国农村金融制度的变革遵循以下逻辑主线展开：政府基于经济社会不同发展阶段既定的发展战略和调控目标，通过体系建设、政策调整、制度设计和体制改革，逐步建立健全农村金融服务体系，并有效界定各类金融机构业务范围和针对性创新金融产品，力求降低金融服务"三农"的交易成本和风险成本，充分发挥农村金融的服务功能，进而提升农村金融的服务可得性、可持续性和普惠性。总体上看，农村金融制度改革按照这一逻辑主线不断推进，但由于四个阶段的实际情况存在明显差异，阶段性改革面临的障碍也大不相同，因而各阶段制度改革与调整的侧重点和目的也有所不同。

第一阶段制度调整的重点是由政府恢复和支持专门的金融机构，以中国农业银行恢复、农村信用合作社"官办"、农村合作基金会快速发展为代表。目的在于通过机构设立，解决农村金融固定进入费用问题。但农民由于交易所负担的单位成本过高而没有激励去利用金融机构和金融市场，农村金融发展面临"门槛效应"，结果需要进一步的调整。

第二阶段制度改革的重点是由政府构建专门的金融机构体系，力图建设政策性、商业性和合作性金融"三足鼎立"的农村金融体系，并对金融机构业务分类。目的在于节约农村金融市场的交易成本，但在这过程中又产生了相应的组织成本，农村金融机构形成大量不良资产，农村金融发展受到制约，结果需要推进改革创新。

第三阶段制度改革创新的重点是强调农村金融服务体系建设和政府的专门政策支持并重，重点仍然是机构组织创新，农村信用合作社进行了商业化改造、新型农村金融机构开始建立和发展。目的在于帮助农村金融降低交易成本，实现农村金融的可持续运作，但服务功能尚未有效发挥，结果需要进一步的改革创新。

第四阶段制度改革创新的重点在于综合运用多种模式降低农村金融的风险和成本，以积极推进包含银行、保险、担保等综合性农村金融制度创新以及探索农村金融立法、提高金融服务水平和回归本源为主题。目的是在财务可持续的基础上大力改进服务功能。具体改革创新内容包括：一是进一步完善服务体系，建立风险分摊机制；二是优化了政策支持体系，扩大了政策性业务的覆盖领域；三是引导金融机构选择特定客户群体，形成稳定预期，规避交易风险，内部化交易成本；四是政策性、公益性资金注入，优先考虑社会效益的决定性地位，通过外源性的资金注入来增强农村金融服务的可得性。

5.2.2 农村金融制度变革在三个不同层次上表现为二元结构系统的演化

农村金融制度变革在三个不同层次上表现为二元结构系统的演化，形成了非均衡性的演进规律特征。从整体金融、农村经济和农村金融三个不同层次上，考察我国改革开放四十多年农村金融制度的演进逻辑，可以发现，我国农村金融制度在三个不同层次的系统中，均表现出显著的二元性特征。首先，从整体金融系统来看，虽然在理论上农村金融是我国整体金融系统中不可或缺的有机组成部分，但我国经济社会的"二元"结构特征，直接决定了我国金融的"二元性"。相应地，我国农村金融制度演进，与整体金融制度演进相比，一是地位上处于从属地位；二是时间上滞后于整体金融；三是手段上落后于整体金融；四是内部结构与整体金融不对称。其次，从农村经济系统来看，虽然在理论上农村金融是我国农村经济系统中不可或缺的有机组成部分，但农村金融系统具有交叉性特征。政府对农村金融以垂直治理为主、对农村经济以水平治理为主的特点，共同决定了我国农村金融制度演进相对独立、难以与农村经济制度演进保持一致性，因而表现出二元性。最后，从农村金融系统来看，我国农村金融制度演进存在两个不同的系统和两种不同的方式。一个是政府主导的依靠强制性制度演进形成的农村正规金融，另一个是民间自发的依靠诱致性制度演进形成的非正规金融。在理论上，正规金融与非正规金融具有一定的互补性，但在我国农村金融制度演进中，对农村经济而言，前者长期是外生的，犹如"盘景"，后者是内生的，犹如"草根"，二者始终存在冲突和对立，从而表现出二元性。

5.2.3 农村金融制度变革以政府强势主导的自上而下制度调整为主

农村金融制度变革以政府强势主导的自上而下制度调整为主，形成了非行为主体需求导向的演进规律特征。改革开放之后政府实施的一系列农村金融发展政策措施，诸如恢复农业银行及其商业化运作和经营、农业发展银行的新建及其业务范围调整、农村信用合作社的隶属关系调整及其规范化运作和商业化、股份合作制改革以及关闭农村合作基金会等，均采取了政府供给主导、自上而下的强制性演进方式。这种方式虽然降低了制度演进的时滞及磨擦成本，在一定程度上克服了农村金融体系的脆弱性，稳定了农村金融市场，却未必能在较大程度上体现农民群众的意愿和农村经济发展的金融需求，从而导致金融效率总是难以提高。严厉的金融管制和半封闭的金融环境，又使得这种强制性制度演进成为一种非需求导向性的机制演进。政府是金融制度的主要供给者，这些措施均是政府从实现自身目标的角度对农村金融市场所做出的制度性安排，仅仅从满足制度供给者和制度生产者本身的需求出发，显然不能充分满足农村金融需求者的实际需求，从而在很多方面表现出制度供给上的错位和不足，并存在较为明显的市场化的收缩效应，使得农村金融服务供给滞后于农村金融需求。加之受经济发展程度以及农户经营能力和道德认识水平的影响和制约，特别是追求资金效益的企业化行为，使商业性保险、证券、担保、信托投资、租赁等金融机构在农村地区，特别是在中西部地区农村的业务开展依然困难重重。因此，完全意义上的农村金融制度体系在中国尚未发育成熟。

5.2.4　农村金融制度变革是强制性制度变迁压制诱致性制度变迁的过程

农村金融制度变革是强制性制度变迁压制诱致性制度变迁的过程，形成了非理性预期的演进规律特征。改革开放 40 多年来，尽管农村经济主体基于利润动机，存在自发的、诱致性的农村金融制度创新需求，内生于农村经济的"草根金融"总是"野火烧不尽，春风吹又生"，甚至在局部地区或某些特殊时期还出现了地方政府发起或推动、中央政府默认或支持的准正规金融（如农村合作基金会、金融服务社、村级金融服务室等），尤其是在外生的"盘景金融"制度供给严重不足或缺乏效率的背景下，这种内生金融便会自发生成。尽管"草根金融"在农村金融市场中有时也能占据较大比重，但依然只能局限于特殊的信用范围内。从表层来看，由于缺少健全的市场和法律制度等普遍的信用要素，"草根金融"的信用系统之间无法联结成一个大的信任系统，只能在一个个狭小的区域内独自存在，无法形成跨越局部的、建立联系各个小系统的上层组织，始终处于非正式、不规范状态中。因此，在强制性金融制度演进压制诱致性金融制度演进的条件下，尽管非正规金融仍有一定市场，但因其难以监督，运行极不规范，存在较大的风险隐患，而政府面对风险常常采取的又是"一刀切"的取缔和打压，从而使农村正规金融与非正规金融始终未能形成"支农"合力和有效的互补配合关系。

5.2.5 农村金融制度变革是在顶层设计缺位下针对机构的反复调整过程

农村金融制度变革是在顶层设计缺位下针对机构的反复调整过程，形成了不确定性的演进规律特征。考察农村金融制度演进历程可以发现一个基本事实，即我国农村金融制度变革总是表现为针对机构的不断调整、"就事论事"的应急举措，整体上缺乏长远的科学规划。中国农业银行经历了1979年2月的重新成立—1994年农业银行和农业发展银行的分离—1997年的农业银行基层业务机构上收—随后的商业化改造；农村信用合作社经历了1977～1978年的彻底"官办"化—1979年划归农业银行领导—1983～1984年恢复合作性质—1986年由人民银行统一管理—1993年与农业银行的脱钩—1999年的组建联社—2003年以来的不断试点改革；农村合作基金会等准正规金融组织成立、发展、取缔的时间则极为短暂；新型农村金融机构自2006年以来相关制度规定也几经调整，而非正规金融组织更是难以正式成立，一旦出现便很快被打压和取缔。在金融机构功能定位、金融业务范围调整、金融管理体制和监管制度变革上，这种不断反复的震荡则更加频繁。需要说明的是，农村金融制度变迁在不同阶段表现出的制度不断反复调整的特性，并不是由农村经济发展所决定的，也不是农村金融机构作为经营货币的特殊企业自身发展需要而进行的适应性调整，而是取决于整体经济发展战略、政府行为偏好、整体金融发展需要以及服从于这些因素的行政区划和政府行政管理体制的调整，调整方式也大多是按行政机构调整的方式进行，最终形成了农村金融制度变革按政府目标函数变化呈现"唯机构论"的特征。尽管各阶段根据对农村金融机构发展现状和问题的分析形成了比较有意义的调整反应机制，但由于缺乏顶层设计的清晰定位，导致尚未确立适应新时期发展态势、具有可操作性的农村金融制度改革整体实施方案。

5.3 中国农村金融制度变革的进展

改革开放以来，上述四个阶段我国农村金融制度创新虽然呈现不同的侧重点，但总体上以深化农村金融改革为契机，通过健全农村金融服务体系、完善扶贫小额贷款模式、创新农村产权制度体系、建立风险分担机制、加强特惠性政策支持等核心内容，有效创新了农村金融服务模式，显著提升了农村金融服务效率，在助推"三农"发展目标实现上取得了良好成绩。

5.3.1　农村金融制度改革推动了农村金融服务体系建立健全

完善的农村金融服务体系是充分发挥金融服务功能的基础性条件。农村金融服务体系的建立健全不仅能够在一定程度上防范农村金融的系统性风险、降低农村金融服务的成本，而且能够有效解决小农及贫困群体长期面临的金融排斥问题。各类金融机构既是农村金融资源的供给主体，又是农村金融服务的实施主体，这直接关系到农村金融政策的实施效率，因此，一直以来组织机构体系的建设是农村金融制度改革创新的重中之重。40 多年来，伴随农村金融制度创新的演进，我国农村金融服务体系不断完善，金融机构涉农贷款稳步增长，债券、股票等直接融资和农业保险取得长足发展，农产品期货市场从无到有，多层次、广覆盖、适度竞争的农村金融服务体系建设持续推进，政策性金融、商业性金融与合作性金融功能互补、相互协作的格局正在形成，农村金融服务体系建设取得了突破性成绩。

截至 2018 年末，农村金融市场的主力军包括：中国农业银行、邮政储蓄银行两大商业银行，农业银行的"'三农'金融事业部"改革试点已推广到全国，邮政储蓄银行成立""'三农'金融事业部"开展改革试点；中国农业发展银行 1 家政策性金融机构；农村信用合作社 812 家、农村商业银行 1427 家、农村合作银行 30 家；村镇银行 1616 家、小额贷款公司 8133 家、农村资金互助社 45 家①；国家信贷担保联盟有限责任公司有效发挥职能，建立省级农担公司 33 家、市（县）分支机构 376 家、业务网点 952 家②。此外，多家保险公司进入农村市场推动农业保险、农产品目标价格保险、农产品收入保险、"保险＋期货"等试点工作。

贫困地区的金融服务体系建设也取得了明显进展。以广西田东县为例，针对贫困村的金融机构网点覆盖面不足的问题，田东县先后成立了 9 家银行金融机构、18 家非银行金融机构（包含保险、担保、证券等机构），银行的

---

① 数据来源：中国银行保险业监督管理委员会公布的《银行业金融机构法人名单（截至 2018 年 12 月底）》。

② 数据来源：中华人民共和国财政部发布的《推动各级农担公司加强风险防控，加快业务发展》。

网点数量达 48 个，覆盖了 10 个乡镇以及部分村屯，金融机构种类的齐全度位居广西省县域首位。安徽金寨县以建立主体多元、竞争适度、功能互补的金融服务体系为目标，着力完善组织机构体系，2020 年共拥有银行机构 10 家（网点 81 个）、保险机构 7 家、证券公司 1 家、担保机构 3 家、小额贷款公司 3 家、新型农村合作金融组织 2 家，金融机构种类的齐全度位居安徽省县域首位。通过完善的组织机构体系不仅能够满足金融扶贫过程中的多样化金融服务需求，也有效地降低了金融扶贫的系统性风险。

5.3.2 农村金融制度改革促进了信贷投入和融资覆盖面稳步提升

改革开放 40 多年来，农村金融制度改革与创新使得农村信贷状况得到了有效改善，农户融资覆盖面稳步提升。在农业信贷投入方面，截至 2018 年末，本外币涉农贷款余额 32.68 万亿元，比上年增加 2.23 万亿元；农村（县及县以下）贷款余额 26.64 万亿元，比上年增加 1.54 万亿元；农户贷款余额从 1978 年末的 11.2 亿元增长到 2018 年末的 9.23 万亿元，占贷款总额比重从 0.59% 提高到了 6.77%，农户的生产经营贷款余额达到 5.06 万亿元；农业贷款余额 3.94 万亿元，比上年增加 400 亿元（见表 5 - 1）。充分说明了金融已经成为解决实施乡村振兴战略"钱从哪里来的问题"最为重要、最为关键的渠道。在总资产规模上，2016 年 5 月起农村银行类机构的总资产规模已超过城商行，仅次于大型商业银行和股份制银行类别，也是 2016 年 4 月起总资产同比增速最快的银行类金融机构[1]。

表 5 - 1 1978～2018 年金融机构贷款变化情况

单位：亿元

年份	贷款总额	涉农贷款	农业贷款	农村贷款	农户贷款
1978	1890.42		115.6	138.9	11.2
1985	6198.38		416.6	775.2	194.2
1995	50544.09		1544.8	6089.6	806.8
2000	99371.07		4889.0	12011.9	1062.1
2007	261690.88		15428.2	61210.2	10677.4

---

① 数据来源：《中国农村金融服务报告（2016）》。

年份	贷款总额	涉农贷款	农业贷款	农村贷款	农户贷款
2013	718961	208893	30000	173000	45000
2017	1201000	304500	39000	251000	81000
2018	1363000	326800	39400	266400	92300

资料来源：《中国金融年鉴》和中国人民银行《金融机构贷款投向报告》历年。

在提升农村金融服务覆盖面方面，各类农村金融机构加大农村地区的网点投入，农村地区银行网点数量达到 12.66 万个，每万人拥有银行网点数为 1.31 个，县均银行网点 56.41 个，乡均银行网点 3.95 个，乡镇覆盖率 96%，村均银行网点 0.24 个，基础金融服务村级覆盖率 97%。全国贫困地区设立助农取款服务点 42.18 万个，村均 1.6 个。从全球范围来看，中国的银行网点密度等基础金融服务指标已经达到了国际中上游水平①。新兴数字金融企业和传统金融机构积极探索利用互联网等现代科技手段进行普惠金融服务，农村地区各类个人银行结算账户人均 4.44 户，银行卡人均持卡量为 3.31 张。全国农村信用体系、农业信贷担保体系和支付体系建设夯实了农村金融的基础设施建设，8000 万农户获得了信贷，建档评级农户占比约 60%，授信农户占比约 38%②。

5.3.3　农村金融制度改革激励适应需求的金融组织创新不断涌现

随着农村金融制度改革创新的推进，村级金融服务室、村级扶贫互助协会、产业信用协会互助担保、农民合作社内部信用合作等多种组织创新形式在农村金融市场出现，得到了农民的认可和拥护。例如，近年来全国各地区根据自身实际情况积极试点开展农民合作社内部信用合作，这种得到基层认可的合作金融组织创新，因其内源性的金融互助形式能够内化交易成本，并且有效解决了信息不对称问题，在农村金融领域具有独特优势，比较典型的模式包括以下两种。

一是"社员股金＋银行资金"信用合作组织创新。例如，安徽金寨县在

---

① 数据来源：中国人民银行发布的《2018 年中国农村地区支付业务发展总体情况》和《中国农村金融服务报告（2016）》。

② 数据来源：中国人民银行发布的《2018 年中国农村地区支付业务发展总体情况》。

传统的"社员股金＋合作资金"模式的基础上，创新推行了"社员股金＋银行资金"信用合作模式，在这一模式下，合作社社员小额入股存入合作银行，银行多倍放大贷款额度，解决了合作资金来源不足和抗风险能力弱的问题。具体而言，每个社员交纳1000元～1万元的入股资金，成为合作社正式成员，合作银行以社员联保的形式，按入股资金放大5～10倍投放贷款到合作社社员。同时，也可借助银行的人才及风险管理优势，降低合作性金融的风险。截至2017年6月底，金寨县信用合作共计在6个试点合作社向205位合作社社员发放了总计1564万元贷款。在一定程度上解决了贫困户发展茶叶、蔬菜和养殖业的资金需求。此外，合作社也为贫困农户提供农资垫付、技术指导、市场对接等一系列服务，解决了贫困户产业发展困难问题，通过强化农户自身的发展再生产能力，实现了脱贫增收。

二是"互助资金直贷＋银行授信＋保险兜底"产业链融资信用合作组织创新。例如，湖南沅陵县王家岭合作社以养鸡产业为基础，按照社员制、封闭性以及民主管理原则，创新了基于产业链融资的"互助资金直贷＋银行授信＋保险兜底"合作金融模式。该组织的创新体现在以下五个方面。一是以交易信息数据对社员评级授信，通过合作社信息数据库关于农资采购、产品销售、现金往来等各项经营数据指标，并结合所在社区群众对借款社员的声誉信息，对社员的信用水平进行综合评级。二是严格"以产定贷"支持模式，以借款社员的产业发展情况、经营能力、风险水平作为授信额度的确定依据。三是严格贷款用途，合作社不直接为借款社员提供现金支持，而是为借贷社员垫付如鸡苗、饲料等农业生产资料的采购资金，从而形成一种面向供应链所有成员社员的系统性融资安排。四是合作社负责农产品的统一销售，从借款社员货款中直接抵扣除，减小了资金使用的监督成本。五是在内源性金融组织框架外，合作社金融互助组织还凭借"银行授信"方式加大了信贷投放能力，通过投保农业保险进一步控制风险水平，对其可持续经营形成了更为有效的风险保障。

由此可见，尽管这两类合作金融组织在创新思路上存在一定差异，但根本落脚点都在于如何解决合作金融组织运行的融资能力、信息收集及风险防控问题。除此之外，两类模式都高度重视合作金融组织的生产服务功能，这是提高农户金融资源利用效率的重要途径。

5.3.4　农村金融制度改革有效带动了农村金融产品和服务创新

农村金融制度改革创新推动两权抵押贷款、农村产权反担保贷款、活体抵押贷款、预期现金流为依据的贷款、产权抵押 + 保证保险质押、农产品收入和价格保险等多种产品和服务有效适应了农村金融市场需求的变化。例如，多种小额信贷创新提升了金融精准扶贫功能。由于农村贫困居民通常是无抵押物或弱抵押物借贷主体，小额借贷是贫困户贷款需求的主要特征。为此，我国从国家层面为贫困户制定了 5 万元以下、三年以内、免担保免抵押的小额贷款政策，支持贫困户发展产业脱贫增收，充分体现了金融扶贫的特惠性。伴随农村金融制度改革创新，我国小额贷款的产品也根据各地实际情况进行了创新发展，可归纳为以下几种类型。

一是"小额贷款 + 补贴"模式。该模式是我国早期就已经实施的金融扶贫模式，主要是通过财政贴息方式支持具有发展能力和发展意愿的贫困农户扩大再生产。截至 2016 年底，金寨县对有发展能力的贫困户累计发放扶贫小额贷款 1192.5 万元，扶持了 1193 户贫困户直接发展产业；田东县自主发展产业的贫困户则高达 3176 户，扶贫小额贷款余额 1.53 亿元。通过这一模式，帮助了具有发展能力、发展思路但缺乏发展资金的贫困户，以金融扶贫逐步扩大其生产规模，实现脱贫增收。

二是"互助资金 + 合作社服务"模式。该模式充分发挥合作社的互助性及其服务功能，实现产业链、资金链及信用链的有效融合，提高贫困户发展生产的成功率，实现脱贫增收。具体而言，该模式以互助资金作为信贷供给，对于具备发展生产能力的贫困户，合作社以农资统一购买、农产品统一销售的服务功能，不仅有效保障互助资金贷款的使用去向以及偿还来源，而且有助于贫困户发展生产。其中，较为典型的案例是湖南沅陵县王家岭养鸡合作社，合作社根据社员的养殖规模及信用状况，实行"以产定贷"，贷款主要用于农资的统一购买（如鸡苗、饲料等），在互助金到期之后，合作社利用统销的便利，直接从销货款中抵扣贷款，解决了道德风险及逆向选择等问题，实现贫困户与合作社良性循环发展。

三是"小额贷款入股"模式。该模式的核心在于构建新型农业经营主体与贫困户之间的利益联结机制。对于新型农业经营主体而言，其利益需求在于获取便捷优惠的扶贫信贷资源，而贫困户的利益需求则是脱贫增收。因此，这一模式既培育了新型农业经营主体，又带动了自身缺乏发展能力的贫困户。如金寨县的"大户捆绑、金融撬动"模式、田东县的"扶贫产业协会 + 资产性收益扶贫引导基金 + 公司"模式、河南信阳市光山县的"合作社 + 基地 + 农户"模式。信阳市新县则进一步创新推出了"五位一体"模式，即

"政府＋贫困户＋龙头公司＋银行＋保险公司"，通过政府的财政风险补偿以及保险公司的保险赔付，有效降低"小额贷款入股"模式的风险，保障了支农金融机构的可持续经营。该模式实现金融脱贫的路径主要依赖于入股分红以及参与劳务的工资性收入，从而有效带动缺乏发展能力的贫困户。

四是"农村产权入股"模式。该模式在"小额贷款入股"模式的基础上进一步创新，以农村产权改革为契机，引导贫困户将农村土地入股到新型农业经营主体，新型农业经营主体则利用这一产权抵押获得贷款，贫困户在获得入股分红的基础上，也能够参与劳务、学习先进的种植技术。其中，较为典型的案例是田东县的真良村火龙果种植专业合作社，为了解决扩大生产的资金瓶颈，合作社引导农户将土地入股到合作社，而合作社则以550亩的土地经营权作为抵押，获得150万元贷款，实现种植基地的扩张，在这一模式的运作下，真良村的100多户贫困户已实现全部脱贫。可见，"农村产权入股"模式的创新不仅实现了新型农业经营主体与贫困户的共赢，也提升了农村土地的利用效率，有利于农业的现代化发展，从而夯实贫困农户脱贫增收的产业基础。

五是"农村土地信托"模式。其特点在于依托产权交易中心以及企业，将贫困户手中闲散、零碎的土地集中流转到公司手中，作为公司给予贫困户的信托产品，实现贫困户的土地收益。其中，较为典型的案例是田东县尔能公司的香蕉园。田东县以农村产权交易中心和田东县国泰公司为依托，对林驮村农闲散土地进行了收储，集中农地经营权到国泰公司，最后作为国泰公司的信托产品为出让农户返利，并实行逐年递增的土地出让收益标准。尔能公司在通过农业发展银行土地流转贷款实施土地整理后，建设3000亩香蕉园，通过该项目，每年能为农户增加450万元以上的财产性收入以及400万元以上的工资性收入，拓宽了农户的收入渠道。

通过我国农村扶贫小额贷款的几类创新模式可以发现：早期的"小额贷款＋补贴"模式主要针对的是具备发展生产能力的贫困户；"互助资金＋合作社服务"则发挥了合作社的服务功能，降低贫困户发展生产的风险；而"小额贷款入股"模式、"农村产权入股"模式以及"农村土地信托"模式所针对的则是缺乏发展生产能力的贫困户，通过"入股分红＋劳务收入"或"财产性收入＋劳务收入"的形式实现金融扶贫，帮助农户脱贫增收。目前，扶贫小额信贷余额2488.9亿元，支持建档立卡贫困户640.01万户，覆盖约30％的建档立卡贫困户。

5.3.5　农村金融制度改革有效夯实了农村地区的金融基础设施

支付体系、征信体系、网络体系、宣传教育体系、权益保护体系等金融基础设施建设和完善是保障农村金融服务能够安全、有效进行的基础，基础设施的建立健全能够防范金融风险，同时降低金融服务的成本，也是构建农村地区良好金融生态环境的保障。完善的支付体系不仅能够提升清算效率，而且能够便捷、安全地进行交易，从而为农业农村提供高质量的现代金融服务；征信体系能够有效降低金融服务过程中借贷双方的信息不对称问题，避免道德风险与逆向选择，从而有利于降低交易费用与信用风险，优化金融业务的资产质量；网络体系以及移动手机终端等能够为贫困地区农户破除地理障碍、获取高效的数字金融、智慧金融服务提供现实可能；宣传教育体系能够推动金融知识普及、增强农民对金融服务及创新的接受能力；权益保护体系能够强化农村地区金融消费权益保护，增强农村金融消费者的风险意识和识别违法违规金融活动的能力。

40 多年的农村金融制度改革，大力夯实了欠发达地区的金融基础设施，缓解了贫困户金融地理排斥问题，使金融扶贫资源有效落地，实现精准投入。例如，针对贫困村金融服务设施滞后、支付环境差的问题，田东县在乡镇和人口密集的农村办事点布放了 147 台 ATM 机，实现了 ATM 机乡镇全覆盖。并在所有贫困村布放了 POS 机、电话支付终端等，使贫困农户足不出村便可办理 2000 元以内的存取款服务。安徽金寨县则在这一基础之上，创新推出了"流动银行"服务，通过县农商行的"拎包银行"及徽银村镇银行的"流动银行服务车"，将传统的银行柜台业务引入至偏远的贫困地区，解决了边缘贫困地区人口难以享受金融服务的问题。同时，为了解决贫困户金融知识匮乏、信息不对称等问题，田东县在所有贫困村建立了"三农金融服务室"，由驻村干部、大学生村官、贫困村第一书记、村两委及村里经济能人组成，将金融知识宣传、信用信息采集、贷款调查、还款催收、保险业务办理、权益诉求等前置到村一级，实现了基层组织建设和金融服务的有机结合。

"贷款难"是农村金融长期存在的主要问题之一，其内在根源在于农户缺乏有效的抵押物，加之金融机构与农户之间的信息不对称，最终导致了金融机构在农村地区的"惜贷"现象，这一现象在贫困地区的贫困户中尤为明显，直接制约了金融扶贫政策的有效实施。而农村信用体系的建设能够有助于解决信息不对称问题。因此，近年来，我国在农村信用体系的建设方面做出了诸多探索。以田东县为例，针对贫困户收入水平低、固定资产匮乏等问题，田东县贫困户信用评价体系充分体现出了特惠性，即对贫困户的信用评价更加强调其道德品质状况，从而有利于贫困户信用体系的形成。截至 2017年 3 月，全县的 53 个贫困村先后被评定为信用村，全县 13276 户贫困户均被纳入农户信用信息系统。在此基础之上，田东县实行了差别化的利率政策，即信用村的贫困户借款利率执行基准利率不上浮，非信用村的农户借款利率上浮 20%，这有效激励了贫困村、贫困户的守信，营造了良好的信用环境。据统计，田东县农村金融机构不良贷款率从 2008 年的 2.36% 下降到 2015 年的 0.88%。自 2009 年以来，田东县农村金融机构累计向 12000 多户贫困户发放贷款 5.7 亿元，其中，2016 年向 3484 户贫困户发放信用贷款 1.67 亿元。通过信用体系的建设，在一定程度上解决了信息不对称问题，不仅降低了金融机构的放贷风险，也提高了贫困户贷款的可获性。

随着互联网信息技术的迅猛发展，科技发展与金融创新不断交融，传统金融业态面临前所未有的挑战，以互联网＋技术为基础的数字金融正引领着金融服务的革命性变革。我国于 2016 年 G20 峰会提出了《G20 数字普惠金融高级原则》，标志着数字金融正式成为我国普惠金融服务未来战略部署与发展方向，这对于积极引导金融资源向我国农村贫困地区转移、建立精准施策的普惠金融体系、打通普惠金融服务直达贫困农户"最后一公里"的通道，具有重大的现实意义。通过大数据、区块链等信息化手段转变传统农村金融业态，推进农村金融跨越式发展获得了国家政策的强力支持。2015 年 12 月 31 日，国务院印发了《推进普惠金融发展规划（2016—2020 年）》，鼓励金融资源向农村地区偏移，增强农村地区的金融可获得性，要求建立与全面建成小康社会相适应的普惠金融服务和保障体系。近年来，国民互联网普及程度的显著提升也进一步夯实了农村金融发展的基础。据《中国互联网络发展状况统计报告》显示，截至 2018 年 12 月，我国网民规模达 8.29 亿，全年新增网民 5653 万，互联网普及率为 59.6%，较 2017 年底提升 3.8 个百分点。农村网民占比逐年增加，截至 2018年 6 月，中国农村网民占比为 26.3%，规模为 2.11 亿，为数字普惠金融在农村区域的发展提供了非常有利的环境条件。

5.3.6 农村金融制度改革引导了农村产权制度体系的建立

农村产权制度建设落后使得农业生产要素难以有效流动，不仅制约了贫困地区农业产业发展，也造成了贫困户普遍缺乏有效抵押物，长期面临金融排斥问题。因此，在国家大力实施乡村振兴战略的背景下，各地区积极探索农村产权制度改革的可行路径，与金融扶贫实现有机结合。

从改革思路来看，基本都遵循了"确权—交易—管理"这一思路，有效活化了农村产权。一是推进农村产权确权工作开展。全国各地区开展了林权、农村土地承包经营权、宅基地使用权等确权工作；同时，所有权的确权颁证工作全面推进，使贫困户的各项产权更加明晰。二是建立农村产权交易平台。如田东县成立了广西首家农村产权交易中心、金寨县成立了农村综合产权服务大厅等，使得各项产权交易有序进行。三是出台农村产权管理制度。各地出台了《农村产权抵押贷款试点意见》、《农村产权交易管理办法》等一系列政策文件，从制度上为贫困农户的产权管理提供可靠的保障。

有效的产权制度改革，唤醒了农村沉睡的资产资源，使金融扶贫和乡村振兴的相关主体实现协同发展。一方面，在一定程度上解决了贫困户贷款"抵押难"问题，提高金融资源的可得性；另一方面，农村土地的流转使得新型农业经营主体能够通过产权抵押贷款缓解融资瓶颈，有利于农村地区特色农业的现代化发展，为欠发达地区产业脱贫奠定良好的基础，而贫困户也可通过土地流转收入拓宽家庭收入来源。以课题组调研的田东县为例，截至 2016 年末，该县贫困村累计流转土地 3.49 万亩，交易额达 2.77 亿元，贫困村的产权抵押贷款达 9848 万元，有效缓解了贫困农户生产发展的资金瓶颈。①

5.4　中国农村金融制度变革的研判与反思

5.4.1　农村金融制度变革的总体研判

改革开放 40 多年来，历经四个阶段的制度改革创新，我国农村金融已经取得了重大进展，为城乡经济发展和社会转型做出了重大贡献，但农村金融制度变革因为中国独特的经济发展战略和城乡二元经济结构，在政府主导下形成了强制性变迁的演进路径，总体表现为体制内的适应性调整和频繁修改。这种以"阶段式宏观经济目标"和"阶梯式的区域发展战略"为主要特征的非均衡增长战略和政府主导的自上而下强制性制度变迁，虽然在过去也

---

① 温涛、王煜宇：《改革开放 40 周年中国农村金融制度的演进逻辑与未来展望》，《农业技术经济》2018 年第 1 期。

取得了较大的总体经济绩效，但同时也带来某些影响深远和诸多不良经济后果。主要表现为农村经济和农业现代化发展相对滞后、城乡居民收入差距长期居高不下、城乡二元经济结构和二元金融结构形成固化。这其中，农村金融发展滞后和农村金融制度创新不足负有不可推卸的责任。

5.4.2 农村金融制度变革的现实障碍

1. 顶层设计"缺位"，农村金融发展的相关法律法规仍待健全

一是农村产权抵押的法律缺位。我国《担保法》、《物权法》明确规定，耕地、宅基地等集体所有的土地使用权，除法律另行规定外，均不得抵押。《农村土地承包法》规定，如果遇到承租资金不足的情况，也可以拿着土地经营权的流转合同在农民同意的情况下，向银行进行贷款，从而获得继续经营土地的资金。目前开展的农村产权抵押贷款大多在试点政策下进行，一旦借贷风险产生，很难通过法律程序解决。此外，部分农村产权尚未明确农民拥有该产权的具体期限；对于农村开荒地产权的处置问题也尚未出台相关指导性意见。二是开展信用合作的法律及监管缺位。当前的《农民专业合作社法》并未对农民专业合作社中实施信用合作提供法律层面的指导意见，导致了基层认识不够统一，工作实施的推进存在困难。从监管层面来看，监管职责尚未明晰，实施监管的过程中也没有制定统一的规定办法作参考，导致"缺位"、"越位"现象频发，管理效率低下。三是金融扶贫法律制度缺位。扶贫金融缺乏有效的界定、协调及监管，各类金融机构职责不明确，出现功能和服务的"错位"，协同效率不足。

2. "政策+暂行规定"的运作模式，缺乏对调控对象的全面深入把握

不论从形式上还是内容上，既有的农村金融制度供给既缺乏应有的独立性和稳定性，又完全疏离"政策性"、"合作性"、"保障性"等本质特征，造成农村金融制度供给与需求失衡。一是农村金融市场供给方出现"使命漂移"现象。农村信用合作社、农村商业银行、农村合作银行、村镇银行、小额贷款公司等农村中小金融机构是金融"支农"的主力军，但在其发展过程中难以同时兼顾财务效率与社会效率，通常情况下都会为了保证其财务的可持续性而牺牲社会服务效率，进而出现"使命漂移"现象，最终降低了金融的普惠性。调研发现，中国的农村小微金融机构正步入财务导向的发展模式，如资产规模、人均贷款规模、自主经营效率等因素能够显著促进金融机构的财务效率，相反，对其多维度的社会服务效率提高却呈现出了不同程度的抑制作用。二是农村金融市场需求方出现了"精英俘获"现象。金融资源进入"三农"领域需要寻求内部化节约交易成本的主体与其对接，这一角色通常由地方政府和金融机构选择乡村精英担任。随着大量的金融资源开始反哺农村，精英率先求偿、优先受益的利益要求大量侵蚀公共利益空间，分散兼业的小农难以真正受益。调研结果表明，"一头一尾"的大户（精英农户）和贫困户（政策扶持对象）的融资问题一定程度上得到缓解，而广大小农贷款难的问题依然没有得到有效缓解。

3. 自身可持续发展能力不足，制约了农村金融服务功能有效发挥

被监管层寄予厚望的新型农村金融机构不仅资金匮乏、服务方向偏移，而且经营状况欠佳、风险较大。小额贷款公司数量在 2015 年第三季度达到了 8965 家，但是至此开始逐渐下降，到 2016 年末减少了 292 家，2017 年在上年的基础上进一步减少 122 家，截至 2018 年 12 月小额贷款公司减少到 8133 家（见图 5－1）。农村资金互助社数量和功能均未达到银保监会的初衷。

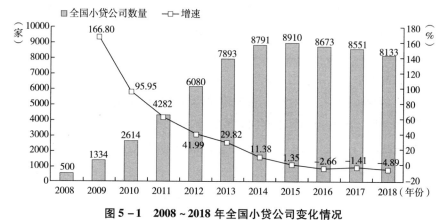

图 5－1　2008～2018 年全国小贷公司变化情况

资料来源：中国人民银行网站《小额贷款公司分地区情况统计表》（2008～2018 年）。

根据审计署发布的 2019 年第 1 号公告显示，我国 7 个地区的部分地方性金融机构存在不良贷款率高、拨备覆盖率低、资本充足率低、掩盖不良资产等问题。截至 2018 年底，河南浚县农村商业银行股份有限公司等 42 家商业银行贷款不良率超过 5% 警戒线，其中超过 20% 的有 12 家，个别商业银行贷款不良率超过 40%，贵阳农商行在 2017 年末的不良贷款率由年初的 4.13% 飙升至 19.54%，随后柳州银行、山东寿光农商行等多家银行也被曝出不良率大幅上升，而青岛也有银行或因不良率统计问题被暂停营业。除了不良贷

款率高以外，河北、河南以及山东三省的银行均出现了掩盖不良资产行为，2016～2018 年，这三省有 23 家金融机构通过以贷收贷、不洁净转让不良资产、违反五级分类规定等方式掩盖不良资产，涉及金额高达 72.02 亿元。吉林省农村信用社联合社下辖的 9 家农村商业银行和 14 家农村信用合作社、山东省内 78 家银行业金融机构、湖南省农村信用社联合社下辖 16 家法人行社、广西壮族自治区南宁市区农村信用合作联社等 10 家农合机构的拨备覆盖率不达监管要求（即最低要求为 120%）。海口市农村信用合作联社等 14 家农合机构资本充足率未达到 10.5% 最低监管要求，占海南省农合机构数量比例为 73.68%[①]。新型农村金融机构的困难，是多重因素共同作用的结果，既有农村金融难做的客观原因，当然还有治理结构不合理和管理不当等方面的问题。

4. 呈现银行类机构"一股独大"格局，直接融资及其他类型金融发展滞后

理论和实践研究均表明一国银行集中度对经济增长有直接的负面影响（Rajan et al.，1998），客观上直接证明了金融机构多元化发展，特别是以小型金融机构的多元化为核心的金融发展，有利于普惠金融的深化[②]。根据中国当前农村金融发展现实情况来看，一方面，农村金融市场形成了"重信贷轻其他"的现实格局，农村资本市场薄弱，融资功能未能有效发挥。另一方面，新型农村金融机构的异军突起和改革中成型的农村商业银行备受监管部门和地方政府的青睐，而内生于民间带有农民自身特点的互助合作金融却备受冷落，进而被弱势化和边缘化。此外，保险、担保、期货期权试点工作虽然不断推开，但尚未形成合力有效分担农村金融风险、降低金融服务成本。同时，信托、租赁发展又严重滞后，未来还有很大空间。

5. 市场竞争和创新激励不足，导致农村金融机构呈现同质化发展

对标全面建成小康社会"三农"工作必须完成的硬任务和适应国内外复杂形势变化对农村改革发展提出的新要求，农村金融市场竞争和创新激励不足，导致机构业务同质化发展，而出现一系列问题。具体包括：一是银行类金融占据绝对主导的农村金融市场，其战略定位同质，未能充分发挥各自优

---

① 数据来源：http://finance.ifeng.com/c/7la59c7kNDy，最后访问时间：2023 年 5 月 1 日。

② 何广文、何婧、郭沛等：《再议农户信贷需求及其信贷可得性》，《农业经济问题》2018年第 2 期，第 38～49 页。

势，形成差异化发展战略；二是金融机构目标客户同质，未能立足于市场需求，形成分类分层服务体系；三是金融机构业务种类同质，未能通过精细分工针对性加强服务创新能力；四是农村银行类金融机构内部以及银行类金融与其他类别金融之间均缺乏有效协调能力，各类金融机构在业务上未能形成互补合作机制；五是由于经营理念和管理方式整体比较落后，加之金融服务创新的激励严重不足，现有农村金融产品与服务品种不仅不能适应乡村振兴需求，而且抵御风险的能力不强。

5.4.3　农村金融制度变革的深入反思

农村金融机构可持续发展和服务功能提升面临的障碍集中表现为制度建设对农村金融市场需求的不适应。无论是法律关系设计还是创新激励，金融监管主导下的法律制度环境难以为农村金融的发展提供有机的土壤。除此之外，金融抑制仍然是农村地区"通向富有的屏障"。

1. 宏观制度设计：权利与义务的不相适应

在央行和银监会的主导下，2006 年以来一系列相关法律文件的出台勾勒出农村金融机构发展的基本方向，明晰了农村金融机构所享有的权利和义务。在审慎监管模式下，农村金融的义务高期待与权利低配置在发展中形成了明显的落差与不适应。以下本部分将重点以新型农村金融机构为例展开分析。

（1）商业可持续的权利赋予。例如，新型农村金融机构从本质上讲是金融机构的类型化探索，无论其形式为何，其本质仍然是金融机构。《村镇银行管理暂行规定》与《关于小额贷款公司试点的指导意见》（以下简称《小贷公司指导意见》）均从新型农村金融机构的"公司结构属性"出发，对机构的性质、设立、股东资格与内部治理等组织机构常规运转环节进行了规定。新型农村金融机构与其他作为独立主体的金融机构一样，享有提供金融产品与服务的自主经营权利。尽管相关监管政策与法规对于新型农村金融机构的经营范围与经营方式做出了不同程度的限制，但是这些限制不影响新型农村金融机构作为一个独立的法律主体发展其自身的权利，而这种权利集中体现在商业可持续方面。银监会《关于调整放宽农村地区银行业金融机构准入政策　更好支持社会主义新农村建设的若干意见》（以下简称《农村金融机构建设意见》）开宗明义："中国银行业监督管理委员会按照商业可持续原则，适度调整和放宽农村地区银行业金融机构准入政策……"。商业可持续既是新型农村金融机构的逻辑起点，又是进行农村地区金融政策倾斜探索的前提。如果不尊重金融机构的商业本质，单纯追求政策义务的实现，不利于弱势领域金融机构的可持续发展。因此，确保新型农村金融机构的商业可持续，赋予并保障其自主经营、自主发展的权利尤为重要。

（2）支农性义务的制度期待。银监会发布的《农村金融机构建设意见》明确了建设新型农村金融机构旨在"解决农村地区银行业金融机构网点覆盖率低、金融供给不足、竞争不充分等问题"。"支农"是政府发展新型农村金融机构的政策支点，同时也是新型农村金融机构享有低准入以及其他财政优惠政策权利相对应的、必须履行的义务。从某种意义上讲，"支农"既是新型农村金融机构的企业社会责任，又是其务必承担的法律义务。新型农村金融机构的建设在于提升农村金融市场的服务水平，发展专门针对、扶持"三农"事业的小微型金融机构。"支农"的法律义务是历次农村金融市场调控所必须面对的现实难题。既往调控寄希望于中国农业银行、农业发展银行、农村信用合作社以及邮政储蓄银行等银行业金融机构的业务下沉，实现农村金融事业的领域覆盖，但是在根本上仍然未使农村金融市场的活力得以发挥。不可否认，支农性义务的履行是极其困难的。

（3）权利与义务的不适应表现。无论是自然人主体，还是机构拟制主体，权利与义务的匹配是法律制度可以公平、有效实施，确保立法目标实现的根本保证。支农性义务实现的前提是自身的商业可持续，丧失持续性发展动力的金融机构，会使得支农义务的履行成为空谈。权利与义务不相适应的盈利性与支农性矛盾始终是我国发展农村金融机构需要克服的首要难题。这种不适应具体体现在：一方面，资本流通限制使新型农村金融机构面临着极大的盈利性危机。从准入方面来看，在"低门槛、严监管"的指导思想下，村镇银行与小贷公司都享受到低于其他商业银行或金融机构的准入条件。例如，注册资本的降低、营运资金限制的免除、投资人持股比例的免除、业务开展的较低限制、高管准入资格的放松以及审批机构与权限的灵活分配等。除去常规的资本充足率、存贷款比例、关系人信贷的限制外，村镇银行与小贷公司都面临着不同程度的地域与经营范围的限制：《村镇银行管理暂行规定》第5条规定，"村镇银行不得向关系人发放信用贷款……村镇银行不得发放异地贷款"；《小贷公司指导意见》也明确了小贷公司的"不吸储"和"本地市场"特征。本应基于地缘思路吸收民间资本加入的村镇银行与小贷公司，在其发展中不得不受制于行政区划的限制，资金来源的渠道不充分与贷款对象的区域限制从根本上影响了新型农村金融机构的流动性。另一方面，市场准入制度的调整引发机构数量非理性攀升、布局失衡，"脱农"现象大量存在。巨大的民间融资需求辅之低门槛的金融准入条件推动了村镇银行与小贷公司数量的迅速增长。然而，数量的非理性增长使得"新型农村金融机构的行为发生奇怪的扭曲，'脱农'倾向较为严重，但只有遵从监管政策才能获得'政策红利'，为此设置有形或无形的信贷障碍成为不约而同的理性选择"①。农村金融机构准入制度的"合理化"虽然在短期缔造了"数量红利"，但是从长期来看并未衍生出可期待的支农效果。银监会在村镇银行政策执行 5 年之际出台《关于调整村镇银行组建核准有关事项的通知》，鉴于村镇银行发展中可能面临的风险，对组建核查的标准进行了调整，收归了对于村镇银行较为粗放的审批权限，对其设立与准入本着"集约化发展、地域适当集中"的思路实行指标管理。此举表达出既有村镇银行数量增长与服务质量、支农效果提升的不匹配。实践中，大批下设村镇的村镇银行因农村地区吸储能力的先天缺陷，将机构上移到更为发达的县、市级行政区。小贷公司也大量存在"真放贷、假支农"的现象，资金大量流向高利润回报的房地产等行业，以寻求残酷竞争中自身盈利的保障。农村金融领域的金融排斥并未因农村金融机构的"制度红利"而有所减弱。

2. 监管制度困境：发展定位与创新激励的错位

金融机构的发展离不开有效的外部政策激励。农村金融机构从产生到发展严格遵循了"从政策到政策"的衍生逻辑，是一种自上而下的强制性制度变迁。在现实的推进中，宏观决策的发展定位与执行机构的监管措施产生了错位，致使农村金融机构缺乏有效的外部激励。

（1）中央 1 号文件中的政策导向。自 2004 年开始中央 1 号文件都从建设"三农"事业、破解"三农"难题出发，全面地、有次序地调控农村、农民与农业的可持续发展问题。农村金融作为破解"三农"问题的关键环节，一直是发展"三农"事业的重点突破领域。从宏观决策的角度看，农村金融机构的建设具有极强的历史性与现实意义。一方面，农村金融机构体系建设一直是我国农村金融发展的突破口。农村金融改革与农村金融服务水平的提升成为中共中央不变的决策重心。对于农村金融机构而言，在农村金融制度改

---

① 程惠霞：《农村金融"市场失灵"治理前提再判断：供给不足还是金融排斥——基于 5 省 26 家新型农村金融机构覆盖地域内 1938 个农户样本调查》，《经济理论与经济管理》2014 年第 11 期。

革的第一、二阶段就是重中之重，第三阶段开始也强调探索"兴办直接为'三农'服务的多种所有制的金融组织"，银监会 2007 年明确"调整放宽农村地区银行业金融机构准入政策试点工作"以及"培育小额信贷组织"，新型农村金融机构被中央层面寄予厚望。整体政策的推演较为清晰地界定了新型农村金融机构的功能地位、优惠政策以及风险监管，为其发展提供了较为宏观的现实框架。另一方面，新型农村金融机构也是合理促进民间资本进入正规金融领域，推动金融市场化改革的一扇窗口。在历年的一号文件决策中，不乏对于民间资本在以农村金融、小微金融为代表的现代金融弱势领域发挥效用的激励探索。因此，新型农村金融机构的发展定位既在于对农村金融发展的拓展探索，又在于对传统金融机构的改革试水。

（2）金融监管制度下的激励不足。银监会的《农村金融机构建设意见》明确提出了"低门槛、严监管"的新型农村金融机构整体监管思路，对新设银行的资本状况、资金投向与服务质量均设置了严格的监控体系。除此之外，《关于扩大调整放宽农村地区银行业金融机构准入政策试点工作的通知》（以下简称《扩大准入通知》）更是将既有的审慎监管进一步强化，从日常监管、分类监管、监管资源分配和监管问责等方面进行了更为充分的完善，意欲从源头上杜绝农村金融机构创新引发的风险。较之宏观政策的发展定位，新型农村金融机构的监管措施体现出极强的风险规避与去民间性。高昂的监管成本与监管经验的缺乏使监管者更多将传统金融风险控制的监管手段应用于新型农村金融机构，忽视了对于新型农村金融机构创新空间的供给。根据政策导向新型农村金融机构多设立于偏远的农村地区，自身运作的规模、业务开展的程度以及所面临的风险各有不同，从既有确立的属地监管制度来看，银监会《扩大准入通知》明确了"银监分局作为属地监管机构，是新型农村金融机构监管的第一责任人"，但现实中无论是银监会还是金融办，都面临着较大的监管难度与监管成本。而且，作为一种创新探索的新型农村金融机构，监管部门同样缺乏充分的监管经验。既有的监管制度并没有致力于规制双方信息不对称的缓解，而更多通过传统金融规制方法的套用，秉承了我国金融监管制度一贯的稳定导向。除此之外，虽然中央一号文件多次指出重视民间资本在农村金融发展中的引导工作，但是现实的监管更多的是将民间资本参与的新型农村金融机构纳入正规的、处于系统监管之下的金融机构系统之中。2009 年 6 月，银监会发布《小额贷款公司改制设立村镇银行暂行规定》，明确了小贷公司改制村镇银行的实体要件与程序要求。调研显示，村镇银行在涉农贷款比重与农户贷款比重两个向度的数据均大幅超出小额贷款。小贷公司面临着严峻的经营风险，在难以保障盈利性的前提下，很难保障支农性的实现。现有的利率限制与地域限制不利于小贷公司在信贷市场施展拳脚，产品设计创新不能脱离当下政策与金融体制对于小贷公司经营范围的苛刻限制。从农村金融机构市场主要调控者——银保监会的政策导向来看，因为惧怕形式上较为"自由"的小贷公司假借"支农"之名，谋求资本套利，所以调控者一方面对小贷公司进行了较为严格的监管，一大批小贷公司因此被强迫退市；另一方面，加大力度促进小贷公司改制村镇银行，以便纳入固有的银行业监管体系。在金融市场秩序稳定的同时，或许也丧失了进行金融创新的勇气。

（3）对于发展定位的背离。同样以新型农村金融机构为例，从历年中央一号文件的政策导向与农村金融机构的规制目标来看，发展新型农村金融机构的宏观政策导向是明确的。从基础层面来看，新型农村金融机构建设的直接目的在于农村金融市场体系的完善；而从更深层次层面来看，应当把农村金融体系的建设与改革，作为当下金融体制改革的一个突破口。中国人民银行、银保监会、财政部与国家税务总局在基础层面的目标实现方面达成了一定的共识，确保了新型农村金融机构建设的数量与规模。但是，新型农村金融机构的发展欠缺实质有效的外在激励，致使其发展偏离了既定的目标规划。"低准入、严监管"的监管原则并没有为新型农村金融的发展留有足够的空间。新型农村金融机构的发展从本质上讲就是一种金融创新，以小贷公司为代表的小微金融机构已经在世界范围内取得了弥足珍贵的发展经验，这些发展的经验中无不内嵌因地制宜、创新激励的衍生规律。监管成本费用高昂与经验缺失不能成为停止创新扶持的理由。当下，新型农村金融机构呈现出明显"脱农"现象：营业网点从农村回归县城、资金大量流向非农行业等。这些现象的发生有悖新型农村金融机构的建设初衷，但是缺乏足够的支农激励也使得新型农村金融机构不得不为生存而改变经营策略，进而缺乏创新探索的动力。缺乏有效的创新激励只会使新型农村金融机构的建设走上传统农村金融建设的老路数，在未来迎接它的，很可能是一轮又一轮无止境的缺乏创新精神与创新激励的"新型"建设。

3. 传统制度缺陷：金融抑制与"机构观"悖论

金融创新与金融市场之间存在互动机制，这种互动既可以是良性的，也可能是恶性的。基于前者，金融市场与金融环境是金融创新的依托，金融创新也会为金融市场的发展提供新的增长点；基于后者，金融创新会对传统金融机构与金融体系造成冲击，传统金融也会为金融创新带来抑制。"从交易成本来看，政府管制导致融资成本偏高，而信息不对称导致运营成本偏高"[①]，不仅现有的监管措施没有为农村金融机构的发展提供足够的创新空间，并且传统金融对于新型农村金融机构的发展造成了抑制，具体体现在配套机制的缺失。

首先，利率市场化改革的进程缓慢，使农村金融机构的营运不具有利率上的比较优势。以小贷公司为例，《小贷公司指导意见》明确"贷款利率上限放开，但不得超过司法部门规定的上限，下限为人民银行公布的贷款基准利率的0.9倍"，实际上介于官方利率和民间利率之间，从表现效果上趋近于农村信用合作社等传统农村金融机构，因此在城市小额信贷市场具备一定的比较优势，但是在农村金融市场又欠缺足够的比较优势。出于营利性考量，如果小贷公司将发展重心转移到相对具有利率比较优势的城市地区又会偏离支农目标。

其次，农村金融市场信用体系的不完善增加了农村金融市场信贷的道德风险。农村金融市场原本就是"不完全竞争市场"，借贷双方的信息不对称无形中增加了农村金融市场的交易成本。研究显示，"低收入农民因欠缺资本积累与资本获取能力，使其所受到的金融抑制程度越大而越难以摆脱其收入增长困境；而高收入农民则会因其收入增长不断走向良性轨道"[②]。虽然信用风险预防的重要性在相关文件中得到体现，但是相比于城市信用体系的建设推进，农村金融市场信用体系一直没有形成，这就使得新型农村金融机构的运行面临着更大的信用风险。比较优势的缺乏与外在信用保障的缺失成为农村金融机构可持续发展的制约。

毋庸置疑，农村金融机构都存在不同程度的风险传导。农村金融机构面临的首要风险在于因地域限制而产生的农村地区吸储不足，进而引发的经营能力的丧失，无法履行支农性义务。例如，村镇银行数量的攀升与自身发展质量的不相匹配更容易对于银行业金融市场的稳定造成实质冲击。相对而言，"只贷不存"的小贷公司虽然没有吸储的先天困难，但是无形中增加了

---

① 屈静晓：《我国小额贷款公司发展的现实困境及其出路》，《西北农林科技大学学报（社会科学版）》2015 年第 5 期。

② 王小华、温涛、王定祥：《县域农村金融抑制与农民收入内部不平等》，《经济科学》2014年第 2 期。

其资金运转的难度。此外，贷款过程中本就存在的借贷风险更容易在低门槛准入的小贷公司中无限放大。这些问题归根结底，在于固有僵化的金融市场运作体系对于新型农村金融机构发展的抑制，以及对于金融排斥应对的无力。欠缺市场化的利率定价以及从行政区划出发的地域经营限制导致新型农村金融机构在丧失比较优势的同时，面对着极大的经营限制。新型农村金融机构的发展原生于现有大格局金融结构之中，承载了社会对于弱势金融领域变革的希冀。在传统的以商业银行、保险公司为基础的小额信贷市场中，严苛的信贷审查与担保要件使无数小微金融需求者望而却步。在金融垄断的局面下，夹缝中的农村金融机构正在面临可持续发展与服务功能提升冲突的历史性难题。总之，"基于金融'机构观'的改革道路已走到尽头，农村金融制度的创新，需要拥有一种新思路和选择一条新路径"①。

---

① 罗来武、刘玉平、卢宇荣：《从"机构观"到"功能观"：中国农村金融制度创新的路径选择》，《中国农村经济》2004 年第 8 期。

第6章 农村金融制度创新与法治实践：
成效与偏差

本章将致力于我国农村金融制度创新的实际成效测度和偏差分析，主要包括以下几个方面内容：一是构建理论模型并运用宏观经济数据实际测度农村金融制度改革创新引导的金融支农资源配置对我国农业农村经济发展的实际效应；二是通过典型地区抽样调查数据从微观层面揭示农村金融制度改革创新引导的金融支农资源配置对当前农民生产发展创业增收的实际效应；三是利用合理的统计方法明确农村金融制度创新绩效的相关要素，识别农村金融制度创新面临的现实绩效偏差及成因，进而为我国的金融制度创新的科学评价提供理论和实证基础。

6.1 中国农村金融制度创新的宏观效应

6.1.1 理论模型

为了推导出农村金融制度改革创新的宏观经济效应模型，本节参照 Greenwood 和 Jovanovic[1] 与 Odedokun[2] 的做法，在传统生产函数分析框架下，运用产出增长率模型、新古典 Ramsey[3]—Cass[4]—Koopmans 模型和经济效率模型展开研究。

首先，我们给出农村总生产函数：

① Greenwood, J., Jovanovic, B., "Financial Development, Growth, and the Distribution of Income" [J], *The Journal of Political Economy*, 1990, Vol. 98 (5), pp. 1076 – 1107.

② Odedokun M. O., "Alternative Econometric Approaches for Analysing the Role of the Financial Sector in Economic Growth: Time-Series Evidence from LDCs" [J], *Journal of Development Economics*, 1996, Vol. 50 (1), pp. 119 – 146.

③ Ramsey, F., "A Mathematical Theory of Saving" [J], *Economic Journal*, 1928, Vol. 38 (152), pp. 543 – 559.

④ Cass, D., "Optimum Growth in an Aggregative Model of Capital Accumulation" [J], *The Review of Economic Studies*, 1965, Vol. 32 (3), pp. 233 – 240.

$$Y_R = f(K_R, L_R) \tag{6.1}$$

其中，Y_R 表示农村总产出，K_R 和 L_R 分别表示农村资本投入和农村劳动力投入。

根据 Ramsey—Cass—Koopmans 模型，农村生产中单位劳动力产出增长率满足：

$$g_{y_R} = \frac{1}{T_1 - T_2} log(\frac{y_{RT_2}}{y_{RT_1}}) = \alpha log(\frac{y_R^*}{y_{RT_1}}) = \alpha log y_R^* - \alpha log y_{RT_1} \tag{6.2}$$

其中，g_{y_R} 表示农村单位劳动力产出增长率，T_1、T_2 表示任意两个时期，y_R^* 表示稳态时农村劳动力平均收入，y_{RT_1}、y_{RT_2} 表示 T_1、T_1 时期农村劳动力平均收入。

又由于稳态总产出是稳定状态下影响因素的函数，即

$$y_R^* = X_R \beta \tag{6.3}$$

其中，X_R 包括农村初始禀赋、教育卫生和地方政府管理等因素。

而根据定义，农村人均产出可表示为：

$$y_R^0 = \frac{Y_R}{P_R} = \frac{Y_R}{L_R} \times \frac{L_R}{P_R} = y_R \times \frac{L_R}{P_R} \tag{6.4}$$

其中，y_R^0 表示农村人均产出，P_R 表示农村总人口，L_R/P_R 表示农村劳动力在农村总人口中的比重。

对式（6.4）取自然对数后再对时间求导，可得：

$$g_{y_R^0} = g_{y_R} + g_{L_R} - g_{P_R} \tag{6.5}$$

将式（6.2）、式（6.3）和式（6.4）代入式（6.5），可得到农村人均产出增长率计量模型：

$$g_{y_R^0} = X_R \beta - \alpha log(y_{RT_1}^0) + \alpha log(L_R/P_R) + \varphi_1 g_L + \varphi_2 g_P + \varepsilon_1 \tag{6.6}$$

其中，$g_{y_R^0}$ 表示农村人均产出增长率，X_R 表示农村初始禀赋、教育卫生和地方政府管理等因素，$y_{RT_1}^0$ 表示 T_1 时期农村劳动力人均水平，L_R/P_R 表示农村劳动力在农村总人口中的比重。g_L 和 g_P 分别表示农村就业和农村总人口的增长率。Bloom 和 Williamson[1] 指出，理论上式（6.6）中的 $\varphi_1 = -\varphi_2 = 1$，因此有：

$$g_{y_R^0} = X_R \beta - \alpha log(y_{RT_1}^0) + \alpha log(L_R/P_R) + \varepsilon \tag{6.7}$$

───────────

[1]　Bloom, D. E. & Williamson, J. G., "Demographic transitions and economic miracles in emerging Asia" [J], *The World Bank Economic Review*, 1998, Vol. 12 (3), pp. 419 – 455.

其次，我们根据 Odedokun 关于"经济增长取决于资本的增加和效率的提高"的观点[1]，进一步引出经济的效率模型，可表示为：

$$\Delta Y/Y = E \ (\Delta K/Y) \tag{6.8}$$

其中，ΔY 表示经济的产出水平增量，Y 则表示经济的总产出，ΔK 表示资本要素投入的增量；E 则表示经济的效率，也即资源要素的利用效率，我们用增加的产出——资本比率（$\Delta Y/\Delta K$）来表示效率。

由式（6.8）可知，资源要素的利用效率（E）的变化可引致经济增长，可投资资源（$\Delta K/Y$）的变化也可以引致经济增长，资源要素的利用效率和可投资资源二者共同变化也可以引致经济增长。

对于式（6.1），我们借鉴 Parente 和 Prescott[2] 的做法，在存在剩余劳动力的条件下对农村劳动力要素的投入量施加一个容量限制 $\overline{L_R}$，于是就会得到：

$$Y_R = K_R max \ (L_R, \overline{L_R})^\theta, \theta > 0 \tag{6.9}$$

其中，θ 表示农村劳动力要素投入在每单位资本条件下的产出弹性。

由于当期资本要素的形成取决于前一期资本的存量和本期投入资金的转化量，同时考虑到中国农村资金的正规来源主要包括金融和财政两大渠道引导的资金流入[3]，则农村资本可变为：

$$K_{Rt} = (1 - \delta)K_{R(t-1)} E \ (DK_t, CZ_t) \tag{6.10}$$

其中，δ 表示资本的折旧率，K_{Rt} 和 $K_{R(t-1)}$ 分别表示农村的当期和前一期的资本，DK_t 表示金融制度及相应政策引导投入的农业信贷资金量，CZ_t 表示财政制度及相应政策引导投入的支农资金与补贴资金，E 仍然表示资源要素的利用效率。

考虑到农村人口及劳动力转移的实际格局，令 $P_R = max \ (L_R, \overline{L_R})^\theta$，表示农村的最大生产能力，则 $Y_R = P_R K_R$。此时，农村经济一旦达到最大劳动力容量，农村就一定存在剩余劳动力尚未发生转移，农村就因此面临着恒定的规模收益，其产出增长率将等于农村资本要素存量增长率。进一步结合

---

[1] Odedokun M. O., "Alternative Econometric Approaches for Analysing the Role of the Financial Sector in Economic Growth: Time-Series Evidence from LDCs" [J], *Journal of Development Economics*, 1996, Vol. 50 (1), pp. 119 – 146.

[2] Parente, S. L., Prescott, E. C., "Barriers to Technology Sdoption and Development" [J], *Journal of Political Economy*, 1994, Vol. 102 (2), pp. 298 – 321.

[3] 高远东、温涛、王小华：《中国财政金融支农政策减贫效应的空间计量研究》，《经济科学》2013 年第 1 期。

式（6.10）可得：

$$Y_{R(t+1)} = P_R(1 - \delta)K_{Rt} + P_R \times E(DK_t, CZ_t) \qquad (6.11)$$

E 的一阶 Taylor 展开式为：

$$E(DK_t, CZ_t) \approx \mathrm{E}(0,0,0) + E'_{DK_t}(0,0,0)DK_t + \mathrm{E}'_{CZ_t}(0,0,0)CZ_t$$

$$(6.12)$$

将式（6.12）代入式（6.11），进一步得出农村人均产出增长为：

$$\frac{\Delta Y_{R(t+1)}}{P_R} = -\delta K_{Rt} + \left[\mathrm{E}(0,0,0) + \mathrm{E}'_{DK_t}(0,0,0)DK_t + \mathrm{E}'_{CZ_t}(0,0,0)CZ_t \right]$$

$$(6.13)$$

从上述理论分析来看，如果说一国的农村金融制度改革创新引导的金融资源配置是有效率的，那么金融支农变量的系数将显著为正，即随着金融支农投入增加，农村人均产出增加，进而实现农民收入增长、农村经济发展，如果其增长和发展速度超过城市居民收入和城镇经济增长水平，则城乡经济差距将缩小、城乡经济一体化程度提高。考虑到农民收入增长和城乡经济一体化发展过程中所涉及的资源要素较多，有必要对式（6.13）进一步引入相应的控制变量，控制金融、财政等经济政策变量以外的非核心变量的影响，由此，本部分建立如下计量分析模型：

$$LnY_{it} = C + \beta_1 LnXD_{it} + \beta_2 LnCZ_{it} + \Theta CON_{it} + \mu_{it} \qquad (6.14)$$

其中，Y_{it} 表示 i 地区 t 时间的农民收入水平或城乡经济一体化指数，XD_{it} 表示 i 地区 t 时间金融支农数据，CZ_{it} 表示 i 地区 t 时间财政支农数据，ΘCON_{it} 表示控制变量，μ_{it} 表示随机误差项。

6.1.2　指标选择及数据来源

本研究对全国 30 个省市 1997～2017 年数据进行空间计量分析（由于西藏数据不全，依据数据可得性角度，本研究未将其纳入考察范围）。根据上文的计量公式（6.14），本研究重点考察农村金融分别对农民收入水平和城乡一体化的实际效应，并选取以下的核心变量和控制变量进行实证。

1. 因变量

（1）农民收入水平（$Y_{1, it}$）。农村金融制度创新引导的金融资源配置是否能够有效促进农民收入增长，这是当前反映农村金融制度创新宏观效应的关键性因变量。本研究用农村家庭经营人均纯收入和人均转移性收入，主要反映与农业生产经营相关的收入及补贴。数据来源于 1998～2018 年《中国统计年鉴》。

（2）城乡经济一体化发展指数（$Y_{2,it}$）。本研究从多指标赋值合成确定城乡经济一体化发展指数，以城乡居民收入差距和城乡居民消费差距两个指标反映城乡经济一体化发展程度，并采用城乡泰尔指数来测度城乡差距，公式为 $Y_{2,it} = \alpha Theil_{i,st} + \beta Theil_{i,xt}$，鉴于收入和消费在城乡一体化中都非常重要，其权重均为 0.5。城乡经济一体化发展指数 $Y_{2,it}$ 是一个反向指标，即数值越小，表明城乡经济一体化程度越高。但是需要说明的是，城乡经济一体化发展是一个社会经济发展的综合结果，任何的衡量指标都有一定的局限性，得出的结果只是一定程度的参考。数据来源于 1998～2018 年《中国统计年鉴》。

2. 核心解释变量

（1）金融支农指标（XD_{it}）：由于目前农业农村保险、担保、信托等发展的核心是分散信贷风险，增加信贷的可获得性，因此，以农业贷款表示整个金融支农指标，为消除区域间的差异，用农业贷款占比来衡量整个金融支农情况，具体为各地农业贷款除以金融机构信贷总额。1997～2008 年的数据来源于《新中国财政六十年统计资料汇编》，2009 年之后的数据来源于《中国农村金融服务报告》。

（2）财政支农指标（CZ_{it}）：选取自《2017 年政府收支分类科目》、以功能划分的农业相关支出，为消除区域间的差异，用财政支农支出占比来衡量地方政府财政支农情况，具体为各地财政支农支出除以财政支出总额，数据来源于 1998～2018 年《中国统计年鉴》。其间统计指标体系发生变化，为使各期数据具有可比性，本书的财政支农数据具体内涵如下：1997～2002 年的财政支农为支援农村生产支出、农业综合开发支出和农林水利气象等部门的事业费支出三者之和；2003～2006 年的财政支农为农业支出、林业支出和农林水利气象等部门的事业费支出三者之和，2007～2017 年的财政支农为农林水事务支出。

（3）人力资本指标（Edu_{it}）：农村居民人力资本指标。新经济增长理论认为劳动力和物质资本积累固然是影响经济增长的重要因素，但当经济发展到一定阶段后人力资本逐渐成为关键因素。这里以农民家庭劳动力的文化状况来测算，将他们的文化程度转化成平均受教育年限来衡量，即平均受教育年限 = 文盲比例 * 1 + 小学比例 * 6 + 初中比例 * 9 + 高中比例 * 12 + 中专比

例 * 12 + 大专及其以上比例 * 15.5。数据来源于 1998 ~ 2018 年《中国农村统计年鉴》。

3. 控制变量

（1）农民收入水平相关的控制变量。一是农户自有资金投入（ *TZ* ）：农户资金投入可以在一定程度上有效解决农村经济发展和农民生产经营中的资金不足问题，可以起到加速资金积累的作用，对农民增收具有强有力的作用。本研究采用扣除住宅投资后的农户固定资产投资代替，予以反映农民自身集聚配置要素的能力。二是农业机械总动力（ *POWER* ）：本研究以人均农业机械总动力表示，即用各省每年的农业机械总动力除以农村从业人员总数，反映农业生产技术要素水平，预期估计值为正。三是农用化肥使用量（ *FEI* ）：主要反映农业生产性投入。本研究用农用化肥使用总量除以农作物播种面积来表示，预期估计值为正。四是产业结构指标（ Str_{it} ）：产业结构衡量一个国家或地区的产业布局水平，也从侧面反映出经济发展的水平和程度。经济发展水平越低，第一产业占比越高，随着经济发展，工业和服务业逐步发展壮大，在国内生产总值中的比重也将越来越高。本研究以第一产业增加值占比作为产业结构的衡量指标，即用第一产业增加值除以国内生产总值。以上变量根据 1998 ~ 2018 年《中国统计年鉴》和《中国农村统计年鉴》的数据计算得到。

（2）城乡一体化发展相关的控制变量。一是城镇化率指标（ $City_{it}$ ）：社会经济的发展会导致农业活动比重的逐渐下降、非农活动比重的逐步上升，与这种经济活动变化相适应，出现了人口的迁移，农村剩余劳动力逐渐向城镇转移，城镇人口比重逐渐上升，同时又表现为地域面貌的变化、产业结构的转变、生产方式的变革，其实质是人口、地域、社会经济组织形式和生产生活方式由传统落后的乡村型社会向现代城市社会转化的系统变化过程。城镇化水平是衡量一个国家或地区经济发展水平的重要指标，本研究以常住人口占该地区总人口的比重来衡量。数据来源于 1998 ~ 2018 年《中国统计年鉴》。二是固定资产投资指标（ $Invest_{it}$ ）：固定资产投资反映一个地区扩大再生产的能力、基础设施建设速度，以农村固定资产投资占比指标来衡量，该指标能够体现出城乡固定资产投资的均衡程度，数据来源于 1998 ~ 2018 年《中国统计年鉴》。三是产业结构指标（ Str_{it} ），同上。

6.1.3 实证检验

1. 空间计量模型构建

一般来说，空间数据基本都会同时存在空间依赖性①和空间异质性②，而空间统计与空间计量经济方法为空间依赖性和空间异质性的分析提供了合适的工具。在经济管理研究中，许多问题都需要运用空间统计与空间计量经济方法，一方面，空间统计可以帮助我们辨识和分析具体经济问题的空间分布特征；另一方面，空间计量经济考虑到了变量的空间效应，保证了模型设定正确性和估计结果有效性，同时，空间计量经济方法的使用不仅能够揭示具体经济问题的空间异质性，而且能够探测这类问题的空间依赖性。金融的逐利性也就决定了金融资源的跨地区流动，因此，在研究金融支农的经济效应时，需要考虑要素的空间效应。

空间计量经济学针对不同的经济关联模式也有不同的估计策略与方法。因此，利用相关判断变量对各经济体间的经济关联性程度和方式进行判断，从而决定是否采用空间计量经济方法进行分析以及采用哪种合适的空间计量经济方法进行分析是必须进行的。按照 Elhorst③、Lesage 和 Cashell④的研究，关于空间面板数据模型的选择方法，一般的面板数据模型首先均可以使用杜宾模型进行回归，然后第一步需要采用 LR 检验判断模型固定效应类型，第二步采用 Hausman 检验确定该杜宾模型的空间固定效应是否看作空间随机效应更为合适，第三步采用 Wald 检验空间杜宾模型是否可以简化为空间滞后模型或空间误差模型，最终确定合适的空间计量模型。本书分别以

---

① 空间依赖性，也叫空间自相关性，是指不同位置的观测值在空间上不是独立存在的，而呈现出某种非随机的空间模式，即 $y_i = f(y_i)$，$i = 1, 2, \cdots, n$，$i \neq j$，是空间效应识别的第一个来源，它产生于空间组织观测单元之间缺乏依赖性的考察。如果相邻区域的观测值分布具有相似性则说明观测值存在正的空间自相关，如果不具有相似性则说明观测值之间存在负的空间自相关，还有一种可能就是不存在空间相关性。

② 空间异质性，也可以称之为空间差异性，指地理空间上的区域缺乏均质性，是经济行为和经济关系在空间上不稳定，从而导致经济社会发展和创新行为存在较大的空间上的差异性，在模型中表现为变量和模型参数会随着区位变化而变化，是空间计量经济学模型识别的第二个来源。

③ Elhorst, J. P., "Linear Spatial Dependence Models for Cross-Section Data" [J], *Springer Berlin Heidelberg*, 2014, Vol. (2), pp. 5 – 36.

④ Lesage, J. P., Cashell, B. A., "A Comparison of Vector Autoregressive Forecasting Performance: Spatial Versus Non-Spatial Bayesian Priors" [J], *The Annals of Regional Science*, 2015, Vol. 54 (2), pp. 533 – 560.

$Y_{1, it}$ 和 $Y_{2, it}$ 作为被解释变量，形成模型对于模型 I 和模型 II 的 LR 检验、Hausman 检验和 Wald 检验，结果如表 6 – 1 所示。

表 6 – 1　LR 检验、Hausman 检验和 Wald 检验结果

检验类型	模型 I	模型 II
LR-Test 空间固定效应	892.817（0.000）	871.715（0.000）
LR-Test 时间周期固定效应	421.117（0.000）	521.419（0.000）
Wald_spatial_lag	16.915（0.015）	27.597（0.000）
LR_spatial_lag	19.724（0.005）	27.477（0.000）
Wald_spatial_error	19.449（0.005）	30.247（0.000）
LR_spatial_error	22.752（0.001）	52.044（0.000）
Hausman 检验	51.872	56.128

注：括号内为 P 值。

从表 6 – 1 可以看出，本书的两个空间回归模型均应为时期—空间双固定效应杜宾模型，由于本书解释变量和被解释变量均为比例数据，故未对变量取对数。具体关于农民收入和城乡一体化的空间计量模型分别如下：

$$
\begin{aligned}
FR_{it} = {} & \alpha_0 + \alpha_1 CZ_{it} + \alpha_2 XD_{it} + \alpha_3 TZ_{it} + \alpha_4 EDU_{it} + \alpha_5 STR_{it} \\
& + \alpha_6 POWER_{it} + \alpha_7 FEI_{it} + \alpha_8 WCZ_{it} + \alpha_9 WXD_{it} + \alpha_{10} WTZ_{it} \\
& + \alpha_{11} WEDU_{it} + \alpha_{12} WSTR_{it} + \alpha_{13} WPOWER_{it} + \alpha_{14} WFEI_{it} \\
& + \rho WFR_{it} + s_i + \mu_{it}
\end{aligned} \tag{6.15}
$$

$$
\begin{aligned}
Y_{it} = {} & C + \lambda_1 CZ_{it} + \lambda_2 XD_{it} + \lambda_3 EDU_{it} + \lambda_4 City_{it} + \lambda_5 STR \\
& + \lambda_6 Invest_{it} + \lambda_7 W * CZ_{it} + \lambda_8 W * XD_{it} + \lambda_9 W * EDU_{it} \\
& + \lambda_{10} W * City_{it} + \lambda_{11} W * STR + \lambda_{12} W * Invest_{it} \\
& + \rho W * Y_{it} + s_i + v_t + \mu_{it}
\end{aligned} \tag{6.16}
$$

其中：s_i 表示空间固定效应，v_t 表示时期固定效应，μ_{it} 表示随机误差项，W 表示空间权重矩阵模型。式（6.15）、式（6.16）即为本研究实证全国 30 个省市 1997 ~ 2018 年农村金融制度改革创新宏观效应的空间计量模型。

2. 检验结果与分析

本书借鉴 Lee 和 Yu[①]、Elhorst[②] 的方法，运用偏差修正的 ML 方法对模型进行估计，结果如空间计量模型估计，对农民收入水平和城乡一体化指数估计结果分别如表6-2、表6-3所示。

表6-2 中国全域内农村金融对农民收入水平效应的空间计量结果

样本时期	模型 I (1997～2003 年)	模型 I (2004～2017 年)	模型 I (1997～2017 年)
因变量：农民收入水平			
XD：金融支农	0.088 *** (0.000)	1.258 ** (0.011)	0.037 *** (0.001)
CZ：财政支农	0.059 *** (0.007)	0.145 ** (0.023)	0.052 *** (0.004)
Edu：农村人力资本	-0.007 (0.493)	1.193 *** (0.002)	-0.030 * (0.059)
TZ：农户自有资金投入	0.029 *** (0.005)	0.000 (0.999)	0.011 (0.227)
Str：产业结构	0.306 *** (0.000)	0.204 (0.210)	-0.053 * (0.069)
POWER：农业机械总动力	-0.012 (0.800)	-0.152 (0.127)	0.005 (0.878)
FEI：农用化肥施用量	-0.063 (0.174)	-0.466 * (0.063)	-0.026 (0.407)
W*XD	-0.169 (0.000)	2.360 ** (0.036)	0.081 *** (0.000)
W*CZ	0.016 (0.734)	-0.250 (0.311)	-0.103 *** (0.002)
W*TZ	-0.021 (0.389)	-0.109 * (0.032)	0.018 (0.413)
W*Edu	0.024 (0.621)	0.152 (0.373)	0.009 (0.821)
W*Str	-0.064 (0.673)	-0.105 (0.716)	-0.122801 (0.0002)

① Lee, L. F., Yu, J., "Estimation of Spatial Autoregressive Panel Data Models With Fixed Effects" [J], *Journal of Econometrics*, 2010, Vol. 154 (2), pp. 165-185.

② Elhorst, J. P., "Linear Spatial Dependence Models for Cross-Section Data" [J], *Springer Berlin Heidelberg*, 2014, Vol. (2), pp. 5-36.

续表

样本时期	因变量：农民收入水平		
	模型 I （1997～2003 年）	模型 I （2004～2017 年）	模型 I （1997～2017 年）
$W * POWER$	- 0. 071 （0. 578）	0. 251 （0. 216）	- 0. 069 （0. 267）
$W * FEI$	0. 177 （0. 102）	- 0. 377 （0. 439）	- 0. 107 * （0. 067）
$W * FR$	0. 438 *** （0. 000）	0. 392 *** （0. 000）	0. 242 *** （0. 0000）
$\overline{R^2}$	0. 6546	0. 7754	0. 6723

注：括号内为 T 值（或 Z 值），表示对应统计量的概率。*、** 和 *** 表示 10%、5% 和 1% 显著性水平。

表 6 - 3　中国全域内农村金融对城乡一体化效应的空间计量结果

样本时期	因变量：城乡一体化指数		
	模型 II （1997～2003 年）	模型 II （2004～2017 年）	模型 II （1997～2017 年）
XD：金融支农	0. 1383 * （0. 055）	- 0. 0011 （0. 963）	- 0. 0027 （0. 903）
CZ：财政支农	0. 0886 * （0. 083）	0. 1091 *** （0. 005）	0. 0916 *** （0. 004）
Edu：农村人力资本	- 0. 0017 （0. 370）	- 0. 0135 *** （0. 029）	- 0. 0039 * （0. 075）
$City$：城镇化	- 0. 1578 *** （0. 000）	- 0. 2987 *** （0. 000）	- 0. 1679 *** （0. 000）
$Invest$：固定资产投资	- 0. 0044 （0. 738）	- 0. 0663 ** （0. 010）	- 0. 0409 *** （0. 006）
Str：产业结构	- 0. 2804 *** （0. 000）	- 0. 0487 （0. 201）	- 0. 1072 （0. 139）
$W * XD$	0. 2984 ** （0. 043）	- 0. 1347 *** （0. 000）	- 0. 1052 * （0. 092）
$W * CZ$	- 0. 0438 （0. 658）	0. 0399 （0. 605）	- 0. 0549 （0. 354）
$W * Edu$	0. 0074 （0. 233）	0. 0102 （0. 127）	- 0. 0047 （0. 500）

续表

样本时期	因变量：城乡一体化指数		
	模型 Ⅱ （1997～2003 年）	模型 Ⅱ （2004～2017 年）	模型 Ⅱ （1997～2017 年）
W * City	- 0.0052 （0.898）	- 0.0151 （0.651）	- 0.0126 （0.736）
W * Invest	0.0253 （0.448）	0.0340 （0.110）	- 0.0369 （0.329）
W * Str	- 0.1711 （0.152）	0.1015 （0.152）	0.0449 （0.575）
W * Y	0.2853 *** （0.000）	0.1535 ** （0.032）	0.159 *** （0.000）
R^2	0.7132	0.6710	0.7132

注：括号内为 T 值（或 Z 值），＊表示在 10% 显著性水平下显著，＊＊ 表示在 5% 显著性水平下显著，＊＊＊ 表示在 1% 显著性水平下显著。

对于农民收入水平而言，模型Ⅰ显示金融支农、财政支农两个核心变量在 1997～2017 年的时期内均在 1% 水平上显著促进了其提高，农户自有资金投入、农业机械总动力与农用化肥施用量对其效应均不显著，农村人力资本、产业结构则在 10% 的显著性水平下产生了对其不利的影响。结果表明，农村金融形成的金融支农资源配置总体上有效促进了农民收入增长。进一步以 2004 年为时间节点划分两个时期的比较分析表明，1997～2003 年金融支农对农民收入水平的正向效应在 1% 水平上显著，2004～2017 年金融支农对农民收入水平的正向效应在 5% 水平上显著，后一时期影响系数明显提高，说明农村金融制度改革创新引导的金融支农资源配置总体上正向效应得到提升。

对于城乡一体化指数而言，模型Ⅱ显示金融支农、财政支农两个核心变量在 1997～2017 年的时期内的作用明显存在差异，金融支农指标虽然有利于城乡一体化发展，但其效应并不显著，而财政支农指标则显著不利于城乡一体化发展。模型Ⅱ中其他变量的影响方向为负，由于城乡一体化指数是反向指标，表示这些变量的降低促进了城乡经济一体化的发展，符合经济假设；模型Ⅱ的城镇化水平和固定资产投资水平变量是在 1% 的显著性水平下、农村人力资本在 10% 的显著性水平下对城乡一体化产生了显著的促进作用，而产业结构变量的作用并不显著。进一步以 2004 年为时间节点划分两个时期的比较分析表明，1997～2003 年金融支农对城乡一体化的正向效应在 10% 水平上显著，金融支农不利于城乡一体化发展，2004～2017 年金融支农对城乡一体化的效应转为负向，但不显著，说明农村金融制度改革创新引导的金融支农资源配置对城乡一体化的效应得到一定改善。结果表明，农村金融制度及政策总体上尚未形成显著有效促进城乡一体化发展的作用机制。

6.2　中国农村金融制度创新的微观效应

随着经济进入"新常态"，我国农业发展面临新旧动能转换、由纵向一体化向横向一体化的转型升级。农户创业通过在生产、销售等领域应用先进科学技术及组织方式，实现从生产规模小、科技含量低的"小农"生产向规模化、专业化生产以及其他经营模式、业态进行转变，有利于加快农业领域的创新驱动，实现农业发展的新旧动能转换，推进我国农业供给侧结构性改革。同时，农户立足于当地创业以及农民工返乡创业，实现农民的就地转移，对于解决农民就业、子女教育、老人赡养等社会问题也有着积极作用。有鉴于此，国家从政策层面对农户创业给予了积极的引导。2015～2017 年的中央一号文件均指出，大力促进农村劳动力就近创业，支持农民工返乡创业，健全农业劳动力转移就业和农业创业创新机制。毫无疑问，农户的创业经营与生产发展受到金融供给的深刻制约。为此，研究农村金融制度创新对农户创业收入增长的微观作用机理以及实际效应，对于推进农村金融供给侧结构性改革无疑有着重要的现实意义。

6.2.1　理论模型

为了真实反映中国农村金融制度变革的微观效应，在理论推导开始之前，我们首先做如下假设，以简化分析。

假设 1：随着收入水平的不断提升，依旧从事小规模、细碎化农业经营的普通农户和兼业农户几乎不存在生产性投资需求，而创业农户出于基础设施建设、规模扩张、生产发展等需要，存在较大的投资需求[①]。

假设 2：市场上的创业农户具有同质性，唯一具有异质性的禀赋是财富，且初始财富低于投资新项目所需的规模。

---

① 本书在参考程郁和罗丹（2009）、李宪宝和高强（2013）的观点的基础上，将我国当前的农户分位普通农户（即家庭经营收入全部来自农业经营收入，从事土地小规模、细碎化经营的农户）、兼业农户（家庭中同时存在农业经营与非农经营的农户）和创业农户（即种养大户与家庭农场以及从事非农经营的农户）三类。

假设3：金融市场中存、贷款利率固定，均为 r_t。

在上述三个假设的基础之上，我们假定在创业农户在每一期开始时，初始财富为 w，$w \geq 0$，$G_t(w)$ 为创业农户在 t 初始财富的分布函数。我们假定在第 t 期开始时，创业农户可以通过以下两个选择来使自己的收益实现最大化。式（6.17）在不满足投资新项目的条件时，维持原有的经营方式，并将资金存入金融机构，获得 r_t 的收益率。式（6.18）在满足投资新的项目的条件时，投资新项目，获得 R 的收益率，农户投资规模为 k_t，且投资具有不可分性。

假定在创业农户投资新项目的情况下，他们的收入为 y，我们将项目投资的最低要求标准化为 1，那么，项目的期望投资收益为：

$$F(k_t) = \begin{cases} 0, & 0 \leq k_t < 1 \\ Rk_t, & k_t \geq 1 \end{cases} \quad (6.17)$$

根据假设，创业农户初始财富小于投资规模，即有 $w_t < k_t$，于是，创业农户为了达到投资规模，则需借款 b_t，$b_t = k_t - w_t$。我们假定金融机构效率为 λ，亦即在创业农户发生违约时能够追回投资与收益总额 λ 倍的资金。因此，如果创业农户在项目成功发生违约，则金融机构获得 $\lambda R k_t$，那么，金融机构对创业农户的借款上限则为 $\lambda R k_t / r_t$，$0 \leq \lambda < 1$。创业农户在 t 期末的收益最大化函数为：

$$F(k_t) - r_t k_t + r_t w_t + y = \begin{cases} r_t(w_t - k_t) + y, & 0 \leq k_t < 1 \\ (R - r_t)k_t + r_t w_t + y, & k_t \geq 1 \end{cases} \quad (6.18)$$

此时，借贷约束为：

$$r_t(k_t - w_t) \leq \lambda R k_t \quad (6.19)$$

Matsuyama（2000）证明了在 $\lambda < 1$ 时，有 $\lambda R < r_t \leq R$。当 $\lambda R < r_t \leq R$ 时，式（6.18）是关于 k_t 的严格递增函数，每个创业农户都会尽可能多的投资。如此，创业农户的借款上限将迅速达到借贷上限 $\lambda R k_t$，这意味着创业农户的初始财富 w_t 必须满足 $w_t \geq 1 - \lambda R / r$。此时，创业农户将会对新项目进行投资，且投资规模 k_t 为 $k_t = w_t / (1 - \lambda R / r_t) \geq 1$，对应的借贷需求为 $b_t = k_t - w_t = [(\lambda R / r_t) / (1 - \lambda R / r_t)] w_t > 0$。式（6.18）则变为：

$$F(k_t) - r_t k_t + r_t w_t + y = \begin{cases} r_t(w_t - k_t) + y, & 0 < k_t < 1 \\ r_t w_t + y, & k_t = 0, k_t \geq 1 \end{cases} \quad (6.20)$$

当 $r_t = R$ 时，即新项目投资回报率与金融机构存款利率相等时，选择创业与存款到金融机构对创业农户而言将没有差别，当 $w_t \geq 1 - \lambda$ 时，创业农户有可能会选择投资，其投资规模为 $k_t = w_t / (1 - \lambda) \geq 1$，借款需求则由 k_t

$\in \{0,[1,w_t/(1-\lambda)]\}$ 确定；而当 $w_t < 1-\lambda$ 时，创业农户则不会投资，而是将资金存入金融机构。综上，金融市场的均衡条件为：

$$\int_0^\infty wdG_t(w) \begin{cases} = \left(1-\dfrac{\lambda R}{r_t}\right)^{-1} + \displaystyle\int_{1-\lambda R/r_t}^\infty wdG_t(w), & \lambda R < r_t \leqslant R \\ \leqslant (1-\lambda)^{-1}\displaystyle\int_{1-\lambda}^\infty wdG_t(w), & r_t = R \end{cases} \tag{6.21}$$

假设创业农户在当期消费 $1-\beta$ 的比例的财富，而将 β 比例的财富用于储蓄，那么创业农户在 $t+1$ 期开始时的财富为：

$$w_{t+1} = \begin{cases} \beta\{(R-r_t)k_t + r_t w_t + y\} = \beta\{[(1-\lambda)R/(1-\lambda R/r_t)]w_t + y\}, & w_t \geqslant 1-\lambda R/r_t \\ \beta(r_t w_t + y), & w_t \leqslant 1-\lambda R/r_t \end{cases} \tag{6.22}$$

至此，我们讨论了在"财富门槛"影响下，创业农户当期初始财富与下一期初始财富之间的关系。通过上述推导我们发现，金融供给存在最低初始财富限制，亦即"财富门槛"。"财富门槛"通过决定创业农户的金融供给，影响其当期财富的配置方式，从而决定财富函数形式。

然而，上述推导并没有考虑到中国当前金融市场双轨制的特殊格局。在双轨制下，外生的正规金融资金实力雄厚，供给能力强，但是在面对分散的农村客户时，高昂的交易费用会迫使其设置复杂的客户甄别程序和较高的抵押要求来确保其信贷资金的安全性，进而造成运行效率 λ_f 低下，因而"财富门槛"较高；而非正规金融作为一种内生性的金融制度安排，虽然资金实力较弱，供给能力有限，但是其在社会网络、信息甄别、监督管理以及合约执行上有着比较优势，其借贷灵活且对抵押要求低，在其他条件相同的情况下，其效率 λ_i 高于正规金融，因此非正规金融的"财富门槛"低于正规金融。综上，在金融双轨制的客观背景下，农村金融市场存在正规金融和非正规金融两种不同的门槛，亦即双重"财富门槛"。

在"双重门槛"下，创业农户的当期财富与下一期财富的关系如图 6-1 所示。其中，λ_f、λ_i 分别为正规金融机构与非正规金融机构的效率，而 r_{ft}、r_{it} 为正规金融机构与非正规金融机构的利率。由图 6-1 我们可知，对于能够跨过最低"财富门槛"的创业农户来说，他们将获得融资进而投资新项目，当期财富 W_t 将以 $\beta R(1-\lambda)/(1-\lambda R/r_t)$ 的速度增长；而对于不能跨过"财富门槛"的创业农户而言，他们只能将资金投放到金融机构，当期财富 W_t 将以 βr_t 的速度增长。综合以上分析，我们提出如下研究假说。

假说 1：既有农村金融制度改革创新使得正规金融供给能力较强，但是较高的"财富门槛"将低收入农户排斥在门槛之外，而主要服务于中、高收入农户，进而能够有效地促进他们的创业收入增长。

假说 2：在当前农村金融发展格局中非正规金融供给能力弱，制约了融资量较大的高收入农户对它的需求，但是相对较低的"财富门槛"使之能够成为中、低收入农户的有效融资渠道，促进二者的创业收入增长。

假说 3：农村市场两类金融不同的供给能力、运营特点决定了二者不同的"财富门槛"和客户群体，因而在金融市场上表现出较强的互补关系。

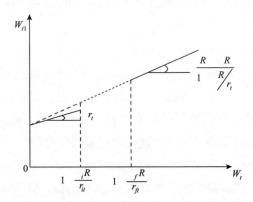

图 6 – 1　农村金融与创业农户收入增长关系

6.2.2　数据来源与描述性统计

课题组于 2015 年完成了对三大经济地带的 17 个省份（吉林、辽宁、山东、浙江、江苏、福建、山西、安徽、河南、湖北、湖南、陕西、甘肃、四川、重庆、贵州、广西）70 个县（市）的农户家庭的问卷访谈，课题组采用分层随机抽样的方法，分层依据主要是按照国家统计局关于农户家庭人均纯收入的数据对总体进行 5 分层的方式，确定在每个县的每层中抽取 10 个农户家庭进行问卷访谈，每个县固定发放 50 份问卷，对前一年农户家庭的基本经济情况进行了入户调查，共发放问卷 3500 份，最终共收集有效问卷 3162 份。课题组根据理论模型中对创业农户概念的界定，对数据进行筛选，最终得到创业农户 1034 户。

1. 农户微观金融需求特征

从调查数据来看，创业农户的金融需求具有以下特征：（1）创业农户金融需求旺盛，但金融抑制较为突出。拥有信贷需求的创业农户有 401 户，占样本比例的 38.78%；获得信贷供给的农户 229 户，仅占需求农户的

57. 11% 。（2）正规需求强于非正规需求，同时拥有两类需求的创业农户占
到一定比例。拥有正规需求的创业农户 271 户，占样本比例 26.21% ；拥有
非正规需求的创业农户 181 户，占样本比例 17.50% 。有 51 户农户同时拥有
两类需求，占需求农户的 12.72% 。（3）中高收入农户的正规需求高于其他
农户，且同时拥有两类金融需求的现象更加普遍。课题组对创业农户样本按
家庭总收入分为最高收入组、中高收入组、中等收入组、中低收入组和最低
收入组，发现中高收入组和最高收入组的农户中，拥有正规需求的农户分别
占到拥有需求农户的 26.93% 和 31.76% ，在同时拥有两类需求的农户样本
中，中高收入组和最高收入组分别占到 28.42% 和 35.23% ，以上数据的平均
值及标准差等数据参见表 6 – 4 。

表 6 –4　各变量定义及描述性统计

变量	定义	平均值	标准差	最小值	最大值
正规信贷数量	向正规金融①机构贷款总额（元：取对数）	1.3114	3.6002	0	14.4033
非正规信贷数量	向非正规金融②机构贷款总额（元：取对数）	1.0135	3.5273	0	12.2060
信贷总量	正规贷款与非正规贷款之和（元：取对数）	2.3827	4.5109	0	14.4033
年龄	户主年龄（岁）	46.7521	11.0805	20	68
年龄平方	户主年龄平方	2308.1872	1053.5341	400	4624
受教育程度	户主受教育程度：没上过学 =1；小学 =2；初中 =3；高中 =4；中专/职高 =4；大专/高职 =5；本科及以上 =6	3.1208	1.0546	1	6
家庭规模	家庭总人数（人）	4.2576	1.4823	1	13
土地面积	家庭土地经营面积（亩）	5.1446	8.1278	0	236
固定资产	家庭房屋和生产性设备资产价值（元：取对数）	11.7754	1.2423	5.3013	15.0683
消费	过去一年家庭各项消费之和（元：取对数）	8.6540	1.7619	4.5108	12.6561
总收入	过去一年家庭各项收入之和（元：取对数）	11.2615	0.7965	9.9034	14.2855

---

① 本书将借款人与商业银行、农村信用社、村镇银行、农村资金互助社或小额贷款公司等
　根据国家法规设立的金融机构产生金融关系界定为正规金融。

② 本书将借款人与亲友、民间金融等并非依据国家法规设立的金融机构产生金融关系界定
　为非正规金融。

续表

变量	定义	平均值	标准差	最小值	最大值
创业收入	过去一年家庭经营性收入（元：取对数）	10.3246	2.7775	8.1512	14.2855
经营性收入占比	经营性收入占总收入的比例	0.7905	0.2890	0.4725	1
经济发展	所在省份人均GDP（元：取对数）	10.5629	0.3065	10.0372	11.2188
城市亲戚	是否有亲戚居住在城市，是=1，否=0	0.6317	0.4436	0	1
合作社	是否加入合作社，是=1，否=0	0.1437	0.2047	0	1
重大事件	是否发生子女上大学、重大疾病、购房等大额消费支出，是=1，否=0	0.4521	0.2323	0	1
礼金支出	过去一年红、白事礼金支出（元：取对数）	8.0217	1.0201	5.7037	10.8198

2. 农村金融供给特征

从调查数据来看，金融供给存在以下特征：（1）农村信用社和商业银行是正规金融的主要供给者，非正规金融供给仍然主要基于亲友借贷。在124笔正规信贷中，来自农村信用社和商业银行的贷款占比分别为54.84%和24.19%。在145笔非正规贷款中，亲友借贷的比例高达82.07%。（2）正规金融总体满足率相对较低，但单笔数额大；非正规金融满足率高，但单笔数额小。获得正规信贷的农户有124户，满足率为45.76%；获得非正规信贷的农户有145户，满足率为80.11%，远高于正规信贷。从金额来看，平均每笔正规信贷的数额为14.59万元，而平均每笔非正规信贷数额为4.04万元，二者相差超过10万元左右。（3）非正规金融在多数情况下只是作为正规金融的有效补充。我们筛选出同时获得两类信贷的创业农户，对他们的信贷供给结构进行观测，发现在51户同时获取两类供给的农户中，76.47%的农户的正规贷款数量超过非正规贷款数量。同时，我们对同时拥有两类需求农户的贷款求平均值后发现，正规贷款平均数额为8.83万元，而非正规贷款数额仅为2.77万元。因此就结构而言，非正规金融是正规金融的有效补充。

6.2.3　计量方法与变量选取

1. 计量方法

在实证分析农村金融对农户创业发展的微观效应时，本研究设置的计量模型如下：

$$Y = \alpha + \beta X_i + cons + \varepsilon \tag{6.23}$$

其中，Y 为农户创业收入，X 为农村金融供给，$cons$ 为控制变量，α、ε 为截距项和扰动项。$i = 1$，2，3，其中，1 代表正规金融供给，2 代表非正规金融供给，3 代表总体金融供给。

为了考察不同类型农村金融供给对于不同创业收入水平农户的影响，本书选取了分位数方法对式（6.23）进行回归。由于传统分位数方法为了保证参数的识别与一致估计，不得不在模型中包含一些控制变量，在本质上是一种有条件分位数回归（CQR），其缺陷在于需要在解释变量 X 中加入控制变量，进而导致无法准确地估计出 X 对于 $E(Y \mid X)$ 的影响。Firpo, Fortin & Lemieux[①] 提出了无条件分位数回归方法（UQR），该方法实现了在保证参数的识别与一致估计的情况下，能够估计解释变量对被解释变量的无条件分位数影响，对 CQR 进行了良好的拓展和补充。综上，本书采用无条件分位数回归方法对金融供给与农户创业收入增长的关系进行计量分析。

2. 变量选取

（1）因变量：根据研究目的和数据的实际情况，我们选取农户创业收入作为因变量。

（2）自变量：鉴于本研究将从正规金融供给、非正规金融供给和总体金融供给三个维度，分析双轨制下农村金融供给与农户创业收入增长的关系，我们分别选取了正规信贷数量、非正规信贷数量、信贷总量作为自变量。

（3）控制变量：为了保障结果的无偏性和稳健性，我们还加入年龄、年龄平方、受教育程度三个变量，以控制户主特征对于创业收入的影响；加入家庭规模、土地面积、消费、固定资产四个变量，以控制家庭特征对于创业收入的影响；加入礼金支出，以控制社会网络对创业收入的影响；加入经济发展，控制当地经济发展水平对于创业收入的影响。为了规避数据波动带来的偏差，我们对数值较大的变量进行了对数处理。

6.2.4　实证结果与分析

1. 正规金融供给与农户创业收入增长

表 6-5 显示了正规信贷与创业收入的 30 分位点、60 分位点以及 90 分

---

① 从课题组调查的情况来看，创业农户人均收入已经达到 27514.82 元，已经完全能够满足自身的消费需求，因此，可以间接地判定他们的贷款主要用于生产性投资。

位点的关系，分别测度了正规金融供给对于低、中、高三种收入水平农户的创业收入的作用。在创业收入的 30 分位点，正规信贷数量对农户创业收入的边际效应为 0.0324，但不显著。在创业收入的 60 分位点和 90 分位点，正规信贷数量对农户创业收入的边际效应分别为 0.1064 和 0.2324，均显著。

表 6-5　正规金融供给与农户创业收入增长

变量	OLS	UQR_30	CQR_30	UQR_60	CQR_60	UQR_90	CQR_90
正规信贷数量	0.0889 *** (3.16)	0.0324 (0.16)	0.0938 (0.63)	0.1064 *** (4.33)	0.0825 *** (3.71)	0.2324 *** (4.52)	0.1276 *** (3.34)
年龄	0.0271 (0.36)	0.0938 (0.86)	0.0808 (1.12)	0.0282 (0.45)	0.2118 (0.60)	0.0248 (0.44)	0.0027 (0.05)
年龄平方	-0.0003 (-0.37)	-0.0011 (-0.92)	-0.0009 (-0.56)	-0.0003 (-0.49)	-0.0003 (-0.87)	-0.0001 (-0.25)	-0.0001 (-0.02)
受教育程度	0.0226 (0.14)	-0.1751 (-1.06)	0.0611 (0.18)	0.2807 ** (2.30)	0.2291 *** (3.16)	0.3586 ** (2.33)	0.3314 *** (3.14)
家庭规模	0.0539 (0.57)	0.1509 (1.03)	0.0517 (0.22)	-0.0495 (-1.02)	-0.0299 (-0.62)	-0.1451 (-1.65)	-0.02801 (0.40)
土地面积	0.1529 *** (4.81)	0.0981 (0.78)	0.0862 (0.69)	0.1615 *** (3.50)	0.2178 *** (3.17)	0.0941 *** (3.16)	0.0872 *** (5.48)
消费	0.2818 ** (2.39)	0.2386 (1.42)	0.4991 ** (2.03)	0.1395 * (1.99)	0.2901 *** (5.61)	0.1191 (1.46)	0.1258 * (1.68)
固定资产	0.2283 *** (3.72)	0.2761 *** (4.59)	0.3241 *** (2.87)	0.1811 *** (5.08)	0.2379 *** (9.45)	0.2201 *** (3.50)	0.1650 *** (4.52)
礼金支出	0.0402 (0.82)	0.0302 (0.54)	0.0031 (0.03)	0.0194 (0.89)	-0.0284 (-1.30)	0.0448 (1.33)	0.0521 (1.64)
经济发展	0.0801 (1.21)	-0.1472 * (-1.92)	-0.1643 * (-1.82)	-0.2053 (-0.61)	0.1029 (0.54)	0.0236 (0.49)	0.4465 (1.61)
常数项	4.9422 *** (12.83)	1.5071 (0.80)	3.5465 ** (2.14)	6.2299 *** (5.45)	3.9663 ** (2.17)	9.2314 *** (7.30)	10.0903 *** (12.17)
R^2	0.0847	0.1571		0.1491		0.1379	
Pseudo R^2			0.0614		0.0930		0.2780

注：*、**、*** 分别表示在 10%、5%、1% 的水平下显著，括号内为 T 值。

这说明正规金融供给对低收入农户的创业收入增长没有显著的促进作用，而对中、高收入农户的创业收入产生了明显的促进作用，以上结果也验证了假说 1 的正确性。正规金融办理程序复杂，且抵押要求高，而低收入农户受教育程度相对较低且资产较少，不仅难以理解正规金融的办理程序而且缺乏有效抵押，通常难以跨过正规金融的"财富门槛"，无法获得正规融资来促进自身的发展；中、高收入的创业农户无论是受教育程度还是初始财富水平均相对较高，因而对于正规金融的办理程序更加熟悉，再加之更多的初始财富也确保了他们能够较好地满足银行的抵押要求，进而跨过正规金融的"财富门槛"，获得正规信贷，优化经营规模，实现"初始财富—金融资源获取—收入增长"的良性循环。

为了更加精确地观测正规金融供给对于各收入区间的创业农户的作用情况，我们将收入进一步分层，每隔 5 个分位点便对二者的作用进行检验，具体结果如图 6-2 所示。从图 6-2 我们可以发现，正规信贷数量对于农户创业收入的作用在 20 分位点之前产生了负向影响，这说明正规金融对低收入农户的创业收入起到了抑制作用。此后，随着分位点的逐渐增大，正规信贷数量对农户创业收入的作用影响变为正，并随着收入的增加而逐渐上升，尤其在 80 分位点以后，边际效应开始迅速变大，这说明正规金融供给对中、高收入农户的创业收入起到了明显的促进作用，上述结果也进一步验证了假说 1 的正确性。

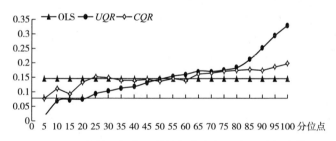

图 6-2　农村正规金融供给与农户创业收入增长趋势

2. 非正规金融供给与农户创业收入增长

表 6-6 显示了非正规信贷数量与创业收入在 30 分位点、60 分位点以及 90 分位点的关系，分别测度了非正规金融供给对于低、中、高三种收入水平农户创业收入的作用。在创业收入的 30 分位点和 60 分位点，非正规信贷数量对创业收入的边际效应分别为 0.0521 和 0.0560，且显著，在创业收入的 90 分位点，非正规信贷数量对农户创业收入的边际效应为 0.0111，但不显著。

这说明非正规金融供给显著地促进了中、低收入农户的创业收入增长，但没有明显促进高收入农户的创业收入增长，上述结果也证明了假说 2 的正确性。非正规金融在社会网络、信息甄别、监督管理以及合约执行上有着比较优势，"财富门槛"较低，进而确保了低收入农户可以获得信贷，实现自身发展；中等收入农户虽然已经可以跨过正规金融的"财富门槛"，但是其初始禀赋所赋予的正规融资能力有限，仍然需要借助非正规金融，与正规金融形成良好的补充；高收入农户由于经营规模大、范围广，资金需求量大，非正规金融难以满足其金融需求，其需求特点决定了他们更多地依赖供给能力更强的正规金融来拓展经营。

表 6 - 6　非正规金融供给与农户创业收入增长

变量	OLS	UQR_30	CQR_30	UQR_60	CQR_60	UQR_90	CQR_90
非正规信贷数量	0.0529 ***	0.0521 *	0.0667	0.0560 ***	0.0401 ***	0.0111	0.0476
	(3.68)	(1.87)	(1.19)	(4.66)	(2.93)	(0.39)	(1.62)
年龄	0.0293	0.0949	0.0519	0.0320	0.0571	0.0169	0.0233
	(0.39)	(0.85)	(0.28)	(0.48)	(1.60)	(-0.29)	(0.37)
年龄平方	-0.0031	-0.0011	-0.0005	-0.0003	-0.0006 *	-0.0001	-0.0001
	(-0.37)	(-0.89)	(-0.26)	(-0.50)	(-1.65)	(-0.08)	(-0.28)
受教育程度	0.0054	-0.1875	0.0117	0.2738 **	0.2143 ***	0.3638 **	0.3473 ***
	(0.03)	(-1.09)	(0.03)	(2.18)	(2.92)	(2.45)	(2.67)
家庭规模	0.0435	0.1447	0.0399	-0.0527	-0.0607	-0.1403	-0.0270
	(0.46)	(0.99)	(0.16)	(-1.16)	(-1.24)	(-1.62)	(-0.31)
土地面积	0.1559 ***	0.1285	0.1065	0.1659 ***	0.2166 ***	0.0949 ***	0.0844 ***
	(5.09)	(0.35)	(0.93)	(3.70)	(3.39)	(2.96)	(5.98)
消费	0.2833 **	0.2362	0.4162	0.1451 *	0.2840 ***	0.1396	0.2009 **
	(2.40)	(1.41)	(1.55)	(1.98)	(5.44)	(1.65)	(2.17)
固定资产	0.2587 ***	0.2953 ***	0.3961 ***	0.2027 ***	0.2552 ***	0.2384 ***	0.1854 ***
	(4.17)	(5.08)	(3.02)	(5.86)	(10.02)	(3.77)	(4.10)
礼金支出	0.0255	0.0191	0.0194	0.0089	-0.0069	0.0399	0.0282
	(0.52)	(0.33)	(0.17)	(0.37)	(-0.31)	(1.02)	(0.89)
经济发展	0.1421	-0.1459	-0.1736	0.2429	0.1487	0.1665	0.2446
	(0.45)	(-0.56)	(-1.25)	(0.87)	(0.77)	(0.24)	(0.72)
常数项	6.91 ***	1.3248	3.8435 **	5.9398 ***	2.5464	8.8235 ***	5.6865 *
	(12.79)	(0.67)	(2.07)	(4.80)	(1.37)	(6.60)	(1.73)
R^2	0.0870	0.1063		0.1390		0.1588	
Pseudo R^2			0.0621		0.0903		0.1108

注：*、**、*** 分别表示在 10%、5%、1% 的水平下显著，括号内为 T 值。

为了更加清晰地观测非正规金融供给对于各收入区间农户创业收入的作用情况，我们将收入进一步分层，每隔 5 个分位点便对二者的作用进行检验，具体结果如图 6-3 所示。从图 6-3 我们可以发现，非正规信贷数量对于农户创业收入在 10 分位点之前产生了较大的促进作用，边际效应在 0.05 与 0.1 之间；随后对各分位点的作用逐渐趋于平稳，边际效应围绕 0.05 上下波动；而从 85 分位点开始，非正规信贷数量对创业农户的作用迅速下降。这说明非正规金融供给对于创业农户的促进作用呈现出了较好的普惠性，对中、低收入区间的创业农户，尤其是低收入创业农户的收入增长起到了良好的促进作用，而对高收入创业农户的促进作用相对较小，这也进一步验证了假说 2 的正确性。

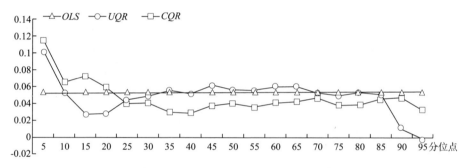

图 6-3　农村非正规金融供给与农户创业收入增长趋势

3. 总体金融供给与农户创业收入增长

表 6-7 显示了信贷总量与创业收入在 30 分位点、60 分位点以及 90 分位点的关系，分别测度了总体金融供给对于低、中、高三种收入水平农户创业收入的作用。从表 6-7 可以看出，在创业收入的 30 分位点、60 分位点和 90 分位点，信贷总量对创业收入的边际效应分别为 0.0941、0.1062 和 0.1050，均显著。这说明总体金融供给对于各收入水平农户的创业收入产生了明显的促进作用，且边际效应大致相同。根据前文分析，金融双轨制下，正规金融供给对于农户创业收入增长存在明显的收入导向，因而只对中、高收入农户的创业收入产生了显著的促进作用；而非正规金融供给对农户创业收入的增长则存在较强的普惠特征，对中、低收入农户的创业收入促进作用明显。在低收入区间，非正规金融供给的边际效应强于正规金融供给；而在高收入区间，正规金融供给的边际效应强于非正规金融供给。两类金融不同的运营特点决定了二者不同的"财富门槛"和客户群体，因而在金融市场上表现出较强的互补关系。在二者

共同作用之下，总体金融供给对各收入水平的农户创业收入增长呈现出平稳的特征，这也验证了假说 3 的正确性。

表 6 - 7　总体金融供给与农户创业收入增长

变量	OLS	UQR_30	CQR_30	UQR_60	CQR_60	UQR_90	CQR_90
信贷总量	0.1231 *** (4.54)	0.0941 ** (2.14)	0.1497 ** (1.97)	0.1062 *** (5.09)	0.0861 *** (4.80)	0.1050 *** (3.34)	0.0801 *** (2.79)
年龄	0.0255 (0.34)	0.0931 (0.84)	0.0235 (0.13)	0.0304 (0.47)	0.0590 * (1.68)	0.0198 (0.36)	0.0038 (0.36)
年龄平方	-0.0002 (-0.31)	-0.0011 (-0.88)	-0.0003 (-0.17)	-0.0003 (-0.48)	-0.0007 * (-1.75)	-0.0001 (-0.19)	-0.0001 (-0.06)
受教育程度	-0.0146 (-0.25)	-0.1946 (-1.11)	0.0441 (0.12)	0.2679 ** (2.11)	0.2183 *** (3.01)	0.3499 ** (2.40)	0.3374 *** (2.65)
家庭规模	0.0537 (0.58)	0.1475 (1.01)	0.0819 (0.33)	-0.0511 (-1.11)	-0.0602 (-1.25)	-0.1428 * (-1.68)	0.0241 (0.28)
土地面积	0.1561 *** (4.93)	0.0899 (1.49)	0.0746 (1.26)	0.1676 *** (3.60)	0.2163 *** (3.07)	0.0969 *** (3.02)	0.0766 *** (5.48)
消费	0.2583 ** (2.20)	0.2193 (1.33)	0.4224 (1.60)	0.1303 * (1.80)	0.2889 *** (5.59)	0.1192 (1.44)	0.1922 ** (2.12)
固定资产	0.2494 *** (4.11)	0.2880 *** (4.72)	0.3935 *** (3.08)	0.1960 *** (5.43)	0.2457 *** (9.80)	0.2386 *** (3.66)	0.1867 *** (4.25)
礼金支出	0.0298 (0.61)	0.0219 (0.39)	-0.0045 (-0.04)	0.0116 (0.53)	-0.0114 (-0.52)	0.0371 (1.04)	-0.001 (-1.09)
经济发展	0.0019 (0.42)	-0.1005 (-1.58)	-0.1589 (-1.63)	0.1529 (0.47)	0.1959 (1.03)	0.0117 (1.33)	0.0322 (0.84)
常数项	2.0484 (0.89)	1.4563 (0.74)	0.8809 (1.52)	6.0561 *** (5.03)	6.1217 (1.16)	8.9324 *** (7.04)	7.6469 *** (4.61)
R^2	0.1003	0.1017		0.1530		0.1222	
Pseudo R^2			0.0685		0.0973		0.1065

注：*、**、*** 分别表示在 10%、5%、1% 的水平下显著，括号内为 T 值。

为了更加精确地观测总体金融供给对于各收入区间农户的创业收入的作用情况，我们将创业收入区间进一步分层，每隔 5 个分位点便对二者的作用进行检验，并通过图 6 – 4 展示。从图 6 – 4 可以看出，从 20 分位点到 35 分位点，信贷总量对于农户创业收入的作用随着收入的增加而逐渐降低；而从 35 分位点到 80 分位点，信贷总量对农户创业收入的作用围绕 0.1 上下波动；从 80 分位点开始，信贷总量对于农户创业收入的作用开始随着收入的增加呈现出逐渐的上升趋势。综合来看，总体金融供给对各收入水平农户创业收入的促进作用大致相同，较为均衡。

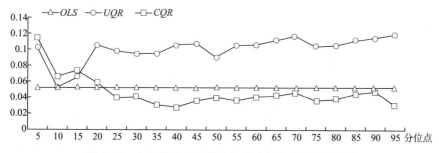

图 6 – 4　农村总体金融供给与农户创业收入增长趋势

此外，为了进一步检验无条件回归的有效性，本书同时还列出了最小二乘法与有条件分位数法的回归结果，作为无条件分位数回归结果的对比。我们对比无条件分位数回归与有条件分位数回归的结果发现，虽然二者大致呈现出相同的趋势，但是部分分位点的回归结果与无条件分位数回归存在较大的偏差。这是因为，有条件分位数回归为保证参数的识别与一致估计，需要在估计时加入一些控制变量，因而在估计金融供给对于农户创业收入的作用时，会相对于无条件分位数估计产生一定的偏差。同时，从 R^2（$Pseudo\ R^2$）的情况来看，无条件分位数回归普遍高于有条件分位数回归，这说明无论就回归系数还是拟合优度来看，无条件分位数均优于有条件分位数，是对传统分位数回归的改进。

4. 稳健性检验

我们采用了替换估计方法的方式对计量结果进行检验。在原有估计结果的基础上，我们进一步运用 Borgen 提出的 Clusterbootstrap 估计，对实证结果进行了稳健性检验，具体结果如表 6 – 8 所示。从表 6 – 8 可以看出，无论就估计系数、显著性还是拟合优度来看，Clusterbootstrap 估计和 Robust 估计都呈现出高度的一致性，这也证明了第四部分估计结果的稳健性。

表 6-8　无条件分位数稳健性回归结果

变量	UQR_30			UQR_60			UQR_90		
正规信贷	0.0324 (0.16)	—	—	0.1064*** (4.33)	—	—	0.2324*** (4.52)	—	—
非正规信贷	—	0.0521* (1.87)	—	—	0.0560*** (4.66)	—	—	0.0111 (0.39)	—
信贷总量	—	—	0.0941** (2.14)	—	—	0.1062*** (5.09)	—	—	0.1050*** (3.34)
年龄	0.0938 (0.86)	0.0949 (0.85)	0.0931 (0.84)	0.0282 (0.45)	0.0320 (0.48)	0.0304 (0.47)	0.0248 (0.44)	0.0169 (-0.29)	0.0198 (0.36)
年龄平方	-0.0011 (-0.92)	-0.0011 (-0.89)	-0.0011 (-0.88)	-0.0003 (-0.49)	-0.0003 (-0.50)	-0.0003 (-0.48)	-0.0001 (-0.25)	-0.0001 (-0.08)	-0.0001 (-0.19)
受教育程度	-0.1751 (-1.06)	-0.1875 (-1.09)	-0.1946 (-1.11)	0.2807** (2.30)	0.2738** (2.18)	0.2679** (2.11)	0.3586** (2.33)	0.3638** (2.45)	0.3499** (2.40)
家庭规模	0.1509 (1.03)	0.1447 (0.99)	0.1475 (1.01)	-0.0495 (-1.02)	-0.0527 (-1.16)	-0.0511 (-1.11)	-0.1451 (-1.65)	-0.1403 (-1.62)	-0.1428* (-1.68)
土地面积	0.0981 (0.78)	0.1285 (0.35)	0.0899 (1.49)	0.1615*** (3.50)	0.1659*** (3.70)	0.1676*** (3.60)	0.0941*** (3.16)	0.0949*** (2.96)	0.0969*** (3.02)
消费	0.2386 (1.42)	0.2362 (1.41)	0.2193 (1.33)	0.1395* (1.99)	0.1451* (1.98)	0.1303* (1.80)	0.1191 (1.46)	0.1396 (1.65)	0.1192 (1.44)
固定资产	0.2761*** (4.59)	0.2953*** (5.08)	0.2880*** (4.72)	0.1811*** (5.08)	0.2027*** (5.86)	0.1960*** (5.43)	0.2201*** (3.50)	0.2384*** (3.77)	0.2386*** (3.66)
礼金支出	0.0302 (0.54)	0.0191 (0.33)	0.0219 (0.39)	0.0194 (0.89)	0.0089 (0.37)	0.0116 (0.53)	0.0448 (1.33)	0.0399 (1.02)	0.0371 (1.04)
经济发展	-0.1472* (-1.92)	-0.1459 (-0.56)	-0.1005 (-1.58)	-0.2053 (-0.61)	0.2429 (0.87)	0.1529 (0.47)	0.0236 (0.49)	0.1665 (0.24)	0.0117 (1.33)
常数项	1.5071 (0.80)	1.3248 (0.67)	1.4563 (0.74)	6.2299*** (5.45)	5.9398*** (4.80)	6.0561*** (5.03)	9.2314*** (7.30)	8.8235*** (6.60)	8.9324*** (7.04)
R^2	0.1571	0.1063	0.1017	0.1491	0.1390	0.1530	0.1379	0.1588	0.1222

注：*、**、*** 分别表示在10%、5%、1%的水平下显著，括号内为T值。

实证结论表明，农户经营特征变迁与农村金融制度改革创新在时间上的交错，使得我国农户创业收入增长受到农村金融供给的深刻制约。（1）农村正规金融供给对农户创业收入增长存在明显的收入导向，对中、高收入农户的促进作用显著；（2）非正规金融供给对农户创业收入增长则具有较好的普惠性，对中、低收入农户提升作用明显；（3）两类金融供给因供给能力、运营特征不同存在较强的互补关系。因此，未来农村金融制度创新应加快农村金融供给侧结构性改革，加强正规金融和非正规金融在供给侧的有效协同，进而增强农村金融的普惠功能，降低正规金融门槛并从政策层面鼓励、引导非正规金融发展，拓展金融服务的边界，让金融更好地促进农户生产创业发展。

6.3　中国农村金融制度创新的绩效评价

农村金融制度创新绩效评价是指运用一定的评价方法、量化指标及评价标准，对农村金融创新的实现程度进行综合评价。金融在农村地区的功能实现涵盖两大主要方面：一是为广大农户和乡镇企业提供必要的资金支持，支持其生产活动的顺利进行；二是促进农村经济社会全面、可持续地发展，最终实现农村居民生活水平的提高，消除城乡差异，实现城乡协调发展。因此，我们可以采取一个地区农村金融制度的运行结果，也就是农村金融制度覆盖地区的农村社会经济发展状况，评价一个地区的农村金融制度运行的绩效。评价系统的前置假设为：如果一个地区的农村金融制度创新有效，则该制度服务地区的经济、社会良好发展；反之，较低的农村金融制度效率将会制约该地区的发展。绩效评价的基本思路是通过一个或几个经济指标的考察评价农村金融制度创新的绩效状况，如农村居民收入水平变化、农业产值变化等。仅仅选取独立的指标显然无法保证实证结果的可信度，那么绩效评价体系必然是多维度的。因此，我们认为农村金融制度创新绩效评价应至少包含以下内容：选定恰当的评价指标；制定合适的评价方法；通过评价方法判断目标的完成情况，即考察选定指标在投入与产出或成本与收益的关系。

6.3.1　中国农村金融制度创新的绩效分析框架

1. 农村金融制度创新绩效的评价思路

农村金融制度创新绩效的基本评价思路是沿着"经验借鉴→政策把握→逻辑分析→指标构建→方法选择→绩效评价→偏差研判"的逻辑顺序展开的，具体技术路线和研究方法参见图 6 - 5。第一，依托国内外相关文献梳理构建理论分析框架，界定相关的基本概念；第二，从要素条件、制度变迁等多个方面把握中国农村金融制度创新的政策演进脉络；第三，通过历史分析、制度分析、统计分析等多种手段明确农村金融制度绩效影响农村发展能力的内在逻辑；第四，运用抽样调查、重点调查、典型调查等统计调查方法收集数据，根据数据的可得性构建评价指标体系；第五，借鉴经验研究科学合理确定评价的方法手段；第六，进行农村金融制度创新绩效评价、区域差异比较及偏差分析；第七，总结评估效果、明确偏差成因，为相关后续政策制定和机制完善提供有力的实证支持。

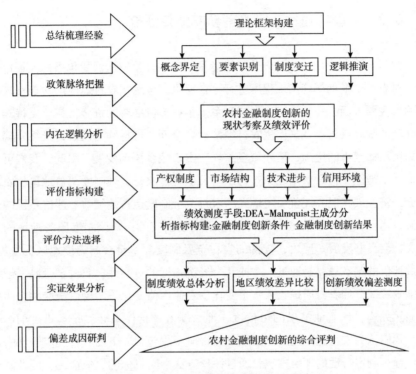

图 6-5　农村金融制度绩效的评价思路

2. 农村金融制度绩效评价的指标体系

关于农村金融制度创新绩效评价的指标体系，近年来已有相关领域学者进行了探索，然而评价维度不尽相同，目前尚未在全国形成统一的标准。因此，为了充分反映改革开放以来中国农村金融促进农村经济成长的绩效特征，研究首先通过选用与农村金融制度配置资源相关的各投入和产出变量构造绩效评价的指标体系。指标的经济含义是指经济过程的数量特征以及经济过程之间的数量关系特征。国民经济是各种经济过程的综合，衡量国民经济的指标众多。若是指标选择过少，必然导致分析结果失真；若是选择的指标过于繁杂，一方面会增大分析过程的难度，另一方面也将导致分析结果的不可信。选择具有代表性且数量适当的经济指标是绩效分析的关键环节。所选定的指标必须能客观反映经济个体或宏观经济的状况，同时满足数量适当的要求。

　　本研究以区域经济发展理论为基础并借鉴中国县市社会经济综合发展评价指标体系、部分省市的全面小康指标体系结合农村经济发展实际以及数据的可获性与完备性，选取了农村人均 GDP、人均固定资产投资、人均纯收入、人均消费额、人均用电量以及人均保险收入作为经济发展的替代变量反映农村金融制度创新绩效结果，并由此形成综合评价农村金融制度的产出指标体系（见表 6－9）。这些指标涵盖了农村经济发展、农村基础设施、农村居民生活、农村社会发展、金融服务覆盖面等方面的具体情况。

　　农村金融制度创新绩效评价中的投入变量则主要考虑金融人力资本投入和财力资本投入，可以用农村金融机构资产总量、农村贷款余额、从业人员数量等指标。为了真正反映农村经济主体金融资源的获得情况，本研究选择对上述指标进行综合运用农村存贷款差额分析。考虑到人口基数对指标的影响，农村存贷款差额与农村人口数相除，得到人均指标。另外，考虑到农村经济主体获取金融资源的难易程度和代价，本研究进一步选择了地方财政金融监管支出指标（见表 6－10）。

表 6－9　农村金融制度绩效创新结果指标体系

指标名称	指标代码	指标含义及单位
农村人均 GDP	y_1	农村 GDP/农村人口（元/人）
农村人均固定资产投资	y_2	农村固定资产投资/农村人口（元/人）
农村人均消费额	y_3	农村消费/农村人口（元/年）
农村人均纯收入	y_4	农村人均纯收入（元/年）
农村人均用电量	y_5	农村用电量/农村人口（万千瓦时）
农村人均保险收入	y_6	农村人均保费收入—保险理赔（元/年）

表 6－10　农村金融制度绩效状况指标

指标名称	指标代码	指标含义及单位
农村人均贷款余额	x_1	农村贷款/农村人口（元/年）
农村金融机构实收资本	x_2	农村金融机构（包含新型）实收资本（亿元/年）
农村金融人力资本投入	x_3	农村金融机构（包含新型）从业人员（人/年）
地方财政金融监管支出	x_4	地方财政金融监管支出（亿元/年）

3. 农村金融制度创新绩效评价的方法应用

　　在明确了指标体系以后，需要确定我国农村金融制度创新绩效的评价方法。由于宏观社会效率评判和多元主体集体效率评判较为复杂，基于此，在建立效率评价体系之前，必须确定以谁的目标或何种目标作为评价基准，以此作为可比较的一个参照物，构建农村金融制度创新绩效评价指标体系，并选择合理的方法重点进行应用分析，以实际考察我国农村金融制度的绩效创新及其偏差。通过相关文献的梳理，综合考虑多种金融制度绩效评价的手段并以相关理论基础结合现有样本的可取性，选择主成分分析法、动态 DEA 数据包络法进行农村金融制度绩效评价和偏差识别是相对合适的测度方法。

6.3.2 中国农村金融制度绩效的主成分分析

针对农村金融制度创新绩效总体分析，本研究采用 2007～2016 年近 10 年的数据进行主成分分析得出总体绩效水平后进行趋势研判。首先，通过 KMO 和 SMC 判断样本数据能否满足主成分分析条件。Kaiser-Meyer-Olkin（KMO）抽样充分性测度是用于测量变量之间相关关系的强弱的重要指标，是通过比较两个变量的相关系数与偏相关系数得到的。KMO 介于 0 与 1 之间，KMO 越高，表明变量的共性越强。如果偏相关系数相对于相关系数比较高，则 KMO 比较低，主成分分析不能起到很好的数据约化效果。根据 Kaiser，一般的判断标准如下：0.00～0.49，不能接受（Unacceptable）；0.50～0.59，非常差（Miserable）；0.60～0.69，勉强接受（Mediocre）；0.70～0.79，可以接受（Middling）；0.80～0.89，比较好（Meritorious）；0.90～1.00，非常好（Marvelous）。SMC 即一个变量与其他所有变量的复相关系数的平方，也就是复回归方程的可决系数。SMC 比较高，表明变量的线性关系越强，共性越强，主成分分析就越合适。

如表 6-11 结果所示，KMO 总体均值为 0.7638，在 0.70～0.79 区间且 SMC 总体均值为 0.9554 近似于 1，说明数据约化效果较好能够对既定样本进行主成分分析。本研究利用 Stata12.0 对样本进行主成分分析后得出特征值与特征向量贡献率如表 6-12 所示。

表 6-11　研究样本 KMO 和 SMC 分析结果

变量	KMO	SMC
农村人均消费	0.6909	0.9995
农村人均纯收入	0.6989	0.9998
农村人均 GDP	0.7199	0.9985

续表

变量	KMO	SMC
农村人均用电量	0.9426	0.9972
农村人均固定资产投资	0.5457	0.7893
农村人均保险收入	0.8761	0.9483
总体统计均值	0.7638	0.9554

表 6 – 12　特征值与特征向量贡献率

主成分	特征值	方差贡献率	个体贡献率	累计贡献率
1.0000	5.0226	4.1021	0.8371	0.8371
2.0000	0.9205	0.8715	0.1511	0.9905

由于前两个主成分累计贡献率已经达到 0.9905，可以解释总体方差的 99%，说明前两个主成分已经基本包含了六个指标的全部信息，因此提取前两个特征值，进一步对载荷矩阵进行旋转可以得到如表 6 – 13 的特征向量。

表 6 – 13　第一、第二特征向量

变量	第一特征向量	第二特征向量
农村人均消费	0.4449	– 0.0454
农村人均纯收入	0.4456	0.0150
农村人均 GDP	0.4420	0.1204
农村人均用电量	0.4437	0.0759
农村人均固定资产投资	– 0.1648	0.9681
农村人均保险收入	0.4292	0.2006

第一特征向量主要受到农村人均消费、农村人均纯收入、农村人均 GDP、农村人均用电量以及农村人均保险收入的正向影响，作为农村金融制度创新在推动经济发展方面的绩效反映。第二特征向量主要受到农村人均固定资产投资、农村人均保险收入等因素的正向影响，因此作为农村金融制度创新在推动农村基础设施建设方面的绩效反映。

通过对主成分分析得出的权重计算得到 2007～2016 年我国农村制度创新绩效如图 6 – 6 所示。由图 6 – 6 可知，总体来看，计算结果肯定了我国农村金融制度创新的积极作用，同时农村金融制度创新在农村基础设施建设方面反映的

图 6 – 6　2007～2016 年我国农村制度创新绩效变动

绩效高于对农村经济发展方面反映的绩效；进一步分析表明，农村金融制度创新对基础设施建设方面的绩效在 2012 年前后达到峰值，继而波动趋缓，并于2014 年前后出现下降；虽然农村金融制度创新对于农村经济发展和基础设施建设都具有积极作用，但两个方面均出现后续推动乏力的现实格局。

6.3.3　农村金融制度创新绩效评价与偏差分析

自 2006 年银监会公布《关于调整放宽农村地区银行业金融机构准入政策更好支持社会主义新农村建设的若干意见》以后，农村金融制度改革的步伐明显加快。2008 年前后三类新型农村金融机构的和小额贷款公司的成功试点，推动了金融资金向农村地区的偏移，同时有效激发农村金融机制创新的发展和完善。为此，有必要进一步采取区域横向比较和动态的差异分析来反映现阶段农村金融制度创新绩效的实际水平。考虑到前述研究表明农村金融制度绩效的投入指标中农村保费收入并不是显著性指标，而各个省（直辖市、自治区）的同一截面数据分析比较时利率基本可以假设为恒定，在以下实证研究中农村金融制度绩效的投入指标主要考虑人均信贷投放情况，农村金融制度绩效的产出指标则保持不变。

1. 方法选择

在农村金融制度创新绩效的总体趋势分析基础上，可进一步利用 DEA-Malmquist 指数法来对全国地区差异和效率随时间变动的程度进行观测。首先，将中国农村金融制度创新绩效按省域划分为 31 个单独的决策单元 DMU，构成不同时期的最佳生产前沿面，同时将决策单元的生产与最佳时间生产前沿面相比，以此观察全国不同省份不同时期的技术进步与技术效率情况。生产效率指数 Malmquist 指数方法是基于 DEA 而提出，并用来考察跨时期的多投入和多产出变量间的动态生产效率，并由此测定全要素生产率的变化。Malmquist 指数将 TFP 分解为技术进步变化和技术效率变化两个部分。而技术效率变化又可进一步分解为纯技术效率变化和规模效率变化。通过对 TFP 的分解，我们可以对效率和技术的变动情况进行测量，从而有利于 TFP 增长推动的内在因素进行研究。根据 Fare 1992 年对 Malmquist 指数的定义，其表达公式如下：

$$M_0(x_t,y_t,x_{t+1},y_{t+1}) = \left[\frac{D_0^{t+1}(x_{t+1},y_{t+1})}{D_0^{t+1}(x_t,y_t)} \times \frac{D_0^t(x_{t+1},y_{t+1})}{D_0^t(x_t,y_t)} \right] \quad (6.24)$$

其中，$D_0^t(x_t,y_t)$ 和 $D_0^{t+1}(x_t,y_t)$ 是分别根据生产点在相同时间段即（t 和 t + 1）同前沿面技术相比较得到的投入距离函数；$D_0^t(x_t,y_t)$ 和 $D_0^{t+1}(x_t,y_t)$ 分别是根据生产点在混合期间同前沿面技术相比较得到的投入距离函数。另外，根据 Fare 等人的研究，Malmquist 生产率指数可以分解为技术效率变化和技术进步变化两部分，其中技术效率变化又可进一步分解为纯技术效率变化和规模效率变化。公式（6.24）可变形为：

$$M_0(x_t,y_t,x_{t+1},y_{t+1}) = \frac{S_0^t(x_t,y_t)}{S_0^t(x_{t+1},y_{t+1})} \times \frac{D_0^t\left(x_{t+1},\frac{y_{t+1}}{VRS}\right)}{D_0^t\left(x_t,\frac{y_t}{VRS}\right)} \times \left[\frac{D_0^t(x_t,y_t)}{D_0^{t+1}(x_t,y_t)} \right] \quad (6.25)$$

其中，第一项表示规模效率变化 Sech，第二项表示纯技术效率变化 Pech，第三项表示技术进步变化 Tech，且第一项和第二项的乘积表示技术效率变化 Effch。根据式（6.25），TFP 的变化可分解为规模效率的变化、纯技术效率变化以及技术进步变化。Sech > 1，意味着生产存在规模效率；Pech > 1，意味着管理水平或制度的改善使得生产效率有所提高；Tech > 1，意味着由于新技术的使用或新发明的出现，使得生产前沿面向前推移，实现技术进步；Tfpch > 1，意味着生产效率有所改善。若上述指标出现小于 1 的情况，则表明相应效率退化。

2. 数据来源

研究选取全国 31 个省市的相应数据进行分析，同时将 31 个省市根据不同的标准划分为三大经济地区进行比较。各地区农户贷款指标来源于《中国农村金融服务报告》（2012～2016 年），其他相关指标来源于《中国统计年鉴》（2012～2016 年）、《中国农村统计年鉴》（2012～2017 年）。通过以上指标，组成了 2012～2016 年的面板数据。通过 DEAP2.1 软件进行分析，分析结果展示中国农村金融制度创新在 2012～2016 年的具体情况，进而有助于反映 2012～2016 年中国农村金融制度创新的运行效率，从而为后续研究提供基础和方向。考虑到本研究分析的是中国各个地区农村金融制度对当地经济社会发展所发挥的作用，因此课题组成员选择产出导向的 BCC 模型，运用 DEAP2.1 进行运算，以得到中国各地区农村金融制度创新绩效。

3. 分析结果

DEAP2.1 的分析结果如表 6–14 所示，整体来看，2012～2016 年我国农村金融制度创新的绩效水平有所下降，东部情况的变动指数为 0.995，优于西部 0.980，而中部情况较好，农村金融制度创新发挥的积极作用在此期间表现稳定。考虑到 2012～2016 年的均值可能无法反映近期变动，因此将结果进一步分解为 2012～2014 年和 2014～2016 年两个时期分别展开讨论。从表 6–14 中结果来看，2012～2014 年度全国整体效率均值（1.037，1.103，1.016，1.021，1.144）保持在 1 以上，即农村金融制度创新具有促进作用，其中要素生产率的变动数值为 14.4%，农村金融制度创新效率正向增长的趋势明朗，这与本章宏观实证部分结论一致。分地区来看，中部地区优于西部地区，西部地区较东部地区表现出更高绩效，说明我国农村金融制度创新有效支持了我国中西部等经济欠发达地区，对这些地区农村经济发展的促进效果尤为明显。反观东部地区的技术效率和规模效率在此期间下降明显，表明农村金融制度创新方式未能很好与其发展阶段、产业需求相适应。

表 6–14　分时期全国农村金融制度创新绩效 Malmquist 指数

时期	区域[①]	Effch[②]	Tech	Pech	Sech	Tfpch
2012～2014 年	全国	1.037	1.103	1.016	1.021	1.144
	东部	0.941	1.125	1.043	0.902	1.058
	中部	1.141	1.165	0.964	1.184	1.329
	西部	1.070	1.025	1.031	1.038	1.097

----

① 中国大陆区域整体上可划分为三大经济地区（地带）。三大经济地区由于自然条件与资源状况的不同，因而有着各自的发展特点。东部地区包括北京、天津、河北、辽宁、上海、江苏、浙江、福建、山东、广东、广西、海南 12 个省、自治区、直辖市；中部地区包括山西、内蒙古、吉林、黑龙江、安徽、江西、河南、湖北、湖南 9 个省、自治区；西部地区包括重庆、四川、贵州、云南、西藏、陕西、甘肃、宁夏、青海、新疆 10 个省、自治区、直辖市。

② 这里的 Effch、Tech、Pech、Sech、Tfpch 分别代表技术效率、技术进步、纯技术效率、规模效率以及全要素生产率的变动。

续表

时期	区域	Effch	Tech	Pech	Sech	Tfpch
2014～2016 年	全国	0.905	0.953	1.014	0.892	0.863
	东部	0.992	0.942	1.036	0.958	0.935
	中部	0.833	0.917	1.008	0.826	0.764
	西部	0.873	1.001	0.994	0.879	0.875
2012～2016 年	全国	0.969	1.025	1.015	0.955	0.994
	东部	0.966	1.030	1.040	0.929	0.995
	中部	0.975	1.033	0.986	0.989	1.008
	西部	0.967	1.013	1.012	0.955	0.980

2014～2016 年度指数显示，多个 DEA 效率值处于 1 以下，说明农村金融制度创新对农村经济发展的促进作用开始逐渐减弱。分区域来看，前两年表现较好的中西部效率衰退最为明显，而东部的四个效率值虽然也都出现小于 1 的情况，但总体趋势比较稳定。可见，我国东部农村地区经济发展虽然获得农村金融制度创新的"红利"不多，但经济稳定性优于中西部，在经济下行压力加大的过程中表现出较高"韧性"。此外，除技术效率外，全国农村金融制度创新的其他效率值都有显著降低，其中全要素生产率的降幅变动最大，从 1.144 降至 0.863，降幅高达 24.6%。由此可见，该时间段的农村金融制度创新已经跟不上经济运行变动趋势，并未很好支持农业农村发展，存在明显的偏差。因此，我国农村金融制度及政策有必要进行适时调整和优化。

表 6-15、表 6-16 和表 6-17 中呈现的是全国 31 个省市在不同时期的效率变动情况，考虑到样本数量太多这里不对每个样本展开讨论，从农村金融制度创新绩效效果来看，除了发达地区如北京、上海等城市绩效突出，云南、海南等二三线城市的农村金融制度创新也取得了一定的效果。

表 6-15　2012～2016 年度分省农村金融制度创新绩效 Malmquist 指数变动

地区	省市	Effch	Tech	Pech	Sech	Tfpch
东部地区	北京市	1.000	0.944	1.000	1.000	0.944
	天津市	0.821	0.985	1.193	0.688	0.808
	河北省	0.682	1.183	0.866	0.788	0.807
	辽宁省	0.731	1.094	0.861	0.849	0.799
	上海市	1.427	0.950	1.510	0.946	1.356
	江苏省	0.877	1.043	1.012	0.867	0.915
	浙江省	1.548	1.043	1.230	1.258	1.614

续表

地区	省市	Effch	Tech	Pech	Sech	Tfpch
东部地区	福建省	0.982	1.050	1.000	0.982	1.031
	山东省	0.937	1.055	0.947	0.989	0.989
	广东省	0.862	0.943	0.992	0.868	0.813
	广西壮族自治区	1.000	0.978	1.000	1.000	0.978
	海南省	1.054	1.117	1.017	1.036	1.178
	东部均值	0.966	1.030	1.040	0.929	0.995
中部地区	山西省	1.005	1.053	1.001	1.003	1.058
	内蒙古自治区	3.201	1.126	1.118	2.862	3.603
	吉林省	0.692	0.997	0.926	0.747	0.690
	黑龙江省	0.620	1.186	0.881	0.704	0.736
	安徽省	0.835	1.013	0.964	0.867	0.847
	江西省	0.879	0.979	1.000	0.879	0.860
	河南省	0.773	0.963	0.957	0.807	0.744
	湖北省	1.069	1.000	1.064	1.004	1.069
	湖南省	0.953	1.003	0.983	0.970	0.956
	中部均值	0.975	1.033	0.986	0.989	1.008
西部地区	重庆市	0.831	1.037	1.017	0.817	0.862
	四川省	0.867	1.037	0.983	0.882	0.899
	贵州省	0.815	1.219	1.000	0.815	0.994
	云南省	1.000	1.184	1.000	1.000	1.184
	西藏自治区	1.117	0.922	1.000	1.117	1.030
	陕西省	0.883	1.010	0.995	0.888	0.892
	甘肃省	1.034	0.965	1.000	1.034	0.998
	青海省	1.000	0.887	1.000	1.000	0.887
	宁夏回族自治区	1.093	0.897	1.057	1.034	0.980
	新疆维吾尔自治区	1.090	1.029	1.074	1.015	1.122
	西部均值	0.967	1.013	1.012	0.955	0.980
全国区域	总体均值	0.969	1.025	1.015	0.955	0.994

表 6 - 16　2012 ~ 2014 年度分省农村金融制度创新绩效 Malmquist 指数变动

地区	省市	Effch	Tech	Pech	Sech	Tfpch
东部地区	北京市	0.839	1.015	0.956	0.878	0.851
	天津市	0.685	1.171	1.192	0.574	0.802
	河北省	0.823	1.538	0.842	0.978	1.266
	辽宁省	0.753	1.282	0.848	0.888	0.965
	上海市	1.527	0.976	1.695	0.901	1.490
	江苏省	0.794	1.157	1.041	0.763	0.919
	浙江省	2.397	1.141	1.514	1.583	2.733
	福建省	1.000	0.922	1.000	1.000	0.922
	山东省	0.850	1.149	0.873	0.974	0.976
	广东省	0.713	1.007	0.961	0.742	0.719
	广西壮族自治区	1.000	1.137	1.000	1.000	1.137
	海南省	0.766	1.124	0.913	0.839	0.861
	东部均值	0.941	1.125	1.043	0.902	1.058
中部地区	山西省	0.973	1.192	1.003	0.970	1.159
	内蒙古自治区	8.686	1.316	1.133	7.667	11.427
	吉林省	0.778	1.017	0.895	0.869	0.791
	黑龙江省	1.000	1.503	1.000	1.000	1.503
	安徽省	0.936	1.203	0.959	0.976	1.126
	江西省	1.000	1.111	1.000	1.000	1.111
	河南省	0.694	1.012	0.875	0.793	0.702
	湖北省	0.907	1.082	0.962	0.943	0.981
	湖南省	0.849	1.123	0.878	0.966	0.953
	中部均值	1.141	1.165	0.964	1.184	1.329
西部地区	重庆市	0.893	1.060	0.973	0.917	0.946
	四川省	1.036	1.078	1.058	0.979	1.117
	贵州省	1.000	1.565	1.000	1.000	1.565
	云南省	1.000	0.988	1.000	1.000	0.988
	西藏自治区	1.226	0.873	1.000	1.226	1.070
	陕西省	0.854	1.040	0.991	0.862	0.888
	甘肃省	1.168	0.950	1.000	1.168	1.109
	青海省	1.000	0.755	1.000	1.000	0.755
	宁夏回族自治区	1.207	0.847	1.125	1.073	1.022
	新疆维吾尔自治区	1.447	1.312	1.184	1.223	1.899
	西部均值	1.070	1.025	1.031	1.038	1.097
全国区域	总体均值	1.037	1.103	1.016	1.021	1.144

表 6 – 17　2014 ~ 2016 年度分省农村金融制度创新绩效 Malmquist 指数变动

地区	省市	Effch	Tech	Pech	Sech	Tfpch
东部地区	北京市	1.192	0.877	1.046	1.140	1.046
	天津市	0.984	0.829	1.193	0.824	0.815
	河北省	0.565	0.911	0.890	0.634	0.514
	辽宁省	0.709	0.934	0.874	0.812	0.662
	上海市	1.334	0.925	1.345	0.992	1.234
	江苏省	0.968	0.941	0.983	0.985	0.911
	浙江省	1.000	0.954	1.000	1.000	0.954
	福建省	0.964	1.196	1.000	0.964	1.152
	山东省	1.033	0.968	1.029	1.005	1.001
	广东省	1.041	0.883	1.024	1.016	0.919
	广西壮族自治区	1.000	0.841	1.000	1.000	0.841
	海南省	1.450	1.110	1.133	1.280	1.611
	东部均值	0.992	0.942	1.036	0.958	0.935
中部地区	山西省	1.038	0.930	1.000	1.038	0.965
	内蒙古自治区	1.179	0.963	1.104	1.068	1.136
	吉林省	0.615	0.978	0.958	0.642	0.601
	黑龙江省	0.385	0.935	0.775	0.496	0.360
	安徽省	0.746	0.853	0.969	0.770	0.636
	江西省	0.772	0.863	1.000	0.772	0.666
	河南省	0.861	0.917	1.047	0.822	0.790
	湖北省	1.260	0.924	1.178	1.069	1.164
	湖南省	1.071	0.896	1.100	0.973	0.959
	中部均值	0.833	0.917	1.008	0.826	0.764
西部地区	重庆市	0.773	1.015	1.063	0.727	0.785
	四川省	0.725	0.997	0.913	0.794	0.723
	贵州省	0.665	0.948	1.000	0.665	0.631
	云南省	1.000	1.417	1.000	1.000	1.417
	西藏自治区	1.018	0.973	1.000	1.018	0.991
	陕西省	0.913	0.981	0.998	0.915	0.896
	甘肃省	0.916	0.980	1.000	0.916	0.898
	青海省	1.000	1.042	1.000	1.000	1.042
	宁夏回族自治区	0.990	0.949	0.994	0.996	0.940
	新疆维吾尔自治区	0.821	0.807	0.974	0.843	0.663
	西部均值	0.873	1.001	0.994	0.879	0.875
全国区域	总体均值	0.905	0.953	1.014	0.892	0.863

从绩效水平降低的层面来看，可以发现东北三省，黑龙江、吉林、辽宁的绩效水平降幅较大，且在 2014～2016 年对于全要素效率的变动为 0.360、0.601、0.662，说明这些省份农村金融制度创新的推动效果已经尽显疲态。另外，河北、贵州、江西、新疆几个省份衰退程度都比较明显。总体上，全国不少地区的农村金融制度创新还是出现了效率的偏差情况，其形成原因除制度和政策适应性因素外，还包含来自资源配置、经济环境、气候影响等多种因素。

6.4 中国农村金融制度创新绩效偏差的成因

我国农村金融制度创新一直是政府推动的强制性正规金融制度变迁压制农村经济主体自发性非正规金融制度变迁的过程。制度变迁的需求主要来自政府经济发展战略的需要，体现的是政府意志。相应地，农村金融制度仍然停留在机构调整、管理规范、清理历史负担等表层上，改革的措施主要是依靠政府的财政注入和政策引导，微观金融主体活力未能有效激发。制度供求结构失衡还表现在制度安排上。与改革开放前相比，中国农村金融现实需求发生了深刻变化，不仅表现为需求主体多元化，诸如农户、农村企业、农村集体经济组织、农村基层政府等，而且表现为需求种类多样化，既包括传统的存款和贷款需求，也包括现代电子汇兑、资金结算、信用卡、委托收付款等中间业务需求，还有土地流转、农村民营企业发展、农业产业化经营、农村劳动力转移就业等亟须大规模的信贷、保险、证券和担保等金融服务支持，而我国农村金融仍然基本停留在以信贷为主的层面上，并且农村金融制度的运行也难以有效满足这些信贷要求，直接导致农村金融服务"三农"功能存在缺陷、制度变革的绩效存在明显偏差。

6.4.1 农村金融制度创新缺乏针对性

由于我国农村金融制度供给缺乏针对性，造成了各种金融机构的功能缺位，各金融机构之间缺少应有的分工协作，商业性金融、政策性金融、合作性金融之间既存在职能重叠又存在职能缺位的情况，无法针对性满足"三农"对金融服务的需要。

一直占据着我国农村金融体系主力军位置的农村信用合作社自 1950 年以来虽然经历了多次体制性重组，但其在成立之初以及以后的发展过程中，政府都是实际控制人，农民缺乏参与，不具备事实上的合作制基础。而且，农村信用合作社历史包袱沉重，影响了"支农"作用的发挥。全国各地的农村信用合作社都表现出"非农化"、"商业化"和"城市化"特征，直接呈现出农村信用合作社网点设置的城镇化、资金流向的城市化和从业人员的城镇居民化趋势。同时，农村信用合作社每年通过缴纳存款准备金、转存中央银行、购买国债和金融债券等方式，也造成大量资金流出农村。邮政储蓄机构仅办理小额存单质押贷款，基本上属于只存不贷的业务特性，形成了一种"倒吸水"机制，造成农村金融资源的大量外流，使得农村信贷资金来源"严重失水"。虽然，中国人民银行通过部分转贷农业发展银行和农村金融机构再贷款方式将部分资金返还给了农村领域，但规模有限，不能补偿农村资金的流失。

农村商业银行、农村合作银行作为为"三农"服务的商业金融，却在商业化改革中将经营重点转向了城市、从以农业为主转为以城镇工商业为主，而农村中小型企业和投资项目基本得不到商业性的信贷支持，其"支农"功能显著弱化。全国各地的村镇银行、小额贷款公司等新型农村金融机构同样面临商业化的压力，对"三农"的支持力度并未达到预期目标。金融机构业务经营"去农化"，虽然符合商业性经营原则，但严重影响了农村金融市场的供求关系和农业农村经济的健康发展。

中国农业发展银行属于政策性金融机构，是市场金融制度下政府调控、支持农业农村经济的有效渠道，是参照市场经济国家的成功经验①而设立的。然而，目前中国农业发展银行的职能定位过于狭窄，基本只负责粮棉油收购资金的发放与管理，且仅限于单一的国有粮棉油流通环节的信贷服务，而支持农业开发、农业产业化和农村基础设施建设等服务并未有效开展起来，与其职能名不副实。近年来，农业发展银行的业务出现了严重萎缩，贷款总额显著下降，对农业发展的支持作用十分有限。有资料显示，1994年农业发展银行发放的农业贷款占全部农业贷款的比重达到65.7%，1997年超过了

---

① 由于农业在三产中劳动生产率较低，无论是发达国家还是发展中国家，一般都设有农业政策性金融机构，以进行农业生产性投资和流通性融资。生产性投资包括扶持农业技术开发、农业基础设施建设、退耕还林、农作物生产的直接投资等，这些投资主要是生产性的长期投资，弥补了农业领域长期投资和生产性投资不足的问题；流通性融资主要用于国家的农产品收购和流通领域，如收购粮棉油等农产品，以确保国家粮食安全和其他重要农产品供应安全。

70%，但在此之后一路下降，到 2007 年迅速下降到 28.8%，这无疑弱化了农业发展银行的公共金融支农功能。此外，目前农业发展银行和农村信用合作社仍然承担着为农业农村提供部分政策性金融服务的功能，这种分工不明确的农村金融体制影响政策性金融支农的绩效①。

6.4.2　农村金融制度创新缺乏适应性

按照金融功能观的"外部环境—功能—结构"的分析范式，农村金融体系的安排首先要适应外部环境，而外部环境中最主要的内容就是农村金融需求特征，即农村金融服务安排首先要适应农村金融需求的特征。但我国农村金融产品种类单一、金融结构不合理，金融服务的针对性严重缺乏，难以满足农村多样性的金融需求。

农村金融市场需求是多样化的，既有农户和中小企业的金融需求，也有大型龙头企业的金融需求；既有商业性金融需求，又有政策性、合作性、普惠性金融需求；既有银行性金融需求，又有非银行性金融需求；既有短期融资需求，又有长期融资需求。同时，农村金融需求主体主要是农户，由于农户自身的特性，其金融需求也呈现多样化和个性化，不仅有贫困农户小规模生产贷款、一般收入农户经营性资金需要、专业农户发展生产的大额贷款及相关金融需求，还有农户子女教育、住房、医疗等多方面的贷款需求。但由于我国农村金融长期正规化的垄断和金融抑制，导致金融产品单一、结构僵化，难以满足农村金融多层次性和多样性需求，突出表现在，提供存款汇兑的金融机构与金融服务较多，提供符合农业农村生产特性的信贷、担保等金融服务相对匮乏；提供人身险保障的保险机构多，提供生产型保险保障服务的机构相对较少。

现有金融产品的信贷额度结构和信贷期限结构也与农村实际需求不适应。在我国农村金融机构提供的信贷产品中，额度限制非常严格，一般发放小额农贷的额度每户从 500 元~5 万元不等，而超过 5 万元的大额资金需求则很难得到满足。随着农村农业产业化经营的纵深推进，一批专业化、规模化生产的农业大户和"公司＋农户"、"合作经济组织＋农户"、"专业市场＋农户"、"公司＋基地＋农户"和"订单农业"不断发展，农村小额贷款已经无法满足他们

---

① 如农业银行经营的政策性业务包括农业综合开发和扶贫等专项贷款以及粮棉企业加工和附营业务贷款，农村信用合作社经营的政策性业务如执行国家宏观政策开办的保值储蓄业务等。农业银行和农村信用合作社是提供私人金融产品的金融机构，却承担着较多的公共金融产品的供给，极有可能出现私人金融物品对公共金融物品的排挤。

参与农业产业化发展的需求。虽然，《中国人民银行支农再贷款管理办法》（银发〔2015〕395号）规定单笔支农再贷款展期次数累计不得超过2次，每次展期的期限不得超过借款合同期限，实际借用期限不得超过3年，考虑了农户生产的周期性，但在农业产业机构调整和升级中，农村需求主体对资金的中长期需要日益增强，农业特色种植、多种经营以及农产品深加工、运输、商业等经营周期往往较长。如林果种植业需要3~5年期限，特种养殖业需要2~3年期限，农产品加工业、储运业、农户住房与子女助学等贷款也需要1~4年左右。以短期融资为主的支农信贷业务与农村中长期为主的信贷需求矛盾突出。

6.4.3　农村金融制度创新缺乏保障性

乡村振兴战略的实施以及全面建成小康社会对金融支持农业农村经济发展提出了更高要求。近年来，国家多次强调引导多元化金融对农业农村地区的协同支持。除传统金融支农手段外，农民合作社内部信用合作、多种农业保险品种、政策性农业担保等试点得以广泛开展。然而，现行农村金融制度创新的保障机制不健全导致农村金融体系运行缺乏稳定性、农村金融市场不完整和农村金融宏观调控体系功能缺失等问题。我国农村金融制度经历了多次变革但始终没能建立起确保农村金融制度良性发展的体制和制度基础。

当前，农民合作社内部金融互助作为内生性新型农村合作金融组织得到了试点地区农户的支持，不仅缓解了农村偏远地区的金融包容性缺失问题，而且依托合作社形成了供应链金融的创新发展，有效服务了农村地区的产业成长。但是，农民合作社内部信用合作的法律地位有待明确。现行《农民专业合作社法》和相关法律法规对于合作社内部信用合作的实施缺乏指导，无法明确其合作金融的组织性质，也引发了财税政策扶持及监管追责机制缺位等一系列困难，进而导致获得群众认可的乡村内生性合作金融创新的复制推广缺乏有效的法律保障。

随着农业产业结构调整和升级，农业生产经营主体对农业保险的需求不断增加，如农产品目标价格保险、收入保险、天气指数保险等新型农业保险产品和服务供求矛盾突出。尽管《保险法》规定"国家支持发展为农业生产服务的保险事业"，在农业保险中除商业性保险公司开展的农业保险业务可以适用《保险法》外，2002年新修订的《农业法》也确定了我国农业保险制度发展的基本框架，但目前我国仍然还没有关于农业保险的专门法律、法规，许多有关农业保险的具体问题都存在法律真空，无法保障农业保险的规范化、制度化发展。同时，关于保险的定价、理赔、标的选取也没有比较权威的指导性意见。农业保险具有高风险、高成本、高赔付的特征，需要政府给农业保险机构一定的财政补贴和税收优惠，并大力发展再保险进行风险分散，但目前尚未建立统一的政策框架来规范实施，这些因素严重地妨碍了农业保险功能和作用的发挥。

政策性农业担保公司的服务创新、成本控制及经营效率同样也缺乏有效保障。具体来看，反担保手段较为僵化，针对担保人生产情况和农业产业经营特点制定的反担保手段比较少。三权抵押领域法律顶层设计缺失，也在一定程度上阻碍了反担保机制的创新和担保机构追偿权的实现。目前开展的农村产权抵押大多在试点政策下进行，但法律上存在障碍，一旦借贷风险产生，很难通过法律程序解决，导致在政策性农业担保领域的信贷技术革新不多，农业担保机构的服务创新能力依然有待加强。

6.4.4 农村金融制度创新缺乏能动性

虽然我国农村金融制度创新引导金融资源向农村的投放，充分体现了国家对"三农"发展的政策关怀，但实施手段的固化与过强的指向性导致农村经济主体参与的自由性和积极性降低，使得整个制度缺乏创新的能动性去适应农村经济发展的需要，去满足农村经济主体的需求。

一是农村金融创新主体单一、创新动力不足。在我国农村金融制度变迁过程中，一方面，政府主导的强制性制度安排，从客观上排除了农村金融最大主体——农民的参与；另一方面，人为地降低了农村金融的合作性和竞争性，导致农村领域特别是经济欠发达地区的农村金融机构组织单一，农村信用合作社、农村商业银行占据了业务的垄断地位，创新主体失去了创新动力。

二是金融机构业务定位不当，限制了金融服务创新。传统农业作为弱质产业，面临自然和经营双重风险，在按市场规律的金融资源配置过程中，处于极为不利的地位，不能够形成有效的金融需求。而商业性金融甚至合作性金融为了加强风险控制，层层上收贷款审批权限，形成对农业农村的信贷歧视，进而制约了农业现代化进程，又反过来限制了对农村领域的资金供应和服务创新，形成二者之间的恶性循环。

三是农村金融与财政缺乏配合，制约了创新积极性。农业贷款的特点是周期长、见效慢、风险大而且数额小、分布广。金融机构发放支农贷款的风险，几乎全部由金融机构自己承担，国家财政缺乏相应的风险补偿，使银行、信用社资金的趋利性与农业投入低回报之间的现实矛盾无法解决。因此，一旦涉农的金融产品、金融服务创新不能获取足够的经济回报，即使该项创新真正有利于"三农"发展，但金融机构也对该项创新的推广持消极态度，往往是应付国家政策规定，而非真心服务"三农"发展。

第7章 农村金融制度创新与法治实践：
重点与难点

本章开始进入应用对策研究，而针对性地提出对策建议，必须充分把握现实状态，找准解决问题的重点和难点环节。为此，本章将根据我国农村金融制度创新的基础性条件，明确农村金融制度创新的必要性与可行性，科学构建农村金融制度创新的总体框架及目标定位，并由此界定农村金融制度创新的重点范围和工作，最后致力于探讨农村金融制度创新的难点环节及突破路径。

7.1 中国农村金融制度创新的基础性条件

为实现我国农村金融制度创新，必须首先明确其基础性条件，确保农村金融制度创新的内在条件塑造与外部环境支持。在本节，我们将从农业生产要素集聚能力、农业生产经营能力、非农产业要素整合、农村公共服务基础这四个方面对农村金融制度创新的基础性条件进行分析。

7.1.1 农业生产要素集聚能力

1. 土地要素

耕地是粮食生产最基本的自然资源基础，其在质和量等方面的变化将对粮食安全产生最直接的影响。我国幅员辽阔，却属于耕地资源约束型国家。《2016中国国土资源公报》[①] 显示：截至2016年末，全国耕地面积为13495.66万公顷；从2009年到2016年，耕地面积从13538.46万公顷下降到13495.66万公顷，减少了42.8万公顷，减少了0.32%（见图7-1）。根据世界粮农组织（FAO）的预测，我国人均耕地面积仅为0.08公顷，不足世界人均耕地面积的40%[②]。

---

① 中华人民共和国国土资源部：《2016中国国土资源公报》，《国土资源通讯》2017年第8
期，第24~30页。

② 中华人民共和国农业部：《中国农业发展报告2011》，中国农业出版社，2011。

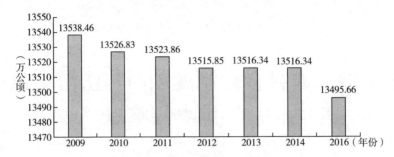

图 7 - 1　中国耕地面积变化情况

资料来源：《中国统计年鉴》，其中 2015 年数据缺失。

中国人多地少，要保障粮食安全，只能依靠单位面积产量的提高，耕地资源的高强度利用就成为必然。20 世纪 80 年代以来，为了满足人口对粮食的巨大需求，中国逐渐提高耕地的集约利用程度、增加农业的生产资料投入，通过高强度的耕地利用模式实现了粮食的高单产水平，但是耕地资源质量却因水土流失、工业废物的排放、农药化肥等的滥用、灌溉方式的不合理以及自然灾害等遭受到严重破坏[①]。以《农用地质量分等规程》为依据，将全国耕地划分为 15 个等别进行评定，1 等耕地质量最好，15 等耕地质量最差。评定结果表明：全国耕地平均质量等别为 9.96 等，高于平均质量等别的耕地面积为 39.93%，低于平均质量等别的耕地面积占 60.08%[②]，可用于粮食生产的耕地等级总体偏低。需要注意的是，城镇化、工业化进程中占用的耕地，绝大部分都是优质耕地，土地生产率较高，而通过土地整治等措施补充的耕地土地生产率极低[③]，这也将影响耕地质量的构成。

耕地资源数量的稳定是保障国家粮食安全的最基本要素，为此，我国应大力整治土地污染和严格监控城镇化对农业用地的非法侵占，严守 18 亿亩耕地红线[④]。同时通过规模化、专业化的生产来使土地资源得到有效集聚和优化配置。此外，还必须改良耕地资源的传统利用模式，坚持内涵式可耕地开发策略，推进农业机械化、生态化进程，加强耕地利用可持续性。

---

① 马述忠、叶宏亮、任婉婉：《基于国内外耕地资源有效供给的中国粮食安全问题研究》，《农业经济问题》2015 年第 6 期。
② 资料来源：中华人民共和国自然资源部：《2016 中国国土资源公报》，http：//www. mlr. gov. cn/sjpd/gtzygb/201704/P020170428532821702501. pdf，最后访问时间：2023 年 5 月 1 日。
③ 于法稳：《新时代农业绿色发展动因、核心及对策研究》，《中国农村经济》2018 年第 5 期。
④ 穆怀中、张文晓：《中国耕地资源人口生存系数研究》，《人口研究》2014 年第 3 期。

2. 劳动力要素

从我国的劳动力资源来看，我国是一个传统的农业大国，虽然"城镇化"的进程不断加快，农村人口在逐渐下降，但截至 2017 年底我国农村人口数仍然还有 58973 万人，占总人口比例仍高达 42.65%。现阶段我国农村人口表现为常住人口总量和占比持续下降，在农村人口结构上主要表现为：年龄上老少多青壮年少、性别上女多男少、能力上素质低者多素质高者少①。教育水平更高劳动力转向城镇不仅会造成农村人力资本下降，还减少了农业生产的投工量，进而降低了粮食生产效率，影响粮食产出。② 从课题组对贫困地区农户的调查情况来看，2661 份有效调查农户的样本中，在人力资本方面，98.58% 的贫困户户主受教育程度为初中及以下。其中，小学文化及文盲的农户占比高达 86.17%；从家庭成员的受教育程度来看，高达 89.18% 的贫困户没有高中及以上学历的家庭成员。

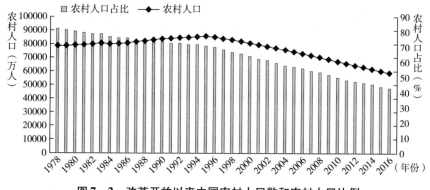

图 7-2　改革开放以来中国农村人口数和农村人口比例

劳动力作为经济增长的重要要素，对农业的发展至关重要，但是劳动力的素质比起数量而言更加重要③。以美国为例，美国的农民不足 300 万，少于总人口的 1%，但其粮食产量却稳居世界第二，是世界上最大的粮食出口国。此外，过去主要依赖劳动和土地这类初始资源获取产出的传统农业正在发生结构性改变，现代农业是以运用资本和高素质劳动力等现代要素为主要特征的经济形式，对农村劳动力素质提出了更高要求，人力资本水平作为影

---

① 熊主武：《努力改变农村人口结构扭曲的状况》，《中国发展观察》2012 年第 1 期。
② 秦立建、张妮妮、蒋中一：《土地细碎化、劳动力转移与中国农户粮食生产——基于安徽省的调查》，《农业技术经济》2011 年第 11 期。
③ 游和远、吴次芳：《农地流转、禀赋依赖与农村劳动力转移》，《管理世界》2010 年第 3 期。

响产出的内生变量被纳入现代农业生产函数中。[1] 所以，加大农村教育投资，加强农民技能培训作为受教育水平的补充，提高农村劳动力素质和劳动生产率意义重大。在现有的农业劳动力中，接受过系统农民职业教育的很少。虽然，我国曾实施了许多农民培训项目，但是培训的重点主要是为了提高农村劳动力的非农就业能力，真正直接针对农业生产经营的培训并不多，直接导致了农村劳动力供给转型明显跟不上劳动力需求转型的步伐。

针对目前我国农村劳动力转移和农村劳动力素质低的现实情况，国家应该充分保障农村人力资本改造的战略性投入，在着力于提高农村劳动力受教育程度的同时，还应加快对新一代高素质职业农民和新型农业经营主体的培育，有针对性地强化农业劳动力的人力资本改造，通过高素质劳动力的集聚和优化配置来抵消农业人口转移带来的影响。

3. 资本要素

资本是农业生产的另一核心要素，但是相对发达国家而言，我国对农业生产的资本投入长期较少。进入 21 世纪以来，为了解决"三农"问题、缩小城乡收入差距、打破城乡"二元结构"，我国在 2003 年开始免除了农业税，并且开始对农业进行大幅度的补贴，中央财政用于"三农"的支出从 1978 年的 150.66 亿元增长至 2016 年的 18587.40 亿元，总量扩大了 122.37 倍，年均增速为 28.89%（见表 7 – 1）。从财政支出结构上看，1978 ~ 2016 年，财政支农支出占国家财政总支出的比重均值为 9.10%。其中，最高的 1979 年为 13.60%，最低的 2003 年仅有 7.12%，就是在"三农"问题得到广泛关注的 2004 年之后，年均财政支农的占比也仅有 8.88%，甚至小于改革开放以来的平均值。这一结果表明，虽然财政支农总量上仍然保持增长，但其增速有下滑趋势。

此外，农业农村获得的信贷资源呈现出了大幅度的增长，对农业发展和农村经济增长起到了一定的助推作用。农业贷款由 1978 年的 115.6 亿元上升到了 2016 年的 36600 亿元，总量扩大了 315.61 倍；农村贷款由 1978 年的 138.9 亿元上升到了 2016 年的 230000 亿元，总量上扩大了 1654.87 倍。从农村贷款占金融机构总贷款的比重来看，表现为先逐渐上升后逐渐下降再重新上升的趋势，由 1978 年历史最低的 7.35% 上升到 1989 年的 20.65%，再下降到 1996 年的 11.77%，保持了几年的相对稳定之后又上升到了 2013 年的历

---

[1] 马林静、欧阳金琼、王雅鹏：《农村劳动力资源变迁对粮食生产效率影响研究》，《中国人口·资源与环境》2014 年第 9 期。

史最高 24.06%，之后又呈缓慢下降的趋势。

　　近年来，国家还鼓励社会资本进入农业领域。2014 年 11 月 26 日公布的《国务院关于创新重点领域投融资机制鼓励社会投资的指导意见》中将农业领域列为鼓励投资的九大领域之一，2018 年出炉的外商投资负面清单对农业等 22 领域放宽了市场准入。在国家乡村振兴战略的指导下，坚持农业农村优先发展已成为大势所趋，农业领域正涌入越来越多的工商企业与投资机构，但由于我国对农业加大投入的时间还不长，所以对农业领域的资本投入还需要确保持续性。

表 7 - 1　1978～2016 年中国农村与农户的存贷情况

单位：亿元,%

年份	农业贷款余额	农村贷款余额	金融机构贷款余额	财政支农支出	财政总支出	农业贷款增速	农村贷款比总贷款	财政支农比财政总支出
1978	115.60	138.90	1890.42	150.66	1122.09	17.60	7.35	13.43
1980	175.90	223.00	2478.08	149.95	1228.83	28.68	9.00	12.20
1985	416.60	775.20	6198.38	153.62	2004.25	13.18	12.51	7.66
1990	2412.80	2931.00	17511.02	307.84	3083.59	23.40	16.74	9.98
1995	1544.80	6089.60	50544.09	574.90	6823.72	35.05	12.05	8.43
2000	4889.00	12011.90	99371.07	1231.50	15886.50	2.02	12.09	7.75
2001	5711.48	13374.60	112314.70	1456.70	18902.58	16.82	11.91	7.71
2002	6884.58	16934.57	131293.93	1580.80	22053.15	20.54	12.90	7.17
2003	8411.35	25094.52	158996.23	1754.50	24649.95	22.18	15.78	7.12
2004	9843.11	32643.51	177363.49	2337.60	28486.89	17.02	18.40	8.21
2005	11529.90	40021.39	194690.39	2450.30	33930.28	17.14	20.56	7.22
2006	13208.20	46097.10	225285.28	3173.00	40422.73	14.56	20.46	7.85
2007	15428.20	61210.22	261690.88	4318.30	49781.35	16.81	23.39	8.67
2008	17629.00	69123.15	303394.64	5955.50	62592.66	14.26	22.78	9.51
2009	21623.00	91453.20	399684.82	7253.10	76299.93	22.66	22.88	9.51
2010	23043.70	98040.00	479195.55	8579.70	89874.16	6.57	20.46	9.55
2011	24436.00	121469.00	547946.69	10497.70	109247.79	6.04	22.17	9.61
2012	27261.00	145467.00	629909.64	12387.60	125952.97	11.56	23.09	9.84
2013	30423.28	172960.26	718961.00	13349.55	139744.26	11.60	24.06	9.55
2014	33488.28	194407.34	816739.70	14173.80	151785.56	10.07	23.80	9.34
2015	35100.00	216100.00	939500.00	17380.49	175877.70	5.20	23.00	9.88
2016	36600.00	230000.00	1066000.00	18587.40	187755.21	4.20	21.58	9.90

　　资料来源：《中国农村统计年鉴》历年和中国人民银行公布的 2009～2016 年金融机构贷款投向统计报告，最后由作者计算而得。

4. 技术要素

科技对农业生产发展一直发挥着至关重要的作用。这些年，我国政府一直致力于发展现代农业，提高科技对农业的贡献率。为此，2011 年中央财政安排 10 亿元资金用来建设基层农技推广体系，对 8243 个乡镇农技推广机构的设施条件进行了改善。2012 年，中央加强了对农业科技人才的培育，继续提高农民科技素质。与此同时，国家组织开展的测土配方施肥技术已在全国范围内 10000 个村得到推进，目标是将测土配方施肥技术推广到全国 13 亿亩耕地，直接为 1.8 亿农民提供免费技术服务。此外，节水灌溉、病虫害专业化防治和玉米地膜覆盖等新技术也得到了推广。虽然国家的政策对农业科技历来很重视，但是农业科技体制的不合理影响了现代科技要素进入农业农村，具体表现在以下三个方面。

一是我国农业科研投入强度与国际平均水平相比仍有较大差距。统计数据显示（见表 7 - 2），世界发达国家 20 世纪 90 年代的平均农业科研投入强度已经达到了 2.37%，同时期发展中国家的平均农业科研投入强度也达到了 1.04%。其中，以美国为代表的农业科研大国的农业科研投入强度在 2002 年就已经超过了 3%。相比之下，我国农业科研投入强度近几年间基本上都保持在 0.25% 这一水平，与世界上发展中国家的平均水平相差 0.79 个百分点，与世界上发达国家的平均水平差距更是高达 2.12 个百分点，这说明我国农业科研投入强度较弱。

表 7 - 2 世界农业科研投入强度平均水平与我国农业科研投入强度对比

单位:%

国家类别	发达国家	发展中国家	美国	中国			
年度	20 世纪 90 年代	20 世纪 90 年代	2002 年	2010 年	2012 年	2014 年	2015 年
农业科研投入强度	2.37	1.04	超过 3	0.25	0.25	0.24	0.25

资料来源：中华人民共和国知识产权局：《关于增强自主创新能力及加强知识产权工作有关情况的报告》；农业科研投入强度由农业科研投入经费与农业 GDP 之比得出，其中，农业科研投入经费数据来源于《全国科技机构数据统计集》，农业 GDP 数据来源于《中国统计年鉴》。

二是农业 R&D 科研经费投入基本上都来源于政府且占比较低。表 7 - 3 的统计数据显示，政府资金对农业 R&D 科研投入的支持力度最大，其次分别是企业资金和国外及其他资金。从 2015 年的情况来看，政府资金、企业资金和国外及其他资金占农业 R&D 科研总投入比重分别为 89.28%、2.38% 和 8.35%。农业 R&D 科研投入当中的政府资金占比常年处于 90% 左右，而并无明显的下降趋势，企业资金占比一直保持在 2%~3% 的水平，这说明企业在我国农业科技投入中尚未发挥应有的作用。与此同时，2015 年第一产业增加值占 GDP 比重仍然接近 9%，而农业 R&D 投入占全部 R&D 投入比重却只有 4.13%，这说明农业 R&D 投入仍然相对不足。

三是农业科研推广不足，进而导致农业科技发展的人力资本积累不足，使得农业科研与农业生产脱节。在农业科研推广方面，由于对农业科研项目评审的考核集中在发表科技论文和出版科技著作的数量上，而忽略了诸如有效发明专利、专利转让数量和形成国家或行业标准数量等应用型科研产出，导致农业科研与农业生产的脱节。

表 7 - 3　2005~2015 年中国农业 R&D 投入情况

单位：万元，%

年份	农业 R&D 投入（不变价）	其中：政府资金占比	其中：企业资金占比	其中：国外及其他资金占比	农业 R&D 投入占全部 R&D 投入比重
2005	537849	97.08	2.85	0.08	5.79
2006	711218	98.08	1.91	0.01	11.42
2007	847321	99.07	0.88	0.05	6.94
2008	434345	84.60	1.77	13.63	3.50
2009	508692	88.43	1.77	9.80	5.11
2010	521334	87.07	1.76	11.18	4.39
2011	601861	85.73	2.81	11.45	4.61
2012	680335	97.96	2.28	9.77	4.39
2013	689543	86.87	2.96	10.16	3.87
2014	808336	87.71	3.06	9.23	4.20
2015	883163	89.28	2.38	8.35	4.13
均值	656727	90.17	2.22	7.61	5.31

资料来源：《中国科技统计年鉴》，表中数据由作者计算得出。

总之，上述四种要素均对我国农业生产发挥着极其重要的作用，未来不仅需要加速其向农业农村集聚，而且还应该通过合理的调控机制，让四种要素协同配合作用于农业农村生产经营，加速推进我国农业农村现代化发展，从而形成有利于农村金融制度创新的要素配置能力。

7.1.2 农业生产经营能力

1. 农业生产能力

农业综合生产能力是农业生产诸要素综合作用而形成的、相对稳定的农业产出能力，代表一个国家或地区一定历史时期农业发展水平的综合指标。努力提升农业综合生产能力，能够为农村金融制度创新提供农业自身基础性保障。

首先，从农业科技水平和物质装备程度来看，我国农业机械总动力从1978年的11749.9万千瓦增加到了2016年的97245.6万千瓦（见图7-3）。有效灌溉面积从1978年的4496.5万公顷增加到了2016年的6714.06万公顷。化肥施用折纯量从884万吨增长到了5984.1万吨。其次，从农业生产抵御自然灾害的能力来看，我国的总体受灾和成灾面积也从5080.7万公顷和2445.7万公顷下降到了2622.1万公顷和1367.0万公顷，从受灾类型来看，旱灾和冻灾受灾和成灾面积下降显著。最后，从土地的生产率和生产能力来看，我国粮食单位面积产量从1978年的2527.3公斤/公顷增加到了2016年的5451.9公斤/公顷。农林牧渔生产总值从1978年的1397亿元增长到了2016年的112091.3亿元。

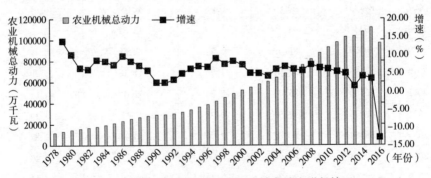

图7-3 1978~2016年我国农业机械总动力增长情况

虽然我国的农业生产能力进步巨大，但是我国的农业生产也存在很多需要改进的地方。从现实国情来看，我国人均自然资源在世界上处在较低的水平，尤其是耕地资源、水资源。为此，我国农业需要走资源节约型、环境友好型、绿色循环型的可持续发展道路，这样的发展模式既可以有效地利用资源，又能够切实地提高土地生产效率和劳动生产率。此外，我国农业的物质装备程度、劳动力素质以及农业科技水平都与发达国家差距明显。因此，我国进一步提升农业生产经营能力需要加大对农业的投入水平。

另外，自然灾害对我国农业生产带来的影响十分巨大。虽然，我国目前的农业防灾能力有了很大的提高，但是对于水灾和冰雹灾害的防治仍然缺乏有效的措施，尤其是水灾。从 1978 年到 2016 年，我国水灾受灾和成灾面积分别从 310.9 万公顷和 210.2 万公顷增加到了 853.1 万公顷和 433.8 万公顷。为了减少自然灾害造成的损失，我国应该建立完善的自然灾害防护机制和自然灾害保险机制，切实保障农民的利益，提高农民的生产积极性，为提升我国的农业综合生产能力夯实基础。

2. 农业经营基础

1978 年以后，我国实行了家庭联产承包责任制。这一制度通过"包产到户"的形式，实现了家庭经营，它极大地提高了农民的生产积极性，农民的收入和生活水平都得到了极大的提高。然而，随着市场经济和生产力的发展，这一制度也暴露出了不利于形成规模经济以及不利于集约化、专业化生产等问题。针对这些弊端，国家近年来大力倡导培育新型农业经营主体。党的十八大报告明确提出，要坚持和完善农村基本经营制度，依法维护农民土地承包经营权、宅基地使用权、集体收益分配权，壮大集体经济实力，发展农民专业合作和股份合作，培育新型经营主体，发展多种形式规模经营，构建集约化、专业化、组织化、社会化相结合的新型农业经营体系，这是对农村基本经营制度的丰富发展。

以家庭承包经营为基础、统分结合的双层经营体制，是我国农村改革取得的重大历史性成果，是广大农民在党的领导下的伟大创造，适合基本国情，适应社会主义市场经济体制，符合农业生产的特点，能极大调动农民从事农业生产的积极性和有效解放发展农村生产力，为改革开放以来我国农业农村历史性变化提供了坚实制度基础，是中国特色社会主义制度的重要组成部分，必须毫不动摇地长期坚持。这种基本经营制度，是在农村改革的伟大实践中形成的，并在农村改革的深化中不断丰富、完善、发展。构建集约化、专业化、组织化、社会化相结合的新型农业经营体系，就是要适应发展现代农业需要，着力在"统"和"分"两个层次推进农业经营体制机制创新，加快农业经营方式实现"两个转变"。农业的规模化、专业化、市场化、组织化发展将成为未来农村经营制度调整与完善的趋势。

3. 农业现代化条件

农业现代化是指从传统农业到现代农业转变的过程，即使用手工工具的传统农业生产向运用现代科学技术、现代生产手段与装备和规模经营的现代农业生产的转变过程，是从具有典型自然经济特点的农业向运用现代组织形式、管理方法的市场农业转变的过程。根据农业现代化的定义，我们将其分为两个方面：一是生产力层面的现代化，二是组织、管理层面的现代化。发展现代农业，不仅是为了保障农产品的有效供给，更重要的是能够确保农业工作者的收入得到增加和国家粮食安全得到有效保障。2013 年，党的十八届三中全会《决定》中指出鼓励农业的现代化经营，这里的现代化包含了经营方式和生产方式的现代化；2018 年的中央一号文件指出，没有农业农村的现代化，就没有国家的现代化，要扎实推进农业现代化和新农村建设。

农业机械化水平一定程度上代表了农业生产方式的现代化。现阶段我国农民的生产方式正从人畜力转向农机畜力，农民物质资本存量的增长主要来自农业机械的增加，在宏观层面上机械化可为农业现代化提供强劲动力。从图 7-3 可知，我国农业机械化取得了长足的进步。一方面，农业机械化改变了农民的生产、生活方式，提高了农业生产效率，并使农业规模化种植、产业化经营成为了可能。另一方面，农业机械化大量解放了生产力，为劳动力转移提供了现实保障。从表 7-4 可以看出，改革开放以来，我国农用大中型拖拉机、小型拖拉机和联合收割机等主要农机具都呈现出快速增长的趋势。其中，小型拖拉机的增速尤为明显，1978 年小型拖拉机仅约 137 万台，到 2016 年末小型拖拉机达到 1671.61 万台。另外，到 2016 年，我国农业机械总动力达到 97245.6 万千瓦，大中型拖拉机达 6453500 台，联合收割机达 1902008 台，耕种收综合机械化水平在 66% 左右，较 2012 年提高 9 个百分点。机械化水平的提高为提升我国农业的现代化水平、提高农业生产效益打下了坚实的基础。

从生产力角度来说，截至 2016 年末，我国的农作物耕种收综合机械化率达 65.2%。根据农业部的预测，这一比率在 2020 年将会超过 70%[①]。与此同时，我国的农业科技水平也取得了长足的进步，种子、化肥、农药等农业生产资料质量不断提高。从组织、管理层面来说，国家近年来开始鼓励构建新型农业经营体系，鼓励农业走集约化、专业化、市场化的发展道路。但是，中国农业的现代化水平与发达国家还有较大的差距，仅从农作物耕种收综合

---

① http://news.xinhuanet.com/fortune/2014 - 11/03/c_1113097444.htm，最后访问日期：2023 年 5 月 1 日。

机械化率这一指标来说，发达国家一般为 95% 以上①。

表 7-4　1978~2016 年我国主要农业机械年末拥有量具体情况

单位：台，部

年份	农用大中型拖拉机	小型拖拉机	农用排灌电动机	农用排灌柴油机	联合收割机	机动脱粒机	大中型拖拉机配套农具	小型拖拉机配套农具
1978	557358	1373000	2256000	2657000	18987	2106000	1192000	1454000
1980	744865	1874000	2583000	2899000	27045	2498000	1369000	2191000
1985	852357	3824000	3216000	2865000	34573	3441000	1128000	3202000
1990	813521	6981000	4308000	4111000	38719	4933000	974000	6488000
1995	671846	8646356	5352244	4912068	75351	6058837	991220	9579774
2000	974547	12643696	7413111	6881174	262578	8761800	1399886	17887868
2001	829900	13050840	7756695	7285693	282871	9034737	1469355	18821829
2002	911670	13393884	8109120	7506066	310147	8982654	1578861	20033634
2003	980560	13777056	8370559	7495652	365041	8836967	1698436	21171505
2004	1118636	14549279	8835399	7775427	410520	9147243	1887110	23096911
2005	1395981	15268916	9214863	8099100	480378	9262031	2262004	24649726
2006	1718247	15678995	10060505	8363525	565578	9656410	2615014	26265699
2007	2062731	16191147	10364935	8614952	633784	9872961	3082785	27329552
2008	2995214	17224101	10863833	8983851	743474	9631477	4353649	27945401
2009	3515757	17509031	11347984	9249167	858372	9879424	5420586	28805621
2010	3921723	17857921	11761542	9462526	992062	10167963	6128598	29925485
2011	4406471	18112663	12130377	9683914	1113708	10018720	6989501	30620134
2012	4852400	17972300	12488100	9823100	1278821	10423200	7635200	30806220
2013	5270200	17522800	9347000	9347000	1421000	10076000	8266200	30492100
2014	5679500	17297700	12873300	9361300	1584600	10489600	8896400	30536300
2015	6072900	17030400	13029600	9399300	1739000	10618000	9620000	30415200
2016	6453500	16716100	13138827	9407700	1902008	10637869	10281100	29940300

资料来源：《中国统计年鉴》历年。

　　农业生产经营能力提升能够有效带动我国农村金融的发展和创新，但需要注意以下几点。一是加强农业农村基础设施建设。基础设施的建设可以改

———————————

① 张忠根、田万获：《中日韩农业现代化比较研究》，中国农业出版社，2002。

善农民的生产、生活条件，提高现代农业的物质装备水平。具体实施过程中，不仅要提升实体基础设施，而且要着眼于信息时代和大数据时代背景下农村物流体系、信息网络和金融基础设施的建设。二是加快农业科技体系建设。科技对农业现代化至关重要，推进农业科技的研发、推广、应用体系的建设，可以提升我国农业的科技含量和自主创新能力，夯实现代科技与金融在乡村有效结合的基础。三是建立健全农村市场体系。通过建立健全涵盖金融市场的农村市场体系，可以改善我国农产品的流通效率和提升农业的市场化程度。四是加强对从事农业生产人员的技术、经营管理、金融知识培训。组织形式、经营理念、管理方法的现代化是农业现代化对农业从业人员的要求。加强对农民生产技术以及经营管理知识的培训，可以提升农业从业人员的劳动素质，有利于实现农业现代化中农业生产经营主体的现代化。

7.1.3　非农产业要素整合

随着新型工业化和城镇化进程的快速推进，非农产业收入[①]占农民收入的比重逐年增大。非农产业的要素投入与产业基础条件决定了农民非农收入的增长。因此，为了确保我国农村金融制度创新，有必要明确非农产业的要素整合情况和产业基础条件。

1. 非农产业就业岗位提供

非农产业的迅速发展不仅改变了就业结构，而且对增加农民收入和提高就业率、稳定社会发展等多方面发挥了重要作用。由于第二产业和第三产业中农民的就业人口无法估算，这里仅讨论乡村就业人口中非农就业[②]情况。非农产业的蓬勃发展使得从事非农产业的农民人数逐年增加，为农民提供了很多岗位。从1978年到2018年从事非农产业的农民人数从2182.2万人增加到了1.4亿人左右，而乡村从业人员中非农从业比率也从7.12%增加到了41.18%。从乡村的非农就业人口的发展趋势来看，2013年便已超过农业就业人员的数量。

从不同行业对农村劳动力的吸收情况看，农村劳动力在非农产业就业主要是第二产业中的工业、建筑业和第三产业中的交通运输业、批发零售业、餐饮业等，不同的行业对农村劳动力的影响不同。从表7－5可以看出：制造业的比

---

① 此处的非农产业收入是指除了第一产业收入以外农村居民家庭人均纯收入的剩余部分。

② 乡村从业人员分为农林牧渔业从业人员（以下简称农业从业人员）和乡村非农从业人员，这里讨论的非农就业人员数量也即是乡村从业人员数量与农林牧渔业从业人员数量之差。

重最大，但近几年逐渐下降，由 2008 年的 37.2% 下降到 2017 年的 29.9%；建筑业的比例从 13.8% 增加到 18.9%，其他行业的变化不明显。由于建筑业和制造业都是以劳动密集型生产为主，需要大量体力劳动且技术要求不高，而农民工文化程度和技术水平普遍较低，因此他们更容易在这些领域找到工作，成为建筑业和制造业的主力军。可见，非农产业对农村劳动力转移影响较强的行业，主要还是一些对知识技能要求不高的劳动密集型产业。

从不同地区非农产业对农村劳动力的吸收情况看，随着我国产业结构升级、劳动密集型产业从东部不断向西部转移，农民工在不同地区的就业结构不尽相同。从中国统计年鉴《农民工监测调查报告》的数据可知，东部地区农民工主要从事于制造业，从 2010 年开始比重逐渐下降。由于我国东部的经济发展较快，中小型企业、民营企业成长态势良好，这些企业是以劳动密集型、低附加值的加工贸易为主，并在东部吸收了大量的劳动力就业。另外，由于生产成本上升及资源缺乏等原因使得低附加值的劳动密集型产业在东部的发展空间越来越小，东部地区的产业不断由劳动密集型向资金密集型和技术密集型的产业优化，使得东部制造业吸收劳动力的数量逐渐下降。中部地区建筑业和制造业并重，而且建筑业比重有增加的趋势。与东部相比西部地区土地资源、人力资源比较丰富，但是企业数量和规模都赶不上东部，因此农民工就业承受更大压力。

表 7 - 5　2008 ~ 2017 年农民从事的主要行业分布

单位:%

行业	制造业	建筑业	交通运输、仓储和邮政业	批发零售业	住宿餐饮业	服务和其他服务业	其他行业
2008	37.2	13.8	6.4	9	5.5	12.2	15.9
2009	36.1	15.2	6.8	10	6	12.7	13.2
2010	36.7	16.1	6.9	10	6	12.7	11.6
2011	36	17.7	6.6	10.1	5.3	12.2	12.1
2012	35.7	18.4	6.6	9.8	5.2	12.2	12.1
2013	31.4	22.2	6.3	11.3	5.9	10.6	12.3
2014	31.3	22.3	6.5	11.4	6.0	10.2	-
2015	31.1	21.1	6.4	11.9	5.8	10.6	-
2016	30.5	19.7	6.4	12.3	5.9	11.1	11.0
2017	29.9	18.9	6.6	12.3	6.2	11.3	11.6

数据来源：2008 ~ 2017 年《农民工监测调查报告》。

2. 非农产业工资福利水平

从农民工工资水平来看，总量上仍然远远低于城镇职工工资水平，虽然近几年的增长率较高，但是稳定性较低，波动幅度较大。从表7-6可以看出，近年来的农民工工资总量在不断增加，由2008年的1340元增加到2017年的3485元，总量扩大了1.6倍，年平均增长率也达到了11.2%。其中，2011年增长率最大为21.2%。虽然如此，农民工工资仍然明显低于城镇职工工资。最低的2009年农民工工资仅有城市职工工资的52.74%，最高的2014年也只有60.99%。

表7-6 2008~2017年农民工与城市职工月平均工资水平具体情况

年份	农民工		城市职工		农民工工资比城市职工工资（%）
	平均月工资（元）	增长率（%）	平均月工资（元）	增长率（%）	
2008	1340		2408	16.9	55.65
2009	1417	5.7	2687	11.6	52.74
2010	1690	19.3	3045	13.3	55.50
2011	2049	21.2	3483	14.4	58.83
2012	2290	11.8	3897	11.9	58.76
2013	2609	13.9	4290	10.1	60.82
2014	2864	8.9	4696	9.5	60.99
2015	3072	7.3	5169	10.1	59.43
2016	3275	6.6	5630	8.9	58.17
2017	3485	6.4			

资料来源：2008~2016年《中国统计年鉴》，2008~2017年《农民工监测调查报告》。

从农民工福利水平来看，虽然近几年来农民工参加各项社会保障的比例有所增加，但整体比例仍然较低。其中，仅有工伤保险的参与率超过了20%，失业保险、生育保险的参与度不足15%。[1] 最常见的情况是，不少单位虽然替农民工缴纳了医疗保险，但最后还是将成本转嫁到农民工个体，直接的做法就是减少农民工资水平，这样一来，农民工在劳动力市场中存在

---

[1] 温涛、朱炯、王小华：《中国农贷的"精英俘获"机制：贫困县与非贫困县的分层比较》，《经济研究》2016年第2期。

"工资—福利折中"效应。[①] 从农民工的住房条件看，虽然当前农民工的住房主要由雇主提供，但人均面积达不到城镇平均标准，而且农民工住房的配套设施严重不健全。

3. 非农产业反哺协作条件

工业反哺农业是指在工业发展到一定阶段后，国家为了调整工农关系和城乡关系而实行的经济发展政策。广义的工业反哺农业是指非农产业和城市对农业和农村的反哺，实现农业生产的规模化和现代化。我国人均 GDP 在 2003 年就已经超过 1000 美元，2018 年我国人均 GDP 已经超过 9400 美元，常住人口城镇化率达到 59.58%，从国际工业化程度标准来看，我国已达到了工业化后期阶段。可见，我国工业化进程正在不断地向后工业化阶段迈进，城镇化水平正在走向更高阶段，已经进入刘易斯"转折点"。进一步推进工业化和城市化必须在农业农村得到根本性改造的基础上进行，其对农业和农村的反哺已不限于在"转折点"之前的"滴答"，而是全面地反哺。因此，未来促进农村金融发展和制度创新有赖于进一步加强非农产业的反哺力度。

7.1.4　农村公共服务基础

1. 基础设施条件

农村基础设施可分为经济基础设施和社会基础设施，研究农村金融制度创新这一主题，主要包括以下两类：一是农业生产基础设施，包括农田水利设施、生产工具和农业技术服务设施；二是农民生活基础设施，主要为农村交通、通信、饮水、能源等设施。

首先，分析农业生产基础设施情况。由于前述内容已经涉及生产工具和农业技术服务设施情况，这里重点分析农田水利设施情况。从表 7-7 中可得知，从 1990 年来我国农业有效灌溉面积不断增加，从 1990 年的 47403.1 千公顷发展到 2016 年已有 67140.6 千公顷；水库数量和水库库容量也不断增加，到 2016 年，我国已有水库 98461 座，总库容量达 8993 亿立方米，堤防长度从 1990 年的 22.0 万公里增加到 2016 年的 30.0 万公里。这表明，我国农业水利设施建设取得了很大进步，农业防灾设施持续得到完善。其次，分析农民生活基础设施条件。相关数据显示，1978 年到 2016 年，我国乡村办

---

① 秦立建、苏春江：《健康与农村劳动力外出务工》，《农业技术经济》2014 年第 12 期。

水电站的个数虽然在减少（其可能原因是小电站被合并），但是装机容量和农村用电量都在不断增加，农村用电量更是从253.1亿千瓦时猛增到9238.3亿千瓦时。农村能源消费由2000年的3913.77万吨标准煤，上升到2015年的8231.66万吨标准煤。2018年，农村宽带接入用户达到9377.3万户，开通互联网宽带业务的行政村比重超过97%。这些数据都说明近年来我国农村的基础设施建设取得了很大成绩，改善了农民的生产生活条件，为农民收入的持续增长和农村金融制度创新奠定了基础。

表7-7　1990~2016年我国农业水利设施情况

年份	有效灌溉面积（千公顷）	农用化肥施用量（万吨）	水库数（座）	水库库容量（亿立方米）	堤防长度（万公里）	水土流失治理面积（千公顷）	除涝面积（千公顷）	堤防保护面积（千公顷）
1990	47403.1	2590.3	83387	4660	22.0	53000	19337	32000
1995	49281.6	3593.7	84775	4797	24.7	66900	20065	30609
2000	53820.3	4146.4	85120	5183	27.0	80960	20989	39600
2006	55750.5	4927.7	85849	5841	28.1	97491	21376	45486
2007	56518.3	5107.8	85412	6345	28.4	99871	21419	45518
2008	58471.7	5239.0	86353	6924	28.7	101587	21425	45712
2009	59261.4	5404.4	87151	7064	29.1	104540	21584	46547
2010	60347.7	5561.7	87873	7162	29.4	106800	21692	46831
2011	61681.6	5704.2	88605	7201	30.0	109664	21722	45956
2012	63036.4	5838.8	97543	7211	30.6	102953	21857	42597
2013	63473.3	5911.9	97721	8298	27.5	106892	21943	40317
2014	64539.5	5996.4	97735	8396	28.0	111609	22369	42794
2015	65872.6	6022.6	97988	8581	29.0	115547	22713	40844
2016	67140.6	5984.1	98461	8993	30.0	120412	23067	41087

资料来源：《中国农村统计年鉴2017》、《中国统计年鉴2017》。

2. 公共服务条件

所谓农村公共服务，是指由政府及其他机构举办的，为农业经济生产、农村社会发展和农民日常生活提供的各种服务的统称。在这里，除了上文已涉及的如电力、交通、水利等一些农民生活基础设施和农业生产基础设施外，本部分所说的农村公共服务主要包括农村文化教育、卫生医疗、社会保障等内容。

第一，农村地区的文化教育事业发展情况。从 1990 年至 2015 年，我国农村文盲程度和小学程度的劳动力占比不断下降，同时农村初中、高中、中专和大专及其以上文化程度的劳动力占比不断升高，特别是初中程度的劳动力占比上升幅度大，到 2015 年，这一占比超过 55%。这表明文盲和小学程度的劳动力减少，初中及以上文化程度的劳动力占比增加，使得我国农村劳动力总体文化程度有了明显提高。在技术培训方面，中国国家统计局发布的《2017 年农民工监测调查报告》显示，接受过农业或非农职业技能培训的农民工占 32.9%。其中，接受非农职业技能培训的占 30.6%，接受农业技能培训的占 9.5%，农业和非农职业技能培训都参加过的占 7.1%，均呈现逐年提升态势。但值得关注的是，西部地区以及贫困地区农村教育水平与东部发达地区存在较大差距。西部地区的农村教育对财政预算内拨款依赖性过高，西部地区 2015 年的教育经费中高达 88.19% 来自于国家财政，比东部地区高出了 13.23 个百分点。从劳动力受教育年限来看，2015 年东部各地农村男性和女性的受教育年限分别为 8.51 年和 7.62 年，略高于中部地区，而西部各地区农村男性和女性受教育年限仅为 7.41 年和 6.48 年（见表 7-8），其结果直接的体现就是农民收入水平低下。比如，2015 年西部各地农民可支配收入平均值仅为 8914.13 元，在受教育年限最低的西部八个地区，仅有重庆和四川的农村居民可支配收入刚好过万元。

表 7-8　2015 年各地区农村教育经费、受教育年限和农民收入情况

地区	国家财政性教育经费占比（%）	民办学校中举办者投入占比（%）	捐赠投入占比（%）	事业收入占比（%）	其他教育经费投入占比（%）	农村受教育年限			农民可支配收入（元）
						平均（年）	男（年）	女（年）	
东部各地	74.96	0.64	0.16	22.64	1.61	8.07	8.51	7.62	15789.61
中部各地	82.12	0.62	0.08	16.44	0.73	7.88	8.27	7.49	10940.55
西部各地	88.19	0.50	0.17	10.14	1.00	6.94	7.41	6.48	8914.13

资料来源：《中国农村统计年鉴 2017》、《中国统计年鉴 2017》。

第二，农村地区的医疗卫生服务方面情况。由表 7-9 可知，1995 年我国的农村乡镇卫生院有 51797 个、乡村医生和卫生员 133.10 万人、乡镇卫生院床位 73.31 万张，到 2016 年我国农村乡镇卫生院 36795 个、乡村医生和卫生员有 100.03 万人、床位达 122.39 万张。可以看出，乡镇卫生院、乡村医

生和卫生员在这二十年的时间里呈减少的趋势，但每万人拥有农村卫生技术人员数、每万人拥有农村执业（助理）医师数和每万人拥有农村注册护士数都呈逐步增长的趋势。这表明，我国农村卫生机构不断规模化、正规化，卫生人员和床位的增加更是说明农村卫生机构的医疗能力得到了加强。

表 7-9　1980~2016 年我国农村地区医疗卫生情况

年份	乡镇卫生院（个）	乡镇卫生院床位数（万张）	乡村医生和卫生员数（万人）	每万人拥有农村卫生技术人员数（人）	每万人拥有农村执业（助理）医师数（人）	每万人拥有农村注册护士数（人）
1980	55413	77.54	382.08	18	8	2
1985	47387	72.06	129.31	21	9	3
1990	47749	72.29	123.15	22	10	4
1995	51797	73.31	133.10	23	11	5
2000	49229	73.48	131.94	24	12	5
2004	41626	66.89	88.31	22	10	5
2005	40907	67.82	91.65	27	13	7
2006	39975	69.62	95.75	27	13	7
2007	39876	74.72	93.18	27	12	7
2008	39080	84.69	93.83	28	13	7
2009	38475	93.34	105.10	29	13	8
2010	37836	99.43	109.10	30	13	9
2011	37295	102.63	112.64	27	11	8
2012	37097	109.93	109.44	34	14	11
2013	37015	113.65	108.11	36	15	12
2014	36902	116.72	105.82	37	15	13
2015	36817	119.6	103.15	39	15	14
2016	36795	122.39	100.03	40	16	15

资料来源：《中国卫生和计划生育统计年鉴 2017》。

　　第三，医疗保险方面的情况。为了缓解农民"看病难、看病贵"的问题，我国政府自 2003 年开始在全国范围试点并推广新农合制度，以减轻农民就医支出负担，提高其健康水平。新农合由此得到了中央和地方财政的大力支持，保费补助逐年提高，参保人数迅速增加，现今已覆盖了全部农村居民。[①]如表 7-10 所示，新型农村合作医疗参合率也由 2004 年的 75.20%上升到了2016 年的 99.36%；补偿受益人次由 2004 年的 0.76 亿人次上升到了 2016 年的

---

① 彭晓博、秦雪征：《医疗保险会引发事前道德风险吗？理论分析与经验证据》，《经济学》2015 年第 1 期。

6.57 亿人次；2004 年新型农村合作医疗的基金支出仅有 26.37 亿元，这一数据在 2016 年就快速上升到了 1363.64 亿元；到 2018 年末，全国参加城乡居民基本医疗保险人数 89741 万人，增加了 2382 万人。这直接说明了新型农村合作医疗在缓解农民"看病难、看病贵"的问题中起到了至关重要的作用。

表 7-10　2004～2016 年我国新型农村合作医疗情况

指标　　　年份	2004	2008	2012	2013	2014	2015	2016
参加新型农村合作医疗人数（亿人）	0.80	8.15	8.05	8.36	7.36	6.70	2.75
新型农村合作医疗参合率（%）	75.20	91.50	98.3	96.00	98.90	98.80	99.36
新型农村合作医疗人均筹资（元）	50.36	96.30	308.5	156.60	410.89	490.30	559.00
新型农村合作医疗当年基金支出（亿元）	26.37	662.30	2408.0	1187.80	2890.40	2933.41	1363.64
新型农村合作医疗补偿受益人次（亿人次）	0.76	5.85	17.45	10.87	16.52	16.53	6.57

资料来源：《中国卫生和计划生育统计年鉴》。

第四，社会保障服务方面情况。自 2007 年开始，我国建立了农村最低生活保障制度。此后，我国农村老年养老机构收养人数、农村社会救济费用和自然灾害救济费用总体上都呈增长的趋势。到 2014 年，我国农村老年收养性福利机构个数为 20261 个，年末收养人数将近 160 万人；农村社会救济费用达 1092.38 亿元，自然灾害救济费达 124.44 亿元。到 2018 年末，全国参加城乡居民基本养老保险人数 52392 万人，增加 1137 万人；参加工伤保险的农民工 8085 万人，增加 278 万人；3520 万人享受农村居民最低生活保障，455 万人享受农村特困人员救助供养，全年临时救助 1075 万人次。这些数据表明，我国在社会保障事业方面取得了很大进步，现阶段我国已有失业保险、基本医疗保险、工伤保险、生育保险等多个社会保险种类，覆盖面不断扩大，保障人数持续增加，覆盖城乡的社会保障体系基本建立。值得注意的是，虽然"社会养老"对传统"家庭养老"呈现一定程度的替代，但当前效果仍有限，完善中国农村的"社会养老"模式有待于进一步提高保障水平。[1]

---

[1]　张川川、陈斌开：《"社会养老"能否替代"家庭养老"？——来自中国新型农村社会养老保险的证据》，《经济研究》2014 年第 11 期。

从以上几个方面的情况来看，我国现阶段农村公共服务方面的建设已经取得了令人瞩目的成就，教育、医疗卫生、社会保障等方面的建设都有很大进步，为我国农村经济的发展以及农村金融制度创新创造了良好条件。但是，当前我国农村发展还面临许多亟待解决的问题，如农民普遍知识水平低，农村地区教育资源分配不公；农村地区医疗卫生设施差，农民"看病难、看病贵"的困境没有根除；农村低收入人群多，社会保障制度仍然不健全；农村地区生态破坏严重，农业生产更加容易受资源环境的约束。这些现实问题都在无形中制约着我国农业农村经济发展。因此，要实现农村金融制度创新，这些问题必须得到有效解决，农村地区的公共服务条件有待于进一步夯实。

7.2 中国农村金融制度创新的必要性与可行性

前述实证研究和上一节农村金融制度创新的基础性条件分析表明，我国农村金融制度历经多个阶段的改革创新，已经取得了显著成绩，有力助推了"三农"发展，但是为了进一步释放农村金融服务功能，有必要深化改革创新。而从目前来看，农村经济金融发展基础也得到了有效夯实，深化农村金融制度改革创新的外部条件逐步完善。

7.2.1 农村金融制度创新的必要性

第一，"三农"发展的融资难困境尚未得到有效根除，需要通过农村金融制度创新形成新的突破。"货币伦理"、资金借贷影响着农民的生活、生产方式。涉农贷款等金融资本支持在农民收入可持续增长和农业农村发展中会继续扮演重要角色。但是，目前普通农民不仅面临物质资本的缺失，而且难以提供金融机构需要的抵押品，进而导致其缺少农贷等金融服务支持。究其原因，金融资本"嫌贫爱富"、"保本逐利"的特点会使金融机构排斥对小城镇、农村及偏僻地区的服务。[①] 而农民没有"三权三证"，其动产受限于地域、不动产受限于季节、资产估值和抵押担保难度大，所以，在正规金融体系中难以获得金融服务。并且农民"道德化"的社会资本匮乏，在"熟人社会"的非正规金融体系中，农民自身的风险规避意识只能依靠"示范效应"化解，不利于农民资金的融通。另外，诸如"菜单成本"等现象会降低农贷

---

① 王定祥：《农村金融市场成长论》，科学出版社，2011。

可及性，同样增加农民获得金融支持的难度。总体看，我国农村金融抑制程度仍然较高，农村信贷市场效率也不高。近年来，农户贷款年均增速明显高于农户存款的年均增速，农户对信贷资金的需求很旺盛。但是与此同时，农村的资金仍然在不断流向城市。真正适合我国农村、能够有效缓解农民融资难题的基于农民自身合作、互助形成的内生性"横向金融"需要进一步的孵化。目前，政策环境相对宽松，中央"多予少取放活"的惠农政策，使农民享受到"国民待遇"，缓解农民融资难题可以由外至内地展开，并以此促进内生性制度创新进而带动农民物质资本存量的增长。

第二，城乡居民收入差距居高不下，需要通过农村金融制度创新为农业增效、农民增收提供有效的金融支持。从国家统计局公布的近十年基尼系数来看，1978 年中国的基尼系数为 0.317，自 2000 年开始越过 0.4 的警戒线，并逐年上升，扩大到了 2008 年的历史最大值 0.491，之后呈微弱的下降趋势，下降到了 2016 年的 0.465，仍然远远超过了 0.4 的警戒线。有学者认为中国居民收入的基尼系数很可能已经超过了 0.5，与南美国家的情况处于同一水平[1]。接近 0.5 的基尼系数可以说是处于一个比较高的水平，世界上超过 0.5 的国家只有 10% 左右；主要发达国家的基尼系数一般都在 0.24 ~ 0.36[2]。不少学者均强调了我国城乡居民之间的收入差距比其他发展中国家要大得多[3]。而这其中，金融是很重要的根源。[4] 因此，缩小城乡收入差距、推动城乡一体化，必须加快金融创新，打破城乡二元化的金融壁垒。

第三，农村内部居民收入差距持续扩大，需要通过农村金融制度创新促进金融服务的普惠性，西南财经大学关于中国家庭金融调查发布的数据显示，2010 年中国农村家庭内部的基尼系数就已经达到 0.60。农贷资金进入乡村需要寻求内部化节约交易成本的主体与其对接，这一角色通常由乡村精英担任。而在长期"去组织化"的制度安排中，精英行为越发偏离整体利益，

---

[1] See Benjamin, D. , L. Brandt & J. Giles, "Income inequality during China's economic transformation", In L. Brandt & T. Rawski (eds), *China's Great Economic Transformation*, Cambridge University Press, 2008,

[2] 参见李实《中国财产分配差距与再分配政策选择》，《经济体制改革》2015 年 1 月总第 21 期。

[3] Eastwood R. , Lipton M. , *Rural and urban income inequality and poverty*：Does convergence between sectors offset divergence within them? CorniaGA. Inequality, growth and poverty in an era of liberalization and globalization, *Oxfrod*：*Oxford University Press for UNU-WIDER*, 2004, pp. 112 – 141.

[4] 参见冉光和《农村金融资源开发机理与风险控制》，中国社会科学出版社，2011。

农贷资金呈现出被精英占有的"精英俘获"机制。随着大量的农贷资源开始反哺农村，精英率先求偿、优先受益的利益要求大量侵蚀公共利益空间[①]，进而导致农村内部收入差距持续扩张，形成新的发展不平衡问题[②]。收入越低的农民因为自身资本积累的天然不足和外源资本获取能力较差，所受到的金融抑制程度越大，而越难以摆脱其收入增长困境；而收入越高的农民因为自身资本积累的优势和较高的外源融资能力，其收入增长不断走向良性轨道[③]。当前农村居民内部的收入差距确实在进一步扩大，对实现全面小康建设和城乡一体化发展目标已经形成了阻碍[④]。所以，促进全体农民均衡发展、缩小其内部收入差距，需要通过农村金融制度创新提升金融服务的普惠性和包容性，保障金融资源公平传递惠及农户，助力乡村精英与普通农户协同发展。

7.2.2　农村金融制度创新的可行性

第一，从中央到地方各级政府均高度重视"三农"发展，农村金融制度创新具备极佳的政策机遇。从十八届三中全会把"构建普惠金融"作为基本国家战略以来，农村金融的需求日益旺盛和多元化，微型金融发展与创新层出不穷，农民抵押与担保问题得到了一定的缓解，社会资本进入农村金融领域的热情持续高涨，这些都为农村金融制度创新提供了有效保证。党的十九大明确要求实施乡村振兴战略，并将其作为建设现代化经济体系的六项主要任务之一进行专门部署[⑤]。通过"建立健全城乡融合发展体制机制和政策体系，加快推进农业农村现代化"实现"产业兴旺、生态宜居、乡风文明、治理有效、生活富裕"的振兴乡村目标，是习近平总书记在党的十九大提出强国富民的重要战略安排[⑥]。作为现代经济的核心，金融尤其是农村普惠金融是乡村振兴战略极为重要、极为关键的支持要素。[⑦]为深入贯彻落实中央农村工作会议、《中共中央国务院关于实

---

①　温铁军、杨帅：《中国农村社会结构变化背景下的乡村治理与农村发展》，《理论探讨》2012 年第 6 期。

②　温涛、朱炯、王小华：《中国农贷的"精英俘获"机制：贫困县与非贫困县的分层比较》，《经济研究》2016 年第 2 期。

③　王小华、王定祥、温涛：《中国农贷的减贫增收效应：贫困县与非贫困县的分层比较》，《数量经济技术经济研究》2014 年第 9 期。

④　温涛、王小华、杨丹、朱炯：《新形势下农户参与合作经济组织的行为特征、利益机制及决策效果》，《管理世界》2015 年第 7 期。

⑤　参见姜长云《实施乡村振兴战略需努力规避几种倾向》，《农业经济问题》2018 年第 1 期。

⑥　党国英：《乡村振兴长策思考》，《农村工作通讯》2017 年第 21 期。

⑦　王曙光、王丹莉：《乡村振兴战略的金融支持》，《中国金融》2018 年第 4 期。

施乡村振兴战略的意见》和《乡村振兴战略规划（2018～2022 年）》有关要求，切实提升金融服务乡村振兴效率和水平，人民银行、银保监会、证监会、财政部、农业农村部 2019 年 1 月 29 日联合印发《关于金融服务乡村振兴的指导意见》（以下简称《指导意见》）。《指导意见》强调，要以习近平新时代中国特色社会主义思想为指导，紧紧围绕党的十九大关于实施乡村振兴战略的总体部署，坚持以市场化运作为导向、以机构改革为动力、以政策扶持为引导、以防控风险为底线，聚焦重点领域，深化改革创新，建立完善金融服务乡村振兴的市场体系、组织体系、产品体系，促进农村金融资源回流。这些重大战略规划和重要政策文件的制定，为进一步深化农村金融制度改革创新指明了方向。

第二，工业化和新型城镇化取得长足进步，为反哺农村经济和农村金融奠定了良好的经济基础。不少研究认为中国已经在 21 世纪初就进入了工业化中后期。[①] 应当采取工业反哺农业的相应措施，以实现工业与农业、城市与农村的协调发展。[②] 黄群慧主编的《工业化蓝皮书："一带一路"沿线国家工业化进程报告》指出：2014 年中国的工业化综合指数为 83.69，位于工业化后期的中段，"十二五"时期中国的工业化年均增长速度为 4.4%，工业化水平有了实质性的提高，从工业化中期步入了工业化后期，这在中国的工业化进程中具有标志性意义。尽管目前中国的工业化进程呈现区域发展不平衡的特征，但 200 多种工业品产量居世界首位，装备水平处于全球产业链中端，这不仅对推进我国从工业大国向工业强国转变、走新型工业化道路、深化我国工业化进程具有重要意义，而且为"工业反哺农业"奠定了坚实基础。另外，如果遵循东亚农业保护形成的轨迹，中国从 20 世纪 90 年代末就具备了进行农业保护的条件，城乡居民收入比扩大到 2003 年的 3.23 倍时，"工业反哺农业、城市支持农村"的政策要求就变得十分强烈了。[③] 近年来，我国城镇化水平以每年一个多百分点的速度在提高，成为拉动农民收入增长的主要来源。[④] 以人为核心的新型城镇化战略稳步推进，将进一步有效带动农民收入增长，为农村金融创新发展提供更有利的经济基础。

[①] 马晓河、蓝海涛、黄汉权：《工业反哺农业的国际经验及我国的政策调整思路》，《管理世界》2005 年第 7 期；安同良、卞加振、陆国庆：《中国工业反哺农业的机制与模式：微观行为主体的视角》，《经济研究》2007 年第 7 期；洪银兴：《工业和城市反哺农业、农村的路径研究——长三角地区实践的理论思考》，《经济研究》2007 年第 8 期。

[②] 安同良、卞加振、陆国庆：《中国工业反哺农业的机制与模式：微观行为主体的视角》，《经济研究》2007 年第 7 期。

[③] 蔡昉：《"工业反哺农业、城市支持农村"的经济学分析》，《中国农村经济》2006 年第 1 期。

[④] 张红宇：《新常态下的农民收入问题》，《决策探索》（下半月）2015 年第 4 期。

第三，农村产业融合发展增强了农业农村的比较利益，既对农村金融产生了新的要求，也有利于农村金融可持续发展能力提升。农村产业融合发展是以农业为基础、以新型农业经营主体为引领、以利益联结机制为纽带，通过产业链延伸、产业功能拓展、要素集聚、技术渗透、组织制度创新等手段和农产品加工业、休闲观光农业、农产品电子商务等形态推动农村三个产业有机融合的动态化产业发展方式。农村产业融合发展的内在关键是要在农业价值链提升过程中进行增值收益的合理化分配，让农业、农民、农村更多分享到技术进步和产业融合的红利。在相关政策引导和多方共同努力下，我国农村产业融合发展呈现出良好的发展态势，农业产业链不断延伸，农业多功能不断扩展，农村新业态不断涌现。一方面，农村产业融合发展模式日趋多样化；[1] 另一方面，从业主体利益联结机制日益紧密，各相关从业主体通过推进农村产业融合发展完善利益联结机制，探索"优势互补、利益共享、全链协作、共同投入、风险共担、持久运营"的互利共赢关系[2]。总之，农村产业融合发展能够带动农业生产经营主体的综合实力增强，有利于降低金融

---

[1] 一是农业内部有机融合模式。以农业生态循环技术应用为核心，以农牧结合、农林结合、农林牧结合为导向调整优化农业种植养殖结构，围绕农业相关联产业形成农业内部紧密协作、循环发展的生产经营方式，推进高效益、新品种、新技术、新模式"一高三新"的现代农业蓬勃发展。二是农业功能拓展融合模式。在稳定传统农业的基础上，推进农业与旅游、教育、文化、健康养生等产业深度融合，培育休闲农业、旅游农业、文化农业、创意农业等新型业态，打造具有历史、地域、民族特点的旅游村镇或乡村旅游示范村。三是技术渗透型融合发展模式。以农业为基本依托，大力推广引入互联网、物联网、云计算、大数据等现代信息技术，通过引入新兴产业或高端服务行业实现产业升级，实现农产品线上线下交易以及农业信息共享，实现现代先进科技与农业产业的融合发展。四是产业链延伸融合模式。依托涉农企业，以生产、加工、流通、销售为关键环节向前向后延伸农业产业链。

[2] 一是订单农业型。在合作共赢的基础上，龙头企业和农户、家庭农场、农民专业合作社等新型农业经营主体签订保护价原料收购合同，形成订单农业关系，企业按照约定的数量和价格收购农民达标的原料，农民可以保证稳定的农产品销售收入，企业可以确保获得优质的原料供给。二是股份合作型。农民以土地经营权、劳动、资金、农业机器设备等入股农业企业，企业按照"资产入股、产值分成"、"按股分红 + 务工收入"、"保底收益 + 按股分红"等不同方式让农民获得更多的产业链后端增值收益。三是服务带动型。龙头企业根据生产需要为农户、农民专业合作社、家庭农场等提供生产资料垫付、信用担保、资金扶持、技术指导培训等技术资本服务，农民按照龙头企业要求生产并定向销售农产品原料。四是反租倒包再就业型。企业将承包到户的土地通过租赁的形式集中起来并进行统一规划和布局，然后将土地使用权通过市场方式承包给农业经营主体。农民获得土地转出租金，并通过再就业方式获得工资性收入。国家发展改革委宏观院和农经司课题组：《推进我国农村一二三产业融合发展问题研究》，《经济研究参考》2016 年第 4 期。

服务"三农"的交易成本和风险隐患，提升农村金融服务的可持续性。

第四，农民收入增长及家庭经济基础明显增强，为深化农村金融改革创新创造了良好的土壤。从总体上看，我国农民收入名义值自 1978 年开始在波动中呈现不断上升的趋势，增速总体上保持稳定状态（个别年份除外），且平均增速水平较高。1978 年我国农民收入名义值只有 133.57 元，1994 年便突破了千元大关，达到了 1220.98 元，2014 年突破万元大关，达到了 10488.88 元，2017 年已经增长到了 13432 元，其绝对值在这 40 年间扩大了将近 100 倍，剔除物价因素（采用 1978 年不变价表示）之后的年均实际增长率达到了 7.52%，并且从 2010 年开始已经连续八年超越了城镇居民收入增速，城乡居民收入比由历史最高的 3.33（2009 年）稳步下降到了 2017 年的 2.71。与此同时，农村扶贫开发也取得了显著成效，截至 2017 年末，全国农村贫困人口从 2012 年末的 9899 万人减少至 3046 万人，贫困发生率从 2012 年末的 10.2% 下降至 3.1%；2013～2017 年，贫困地区农村居民人均可支配收入年平均实际增长 10.4%，这一增速比全国农村居民平均水平高 2.5 个百分点。此外，随着收入的增长，农民的物质资本存量也明显上升。物质资本是农民所拥有的长期稳定的资本，其生产属性是农村金融制度创新最基本的自身条件保证；同时物质资本还兼具了资产属性，是农民能否获得农贷等金融要素的决定性因素，进而会影响农村金融制度创新。农民的物质资本（家庭拥有的生产性固定资产原值）由 1985 年的 792.53 元/户提高到了 2012 年的 16974.09 元/户，2011～2017 年每年农户的固定资产投资均超过 9000 亿元。同时我们注意到，农民家庭拥有的文教卫生业固定资产也呈现上升趋势。在过去的十余年间，农民收入和物质资本存量大幅增加，同时收入和物质资本结构也更加平衡，这直接为农村金融制度创新提供了稳定的微观物质基础。

7.3　中国农村金融制度创新的战略框架

7.3.1　总体设计

本部分是应用对策研究的首要环节。根据中国的现实国情，遵循"依据确立→条件分析→目标定位→框架设计→重点划分→难点突破→执行保障"的逻辑思路，本书构建了中国农村金融制度创新的总体架构（见图 7-4）。

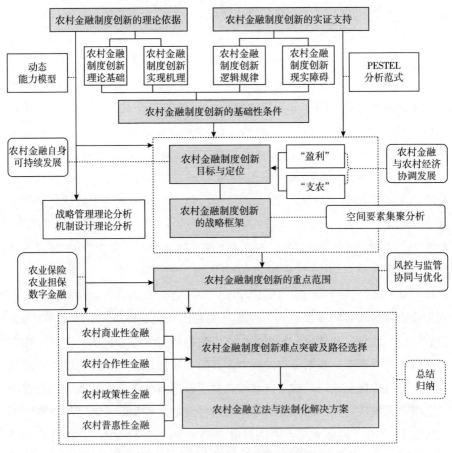

图 7 - 4　农村金融制度创新的总体架构

这一总体架构涵盖的主要内容包括：一是根据前述理论和实证分析，明确农村金融制度创新的理论基础和实现机理，找准我国农村金融制度创新的逻辑规律及现实障碍，从而有效界定农村金融制度创新的理论和实证依据；二是明确这一总体框架形成的基础性条件，确保我国农村金融制度创新的内在条件塑造与外部环境支持；三是明确农村金融制度创新的目标与定位，并围绕这一目标，确立其未来创新的方向，并根据既定发展阶段进行目标分解；四是形成农村金融制度创新的战略框架，确保战略的设计、规划和实施必须符合核心目标的利益要求，为我国农村金融制度创新的科学性提供有效的战略指导；五是结合农村金融体制改革、农村金融的功能定位，科学界定农村金融制度创新的重点范围；六是明确农村商业性金融、合作性金融、政策性金融、普惠性金融在宏观运行和微观运营层面各自的制度创新难点，探索农村金融制度创新难点突破的路径选择；七是整个农村金融制度创新的落脚点，依托顶层设计形成实现我国农村金融制度创新目标的法制保障。由于前两个部分的内容已经在前述章节中完成，后续的分析将从第三个部分进一步展开，一些具体内容也将在后续章节陆续详细论述。

7.3.2　目标与定位

根据农村金融制度创新的基础性条件，针对既有现实问题及原因，形成农村金融制度创新的目标与定位，才能进而重点围绕核心目标，研究递归式的目标和任务分解，使发展目标形成一个相互支撑、相互衔接的体系，真正形成战略协同效应与发展合力机制，来支撑和巩固顶层设计的执行机制。这也是整个应用对策研究的首要环节和重点内容。

1. 总体目标

农村金融作为农村经济系统和整体金融系统中的一个子系统，必然有其独特的发展目标，农村金融制度创新应当围绕这一目标，明确其未来创新的方向，并根据既定目标的要求进行科学、合理的建设。有效率可持续地实现"金融支农"是我国农村金融制度改革与创新的最终目标。2006 年以来，监管当局对农村金融机构制度拟制的密集投放一方面含蓄宣告了既往"金融支农"制度拟制未获成功，另一方面也积极表达了"而今迈步从头越"的"新"思路和"新"方向。然而，以"市场化"为主导方向的农村金融机构制度投放忽视了"金融"与"支农"的根本矛盾、忽视了农村金融机构的本质特征、忽视了新型农村金融机构与农村金融制度改革的整体推进，制度拟制效果与拟制目标相距甚远。农村金融制度创新必须坚定不移地以有效实现"金融支农"为明确目标，及时调整"市场化"冒进的主导方向，确保改革创新沿支农性、政策性、普惠性、可持续方向前进。

从中国经济发展的历史新方位来看，农村金融制度创新不再是那种简单的可以给经济当事人带来即时有形收益的短期性政策激励，而应当着眼于"三农"可持续发展、乡村振兴和长治久安的顶层设计与整体规划。其总体战略目标相应也必须从仅仅关注金融机构可持续或者金融支持"三农"发展的单一维度，转向金融机构的经济效益和社会效益并重以及国家的长治久安，进而通过农村金融制度创新破除城乡二元金融结构，彻底打破城乡利益格局，保证社会公正性不断提高，增强社会凝聚力，真正步入城乡一体化经济社会发展的建设轨道，让广大农民共享金融经济改革发展成果。

2. 阶段目标

（1）近期目标

近期全国各地区要根据自身实际情况，通过农村金融制度创新，集聚创新资源和优化要素配置，科学推进脱贫攻坚、乡村振兴与城乡和区域经济一体化，稳步提升农业劳动生产效率；通过政策扶持和制度配套，大力培育适宜农村经济发展和乡村振兴需要的农村金融组织；通过宏观调控，形成以城带乡新格局，城市金融支持农村金融，推动农村普惠金融体系构建，提高农村金融服务广度和深度，为"三农"发展提供金融支持，从而缩小城乡收入差距，建成惠及广大农民的全面小康社会。短期来看，这一目标要能保障农村金融在"风险可控"前提下，实现"盈利"与"支农"的双赢。

（2）中期目标

中期要立足中国乡村振兴战略目标，服务农业现代化、农村一二三产业融合发展、新型农业经营主体发展、新型职业农民培育和农村人力资本改造；通过创造金融资源优化配置和金融机构差别化监管的制度环境，继续保证农村金融机构可持续发展，农村金融与农村经济协调发展，不断缩小城乡和地区之间的收入差距，有效缓解农民收入内部不平等问题；力争发挥金融要素的先导作用带动城乡居民收入比在21世纪中叶达到发达国家平均水平，全国整体进入城乡居民收入无差别发展时期，并由此突破"中等收入陷阱"，有效推动消费增长与扩大内需战略顺利实现，科学转变农业农村经济发展方式。

（3）最终目标

最终要立足全面深化改革的总目标，从体制机制上保证社会公正性不断提高，进而增强社会凝聚力，通过农村金融制度创新驱动实现农村金融和农村经济可持续发展，确保农民可以公平享受农村金融服务，确保国家粮食安全，为乡村振兴、农业现代化、城乡一体化、区域经济一体化和国民经济均衡发展奠定基础。这一目标的实现，既要保证农村金融制度创新有效地满足农村经济主体的金融需求，促进农业农村现代化发展和农村资源的优化配置，又要确保农村金融风险的有效控制、确保农村金融发展的可持续性，进而推进农村金融与农村经济的协调发展，最终实现二者的良性互动循环。

7.3.3 战略与规划

顶层设计的目标确定后，这一目标不仅具有引导作用，而且具有约束作用，相应其战略的设计、规划和实施必须符合核心目标的利益要求，为确保我国农村金融制度创新的科学性提供有效的战略指导。农村金融制度改革与创新的对象就是农村金融制度供给本身。由于农村金融制度供给是一个由制度供给主体、制度供给逻辑、制度供给形式和制度供给内容等有机结合的系统结构，农村金融制度改革与创新的方式不是单维度的零散"修"、"补"，而是结构性的全面改革。因此，农村金融制度创新的战略规划应当定位为在需求分析和功能界定的基础上，依托创新驱动对农村金融制度实施供给侧结构性改革，加强农村金融"盈利"和"支农"能力，特别是金融产品与服务的创新能力，通过金融创新完善组织体系和激励机制，通过金融创新拓展金融产品和服务手段，通过金融创新提升防范、抵御和化解金融风险的能力，通过金融创新促进农村金融的有序竞争，从而使农村金融更好地适应乡村振兴和农业现代化的现实需要。具体内容如下。

首先，依据农村金融制度创新的现实需求和客观规律，明确农村金融制度创新的重点范围。核心内容包括：一是通过农业保险、农业担保、征信体系的优化和业务创新，有效分担金融服务"三农"的风险，形成各类金融的互补合作机制；二是除了推进在保险、期货、担保、信托和证券等领域的服务创新，更要着力探索随着互联网信息技术的迅猛发展，科技发展与金融创新不断交融，以互联网＋技术为基础的数字金融引领的金融服务革命性变革；三是建立与农村金融制度创新相匹配的激励与考评机制，真正提高改革与创新的执行力，促进农村金融制度创新与农村产业融合发展、乡村脱贫攻坚的协同推进；四是完善农村金融管理体制，从制度层面上构建科学合理的监管体系，以解决农村金融监管面临的困境，矫正农村金融发展目标的偏移与异化，有效防范金融风险，使农村金融更好地服务"三农"、助力"乡村振兴"战略。

其次，根据当前农村经济、金融发展的现实格局与趋势，确定和解决农村商业性金融、政策性金融、合作性金融、普惠性金融在宏观运行和微观运营层面各自的制度创新难点。核心内容包括：一是商业性金融如何根据自身业务结构和特点，建立适应"三农"需要的专门组织和独立运营机制；二是政策性金融如何拓宽融资渠道，灵活调整资金运用，确保服务"三农"功能的有效发挥；三是合作性金融如何完善管理体制和治理体系，促进新型农村合作金融组织发展和农村信用合作社改革调整，充分发挥合作金融的"内生"金融功能；四是普惠性金融如何与传统金融有效切割，建立健全组织体系，提升金融扶贫功能。

最后，农村金融法制化是降低农村金融市场交易成本、维护农村金融市场交易秩序、促进农村金融市场健康发展，并最终使农村资金高效转化为农村生产资本、加快农村经济发展、实现城乡统筹的必由之路，也是农村金融制度创新目标实现的最终保障。核心内容包括：一是农村金融法律关系的构成及其相互作用；二是农村金融法制化对农村金融制度供给的要求；三是适应法制化的现代农村金融法律制度框架；四是对我国农村金融现行法律法规的分类、清理、修改和完善；五是根据我国农村金融现行法律法规分类清理的结果，结合农村金融发展的现实需求探讨农村金融法律制度的创新供给，并由此形成一系列相关法律文本草案，最终提出涵盖现有法律法规完善、新法制定（草案）、法治环境培育及配套制度建设的一揽子解决方案。

7.3.4 控制与执行

顶层设计目标的实现取决于高效的战略控制及执行力保障。这是顶层设计最困难、最复杂也是最重要的环节。具体要求包括以下几个方面。

第一，努力营造农村金融市场的规模效应。有了规模经济，才能吸引更多金融资本投入。金融就是资金融通，有了更多的资金融通需求，更大的资本市场，形成规模效应，才有足够的利润吸引金融投资。针对这一目标，应当由农村政策性金融发挥国有资本的优势，增加对农村金融的实际投入，形成有效的激励机制，以法律制度设计规定具体的激励方式和方法，将资金的投入奠定为农村金融的主基调。同时，规模效应还应当体现在金融机构的数量上，虽然金融机构的数量并不必然与金融发展水平相关，但在市场竞争充分、结构合理的情况下，各种类型多元、数量充足的金融机构也是达到规模经济效应的一种重要体现，这是改变农村资金外流、"有出无进"、农村发展金融需求得不到满足这一困境的有效途径。

第二，真正建立健全功能合理互补的农村金融体系。这一体系的互补性应当体现在多个方面。一是不以盈利为核心目的的农村政策性金融、合作性金融和普惠性金融与具有盈利目的的商业性金融实现优势互补、相互协调。要在引入竞争机制和提高金融服务水平的同时，做到对农村弱势群体帮扶和保证金融行业整体盈利目标的兼顾。二是转变政府职能，以政府诱导激励为辅、市场竞争为主，降低市场准入门槛，实现政府激励与市场竞争的互补。稳定增加财政在农业农村发展上的支出，形成财政支农与金融支农的互补，保障农村发展所需金融资本的来源稳定。三是正视和承认非正规金融机构的法律地位和积极作用，使之与正规金融机构形成互补。四是农村金融体系还应建立完备的监督机制，做到内部约束和外部监督相结合，保障农村金融健康发展。总之，在机制设计的各个层面都应当注重互补性，不可偏废一方、孤注一掷，只有这样才能形成结构合理、功能互补、抗风险能力强的农村金融服务体系。

第三，以适度竞争促进农村金融服务创新能力提升。目前，我国农村金融业已形成商业性金融、合作性金融、政策性金融相结合的，各种金融机构并存的新格局。随着脱贫攻坚和乡村振兴的推进，农村金融需求日益多元化，农村金融服务创新受到挑战，创新能力和创新机制培育迫切需要得到充分的制度激励。竞争是效率之源，培育农村金融的适度竞争成为进一步深化农村金融制度改革的关键。而从动态战略管理角度规范农村金融供给主体的竞争行为、规模效益和业务拓展边界，对于实现农村金融的适度、有序竞争意义重大。此外，金融风险全球化时代，农村金融必须增强包含产品创新与风险管理等内容的企业能力，建立现代的风险管理模式，提高风险的免疫能力。

第四，科学构建适应农村金融现实需求的风控与监管体系。一直以来，农村金融被置放于统一的风险管理和监管体系内。而这种金融风险管理和监管体系的形成与完善均是建立在发育较为成熟的城市地区的金融市场之上，其初衷是为了维护整体性金融安全、实现竞争环境的公平与市场主体的平等。但这种形式公平忽视了农村金融的差异性，导致农村金融风险管理和监管供给与需求相互排斥。在统一金融监管模式下，农村金融机构为达到监管标准不得不将效率作为经营目标，以偿付较高的合规成本，最终背离支农性，出现村镇银行"不村镇"、农村金融机构"惜农贷"等现象。农村金融监管的供需矛盾已经给我国农村金融机构的发展造成了阻扰，而金融监管部门也已经意识到这一点并采取了相应的措施，如加快农村金融专门立法工作，原银监会专门下设农村金融部对农村金融信贷市场进行监督与管理，在市场准入、风险监测等方面也采取了差别化的标准。但从实践来看，现有金融监管体制并未从根本上解决农村金融"支农性"与"商业性"的冲突，也未缓和统一监管规则与农村金融特质之间的矛盾，甚至造成了农村金融监管效率、安全与公平的多元化价值冲突的困境。未来农村金融制度创新必须从根源上解决农村金融风险管理和监管供给与现实需求之间的矛盾、构建符合农村金融特质与发展需要的风控和监管体系，以提高监管的有效性、确保农村金融的安全运行。

第五，只有法制化才能最终实现农村金融的可持续和长远发展。金融本身兼具信用创造和资源配置双重功能，信用创造讲求效益与安全，资源配置讲求普惠与公平。中国特色社会主义金融法治体系，应当在保障和维护金融市场的效益与安全的基础上，积极探索实现金融普惠与公平的法治逻辑与制度通道。尤其对于金融市场极不发达的农村贫困地区，如何通过特殊的法律制度设计和体制安排，保障农村金融发展能够有效地发挥出减贫增收效应，促使农村贫困人口切实享受到平等的金融权利，进而实现其自身金融能力的不断发展，这既是全球金融发展与治理面临的迫切问题，也是中国特色社会主义金融法治必须解决的难点问题。我国农村金融制度一直以来的困境很大程度上是因为法律制度的缺位、越位和错位。实现法制化，用系统合理的法律规范界定农村金融的相关概念、各个行政单位的职权和金融机构的运营权责，才能建立起合理的金融秩序，避免整个农村金融体系的混乱。农村金融法制化规制的对象应同时包括金融供给主体、需求主体、监管当局，这样才能切实保护好农村金融的法制环境。

7.3.5 分层与保障

农村金融制度创新战略的有效实施必须重点围绕核心目标，研究递归式的目标和任务分解，使发展目标形成一个相互支撑、相互衔接的体系，真正形成战略协同效应与发展合力机制，来支撑和巩固顶层设计的执行机制。一方面，要根据我国各地区经济、社会发展差距较大的现实背景，重点确定我国农村金融制度创新区域差异化的路径选择、区域动态能力分析、目标任务分解及相应的组织保障；另一方面，要根据农村金融产业内部关联和市场关联，分别确定农村银行业、保险业、担保业、证券业等各自的任务分解与分工合作。

为了保障前述设计与规划、控制与执行的顺利实施，其关键还必须建立相应的激励与考评机制，真正提高改革与创新的执行力。因此，要通过合理的制度设计重点调动各类金融机构服务"三农"的积极性和责任心，确保这种调动是可持续的、是讲效率的。重点在于：一是通过完善资金自主定价权、信贷补贴、税收优惠、定向费用补贴、增量奖励以及健全有问题农村金融机构的退出机制等宏观制度建设，为金融服务于"三农"提供连续的正向激励；二是积极引导涉农金融机构践行社会责任，有效结合地方经济特色、科学运用激励机制，全力推动"三农"业务开展，增强金融服务创新的针对性和有效性；三是建立农村金融服务的质量考核与评价制度，做好农村金融服务的绩效考核工作，强化农村金融服务的监督管理。

7.4　中国农村金融制度创新的重点工作

前述战略与规划中已经界定了农村金融制度创新的重点范围，其中一些内容在后文有专章论述，本节致力于探索对于当前农村金融分担金融风险、降低交易成本极为关键的三个方面内容：一是农业保险制度的完善；二是农业担保制度的健全；三是数字金融服务"三农"的制度创新。

7.4.1　农业保险制度的完善

农业保险是欧美等发达国家普遍采用的分散农业生产经营面临的自然风险、市场风险的制度安排，是降低金融服务农业农村风险隐患、提升农业生产经营主体金融能力的关键举措，也是当前确保我国粮食安全、维护我国农业生产秩序、保障农民增收的一项重要改革内容，在农村金融制度体系中具有极其重要的作用。目前，除了传统农业保险业务外，我国各级政府积极推动稳步扩大价格保险、收入保险、天气指数保险、"保险＋期货"试点，探索"订单农业＋保险＋期货（权）"试点，力图建立农业补贴、涉农信贷、农产品期货（权）和农业保险联动机制。但是，课题组调研发现各类农业保险服务发展面临亟待解决的现实问题，加快农业保险发展，有待于相关制度的进一步完善。

1. 现实困境

（1）改革试点内容趋同，地方特色不足。我国幅员辽阔，各个地区的经济发展模式、特色产业等都各不相同。充分发挥农产品目标价格保险、收入保险、天气指数保险的独特优势，加快扶持农村特色产业发展对实现乡村振兴至关重要。但从试点的产品来看，各地普遍选择以粮食作物（蔬菜、水稻、玉米等）和生猪作为试点品种。这种以大宗农畜牧品为保险品种的经营模式虽然在一定程度上有利于试点经验的复制和推广，但试点内容趋同，缺乏地方特色，没有很好体现农业保险因地制宜的基本原则，对当地特色效益农业发展的有效支持不足，不利于农业供给侧结构性改革。

（2）保险公司县域分支机构权限小，业务创新受阻。各市（区）保险公司分支机构是农业保险试点改革的主力军，相比省级分公司具有信息优势。但是，调研中各个试验区普遍反映保险公司的县域分支机构权限过小，所有保险业务都是按照省级分公司统一设计的保险产品及总体要求开展，未能根据地区实际情况灵活地开发新业务和新产品，不能适应农业保险制度改革创新的要求，难以满足新型农业经营主体日益多元化的保险需求。

（3）保险合同科学性不足，细节设计有待进一步优化。首先，保险产品的包容性不足。主要试点对象都是适度规模经营的新型农业经营主体，生产经营规模较小的普通农户只能通过镇、村集体投保，投保和理赔手续相对烦琐，影响了普通农户的参与积极性。其次，财政保费补贴结构不尽合理。对粮食作物、经济作物实行同一的保费补贴比例的方法略有不足。不同类型农产品的价格市场化程度和生产经营利润不相同，经济作物生产者的保费承受能力大于普通农作物生产者的保费承受能力，应该实施差异化的保费补贴比例。再次，保险产品设计和理赔机制不完善。比如，成都生猪保险"绝对价格"模式中，锦泰公司设计了保本的保险产品，这种产品虽提高了农户参保积极性，但导致公司目前仍处于亏损阶段，严重影响了保险公司的财务可持续性。另外，由于受众多外生变量的影响，以"绝对价格"建立的指数模型能否准确反映投保标的价格波动尚不明确。最后，保险合同理赔条款有待精确。以水稻、蔬菜等保险品种为例，几个试验区的目标价格保险实质上大多为收入保险，保障责任是价格下跌或产量减少导致的销售收入低于约定收入的损失，但农户大面积受灾进行重播或补种时，投保农户的生产经营成本增加，而实际保障水平并没有得到相应的提高，农民积极性受挫。

（4）价格监测体系有待进一步完善。各地区均引入了独立的第三方数据平台，以它们发布的数据来确定目标价格和市场价格。尽管国家水稻最低收购价、天下粮仓网站等数据发布平台所公布的数据具有一定的权威性和代表性，但调研发现这些外部平台的价格数据与试验区本地的实际价格存在一定的差异，且具有一定的时间滞后性，使得目标价格和市场价格的确定都存在一定的不精确性，这势必会挫伤保险合同其中一方的积极性。随着农业保险试点的推进，各类农产品的历史产量、价格、市场交易情况等基础数据逐步完善，上级政府应大力支持基层政府通过多次模拟运行，建立健全基于地区实际情况、符合地区试点需要的区域性农产品价格信息平台，进而提高保险合同制定的科学性和精准性。

（5）尚未形成农业保险风险对冲与分担机制。自然风险和价格风险会对农业生产与销售产生极大的破坏性，无疑会影响农业的健康发展、阻碍农民收入的可持续增加。目前来看，应对重大自然灾害与价格波动引起的超赔风险，对于地方政府是较大的救助负担，同时在发生重大自然灾害时出现的超赔往往也会影响保险公司的正常运营，进而导致对农户、政府、保险公司三方均未能形成有效保护，不利于农业保险开展的可持续性。

2. 未来重点工作

（1）建立宣传培训制度，提高农户认知度和接受度。根据以往政策性农业保险试点经验来看，农户认知、接受和参保一种新保险产品一般需要 3~5 年时间。各类保险产品目前仍处于试点探索阶段，普通农户和新型农业经营主体对其认知度偏低，较多农户在参保过程中持怀疑和观望态度。因此，要复制推广，需要不断提高农户对价格保险、收入保险、天气指数保险、"保险＋期货"、"订单农业＋保险＋期货（权）"等新型产品的认知度和接受度。一是农业部或省级农业部门要利用广播电台晚间频道、手机短信、微信 App 等通信网络渠道对保险政策和经典案例进行宣传报道，让农民和新型农业经营主体对相关保险产品产生感性认识。二是保险公司工作人员、农村科技特派员、基层政府干部等可以充分发挥自己在农村地区的优势，利用大型座谈会宣讲、宣传资料发放、专题培训咨询会等多种形式加强对相关保险的各种政策、投保及理赔程序的宣传，提高农户和新型农业经营主体对政策的认知度和接受度。

（2）优化保险合同，完善特色农业保险的制度框架。科学合理地设计保险合同和制度体系是有效推进各类保险服务创新并充分发挥其优势作用的关键。承担农业保险的商业性保险公司赋予地方分支机构充分的权利，允许县域分支机构根据地方农业生产经营的实际情况开发设计保险产品和保险制度，科学选择参考标准确定目标价格和市场价格，根据农产品生产经营周期特征合理确定保险期限；根据不同类型保险品种和保险对象的保费承受能力和风险承受能力实施差异化的保费补贴比例和保险金额，在保险条款中增加农作物由自然灾害造成重播或补种费用的补偿责任，或因季节性原因无法重播所导致 5 亩以上的全损责任；根据不同类型保险品种实施差异化的理赔触发机制，尽可能简化理赔程序并公开理赔信息。

（3）选择地区特色农产品试点，重点抓好示范效应。随着价格保险、收入保险、天气指数保险、"保险＋期货"、"订单农业＋保险＋期货（权）"

试点的不断推广，各区域应充分挖掘和培育地方特色农业产业，并在借鉴试验区成功经验的基础上选择当地特色农产品作为保险试点品种，根据特色农产品的具体情况修订保险政策和制度，支持地方特色产业发展。部分区县特色农产品数量较多，要明确保险试点方向和重点，邀请农业部门、金融保险部门、财政部门等多方相关主体集体论证，最终根据地方财政实力大小选择1~2个特色鲜明、经济效益好的农产品进行试点，充分总结和广泛吸收成功经验，突出特色农产品保险的示范效应，做好进一步推广工作。

（4）完善信息技术引用，奠定特色农业保险实施基础。一是充分利用气象水文、灾害记录、基础设施、产业发展等数据资料，以县（市）域为单位划分农业风险等级区域，划定可参保的区域和产业。二是探索建立农业保险大数据库和区域性的农牧产品生产数据和市场价格数据的调查统计系统，利用互联网、信息遥感技术、卫星监测等现代信息技术手段全面统计保险标的物的种植面积、地块位置与形态、产品种类和亩产量、农产品市场价格、农产品损失程度、风险系数等相关数据，相邻区县联合建立和完善区域性农产品价格发布平台，提高农产品投保、理赔信息的精准度。三是探索建立与补贴挂钩的数据上报制度，只有主动、及时、真实上报各项数据的新型农业经营主体才能获得应有的补贴，并对数据上报星级农户提供额外奖励。四是多方联合探索建立信息全面透明的新型农业经营主体信用评价系统，全面深入调查并定时公开信用调查数据，建立农户相关数据共享对接机制，提高新型农业经营主体的信用意识，降低投保人的道德风险。

（5）强化政策引导，建立健全风险分担机制。一套完善的多层次、多手段的保险风险分担机制，有利于解决各类农业保险的超赔损失问题，是农业保险可持续发展的必要条件。一是中央及地方政府牵头建立政府、保险公司、农业企业为主体的多层次风险分担机制，共同出资设立农业保险风险管理基金，交由专业团队管理风险基金，明确各主体的风险和收益分担比例；引导保险公司建立内部农业保险风险准备金制度，在风险较低、赔付较少的时间段提取风险准备金，以应对重大自然灾害和价格剧烈波动引发的损失超赔。二是加快农产品期货市场建设，充分发挥期货市场的价格发现功能，探索"期货+保险"的联动模式，加强对农业长期趋势性、周期性、季节性等因素的预判。三是系统谋划农业再保险制度体系，中央政府牵头组建或专门委托保险业务成熟的农业保险公司，承担商业保险公司的农业再保险、产品开发设计、技术支持等业务。制定农业保险公司与经营政策性农业保险的商业保险公司之间的再保险协议，政府授权农业保险公司向商业保险公司提供业务经营费用补贴和再保险支持，农业保险公司和商业保险公司按照动态调整比例共担风险和收益分成（补贴损失程度，双方承担比例不同），农业再保险基金按照市场化模式运作。

（6）提升调控监管能力，优化和完善经营机制。探索建立有效的进入和退出机制，对保险机构经营价格保险、收入保险、天气指数保险等新型农险产品的能力（包括产品研发能力、服务能力、风险分散能力等）进行持续跟踪和考核，必要时取消不合格机构开展价格保险业务的资质。由于各类新型产品的前期开发需要保险机构投入大量的资源，缺乏创新产品保护机制不利于调动保险机构创新的积极性，所以有必要考虑建立农业保险产品创新与开发的激励机制与产权保护机制。在筛选承办保险机构时，建议采用超过一年的有效期，给予保险机构更稳定的预期，在具体的承保合同上，鼓励将一年合同变成更长期的合同，以便通过时间序列进行风险分散。

7.4.2　农业担保制度的健全

政策性农业担保是财政撬动金融支农的一项政策创新，是解决农业"融资难"、"融资贵"问题的有效途径，对于加快推进乡村振兴战略和农业现代化建设具有重要的现实意义。近年来，中央高度重视政策性担保体系建设和模式创新问题，先后出台了《关于调整完善农业三项补贴政策的指导意见》（财农〔2015〕31号）、《关于财政支持建立农业信贷担保体系的指导意见》（财农〔2015〕121号）、《财政部　农业部　银监会关于做好全国农业信贷担保工作的通知》（财农〔2017〕40号）等一系列政策文件，引导金融资本投入农业产业，有效缓解了农村"融资难"、"融资贵"等普遍问题，同时也在一定程度上削减了银行等金融机构的信贷风险，保障了支农金融机构的经营可持续。各省级农担公司积极探索设计符合本省特点和新型经营主体需求的担保产品，深受当地农民欢迎，农业"融资难"、"融资贵"问题得到一定缓解，政策性效果逐步显现。但通过对重庆、云南、山西等地的调研发现，虽然政策性农业担保制度在拓宽金融包容性覆盖面、扶持农业产业发展、帮助农村居民脱贫增收上已经取得显著成效，但也暴露出一系列现实问题，亟待通过创新促进制度健全。

1. 现实困境

（1）反担保实质功能弱化，服务创新能力有待进一步加强。当前，政策性农业担保公司经营的服务创新、成本控制及经营效率有待提升。具体来看，反担保手段较为僵化，针对担保人生产情况和农业产业经营特点制定的详细反担保手段比较少。三权抵押领域法律顶层设计缺失，也在一定程度上阻碍了反担保机制的创新和担保机构追偿权保障的实现。再者，现行体制机制框架下，政策性农业担保机构的成本控制效率不高。在政策性农业担保领域的信贷技术革新不多，农业担保机构的服务创新能力依然有待于加强。尤其是在利用金融计量模型与大数据分析进行代偿率估算、服务范围划定、担保费率制定等方面还有很大的拓展和开发空间。

（2）考核监管体系不完善，机构业务离农现象依然存在。政策性农业担保绩效考核和监督管理体系主要具有评价实施效果、总结工作问题、制定优化路径三大功能。当前，针对政策性农业担保机构的绩效考核机制和监管体系建设仍然薄弱，具体体现在以下几个方面。一是尚未对政策性担保机构制定规范化的绩效考核标准。政策性农业金融机构应该秉持政策扶持和财务可持续性并重的发展目标。然而，现阶段相应的绩效评价体系构建还不完善，综合评价财务可持续性、社会服务效率、风险控制水平的基础性功能尚未满足。二是农业政策性担保公司在内部制度建设、业务管理上监督不到位。农业担保公司内部监督管理的责任划分还不够明确，容易造成管理效率低下等问题。三是农业担保业务中仍然存在离农现象，对担保对象的资金用途的监督、审核方面，还需要加强监管工作力度。

（3）"银、政、担"尚未形成有效协同，风险分担和补偿机制不健全。如何厘清"银、政、担"之间的关系一直是政策性农业担保推进实施的重点问题。在政策性农业担保实施初期，农业担保机构面临巨大的代偿压力，信贷风险较多的业务被转移到担保机构上，既满足不了风险防控要求，不利于农业担保机构的可持续发展，也打击了多方资本参与的积极性。虽然，目前各地已经积极开展"银、政、担"协同的风险分担机制，但是在责任划分、协调机制设计上面仍未能进一步明晰，"越位"、"缺位"的情况难以避免，财政资金通过农业担保形成的"撬动能力"无法有效实现。另外，政策性农业担保公司担保费率一般低于商业性担保机构标准，而各级政府未能针对农业担保机构经营风险的补助条件和补助标准制定明确细则，在财政预算安排上也未将其纳入担保费补助和代偿补助。因此，农业担保机构参与农村金融普惠体系构建的积极性普遍不高。

（4）相关配套保障措施未能及时跟进，人才培养和团队建设落后。虽然各地建立了农业担保公司，积极引导各方资本创新服务产品，提升服务效果，但其相关配套机制尚未建立健全，制约了其正向激励功能。发挥农业政策性担保功能，除了依靠完善的制度建设，还需要完善的配套保障。具体而言问题在于：一是在团队建设及人才培养上还相对较弱，管理层水平较低，存在金融知识缺乏、法律意识淡薄、风险防控意识不到位等情况，不利于农业担保公司的长足发展；二是担保资产的处置问题未能妥善解决，担保公司依然存在代偿压力，抵押资产无法有效变现，相关法律制度规范也不完备；三是在风险防控上，一些地区还没有建立对应的风险缓释机制，存在担保公司风险外溢隐患。

2. 未来重点工作

（1）加强担保信贷技术革新、灵活反担保方式，弥补现有机制缺陷。实行反担保的根本目的是确保第三方追偿权的实现，但农业政策性信贷担保机构具有扶持农业产业生产发展的政策属性，因此在进行市场化运作的同时，需要兼顾其政策扶持的基本要求。在实际运行过程中，农户或企业往往被要求提供与担保额对应的资产用于反担保，以保障农业担保公司追偿权的实现，满足风险防范要求。然而，由于缺乏抵押物或弱抵押物，部分农户或企业依然会被排斥在担保服务范围外。因此，为了增强担保服务的包容性，必须继续强化反担保的机制创新功能，灵活反担保条款。一是创新农村产权抵押制度。完善农村"三权"抵押实施的法律顶层设计，加快农村产权抵押的立法进程，破除现行《物权法》、《农村土地承包法》、《担保法》的阻碍。建立农村产权保值增值机制、仲裁机制、评估机制和流转抵押配套制度等。二是加大农村担保信贷技术开发力度。引导金融机构在农村产权抵押贷款利率、期限、额度、担保、风险控制等方面加快创新进度，简化贷款流程，拓宽贫困农户的融资渠道。积极开展涉及林权、农房、土地经营权、农地附着物等担保信贷产品创新，全面盘活农村"沉睡"资产，为农民、农企增信。三是积极推动反担保手段创新。农业担保公司要充分利用大数据、信息手段创新反担保方式，降低运营风险和管理成本，并结合农户或农企需求特点对现有产品服务和担保机制进行适时调整，通过加强行业内交流、定期组织培训学习，推广成功经验。

（2）健全担保公司、政府、银行类金融机构间相互协调配合的工作机制。全国多地推出了"银、担"联动，"银、政、担"协同等多种风险共担、利益共享的合作机制，力图为农业政策性担保提质增效。但是，各主体之间仍需要强化协同推进的合力，不能让"银、政、担"支农扶持单纯地停留在风险和投入分摊层面，还需要建立协调配合的工作机制提高扶持效率。一是建立多方共赢的合作机制。既要平衡地方政府的财政投入，又要推进简政放权并保持担保公司运营的独立性。在合作机制上，要坚持政府主导、市场化运营的基本形式。在工作推进过程中，政府要加强引导、激励和约束机制建设，各部门要做到协调配合，营造良好的信用环境，建设好相关配套制度，合理分担担保、银行金融机构的信贷风险，共同推进担保、信贷支农的健康可持续发展。二是科学合理遴选合作对象。在合作对象选择上，可以从当地业务规范的村镇银行、农信社、地方农商行等扎根农村的中小型金融机构寻求合作。充分利用其地缘信息优势、工作机制灵活、机会成本相对较低等特点开展担保业务。三是合理构建再评估机制。积极联系当地村干部或乡村能人给予帮助，对于被担保人信用水平、产业情况、贷款需求进行再评估，切实有效地防控信贷风险，最大程度保障金融机构的良好生存发展环境。

（3）建立完善的监管体系，强化风险识别和风险防控，规范业务运作并防止离农现象发生。一是要加强内外部监督管理，严格内部制度建设。实施全面监管，定期编制内控报告，重点监督关键部门的业务进展和实施效果。规范农业担保公司的会计报表及财务制度，明确内外监管部门及职能划分，做到定期汇报、检查，建立风险识别、预警、防范、化解、救援和管理反馈机制。二是要健全绩效考评机制，完善对应的风险补偿和奖惩机制。要规范业务离农现象，警惕业务"脱实入虚"和担保风险集中度增加的问题。针对农业贷款核实和监管难度较大的情况，需要尽快制定一套科学的指标评价体系，既规范业务要求，保障政策扶持效果，又为差异化管理和奖惩措施实施提供基础。三是要运用现代信息技术，积极开展农村信用信息平台建设。充分利用大数据、互联网技术等前沿手段有效整合各类信息资源，科学制定农村信用评价机制、体系和方法。建议发挥村集体社会评价功能，完善乡村社会信用评价网络；鼓励依托信用村、信用合作社、信用社区等，在担保过程中适当给予手续简化和费用优惠；加强思想道德教育，建立良好乡村信用环境；加大农业产业信息的整合，监控产业发展情况，通过事前预警，降低信息获取成本。

（4）加大政策性农业担保的研发支持，关注人才培养和团队建设，提高农业担保公司管理水平。一是要加强政策性农业担保领域的科研支持力度。

政策性农业担保目前仍然处于发展探索阶段，应积极向该领域专家、学者和实践从业者寻求合作研发和指导意见，建立专门的智库，反思、研讨当前政策实施的成效、问题及解决路径，适时调整不恰当的战略部署、推进方式和产品设计。与此同时，要将国内各地区成功经验紧密结合各自实施特点，系统总结出一系列针对不同经济社会发展基础的具有普惠性、适应性、有效性的发展模式。二是要加大专业人才培养力度。由于推进政策性农业担保的专业能力要求较高，既要做好风险防控工作，又要保证政策执行的有效性，还要在追偿过程中寻求法律保障。因此，需重点关注金融、精算、法律、农业经济管理领域复合型人才，制定科学的薪酬绩效体系，培养和吸引一批懂金融、懂法律、懂管理并且熟悉农村基层工作的高层次人才从事这个行业，规范业务操作、保障服务效率。

（5）制定针对农业政策性担保的发展规划，完善相关配套措施和组织协调机制。一是制定中长期发展规划，明确政府对农业担保公司的财政预算安排。建议以 3～5 年为一个周期，制定发展目标，根据农业担保公司发展情况和农业政策性担保服务实施效果，调整战略部署，增加财政预算安排或者调整财税扶持方式。二是要完善风险缓释机制。主要的做法可以根据各地自身财政实力，建议由县级或市级政府建立风险资金池，应对政策性农业担保信贷风险外溢，保证农业担保公司的平稳运行。在推进过程中还应着重制定好触发细则，明确预算规模和职责划分，为政策性农业担保实施加装一道"双保险"。三是完善追偿资产处置方式。资产处置难是农业担保面临的普遍情况，特别涉及林权、农房、土地流转经营权等农村资产，追偿人往往陷入被动局面。因此，需要尽快完善处置市场构建，明晰处置细则和法律保障。目前，涉及土地流转、林权等农村资产的抵押担保，部分地区已经开始建立对应收储中心，下一步需要研究这些试验成果能否与农业政策性担保体系结合，发挥政策的协同效应。四是完善组织协调的工作方式。在农业政策性担保的推进过程中，各地区需认真总结在组织实施过程中的经验教训，重点关注各部门在实施过程中的协调配合，解决由谁主导、由谁监管的问题，避免出现"缺位"、"越位"等情况，加强上下级部门联动，提升政策的执行效率。

7.4.3　数字金融服务"三农"的制度创新

数字金融是指传统金融机构与互联网公司相结合，运用大数据、人工智能、云计算等科技手段实现融资、支付、投资和其他金融服务的新型模式，包括互联网支付、移动支付、网上银行、金融服务外包及网上贷款、网上保险、网上基金等金融服务。数字金融以较低的成本提供金融服务，有利于解决传统农村金融规模不经济问题。农村资金需求的特征是周期性、短频快、缺乏抵押及信息不对称。数字金融发展有助于降低农户融资门槛（免抵押物）和农村信息不对称程度，解决农村"融资难、融资贵"的问题。数字金融中的网络借贷依托网络技术实现借贷双方的供需匹配及资金交换，有效突破地域限制，扩充农村资金来源，扩大信贷覆盖面，从而解决农村产业发展主体的信贷约束。例如，蚂蚁金服联合政府与金融机构建设数据化平台，通过线上和线下相结合，面向县域及以下农民，帮助金融机构进行业务下沉，基于互联网和大数据的普惠金融产品，联合村淘、中和农信等合作伙伴，探索出一套激活农村、农民信用的方式，为农民提供包括信贷、保险、支付等在内的金融服务。当前，数字金融服务"三农"仍然存在一系列现实问题，有待于加强制度创新予以解决。

1. 现实困境

（1）数字金融监管主体缺失、监管法律不健全。在某些数字金融领域，无证上岗、野蛮生长、"庞氏骗局"等现象非常普遍。以 P2P 网络借贷为例，2016 年成交数据排名前五的平台团贷网、微贷网、翼龙贷、小牛在线、你我贷等知名平台均未取得 ICP（Internet Content Provider）证。而且，数字金融企业市场准入门槛低，相关立法未及时跟进，非法集资、金融诈骗等现象频繁发生。另外，金融市场各主体数据信息多为条线式管理，导致数据资源分割严重、共享与更新效率低。政府部门、金融市场主体之间信息分割明显、共享程度低，金融市场数据整合能力不足，导致信息更新速度慢、时效性差，不利于相关部门实施金融监管。基层政府部门需要通过拷贝等形式向上级政府部门汇报数据，信息对接进度慢，导致决策链和协调链较长。

（2）农村数字金融专业人员和专业平台匮乏。与数字金融相关的大数据、人工智能、云计算专业人才集中在大中型以上城市，相关数字金融产品的目标客户也以城市居民和非农产业为主，数字金融从业人员的业务技能和综合素质都有待提高。《2016 数字普惠金融白皮书》显示，P2P 网贷平台集中在省会城市，P2P 网贷平台数量超过 100 个的城市只有北京、上海、深圳和杭州四个城市，平台数量超过 30 个的除青岛外也均是省会城市，县域地区及以下的网贷平台数量非常少。乡村本身金融服务人才匮乏，而懂数字金融的人才更是严重不足，导致现有平台配备的管理员专业化程度不高。

（3）欠发达地区数字金融的基础设施建设滞后。农村地区尤其是偏远山区，农户家庭互联网终端和计算机的使用率非常低，数字金融支持欠发达地区农村产业发展缺乏必要的基础设施。2017 年，全国每 100 农户家庭拥有计算机数量仅为 29.2 台。截至 2018 年 6 月底，全国仍有 10% 左右的行政村尚未实现光纤宽带网络通达，甚至很多农村地区连 4G 网络都尚未实现 100% 覆盖。

（4）农村地区数字金融伦理意识淡薄。一方面是农村金融机构从业人员金融伦理素养较低，在开展业务的过程中时有违背职业伦理道德的非法手段，客户基本信息和财务数据的保密工作也不够严谨；另一方面是农村金融需求方也缺乏基础的金融知识，不懂基本的金融规程，经常从事不正当金融活动或提出不合理要求。项目发起人将自己的创意发明、营销点子、艺术设计、科学研究等发布于众筹平台，以期得到大众的认可和相应的资金支持，既能判断项目的市场价值也对品牌产品起到宣传作用，从而节约了成本并最后将想法付诸行动，是个多赢的选择。但有些创意和想法在众筹之日却被终结，其原因不在于项目缺乏发展潜力，而在于项目在融资过程中尚未申请专利就被过早披露、被模仿、被抄袭，真实作者的知识产权难以得到保护。

（5）研发技术不足引发一系列法律风险。数据安全风险、"线上"操作风险、信息技术风险是金融数字化的特有风险。与传统金融不同的是，数字普惠金融通过大数据、云计算收集并处理企业、客户、金融机构的大量信息，因而互联网系统都会存在这些风险隐患。但在我国，出于降低成本等多重利益考虑，许多平台没有能力也不愿自主研发系统。在内部技术供应不足的情况下，只能寻求外部的技术支持，虽然在短期内帮助金融机构降低了运营成本，但长期的稳定发展却常因外部技术支持者存在道德风险、财务困难而终止服务从而难以维系。这使得一些自身不拥有核心技术而依赖技术外包策略的乡村数字金融平台在面对"黑客"入侵时十分被动，信息数据极易丢失、被篡改和泄露，极易引发诈骗风险、非法集资风险、资金安全风险等法律风险，从而严重侵害了消费者的信息安全权和财产权。

2. 未来重点工作

（1）完善数字金融法制建设。在原有法律制度基础上，补充、修订和完善数字金融相关法律制度，同时出台新的法律法规和部门规章，规范数字金融市场准入、行业监管、网络信息安全等数字金融活动。重视以虚拟货币为代表的数字金融产品的监管，加强对区块链金融技术的审核和验证，强化数字金融混业监管和国际合作监管。

（2）加快农村金融基础设施建设。农村基础设施建设不仅要修路，也要关注金融等基础设施建设。支付体系、征信体系和网络体系的建设和完善是保障农村金融服务能够安全、有效进行的基础，基础设施的建立健全能够防范金融风险，同时降低金融服务的成本。网络体系以及移动手机终端等能够为贫困地区农户破除地理障碍以及获取高效的数字金融、智慧金融服务提供现实可能。应充分发挥国家开发银行作为开发性金融机构的平台功能，加快乡村地区金融基础设施建设，实现城乡金融的互联互通。

（3）加快乡村从业主体的人力资本改造。现在即使农业大学和涉农专业的大学生也很少回乡村就业，农业农村发展面临高素质人才真空。可依托国家对职业教育的重视和规划，加快农业职业教育、远程教育发展培养应用实践型人才，同时树立典型，选拔优秀青年职业农民农闲时期定期进行专项培训，培养一批善用互联网、懂金融经济的新型农业生产经营主体。要完善村级联动机制，充分发挥政府的公共服务职能，引导驻村干部、村两委及村里经济能人参与到乡村数字金融服务平台的工作中，鼓励各类金融机构以协议方式积极对接服务平台，并给予服务平台工作人员一定比例的管理费用。要完善激励和监督制度体系建设，建立健全平台管理员的考核评估机制，逐步提高管理员待遇，提升其服务乡村振兴社会责任感和工作获得感。

（4）加快中国特色乡村数字金融和智慧农业发展模式试点。依托"产学研"相结合的方式，建立数字金融、智慧农业试点示范区，通过先行先试积累可复制可推广的成功经验。在智慧农业相关产品的前期市场投放及推广阶段进行合理补贴；在明确生态效益、经济效益后，可实施推广奖励政策。试点不仅要鼓励依靠大数据、云计算、IoT 技术等推进农业现代化，还要加强培育大数据的分析评价体系，让数据"会说话"，不断改进农业生产经营各环节，推动乡村数字经济消费导向型和供给导向型体系协同发展。

（5）加快风险预警、缓释和防范机制建设。加快建设和"数字经济"领域相关的官方权威统计口径和指标，尤其要保障数据的安全性，加强防范"庞氏骗局"和借用数字经济领域进行的不良投机行为，加强网络空间的安全治理。在原有法律制度基础上，补充、修订和完善数字经济金融相关法律制度，同时出台新的法律法规和部门规章，规范数字金融市场准入、行业监管、网络信息安全等数字金融活动。重视以虚拟货币为代表的数字金融产品的监管，加强对区块链金融技术的审核和验证，强化数字金融混业监管和国际合作监管。同时，邀请业内知名专家、实践能人开展风险防控技术、业务实操技能的培训指导。

7.5　中国农村金融制度创新的难点环节

农村金融在支持农村发展、推动农业进步、提高农民生活水平等方面的作用越来越受到关注。在我国经济转型的特殊阶段，农村金融迫切需要突破难点，有效服务农业农村经济发展，进而形成二者的良性互动循环。

7.5.1　农村商业性金融制度创新难点

农村商业性金融是指在农村区域范围内，以盈利为目的，专门经营与农业农村相关的货币信用业务和金融工具交易的商业性货币融通活动及其所体现的经济关系。由于所处农村区域范围的特点和制度体系的要求，使农村商业性金融具有不同于城市金融的"支农性"，但相较于农村合作性金融和政策性金融，它又有明显的商业性，更确切的说，是"营利性"；商业性金融机构应该有市场多样化的经营方式和特点，但是我国的农村商业性金融机构仍然带有明显的行政化色彩。农业是农村经济的主要方面，由于其受自然环境和地理因素的约束，农村经济对金融活动的需求呈现出季节性和时效性。农村人口居住相对分散，交通通信设施落后，加上农业生产本身存在的诸多风险，农村金融又天然地具有高成本和高风险的特点。在市场机制下，面对高风险、高成本且盈利不稳定的格局，农村商业性金融很难存续。这一点在许多发展中国家和新中国成立以来的我国农村金融发展实践中已得到验证。因此，处理好农村商业性金融所天然具有的"营利性"和制度下要求其具有的"支农性"之间的平衡问题是实现农村金融存续和发挥其应有作用的第一步。

中国正处在工业化进程中，经济结构体现出鲜明的"二元结构"特点，在金融方面来讲，这不仅仅是城市和农村、先进和落后的区别，更体现在资金吸收与回报的差别上。受利益驱使，农村商业性金融在农村运营的主要模式是吸收存款，然后通过信贷、购买证券等方式将资金转移到城市，造成大量农村资金的流失。农村商业性金融不但没有做到支持"三农"发展，反而成为了农村金融资源的"抽水机"，极大影响了农业发展的后劲。随着农村金融制度改革的深入，商业性金融机构基于规模效益的考虑和利益最大化的追求，必然更加"嫌贫爱富"，避免这种纯粹的利益考量，防止这一趋势恶化是农村金融制度创新的应有之义。

农村金融市场竞争体制不够健全、开放性不够，也导致商业性金融无法发挥优势健康发展。首先，大部分的村镇银行类新型农村金融机构没有"行号"，也就是其合法性地位未得到根本确立；其次，由于政策上关于融资渠道、经营方式等方面的条件限制和模糊规定，极大限制了农村商业性金融机构的发展，甚至一些融资渠道狭窄的新型农村金融机构会无法维持经营，"无钱可贷"；最后，现有规定对新型农村金融机构的竞争方式进行了限制，如对商业性金融机构的存款利率进行上限管理，最高不得超过中国人民银行公布的同期同档次存款基准利率，这就意味着，商业性金融机构能够给出的利息不高，还没有国有金融机构可靠，在农村金融体系中完全不具备优势。值得一提的是，这些所谓的农村商业性金融机构多数仍然是国有或者准国有的金融机构。农村商业性金融高质量发展的重要途径就是适度高效的市场竞争，而现有制度却在很大程度上扼杀了这一点，甚至不能保证多元化的竞争参与者。

7.5.2　农村合作性金融制度创新难点

农村合作性金融一般是指农村地区以社员为主要服务对象、总体上不以盈利为目的的互助性金融，这种类型的金融机构是按照合作制原则建立起来的、非营利性的、互助性合作组织。农村合作性金融是我国农村金融的重要组成部分，是较早出现在农村金融体系中的成员，新中国成立初期就有的农村信用合作社就是这一类型的金融机构，但是我国的合作性金融是名不副实的。一般来讲，合作性金融应当具有自愿性、互助共济性、民主管理性和非营利性的特点，但我国的农村信用合作社一直是由政府强制撮合、隐形运作的，没有体现自愿性的特点。由于缺乏合作自愿，强制官办的农村合作性金融所应发挥的支农性、互助性作用自然也得不到保障。尤其近年来，农村信用合作社开始逐步改革，走向市场化、商业化的道路，合作性得不到最基本的发展空间保障。

理论上来讲，农村合作性金融机构的产权模式是遵循合作制原则，实行由社员入股，信贷资金主要投向农民社员并用于社员自身生产性融资，对农民社员贷款优先、利率优惠，不以盈利为目的的一种产权组织形式。从概念可知，农村合作性金融的利益所有者主体是多元化的，所有参与者都应当是这个产权的所有者。但是，如前所述，参与的农民是在国家强制力下非自愿参与的，经营活动等也并非合作自愿开展，这就意味着农村合作性金融机构是没有合法的身份和产权分配的。在农村信用合作社致力于商业化改造的大趋势下，这一身份概念更加模糊，从法律层面上确定农村合作性金融的合法地位应当是进行制度创新的第一步。在产权和身份明确之后，真正以自愿、民主、互助互利为基本原则建立的农村合作性金融机构才是未来的发展方向。

7.5.3　农村政策性金融制度创新难点

农村政策性金融是指以政府发起、组织为前提，以国家信用为基础，不以盈利为目标，为配合、执行政府产业政策和区域政策，支持、保护农业生产，促进国民经济协调发展和农民收入稳定增加，在农业及相关领域进行的金融活动。它是一种实施国家农业产业政策、体现金融和财政职能相互结合的特殊金融活动，是国家行政职能的延伸。事实上，农村金融整体上都有政策性的特点，即便是农村商业性金融也要在追逐利益最大化和支农性之间寻求平衡。农村政策性金融是偏重于优惠、扶持和保护的，同时面临着农村资金需求因农业生产规律而产生的季节性和需求时效性特点、因居住分散等原因造成的高成本和无法预测的高风险等，金融业的营利性难以体现，这也是农村政策性金融所服务的对象——传统小农的弱势性特点决定。

虽然农村政策性金融以承担国家"三农"扶持战略和政策为使命，但是现有的惠农、支农政策很多都仍然停留在倡导阶段，过于原则化，导致金融政策难以有效运用和操作。因此，农村政策性金融应当先脱离口号，走进现实。就金融的本质即信用这一点来讲，农村政策性金融应当是信用最好的。以国家为强有力的后盾，农村政策性金融能够发挥的影响力是其他类型的农村金融制度不能比拟的，甚至很多时候，它还可以与财政政策相结合。但需要注意的是，金融政策应当因地制宜，一概而论的农村政策性金融服务模式不可能在每一个地方都能行得通。

7.5.4　农村普惠性金融制度创新难点

联合国在 2005 年提出了普惠金融这一概念，它是指以可负担的成本为有金融服务需求的社会各阶层和群体提供适当、有效的金融服务，小微企业、农民、城镇低收入人群等弱势群体是其重点服务对象。针对农村受众的"弱势性"特点，普惠金融在农村有极大的施展空间和需求量，我国也在这一方面进行了多方面的尝试，激励农村普惠金融的发展。但是现有普惠金融的产品过于单一化，缺乏有效创新。许多大型金融机构拥有雄厚的资本和实力，却并不愿意将过多资金投入低回报的农村普惠性金融里面去，更何谈金融产品创新。因此，针对性地创新设计能够符合农村市场需求的金融产品才能够使普惠金融发挥其应有的作用。

农村普惠性金融所包含的民生价值和支农性特点更甚于农村政策性金融和合作性金融。但是，由于农村金融环境自身的复杂性和多样性的特点，普惠性金融很难以一致性的、低成本的、简单易操作的方式达到目的。地区性的金融机构往往能够设计出针对本土特色的金融产品，但是地区性金融机构一般是中小型机构，资金实力不足，难以过多投入这种盈利低的领域。实力雄厚的大型金融机构往往是跨地区的，很难构造出普世通用的金融产品，达到普惠性金融的目标。

7.6　中国农村金融制度创新难点突破的路径规划

由于我国各地区农村金融产业内部结构及各地区经济、社会、文化发展差距较大的现实背景，农村金融制度创新的难点突破既要有总体思路，又必须充分体现行业产业和区域差异化格局的需要，形成目标任务分解及相应的组织保障，从而为后续政策研究奠定基调。

7.6.1　农村商业金融制度创新的突破路径设计

大型商业性金融机构在农村市场的战略部署应围绕农业产业链展开，主要针对中高端客户提供具备一定规模的信贷供给和金融服务。中小型商业性金融机构，则应该进一步朝着综合金融服务公司的方向发展，在开发专门针对农村市场的信贷技术基础上为农村中小企业、具备一定实力的新型农业经营主体提供更全面的综合性服务。在理想的状态下，不同类型、不同规模的商业性金融组织形成覆盖不同地区、不同层次和不同客户群的市场格局，并在各自比较优势的基础上开发出专门的信贷技术和金融服务模式，最终形成差异化的竞争格局和互补型的市场状态。

具体而言，中国农业银行应按照市场化原则，支持经济发达地区以及农村中竞争性强的涉农企业发展壮大，从而获取商业利益回报。农村地区商业性金融资源匮乏，农业银行应更多关注和支持农产品产业带、主导产业生产基地、农产品专业市场建设的有效需求，提高对重点龙头企业的综合服务水平，支持外贸和新兴产业中的农村商业企业。农业银行应该充分研究细分中间业务市场，选择能够满足农村市场需要、发展潜力大、成本低、收益高的中间业务品种，同时稳步扩展在农村的服务范围。如信托类业务、租赁类业务，包括融资性租赁、经营性租赁、回租租赁等；咨询类业务，包括资产评估、资产负债管理、投资组合、家庭理财等。要增加中间业务产品的技术含量，特别是研发创新技术含量高、不易模仿的衍生产品业务及组合金融产品，扩大农业银行开展中间业务的深度和广度，让中间业务成为农业银行重要的利润来源。

农村商业银行、农村合作银行等中小商业性金融机构应该是服务农村中小企业和新型农业经营主体发展的专营银行，应立足农村金融市场需求，侧重于优先为农村中小企业和新型农业经营主体提供金融服务，更好地支持欠发达地区产业发展。要按照"金融产品分大小、金融服务分对象、金融机构分层次"的思路，打造为农村中小企业、新型农业经营主体提供个性化服务的专营银行。目前，应该适度放松金融市场的进入管制，允许民间资本发展面向中小企业、新型农业经营主体的区域性中小金融机构，引导国有大银行的分支机构向社区银行转变，这样既满足了广大中小企业和新型农业经营主体的融资需求，也有利于银行业调整信贷结构、降低信贷集中度、形成新的利润增长点。

村镇银行和小额贷款公司作为新型的农村金融机构，其设立的目的是加大对农村经济发展的信贷支持力度，必须致力于机制创新、产品创新、管理创新，才能有更大的发展空间，并为中国广大农村地区的普通农户提供必要的金融服务。创新的主要内容包括：一是丰富贷款产品。要不断探索研究"三农"金融产品需求，准确的定位目标客户群，不断地量身定做特色产品，进行产品创新，推出符合农村客户需求的多样化金融产品，如开办应收账款抵押贷款、未来权属抵押贷款、小额信用贷款、返乡农民自主创业贷款、各种担保和联保贷款等多种多样的贷款类型，用产品和服务打动和招揽客户。二是完善金融服务功能。要建立高效、安全的支付清算系统，实现资金跨行处理，加快资金周转，为农村经济主体提供与之生活密切相关的支付结算服务，促进农村经济交易顺利开展。三是拓展金融服务范围。如代销基金、债券、代缴水电费、理财产品销售、代理保险等，这些中间业务不仅对于增加农村储蓄、提高村镇银行和小贷公司的知名度有着积极的作用，而且更可以优化村镇银行和小贷公司的经营结构、提高利润水平、巩固前期发展基础。四是加强制度建设，防范金融风险。新型农村金融机构目前还处于探索期，需要加强规范管理。建立健全有效的内控机制是防范金融风险的第一道屏障。要创新管理激励机制，对员工考核的重点放在信贷风险的防范和金融服务开展上，把贷款、利息、利润和服务水平等指标与其收入挂钩，形成激励机制。

7.6.2 农村政策金融制度创新的突破路径设计

农村政策金融制度创新的近期思路：根据"分工明确、适当交叉"的原则，明确界定中国农业发展银行的职能定位、业务范围和支持对象；通过争取央行再贷款、发行债券、引入存款、筹集国外优惠贷款等方式拓宽融资渠道，灵活调整资金运用；通过开发农村闲置资源资产支撑证券、农村土地支撑证券等多种形式的资产证券化产品或其他类型的捆绑式金融产品，发挥农业发展银行的开发性功能，活跃农村金融市场环境；通过加大对大型项目开发、大型龙头企业的建设及县域经济和农村项目的间接支持，发挥政策性金融的引导功能；通过借鉴发达国家先进经验并加强与各国同行间的交流合作，推陈出新、强化监管，健全农村政策性金融组织的经营管理模式，提升金融支农服务的国际化水平。

农村政策金融制度创新的远期思路：首先，按照现代金融企业制度的要求，建立规范的公司治理结构。推行农村政策金融自主经营、自负盈亏、自担风险，按照国际标准和监管要求，全面核实资产质量和风险状况，维持债权债务的连续性，防范各种风险。其次，构建合理的资本金补充机制。农村政策金融除了提高自身资本积累能力，通过拓展渠道增加筹资力度外，还可以考虑吸引战略投资者投资，增加资本金。再次，构建合理的业务管理架构。可以考虑对农村政策金融机构实行独立法人的母子公司制，母子公司可以具有不同的股权结构和治理结构，彼此之间财务上隔离。最后，确立农村政策金融的业务定位和经营方向。农村政策金融今后应该定位于提供农村中长期、大额综合性金融服务，尤其是按照国家政策要求针对农村基础设施建设、大型农业项目、粮食安全保障计划等开展"集中、长期、大额"的信贷、保险和担保服务。

7.6.3 农村合作金融制度创新的突破路径设计

中国现代农村合作金融组织制度应从业务经营、产品服务、组织形式、管理方式上实现创新，重点服务于各地区特色效益农业发展和县域经济发展需要。这需要农村合作金融科学设计组织架构，推进业务流程再造，整合物理网点资源，合理布局分支机构，全面提升风险管控水平。农村合作金融支持以县域经济为主体的农村经济发展，应结合自身特点，根据不同地区农村经济发展需要，发展差异化经营和专业化经营，创新金融产品服务的提供方式。

对于农村信用合作社而言，必须重新恢复"合作"性质，立足合作金融的原则加快改造、提升服务功能。一是推进差异化经营。把人力、机构、费用、技术、品牌等诸多要素向与自身服务能力相匹配的重点社员、核心客户倾斜；应集中有限的人财物资源，在农业产业化、特色化生产等结构调整方面做出品牌，做出影响力，形成比较优势。二是推进专业化经营。应在管理、战略、文化、服务、产品、业务结构、客户结构、收入结构等方面形成自己的特色，形成专业化的经营，力争让品牌影响力走在农村市场前列。三是推进组织架构优化。在原有组织机构的基础上对份额占比大的业务和新兴业务率先进行事业部制改革；整合网点资源，合理布局分支机构和加强网点建设。四是推进业务创新。积极开展农户小额信用贷款和联保贷款，积极介入支持农村城镇化的信贷服务，发展中间业务；开发房屋、承包地、宅基地、林地、荒山、采矿、商标等抵押贷款产品；借助现代通信技术惠农便农，大力发展移动金融，逐步发展离行式自助终端，着力推动流动服务组、POS 机、信付通、手机银行等业务和产品创新，满足农村金融的多层次需求。五是推进管理方式创新。深化改革产权制度，完善公司治理结构，弱化内部人控制和内部寻租行为；加强客户经理队伍建设和加快人力资源变革，完善人才招聘、引进、培养、晋升、考核、福利等制度，扩大客户经理的选择范围和培养途径。六是推进风险管控。要实现从分散式管理向集中式管理转变，从单一风险管理向全面风险管理转变；逐步建立起全效的风险管理体系、全面的风险管理范围、全程的风险管理过程、全新的风险管理方法，建立起系统的全面风险管理文化。

随着农村经济的不断发展以及农村金融服务的不断延伸，内生形成的农民专业合作社、"公司＋农户"、"种养大户＋贫困农户"等信用合作自组织形式也逐渐体现出了独特的优势，在农民收入增长和农村减贫过程中做出了突出贡献。因为农民专业合作社、"公司＋农户"是农户间、农户与农业龙头企业基于共同利益目标而自愿结成的互助金融自组织形式，依托该类自组织控制农户贷款信用风险具有如下优势：一是成员间、成员与自组织间相对而言双方信息对称；二是自组织与成员、成员与成员间的长期合作、关联交易等行为形成了履约收益始终大于违约收益的激励机制；三是自组织强有力且能落实到位的违约处罚措施始终保持了对恶意违约行为的惩罚威胁。鉴于自组织的上述特点和实践中不良率低的良好效果，各地区应该在政府支持的前提下，根据地区农业生产经营需要，大力发展农民合作社内部信用合作组织，引导农户积极参与这种自组织，鼓励金融机构依托自组织利用微型金融技术开展农户小额信贷业务，进一步提高农村金融服务深度和广度，让更多的农户特别是贫困户更好、更快、更精准地获得金融服务，充分发挥内生性合作金融组织在农村扶贫中的重要作用。一方面，可以通过财税政策对内生于农村经济且由农户自发形成的互助金融组织（如专业合作社、社区合作社、经济联合体、专业协会的互助金融部、信贷协会等）加以支持和引导，鼓励这些自组织规范、有序地发展壮大，引导这些农村中介组织发展为省级示范组织（如农民专业合作社省级示范社、省级或国家级农业龙头企业等）；另一方面，涉农金融机构要把握农村生产组织形式变化的契机，挖掘农村自组织的特点和潜力，创新信贷模式和信贷产品，依托这些已经发展多年、内部运作比较规范的农村自组织有效控制信用风险的同时，大力开展信贷业务创新，进一步缓解农户融资难问题。

7.6.4 农村普惠金融制度创新的突破路径设计

完善的金融基础设施建设是构建普惠金融体系的前提。一是大力推进农村信息基础设施建设。加大农村地区网络提速降费优惠力度，加大投入推行物联网、云平台体系建设，强化农村数据采集渠道建设等，为金融科技的深度应用和智慧农村建设提供良好的基础服务。农村普惠金融各服务点应该加快各类配套设施的建设，提高数字普惠金融服务的能力，从硬件设施上予以支持。围绕数字普惠金融群体的业务需求、客户定位、风险控制等问题，不断进行技术升级和创新，塑造技术支持路径。对数字金融伪创新进行有效识别，利用科技手段对数字金融犯罪的机构和行为进行及时准确打击，并依法惩处。二是不断完善农村征信体系建设。依托人民银行与国家市场监督管理部门协同构建涵盖政府职能部门、市场主体的信息共建共享机制与平台，采用大数据与人工智能等信息技术建设统一的农户、小微企业和新型农业经营主体的信用信息系统。完善农村主体信用画像，并通过开放共享相关涉农数据来构建信用信息共享平台。三是及时更新和完善客户信用信息。按照地方政府数据管理部门主导、地方金融机构牵头、村级组织参与、各方协同、服务社会的整体思路，通过多元化信用信息收集渠道，不断对农户的信用数据进行整合。有效整合工商、税务、司法、环保、医保、社保、水电缴费等信息，凭借大数据、云计算技术降低金融市场主体的信息搜集成本，建立健全农户信用档案，保障信用体系时效性，完善农村信用体系建设。四是打破市场主体信息"鸿沟"。基于农业农村信用信息大数据，构建基层透明信用评价系统，在普惠金融与其他日常金融业务中收集与更新信用信息系统，实现数据的直连对接、共享使用，打破各主体信息分割格局，缓解金融市场主体之间信息不对称问题。五是抓住市场主体信息"机遇"。金融服务供给方结合历史信息与宏观经济信息识别资金需求方的个体与生产经营行为，从而降低信息获取成本与违约风险。长期展开信用知识宣传教育活动，继续实施"信用信贷相长"计划，增强金融服务需求方的信用意识。强化地方政府各部门间信息互联互通，推行守信激励和失信惩戒机制，不断提高农村地区主体的信用意识，优化农村金融生态环境。

　　准确把握农业农村发展新动态，加快推动金融与现代科技在乡村的有效结合，破解普惠金融创新难题。一是推进政府协同各金融机构联合创新，破解普惠金融发展的制度和技术瓶颈。通过合理设置贷款门槛、优化金融服务程序、完善金融监管制度，特别应发挥现代信息技术优势，采用电子签名、视频签约、人脸识别等合法形式替代"面谈面签"制度，推动线上普惠授信落地。应依托普惠金融服务平台，开设农村产业融合发展绿色通道，提供跨地域电话支付结算、视频转账等新型服务，促进金融科技、智慧金融在农村金融市场规范发展。二是增强普惠金融产品与服务创新能力，满足市场多元化需求。普惠金融应根植于当地实际情况与产业特色，将互联网金融、大数据、云计算与本地农业农村特色相结合，实现金融产品与服务的多样性与实用性，有效对接不同主体、不同行业、不同规模与不同期限的金融需求。积极开展金融管理服务、贷款手续办理、财务规划制定、产业链整体包装服务、融资计划设计等多项金融咨询和经营辅导服务。三是增强数字普惠金融的深度与广度，开发数字金融产品与服务。以市场需求为导向推动数字金融与乡村振兴新需求有机融合，设计操作简单、交易便捷的数字金融产品与服务，实现金融产品生产数字化、消费网络化、交易信息化，提高农村金融服务效率，降低金融交易成本。

第8章　农村金融制度创新与法治实践：
风控与监管

如果无法维护农村金融的安全运行，农村金融服务供给的可持续性就没有了保障，而农村金融产品创新、制度创新和服务效率就更无从谈起。因此，只有建立农村金融风险监控制度体系，并揭示这一体系有效发挥功能的环境条件，为防范与监控农村金融风险提供技术支持和制度配套，才能最终建立科学的、符合现代市场经济要求的农村金融服务体系和制度体系。本章拟解决的主要问题包括：一是考察农村金融制度创新面临的风险因素及表现；二是明确各类风险的生成原因和辨别机制；三是提出适应现实国情的农村金融风险预警与风险防范机制；四是探索现代农村金融监管并确保其独立性的制度体系。

8.1　我国农村金融面临的风险因素及表现

农村金融是为农业和农村经济发展服务的金融部门，是农村经济发展的产物。它伴随着农村经济的发展而逐步壮大，已成为农业、农村、农民生产生活的有力保障。近几年来，农村金融业发展迅速，实力不断增强，目前已形成了以商业银行、政策性银行和合作金融为主的农村金融服务新体系，对农业和国民经济的健康发展发挥了重要作用。但是，农村金融在为农村经济发展提供金融支持的同时，基于制度的、历史的以及自身的诸多因素的影响，也付出了高昂的社会成本——金融风险的加速积累和积聚，农村金融的运行已经充满了风险因素，必然会影响到农村金融对农村经济发展的支持效率。

8.1.1　传统农村金融业务的低效性尚未破解

我国农村金融的发展受到农村经济、自然、社会环境的制约，呈现出"弱质、低效、高风险"的特点。农村金融的高风险性根源于传统农业经济的弱质性，目前我国农业经济仍具有小农经济的特征，以自给自足和温饱无忧为目标①。农业经济发展不仅面临着巨大的自然风险，如灾害导致的减产、气候对作物生长周期和质量的影响等，也面临诸多市场风险。农业经济的弱质性导致农村金融生态环境的脆弱性、农村金融供给的不稳定性。此外，由于农村产权制度的不健全导致农村金融缺少有效的担保机制，农业信贷领域的违约风险缺乏有效分摊。农村金融相较于城市金融而言，面临更高的自然风险和市场风险。受小农经济自给自足特征的影响，农村经济社会环境呈现出相对封闭性，信息传递具有明显滞后性，农村金融需求得不到及时、准确的反映，使农村金融供给缺少针对性，导致农村金融活动的低效性。农村金融的低效性还体现在与其高成本、高风险不对称的低收益性。由于农村金融需求的分散性与季节性、农村金融的高风险性，金融活动面临较高的交易成本。而农户经济能力有限，交易成本不能通过提升金融产品、金融服务的价值转移到农户身上，只能由农村金融机构承担。农村金融机构在支付高额的交易成本后，却无法享受相应的高回报率，由此导致其发展的内生性动力不足，部分机构"吸储"功能大于其"放贷"功能，涉农资金逆流现象明显。农村金融生态的复杂性、农业资金需求的分散性与季节性、高交易成本、高风险以及与此不成正比的低回报率、自偿性差等特点，使趋利性的商业金融机构望而却步，即便进驻农村金融市场，也表现出"惜贷"的倾向。传统农村金融的低效性表明农村金融的"支农"目标与逐利性之间存在现实矛盾，无法通过以效率至上的市场机制对农村地区的金融资源进行有效配置，必须要引入外部监管和调控，通过强制性的激励措施来保障农村金融的有效供给，矫正金融资源配置的"马太效应"，引导金融资源向农村、农业、农民倾斜，以实现农村金融服务"三农"的目标。

8.1.2　农村金融机构自身的脆弱性未能克服

现代金融业是以信用为支撑、以资产负债管理实现其日常运转的。作为经营货币信贷业务活动的企业，金融企业与一般的工商企业相比，最显著的特点是负债经营。因此，高负债经营所导致的金融机构的内在脆弱性

---

① 近年来，尽管新型农业经营主体得到了有效帮扶，但这并未改变小农经济环境，一系列政策和制度的出台反而支持了小农经济的发展。

使得金融机构自身的经营充满风险，而这一点在农村金融的发展中表现得更为突出。农村的金融机构由于多种因素的作用，普遍存在比城市金融更高的负债比率，其内在脆弱性也明显高于城市金融。根据中国银行业协会统计数据，2014 年村镇银行行业整体存贷比高达 83.7%，2015 年有所下降仍达到 78.6%，高出监管部门规定的上限；相当数量的村镇银行由于网点少、吸存难，存贷比突破了 80%，短期内时点数据最高的甚至超过 200倍，流动性风险较大。与此同时，新型农村金融机构农户贷款占比基本上不超过一半，已经表现出明显的"弃农"倾向，甚至开始沦为地方政府的融资工具。① 从性质上来看，由于我国农村居民收入水平较低，而农业、农村生产具有周期性特点，农村家庭为了应付日常生活的开支，其储蓄额度相应较小、次数多，因而农村金融机构的负债业务表现出较强的流动性。同样，农业生产的周期性决定农业信贷投入具有较长的回收期，而且农户获得信贷支持需要满足贷款抵押条件，一旦其无法偿还，农村金融机构处理其抵押资产相当困难，这就导致农村金融机构资产的流动性往往较差。因而，实际工作中，农村金融机构在资产与负债上往往难以匹配，从而导致其处于两难境地。如何协调农村金融机构的流动性与营利性一直是困绕农村金融机构经营者的一大难题。

8.1.3　农村金融不良资产的长期不断积累

从当前我国农村金融风险现状来看，一个非常突出的方面在于：涉农金融机构不良贷款占比逐年增加，信贷资产质量偏低。从表 8 – 1 中可以看出，农村商业银行和农村合作银行的不良率逐年上升，农村信用社的不良贷款率近两年也有所上升，而且远高于全部金融机构的不良率。中国农村金融的不良资产问题已经相当严重，根据 Wind 数据库数据分析 117 家农商行（未统计贵阳农商行），其中 47 家农商行 2017 年末不良贷款比例同比提高，不良率高于 3% 的有 15 家，低于 1.5% 的有 39 家；山东广饶农商行贷款不良率达到13.9%。截至 2017 年末，贵阳农商行不良贷款余额从 13.74 亿元上升至78.43 亿元，不良贷款率由 4.13% 增至 19.54%，不良贷款拨备覆盖率从161.25% 降至 34.15%，资本充足率则从 11.77% 降为 0.91%，核心一级资本

---

① 冉光和、蓝震森、李晓龙：《农村金融服务、农民收入水平与农村可持续消费》，《管理世界》2016 年第 10 期。

充足率更是变为负数，为 - 1.41% 。这种情况既影响了我国的社会经济安全，又对农村金融的正常运行产生了极大的危害，导致整个农村金融必然缺乏可持续性地为农业农村服务的能力。当农村金融积累了大量的不良资产和不良贷款时，还会明显地扭曲金融机构的行为。以农村信用社为例，当面临不良资产快速增加时，其管理者往往会试图以高于市场的利率来吸引资金，继续投向高风险、高回报的行业和项目，从而步履维艰地保持其清偿能力。

表 8-1 全部金融机构涉农贷款不良率

单位:%

年份	全部金融机构	中资全国性大型银行	中资中型银行	中资小型银行	农村商业银行	农村合作银行	村镇银行	农村信用社
2009	5. 94	2. 40	2. 99	3. 29				15. 48
2010	4. 09	1. 73	2. 14	2. 09				11. 53
2011	2. 90	1. 50	1. 10	1. 60	1. 80	2. 20	0. 10	9. 00
2012	2. 40	1. 30	0. 90	1. 70	2. 00	2. 40	0. 30	7. 80
2013	2. 30	1. 40	0. 90	1. 50	1. 80	2. 20	0. 50	7. 30
2014	2. 40	1. 70	1. 20	1. 80	2. 10	2. 70	0. 80	7. 00
2015	3. 10	2. 60	1. 70	2. 50	2. 80	2. 60	1. 40	8. 20
2016	3. 10	2. 30	2. 00	2. 60	2. 90	3. 30	1. 70	8. 00

资料来源：Wind 数据库。

8.1.4 农村非正规金融的风险隐患依然存在

非正规金融组织主要以基金会、私人钱庄、互助会和合会等形式存在，事实上农村大量存在的民间私人借贷（包括无息的"人情贷"、高利贷等）也属于农村非正规金融形式的一种。由于非正规金融形式灵活、借贷门槛低、程序简单更能适应农村金融需求，成为需求主体的一种可行融资渠道。尽管非正规金融对满足农村地区的金融需求具有不可替代的优势，但在现有监管体制下，由于合法性地位尚不明确，也未有专门立法加以引导，其发展呈现出"地下化"、"非法化"特点。过度的压制导致非正规金融供给短缺，供求关系与价格机制失效，高利贷成为常态。由于监管依据、监管主体的缺位，非正规金融发展中的监控问题得不到有效解决。政府对非（准）正规金融的态度使民间金融要么消亡，要么转入地下金融状态。虽然非（准）正规金融组织远较正规金融灵活（例如相较后者而言，前者可以收取更高的贷款利率），但由于无法组织化和正规化，农村非正规金融基本上属于零打小敲，在地下或半公开状态下活动，不能在农村市场经济中起到应有的作用，有的甚至沦为非法集资，反而干扰了正规金融的经营与管理，存在较大的风险隐患。

8.1.5 农村金融的廉政风险开始显现

当前，我国农村金融腐败问题不断暴露出来，而且表现为多种形式。金融机构一旦腐败危害甚大，正常的流程、规章制度和业务操作常被破坏，从而带来不可控的金融风险。近年来，内蒙古、云南、甘肃、河南等多家省农村信用社联合社法人及高管落马，涉及多起交易腐败及贷款损失问题。与金融交易腐败相比，金融监管腐败更具系统性、结构性、破坏性和隐蔽性，是国家金融体制稳定和金融市场发展的"最大敌人"。伴随着专门禁止性规范及惩罚措施的不断升级，金融监管腐败非但没有得到遏制，反而呈现出广泛化、高层化、严重化的"塌方式"特征，涉案人员数量不断增多、涉案人员级别不断升高、涉案金额不断突破公众认知。① 金融圈子小，同学、师生、同事、亲友等裙带关系交织，廉政风险容易相互传染，利益板结化突出，监管者与被监管对象之间亲而不清、公私不明，容易形成利益团伙，这在农村金融领域普遍存在。

8.2 我国农村金融风险的生成及辨别机制

从产生与发展历程来看，农村金融具有独特的衍生语境，具有独立的形成机制与发展规律："靠天吃饭、自给自足"的小农经济生产方式、圈层化

---

① 据从北大法宝网、人民检察院案件信息公开网、中国裁判文书、无讼案件信息网及中纪委检察网等网站上检索所得资料的不完全统计来看，2010 年以前我国被曝光的金融监管腐败案件为 13 起，而 2011~2015 年被曝光的金融监管腐败案件就高达 55 起，超过以往案件数总和的 4 倍（各年被曝光案件数分别为 1、3、6、20、25 起），且呈现出递增的趋势。在这些暴露出来的金融监管腐败案件中，不难发现其中的"塌方式"特征。所谓"塌方式"腐败指的是在较短的一段时间内集中发生的系统性的腐败问题，直接表现为腐败窝案。

的熟人社会环境、强调礼治秩序的伦理基础构成了我国农村金融产生的历史语境，使农村金融风险呈现独特的成因。

8.2.1　农村金融市场自身的原因

1. 农业自身的生产经营特性

农业由于自身生产经营的特性，其发展始终面临严重的风险干扰。农业生产经营主要以动、植物为基本劳动对象，以土地等自然资源为基本生产资料，对自然环境的依赖性很强，具有自然再生产和经济再生产双重特征，这也决定了农业是一个承受各种自然灾害风险和经济风险的双重威胁的高风险行业。因此，无论在发展中国家还是发达国家，农业生产经营特性所带来的农业风险问题一直是威胁农业健康发展的重大障碍，也造成了以农业为服务对象的农业信贷活动同样面临这一风险因素的困扰。此外，中国农业、农村经济发展中的经济风险也日益加大。一方面，农民一家一户的小规模分散生产越来越难以承受市场风险和利益损失；另一方面，在全球贸易保护主义抬头和中国农业对外进口的依存度不断加大的背景下，中国农业正面临着剧烈的考验。在双重风险的作用下，农业增长困难，农村经济发展受到制约，既削弱了农村金融赖以发展的经济基础，又增加了农村金融服务于农业、农村的成本，加剧了农村金融风险，长此以往，将会影响农村经济金融的正常运行。

2. 农村金融市场的不完全性

农村金融市场的不完全性主要指与城市金融相比，农村金融市场机制尚不健全，存在信息不完全、价格（利率）机制失灵、垄断等问题。从前述农村金融发展历程可见，由于内生动力不足，我国农村金融体制改革从一开始就依赖政府自上而下的制度供给，农村金融市场的价格、供求、竞争等机制对金融资源配置的作用甚微。一是农村金融市场的信息不完全。与城市金融相比，农村金融市场存在更为严重的信息不对称情况，面临更大的信用风险。这种信息不对称在农村金融供需主体之间呈现出双向性，一方面由于需求主体专业金融知识欠缺以及信息传导机制的低效，对金融供给信息获取能力不足，无力对农村金融机构的经营信息、业务信息等进行充分了解；另一方面由于金融机构所依赖的现代信用制度在农村地区尚未建立以及需求主体的分散性，供给者对需求主体的信用信息、偿债能力等也无法全面了解。故农村信贷市场资金供需双方之间交易信息成本畸高，信息不对称现象严重。

在这种情况下，若缺乏有效的金融监管，农村金融机构可能产生更为严峻的道德风险和逆向选择，并由此引发金融风险，农村金融消费者的权益也更容易受到损害。二是农村金融市场的垄断性。从我国农村金融发展的历程可以看出，农村金融市场以信贷业为主，保险、担保、证券等尚处于试点阶段。中国农业银行商业化改革以后，农村信用社长时间处于农村信贷市场的垄断地位，而随着农村信用社改革的深入，目前农村商业银行在机构数量上占据着农村金融市场的主导地位。尽管新一轮的增量改革放宽了市场准入条件，为农村金融市场的多元化竞争创造了条件，但成效并不显著，最契合农村金融需求的互助合作性金融组织发展困难，与商业性金融机构在数量上形成强烈对比。市场竞争不足不仅加剧了金融抑制现象，不利于缓解金融供需矛盾，金融机构自身发展能力也难以得到夯实，而非正规金融的风险隐患更无法有效根除。

3. 地方政府融资行为的不规范

由于金融的特殊重要性，其发展始终处于政府的关注之下。同时，政府在致力于经济建设的过程中也越来越依赖金融的支持。政府的行为对于金融、经济的健康发展具有重要的影响。改革开放40多年以来，推动中国经济快速增长的主要原因正是中国政府长期以来较高的资金积累率以及由此形成的大规模资本投入。随着市场体制的建立和不断完善，地方政府在农村经济建设中的作用越来越大，其拥有的事权和财权也在进一步扩大。地方政府，尤其是县乡政府必须在市场竞争日趋激烈、对外开放不断深入的条件下，加大对农村投资环境的治理，肩负起重大的社会经济责任；对于相对薄弱的农村基础设施的建设，地方政府必须更好地集中财力与物力做好应该由政府负责的社会公共事务；地方政府应通过自身的改革和发展不断地支持农村的各项改革，调整农村经济结构，促进农村经济稳定、快速发展。但是，地方政府不断扩大的事权相应要求不断增加资金供给和更有效的资金配置，而传统体制下的单一的、狭小的财政资金来源不能适应地方政府扩大的事务所需资金的要求。因此，地方政府更多地采用非正规和非经济的手段对金融机构加以干预，以满足自己的资金渴求，这在经济相对落后的农村地区表现得尤为突出。地方政府的行为不规范直接导致了大量风险转嫁于金融机构，已成为危害农村金融健康发展的主要因素。

8.2.2　农村金融制度方面的原因

1. 垄断性金融产权制度的约束效应

尽管从种类而言，我国金融业日益多元，但从产权结构来看，金融产权实质上具有国有属性和垄断特征，形成了垄断性的国有金融产权结构。为了维护金融产权的国家垄断，实现国家对货币资金剩余的绝对控制，金融法对金融市场准入和金融市场退出进行了严格限制。

以村镇银行市场准入为例，《村镇银行管理暂行规定（2007 年）》（以下简称《暂行规定》）第 8 条规定："发起人或出资人应符合规定的条件，且发起人或出资人中应至少有 1 家银行业金融机构"；第 25 条规定："村镇银行最大股东或唯一股东必须是银行业金融机构。最大银行业金融机构股东持股比例不得低于村镇银行股本总额的 20%，单个自然人股东及关联方持股比例不得超过村镇银行股本总额的 10%，单一非银行金融机构或单一非金融机构企业法人及其关联方持股比例不得超过村镇银行股本总额的 10%。任何单位或个人持有村镇银行股本总额 5% 以上的，应当事前报经银监分局或所在城市银监局审批"。《暂行规定》对村镇银行市场准入的严格股权结构限制使村镇银行实质上成为现有商业银行体系的衍生品，体现了对村镇银行金融产权的国家干预。不仅如此，与严格的银行业市场准入行政审批制度相呼应，我国农村银行业市场退出同样遵循行政审批的法定程序。《商业银行法》第 64 ～第 72 条规定了我国商业银行接管和终止的相关内容，[①] 依据规定，我国银行业监督管理机构不仅可以决定并组织实施对问题银行的接管，而且商业银行的解散、破产都须经过行业监督管理机构批准。金融业市场准入退出的严格行政审批法律制度安排，体现了金融产权国家垄断的政治意志。

国家垄断的金融产权制度安排需要国家金融监管机关承担该制度的最高委托代理人职责。国家金融监管机关因此被配置了多种相应的垄断性权力。

[①]　如《商业银行法》（2015）第 64 条规定："商业银行已经或者可能发生信用危机，严重影响存款人的利益时，国务院银行业监督管理机构可以对该银行实行接管"；第 65 条规定："接管由国务院银行业监督管理机构决定，并组织实施"；第 69 条规定："商业银行因分立、合并或者出现公司章程规定的解散事由需要解散的，应当向国务院银行业监督管理机构提出申请，并附解散的理由和支付存款的本金和利息等债务清偿计划。经国务院银行业监督管理机构批准后解散"；第 71 条规定："商业银行不能支付到期债务，经国务院银行业监督管理机构同意，由人民法院依法宣告其破产"。

依据相关法律法规，除日常监督管理权以外，我国"一行两会"等金融监管机关还拥有行政审批权、行政处罚权和金融立法权等垄断性金融资源配置权。① "权力产生腐败，绝对的权力产生绝对的腐败"。金融监管机关集金融立法权、行政权、司法权、监管权于一身，垄断性金融权力的过度集中极易引发金融监管腐败。根据委托代理理论，② 权力的代理人与权力的委托人有不同的利益追求，两者之间存在不同的效用函数。在金融监管这一层委托代理关系中，作为权力委托人的国家所追求的是金融安全与金融效率的最大化；而作为权力代理人的金融监管机构及其相关个人所追求的则是自身利益的最大化。二者之间的博弈是基于非对称的信息之上，委托人并不能完全掌控代理人。在错误的制度激励之下，代理人很可能将手中的权力作为可交易的商品并在市场中进行权钱交易等腐败行为，最终损害委托人的利益。金融

---

① 我们再以《商业银行法》为例。从银监会的行政审批权来看，《商业银行法》（2015）第11～第28条具体规定了商业银行的设立和组织结构，第64～第72条规定了商业银行接管和终止，其中包括赋予了国务院银行业监督管理机构对商业银行设立、分立、合并、接管、解散、撤销、破产及重大事项变更等诸多行政审批。在监管权上，《商业银行法》第59～第63条具体规定了国务院银行业监督管理机构对商业银行的监督管理，如第62条规定："国务院银行业监督管理机构有权依照本法第三章、第四章、第五章的规定，随时对商业银行的存款、贷款、结算、呆账等情况进行检查监督。检查监督时，检查监督人员应当出示合法的证件。商业银行应当按照国务院银行业监督管理机构的要求，提供财务会计资料、业务合同和有关经营管理方面的其他信息"。《商业银行法》第73～第90条中规定了银监会的行政处罚权，第73条规定了国务院银行业监督管理机构可对违反该条规定的商业银行进行责令改正、没收违法所得及罚款的行政处罚；第74～第77条规定了国务院银行业监督管理机构更可对违反相关规定的商业银行处以责令改正、没收违法所得及罚款以外的行政处罚，如责令停业整顿及吊销其经营许可证；第84～第89条规定了国务院银行业监督管理机构对商业银行工作人员的行政处罚的相关规定，其主要的行政处罚形式是纪律处分。立法权也是金融监管机构的一项重要权力。我国金融监管机构有权依照法律、行政法规制定并发布对银行业金融机构及其业务活动监督管理的规章、规则。《立法法》（2015）第80条、《银行业监督管理法》（2006）第15条规定、《证券法》（2014）第179条、与《保险法》（2009）第134条、第135条等法律法规具体规定了金融监管机构的立法权。

② 委托代理理论（Principal-agent Theory）于20世纪30年代由美国经济学家伯利和米恩斯提出。委托代理理论的主要观点认为：委托代理关系是随着生产力大发展和规模化大生产的出现而产生的。其原因一方面是生产力发展使得分工进一步细化，权利的所有者由于知识、能力和精力的原因不能行使所有的权利；另一方面专业化分工产生了一大批具有专业知识的代理人，他们有精力、有能力代理行使好被委托的权利。但在委托代理的关系当中，由于委托人与代理人的效用函数不一样，委托人追求的是自己的财富更大，而代理人追求自己的工资津贴收入、奢侈消费和闲暇时间最大化，这必然导致两者的利益冲突。在没有有效的制度安排下代理人的行为很可能最终损害委托人的利益。而世界——不管是经济领域还是社会领域——都普遍存在委托代理关系。

监管机关的垄断地位越是突出，该垄断性的金融资源配置权力就越大。在违法成本、自身预期合法收益不变的前提下，经由制度扩大化的垄断性金融资源配置权力会激化金融监管机构及相关个人对权力租金的追逐，继而加剧金融监管腐败。由于金融立法权错配，金融监管机构及相关个人还可能同时扮演寻租者与设租者的双重角色，一方面可以利用手中权力进行寻租活动，另一方面更可进一步通过立法权进行主动设租。总之，垄断的金融产权制度安排是导致农村金融不良资产难以化解、廉政风险凸显的根本性制度原因。

2. 行政性金融组织制度的抑制效应

金融组织是金融产业内部金融机构间的组织或者市场关系，是金融市场的主要主体。[①] 有效率的金融组织能够节约交易费用、促进良性竞争、实现规模经济，并为参与金融活动的个人行为提供有效激励，是金融市场繁荣发展的基础。对于金融组织而言，制度不仅是拟制来源，也是其生存的基本环境。金融组织制度是决定一国金融市场配置效率和运行绩效的关键制度。

遵循"摸着石头过河"的改革逻辑，我国的农村金融组织制度从无到有、逐步建立。现已形成了以银行、信用社、保险公司、基金公司、信托公司、期货公司、小贷公司等为市场主体的全领域多元化金融组织体系和以《农村商业银行管理暂行规定》、《农村合作银行管理暂行规定》、《村镇银行管理暂行规定》等部门规章、各地方政府规章以及监管部门的规范性文件等共同形成的立体化金融组织制度体系。无论从初始禀赋还是从变迁历程考察，我国的农村金融组织及其制度演进根本上取决于政府权力中心的强烈推动，政府主导是我国金融组织制度变迁的基本逻辑，相应制度呈现出显著的"行政性"特征。

首先，在形式上，农村金融组织的拟制和监管渊源多以监管机关颁布的部门规范性文件为主，"指导意见"、"通知"、"批复"等行政"红头文件"是我国农村金融组织制度的主要渊源形式（见表 8 - 2）。以农村信用社为例，现行有效的农村信用社拟制与监管渊源共计 178 部，除两部司法解释外，其余 176 部全部是由国务院、中国人民银行、中国农业银行、银监会等机构颁

---

① 一般而言，组织是按照一定的目标和宗旨建立起来的集体，体现在金融市场中就是银行、证券公司、保险公司等金融机构。经济学上组织的概念最早由英国著名的经济学家马歇尔提出，其认为组织是一种能够强化知识运用的生产要素。从产业组织理论来看，产业组织不同于企业组织，除了指代一定的集体之外，更是指同一产业内企业间的组织或市场关系，这类关系包括市场关系、交易关系、组织形态等。

布的《意见》、《通知》、《试点工作方案》、《暂行管理规定》等"红头文件"，正式法律长期缺位。① 在这样的调整方式下，农村信用社制度安排主要服从和服务于工业化、城市化、国有企业改革、国有金融改革、加入 WTO、化解"三金三乱"、市场化改革等国家战略大局，其发展历经了 1979 年划归农业银行领导走上官办道路→1984 年要求恢复合作性质"自主经营、自负盈亏"→1986 年划归人民银行统一管理→1996 年与农业银行的正式脱钩、恢复合作性质→2003 年肯定信用社可以采取合作制、股份制、股份合作制等多种产权改革模式→2006 年明确商业化、市场化改革方向的不断反复。② 农村信用社多年因循"行政性"制度的改革结果是合作性质消失殆尽，改革"尚未破题"。③ 其次，依据《公司法》，我国金融组织包括农村商业银行、农业保险公司、农业担保公司等通常按照"总公司（行）—分公司（行）—支公司（行）—销售部（分理处）—营业网点（储蓄所）"的典型"金字塔"式科层结构模式设置。这一组织结构权力集中性强、管理层级多、委托代理链条长，与国家行政机构设置相对应，行政性突出。最后，在我国，农村金融组织负责人的人事任免均由上级政府组织人事部门任命管辖，农村金融组织负责人均有其自身特定的行政层级和政治利益，行政性和官僚色彩浓厚。尤其是有地方政府背景的农村金融组织往往极易助长地方政府金融行为的不规范。

---

① 数据来源于北大法宝网，最后访问日期：2016 年 5 月 11 日。

② 我国农村信用社的发展始于 20 世纪 50 年代，1950 年人民银行和中华全国合作社联合总社提出试办合作社；1955 年人民银行颁布《农村信用合作社章程（草案）》，至 1957 年底，农村信用社数量就高达 88000 余个；为了扶持农业经济，1979 年国家成立农业银行，农村信用社划归农业银行管辖；1984 年农业银行发布《中国农业银行关于改革农村信用社管理体制的报告》，后国务院进行转发，继而确立了农村信用社改革的方向——自主经营、独立核算、自负盈亏、自担风险的合作金融组织；1996 年，根据国务院及其相关机构发布的《国务院关于农村金融体制改革的决定》、《农村信用社与中国农业银行脱离行政隶属关系实施方案》，农村信用社正式与农业银行脱钩；2003 年，根据国务院颁布的《深化农村信用社改革试点方案》，农村信用社产权改革可以采用多种产权模式，强调以法人为单位进行产权改革，并明确农村信用社的管理权由地方政府行使；2006 年银监会颁布了《农村金融机构建设意见》，市场化商业化成为了农村信用社发展的方向。

③ 1951 年人民银行召开第一届农村金融工作会议，时任人民银行行长的南汉宸指出"信用合作（社）是群众性的资金互助的合作组织，主要是组织农民自己的资金，调剂有无，以解决社员生产上和生活上的资金困难，银行给以资金周转和业务上的支持，并可代理银行的一些委托业务，以活跃农村金融，发展农村生产"；1955 年人民银行颁布《农村信用合作社章程（草案）》进一步明确了农村信用社的合作性质。但在其后 60 多年间，在政府强制推行的农村信用社改革下，农村信用社的合作性质逐渐式微，在历次的改革方案中，其改革更趋向于商业化、市场化。

表 8-2　我国金融机构现行有效规章及部门性规范文件统计表

单位：个

监管机构	人民银行	银监会	证监会	保监会
规章	147	62	121	63
部门性规范文件	4806	6596	14914	13320

资料来源：北大法宝网，最后访问日期：2016 年 2 月 14 日。

我国行政性的金融组织制度还是农村金融廉政风险问题的直接原因。在金融组织行政权力体系自上而下的放射状分布结构中，金融监管机关凌驾于最高处，拥有最高权威。行政权力运行的规律和特点加剧金融监管腐败。首先，由于行政权力运行的强制性，即行政权力作为政治权力的一种，是在国家强制力保护下，以"命令—服从"为基本模式强制施行的。金融监管机关作为"命令"一方，很容易收获权力满足，形成权力傲慢，引发监管腐败。其次，由于行政权力运行的单向性，即上级行政组织层层对下级发号施令，下级行政组织层层对上级负责，金融监管机关在金融组织体系中往往较多向下发号施令而较少对上承担行政责任，行政权力和行政责任的不均衡极易引发金融监管机关的腐败冲动并形成腐败依赖。再次，由于行政权力运行的扩散性，即每经过一层，行政权力往往自动加持膨胀，处于金融组织行政权力运行终端的金融监管机关也会不断扩大权力并无限延伸委托代理链条，而委托代理链条越长，信息披露成本和腐败监管成本越高，金融监管腐败由于缺乏监管制约而随之加剧；由于行政权力运行的"人格化"，即行政权力必须仰赖定期把持固定岗位的"关键少数"领导干部加以实施，假以时日，"关键少数"们把控和运用权力会形成"人格化"，并不可避免地将自己的特殊利益与个性特征融入权力运行之中。公共权力逐步异化为私人权力，"关键少数"逐步异化为权力主人，金融监管腐败就此猖獗。最后，由于规范我国行政权力运行的法律问责机制尚未完善，金融监管的行政责任与法律责任隐晦不明，处于"权力场"核心的金融监管机关公职人员因此缺乏相应的法律风险意识，较少将违法成本纳入腐败算计，金融监管方面的廉政风险因而进一步凸显。

8.2.3　农村金融监管方面的原因

目前，我国农村金融监管依旧处于统一金融监管模式的统摄之下，监管目标以安全、效率为主，适用统一的金融监管标准与方式，而监管主体也基本沿用"一行两会"的主体制度。在这种忽视农村金融特质与发展需要的统一监管模式下，农村金融发展受到严重制约，且偏离其初始价值目标。

1. 农村金融监管目标的异化

农村金融监管目标的异化主要表现为统一监管模式下，金融监管受安全、效率等多元化目标的影响，忽视农村金融的支农性特质，偏离"服务三农"的初始目标。自 1996 年打击非法金融开始，到受亚洲金融危机影响大量关闭农村基金会，再到对民间借贷的利率管制，以及现下对互联网金融的严格控制，长期实行的金融约束政策充分体现了以金融安全为本位的金融监管目标定位。农村金融监管也不例外，忽视市场需求的自上而下强制性制度变迁模式尤其体现了政府试图通过强管控实现金融安全的规制逻辑。但农村地区金融抑制的事实证明，一味强调金融安全，基于农村金融新业态的恐惧与担忧而采取盲目控制的监管方式，并不利于农村金融及农村经济的发展。就我国农村金融监管现状来看，统一监管模式下多元监管目标的冲突造成了农村金融发展与监管困境：农村金融监管不仅需要服从于整体监管的安全与效益目标，还要受到地方政府经济与政治绩效目标的干扰。近年来，为达到统一的监管标准，农村金融机构出现"离农"、"脱农"的趋势。例如，新设立村镇银行将其主要营业网点及服务资源投放到县城，"脱镇入县"这种农村金融资源的逆行现象，导致支农资金外流。

2016 年中央一号文件明确"推动金融资源更多向农村倾斜"，尽管农村金融监管规范性文件中都提出了要优先发展农村金融，为农村经济服务，对农村信用社及新型农村金融机构虽然也设置了服务"三农"的义务性条款，[①]但这些规定并非量化的刚性约束，而仅限于政策引导，效力层次低、约束力差。在高位阶的"法律"文本中，仅在《农业法》中提到有关金融机构如农信社的"支农"义务[②]，在《银行监督管理法》等核心金融监管法中并未明确农村金融监管的整体目标，没有明确的目标导向，缺少基本的原则指引，则难以集中并统筹监管资源去解决现实的农村金融问题，提高监管效率。

农村金融监管目标发生偏移的根本原因在于忽视农村金融高风险性与低

---

① 如《关于做好 2015 年农村金融服务的通知》中就明确要"搭建事前有承诺、事中有监测、事后有考核的支农服务监管框架"、"探索实施涉农信贷投放与监管评级、市场准入的双挂钩政策"等。《村镇银行管理暂行规定》第 39 条强调，村镇银行提取存款准备金后其可用资金应全部用于农村经济建设。

② 详见《农业法》第 45 条："……有关金融机构应当采取措施增加信贷投入，改善农村金融服务，对农民和农业生产经营组织的农业生产经营活动提供信贷支持。"

效性的特征，未通过立法明确农村金融的"支农"目标。在统一监管模式下，以银监会为代表的中央监管主体注重安全，而地方政府作为地方监管主体则主要关注金融效率及农村金融的政治与经济效益，多元化的目标取向使农村金融监管定位模糊，无法有效促进农村金融服务"三农"发展。

2. 农村金融监管法律基础的缺失

农村金融监管法律基础的缺失主要体现为统一监管模式下忽视农村金融监管专门立法，农村金融监管主要依赖对一般性金融法律法规的参照执行以及农村金融政策的传导执行。目前，农村金融政策是农村金融监管的主要依据，但由于政策本身具有不完全性、不确定性、低约束性等局限性以及执行主体间委托—代理机制的失效，在其制定与执行过程中存在农村金融政策异化问题，主要表现为在执行主体自利性与短视性的影响下，农村金融政策替代式执行、虚假式执行、选择性执行，最终导致农村金融政策效果偏离支农目标。① 在当前政策驱动型的农村金融监管模式下，目前我国农村金融监管法律体系中尚无一部针对农村金融的基本法，而各法规及规范性文件之间协调性不足，甚至存在冲突与矛盾，由此造成整个农村金融监管体系的混乱。

此外，从现有法律文件的内容及效力来看，农村金融监管依据在内容上缺乏系统性、科学性、远视性。在效力层次上，现有的农村金融法律渊源常以制定程序宽松、变动性大、效力层次低的规范性文件为主要形式，这更加剧了农村金融监管法律基础的不稳定性。此外，政府主导的自上而下的制度供给路径使我国农村金融监管法律制度供给滞后于实际需求，部分过时的、落后的规定仍继续沿用，尽管存在制度供给"过剩"，但有效供给不足造成"营养不良"，致使农村金融监管长时间维持在低水平的非均衡状态。总体来看，农村金融法律制度具有滞后性、割裂性、低效性、非需求导向性，并未给农村金融发展提供良好的制度保障。

3. 农村金融监管主体制度存在缺陷

在统一监管模式下，农村信贷市场沿用分业监管体制，由银监会监管，但同时，地方政府也被赋予了一定的监管权，这就导致我国现行农村金融监管主体呈现出"双重多头"的特征（见表 8 - 3）。这一监管体制本应具有全方位、多层次的优势，但由于法律法规对农村金融监管主体间的职权划分并

---

① 王煜宇、邓怡：《农村金融政策异化：问题、根源与法制化破解方案》，《西南大学学报（社会科学版）》2017 年第 2 期。

不明晰，导致出现监管真空与重复监管。这在农村信用社的监管上体现得尤为明显，为解决这一困境，国务院出台了《关于明确对农村信用社监督管理职责分工的指导意见的通知》，明确规定了农村信用社四个监管主体——人民银行、原银监会、地方政府、省联社的基本职责①，但从其内容来看，还欠缺科学性，例如在农村信用社风险监管方面，原银监会与地方政府均享有监管权，但作为专业金融监管机构的原银监会在这一方面仅发挥提供监管数据、风险预警，并配合地方政府的作用。这一规定忽视了农村金融监管的实际需求，无论是从金融监管的专业性需求来看，还是从农村金融风险的传导性、跨域性，或是地方政府监管目标的多元性来看，银监会都比地方政府更适合成为风险监管的主力。

表 8 – 3　我国农村金融机构监管体系②

金融机构类别	机构数量（个） （含分支机构）	监管主体
农村信用社	23408	人民银行、银监会、地方政府及省联社（由省级政府授权并接受银监会监督）
农村合作银行	1008	人民银行、银监会、地方政府及省联社
农村商业银行	51326	人民银行、银监会、地方政府及省联社
新型农村金融机构	村镇银行：5367 资金互助社：48 小额贷款公司：8643 贷款公司：13	银监会及地方银监局，其中小额贷款公司由中央人民银行和省级政府明确的主管部门（金融办或相关机构）监管

　　多头监管体制下的问题更为突出，由于缺乏统一的协调机制，各监管主体之间的监管措施相互冲突与矛盾的现象并不少见，这直接影响到金融监管信息的共享与传递，无法形成监管合力。除了权力划分问题外，主体权力边界的模糊与问责机制的缺失导致农村金融监管的"越位"、"错位"、"失位"，监管主体"滥用"、"错用"甚至"不用"监管权也是农村金融监管的

---

① 银监会及其派出机构的主要职责是对信用社业务范围、管理人员任命等方面实施监管；人民银行的主要职责是加强对其合法经营的监管，存款准备金管理、人民币管理、清算管理、外汇管理等规定；各地方省政府的职责是最大限度地降低信用社的风险；而省联社的职责为督促农村信用社建立完善的风险防控机制、内控机制和经营机制。

② 资料来源：中国银行业监督管理委员会金融许可证信息查询系统，http://xukezheng. cbrc. gov. cn/ilicence/licence/licence Query. jsp，最后访问日期：2018 年 3 月 13 日；监管主体信息根据银监会相关政策资料整理。

突出问题。近年来"财政风险金融化"问题越来越受关注，在财税体制改革下，地方政府由于"财权小、事权大"，以 GDP 为指标的政绩考核体系驱动其想方设法地争夺金融资源以推动地方经济增长，地方政府在扮演农村金融监管者的过程中必然会受到经济发展职责的影响，使该地区农村金融监管目标中夹杂地方融资诉求，这使得农村金融监管中的行政干预问题更加明显。

此外，叠床架屋式的监管主体体制延长了决策链条，层层委托—代理模式客观注入更多的利益干扰，提高了代理机制失灵的可能性。还有一个不得不面对的问题——农村非正规金融监管主体缺失问题。从本质上讲，监管主体问题实际上就是监管权配置问题，造成农村金融监管主体模糊的根本原因在于农村金融监管权的配置受行政体制的桎梏。监管资源仰赖行政资源的供给，以致监管主体制度与农村金融发展需求不契合。因此，在明晰监管权配置的基础上构建独立的农村金融监管主体制度符合迫切需要。而农村金融监管对国家政策、行政指令、财政拨款、人事任命等方面的依附性，使我国农村金融监管更面临重重困境。

4. 农村金融监管模式忽视农村金融特质

在统一监管模式下，农村金融特质受到忽视。从现实监管需求来看，农村金融的"支农"性特征使其具有明显的正外部性，即对农村、农业、农民的发展具有显著的促进作用。但这一宏观效益的实现建立在农村金融供给主体牺牲自身部分微观利益的基础上，若这种内外部利益的失衡长期得不到有效补偿，不仅影响供给主体的存续能力，也影响着"支农"效益的可持续性。基于此，要保证农村金融服务"三农"，必须建立稳定的激励与补偿机制。但我国农村金融监管尚未建立相应的配套激励与补偿机制，导致农村金融机构"支农"意愿不强。

农村金融的二元性决定了农村金融供求主体的复杂性与特殊性。与城市金融供给主体相比，农村金融机构存在明显的差异性，这表现在机构规模、股权结构、业务范围、风控水平、服务对象以及内部管理等各方面。整体来看，农村金融机构大部分属于中小型规模，分支机构少、股权结构单一、以存贷业务为主以及服务对象主要是农户、乡镇企业等低端客户。发展理念不科学、管理机制不健全、风险预警及处理机制不完善使绝大部分农村金融机构本身存在脆弱性，农业的弱质性以及外部担保机制的缺失更加剧了这种脆弱性。在统一监管体制下，对农村金融机构采取同样的市场准入标准，用资本充足率、不良贷款率等指标评估农村金融机构的经营状况显然是不合理且有失公平的。① 除了无法使其获得平等的竞争地位，还会因此导致农村金融机构为了迎合监管框架的要求，在服务对象、服务方式等方面模仿股份制商业银行和城市商业银行，与其设立初衷背道而驰，最终影响"支农"效果。② 这就要求农村金融监管采用独立的监管标准、监管方式。而农村金融机构扎根基层、网点分散、数量多、类型杂的特点，更对监管机构、监管人员的"质"（专业性）和"量"（监管机构的数量与监管人员的数量）提出了一定的要求，需要独立的监管资源。

总而言之，扎根于农村领域与农村经济社会环境之中的农村金融是一个相对独立的个体，其产生与发展具有其自身的规律与特点。农村金融的支农性、农村金融的二元性以及农村金融市场的不完全性要求农村金融监管需要具备独立的价值理念、监管目标、监管模式、监管标准，也即独立的农村金融监管体系，而不是仅仅停留在手段的差别上，以此来保障其促进农民、农业、农村发展的支农本质。

8.3 我国农村金融风险预警与防范机制构建

如果对金融风险有明确的认识和把握，在针对自身实际选定风险预警与防范机制的有机构成后，金融机构及其管理部门是可以根据所处环境和现实要求，构建一个完整且有效的风险预警与防范机制，来保证资本运行安全的。从实际情况来看，农村金融风险预警与防范的基本流程应当包含以下五个部分：第一，必须确定农村金融风险监控的指标，根据农村金融运行的动

---

① 我国现行的《商业银行法》第 13 条关于最低注册资本限额对全国性商业银行、城市商业银行以及农村商业银行进行了区别规定："设立全国性商业银行的注册资本最低限额为十亿元人民币。设立城市商业银行的注册资本最低限额为一亿元人民币，设立农村商业银行的注册资本最低限额为五千万元人民币。"

② 以农村信贷市场的风险监管为例，根据《商业银行风险监管核心指标》（试行），农村合作银行、农村信用社是参照适用商业银行的监管指标，即考察风险水平、风险迁徙和风险抵补三大类指标，其中包括流动性比例、核心负债比、不良贷款率、单一集团客户授信集中度等。而根据《村镇银行管理暂行规定》，对村镇银行的监管同样从资本充足率、资产质量、风险集中、关联交易等方面进行监管，并按照《商业银行监管内部评级指引》进行监管评级。在这种统一的监管指标下，农村金融机构为达到监管要求，如减少不良贷款率等，不得不限制贷款条件，对贷款对象的担保能力进行严格审查，一方面增加了农村金融的交易成本，另一方面对缺少担保机制的农村地区而言，降低了农村金融的有效供给。

态过程采集金融风险信息；第二，进行金融风险的识别，即根据农村金融风险的测评和状态来感知风险境况；第三，对金融风险的现状和未来可能作出状态分析；第四，作出对金融风险的判断（通过金融风险度量后的数值确定其是否在承受额度范围内），并提出风险管理决策；第五，进行农村金融风险的预警与管理反馈，并提出修正方案。据此，完整的农村金融风险预警与防范机制的主要内容如下。

8.3.1　高质量采集农村金融风险信息

农村金融风险预警首先必须确定风险预警指标。预警离不开指标，建立农村金融预警系统，指标体系的研究和设置是最关键的部分，也是难点，它决定预警的质量和功效。恰当地选择指标并编制指标体系不仅能正确评价当前农村金融运行的状态，而且还能准确预测未来的发展趋势并及时反映金融调控效果。在确定相应的监测指标体系以后，就可以展开农村金融风险信息采集工作了。信息搜集与整理来源于金融监测的过程，通过金融监测活动搜集农村金融未来运行态势的预测信息和分析评价的反馈信息，对所搜集的信息进行加工整理，即计算各指标变动率或增率、编制增率时间序列、剔除季节变动要素和不规则变动要素，得到调整后的时序资料作为预警的依据。在农村金融机构建立风险预警机制过程中，各种采集到或处理后的信息的传递同样是非常重要的事情，其传递流程包括两个有机部分。一是原始资料的传递和处理。在农村金融风险预警处理部门接收到一些原始资料后，需要通过一定的形式将监测结果输出或显示。通常采用的方法是以报表形式输出结果，包括定期报表和不定期报表。二是警情预报的传递。在农村金融预警机制运行中必须保持顺畅的交流渠道，否则金融发展形势瞬息万变，即使警情已经被发觉，如预报或预报传递不及时也可能酿成危机。现代化电子技术应用广泛，在农村金融领域可以应用电子信息技术来提供风险信号采集和传送服务。在风险动态监测、资料记录、数据处理、警情预报上，网络信息技术将起到越来越大的作用，但也需要充分运用好村级组织获取基层信息的优势。

8.3.2　有效识别农村金融风险

金融风险的识别是农村金融风险监控的基础工作，是农村金融风险监测预警流程的第二阶段。风险识别的正确与否对农村金融风险预警与控制成败关系极大。所谓风险识别是农村金融风险控制部门对农村金融运行过程中预期风险和事实风险的类型及其根源作出判断。农村金融风险识别的基本要求是要正确判断农村金融风险的类型，并准确寻找某种金融风险的根源。金融风险的类型较多，在现实经济生活中，各种类型总是交织在一起，生成金融风险的机理及原因错综复杂，因此，风险识别正确与否，对于农村金融风险管理和控制的有效性意义重大。农村金融风险识别的基本要求主要有两个方面：一是正确判断某种金融风险的类型；二是准确寻找某种金融风险的根源。这两者相互制约、相互联系，不能孤立地去分析和评价，因为不同的风险根源影响和制约着不同的风险类型，而不同的风险类型又是对不同的风险根源的"反射"。为此，农村金融风险预警机制必须对金融风险形成有效的感知力，以对各种潜在风险的演化状态作出判断，同时对风险的临近和显现作出警戒，一旦发现异常就及时根据风险信号的采集来判断其处在什么样的状态，对风险作出预判，并保证根据风险控制标准与转化方向发出必要的指令，对金融风险的状况及其变化做到"心中有数"，以便风险管理部门根据不同风险和控制目标来实施有效风险管理，达到吸纳和转化风险的目的。

8.3.3 合理监测农村金融风险状态

在农村金融预警体系中，必须要确定一个与预警指标体系相适应的合理测度，作为农村经济、金融运行正常的状态标准，并以此来分析实际运行中是否出现警情及其严重程度。这种合理测度在金融预警中称为"临界值"，即反映经济运行中将发生的警情严重程度的等级界限。"临界值"是划分有警或无警的界限值。其中无警的警限称为安全警线，预警区间的上下限称为预警线。"临界值"的设定是农村金融风险预警系统有效性的重要环节。当其中一项以上的指标偏离其正常水平并超过某一"临界值"时，我们就把它当作是农村金融危机将在某一特定期间内发生的预警信号。设定的临界值偏离正常值太大，会使预警系统在许多危机来临之前未发出预警信号；而临界值偏离正常值太小则又会使预警系统发出太多的错误信号。为此，我们根据各种指标的具体情况，选择能使该指标错误信号与正确信号比率最小的临界值。与自然现象的定等分级不同，复杂的社会经济现象不可能直接借助于仪器、仪表等硬件手段对其运行中将出现的警情的严重程度进行测定，并定等分级。也就是说，确定预警的临界值要比对自然现象的定等分级困难，这种困难主要表现为确定警限的警度，即作为经济运行正常衡量标准的合理程度难以具体化和明确化。因为经济运行"正常"或"不正常"本身就是一个非常模糊的概念，确定"正常"或"不正常"及其程度要涉及许多复杂因素，不仅要考虑到经济本身的运行，而且要涉及各主体的反应及人的主观评价。因此，需要依据国际公认、历史经验、专家意见，并结合具体国情和经济运行的实际情况综合考虑确定。在明确了各类警区的临界值基础上，便可观察警情指标的实际值及其变动所在的区间，监测其警情和警度的发展，按照既定程序对警情资料进行处理，得到结果后与事先设置的预警临界值进行比较，然后发出相应等级的警情预报，做出正确的状态分析。

8.3.4　科学形成农村金融风险研判及管理决策

在对金融风险信息采集、处理、识别和评价后，负责日常风险预警和管理的部门就应当判断本阶段内的风险状态，作出一份金融风险预警报告，提出对金融风险的应对意见，报具体决策部门，并由决策部门最终制定风险控制决策。对于整个农村金融而言，为了保证对金融风险实施预警和管理的实效，要在建立风险预警机制的同时健全金融机构的决策体系，而且这个决策体系是分层次的，每个层次完成不同的决策目标和任务，并在农村金融运行过程中对自己的责任起到监督和指令执行作用。农村金融风险预警和管理决策的第一层次是由农村金融风险监管部门和行业自律组织组成，主要是负责农村金融的整体调控、决策导向、监督控制，检查相关管理部门在实施风险预警和执行风险管理时是否及时、准确、有效和完善，检讨农村金融风险预警机制是否存在缺陷和不足，督促管理部门和研究部门对其做出修正与调整。农村金融风险预警和管理决策的第二层次是由金融机构风险控制委员会和机构董事会组成，主要是负责各自金融机构预警实施、环境判断、投资决策、管理过程，接收风险信号采集结果和各种测评数据，对金融机构可能面临的风险种类、状态、作用和演化作出评价，根据市场与资本要求对风险处理和控制作出相应实施指令，负责完成对风险吸收、转化、控制的全部管理过程。农村金融风险预警和管理决策的第三层次是由金融机构内风险管理部门和研究机构组成，是金融机构风险预警机制具体执行人，主要是负责预警机制中的各个操作环节，如为已确定可能发生的风险明确预防和控制手段；向金融机构各部门提交风险预警分析报告；建立风险预警管理结构和人员配置；在风险进程预测指导下对风险提出管理建议和控制目标；完成风险预警和控制行为的效果评估、辅助控制方案实施；对风险预警和风险管理提出调整意见等。

8.3.5 认真开展农村金融风险管理反馈

一方面，农村金融风险预警系统建立以后，并非就此固定不变，由于农村经济、金融形势的变化，特别是体制性因素在不断变化，有些指标可能过时，有些指标作用可能下降等因素，其权重必须降低，有些指标的预警临界值需要调整。在警情预报发出后，相应的风险管理措施开始运作，这些措施的实施效果反馈到预警系统，而且相似情况发生的次数积累到具有统计上的意义的时候，对预警系统就应该进行适当调整了。对各指标预测能力的自我检验可以依据以下几个信号进行：正确信号发出率、错误信号发出率、信号未发出率、警报等级差错率。但对预警指标体系的调整应当慎重，以免使日常监测工作因指标的频繁调整而无所适从。另一方面，一旦实施风险预警，就要不断对风险管理措施进行动态的反馈和报告。风险管理反馈报告与风险度量和判断密切相关，是金融机构定期通过其管理信息系统将调整或变动后的风险报告传递给风险管理部门或其他股东的必要程序。随着金融机构在风险调整的基础上寻求各种方式以增进其经营能力和股东盈利，以风险预警和管理反馈报告为依据实施风险动态控制和转化，已成为风险预警程序中日益重要的一部分。在管理反馈报告当中还有一部分是确认金融机构正在使用的风险管理系统和技术是否有效和正确。此外，在建立完善的风险预警监测和监控系统的同时，正规的检查和复核程序是风险预警与反馈程序不可缺少的一部分。正规的检查和复核程序完成者包括农村金融机构内部和外部审计员，由他们独立完成对风险预警程序的检查。对外部审计员来说，这意味着工作重点从检查金融机构财务记录的完整性扩展到评价其风险信息的完整性；对内部审计员来说，这种变化也许更大。因为传统的内部审计中，检查其操作是否与内部条规和程序一致的那部分任务现在是由风险管理职能人员来承担，这就意味着目前在内部审计中需要更高水平的专业技术，用于了解和检查风险预警和管理职能的有效性。

8.4 中国特色农村金融监管的法制化

提高我国农村金融风险监控效率、解决监管腐败问题，需要进行金融监管制度的供给侧结构性改革，破除金融垄断，规范金融监管权力的行使，引入成本收益理念和问责机制，并最终加强农村金融监管机构的独立性。

8.4.1　农村金融监管制度完善的总体思路

1. 破除农村金融市场垄断

提高农村金融监管效率、消除金融监管腐败的问题，第一要义在于推动农村金融制度改革，破除金融垄断，转变金融市场结构，使其逐步走向适度的市场竞争。具体而言，首先应明晰金融机构的产权归属，明确划分金融机构的权益及责任，保障金融产权流转顺畅。这一方面要求政府与国有金融机构脱钩，引导国有金融机构从垄断体制逐步走向市场，激励国有金融机构积极运用市场手段参与金融市场竞争，提升金融机构及金融市场效率；另一方面应鼓励金融机构建立合理有效的公司治理制度，尤其是金融机构的内控制度，强化金融机构的内部监管。其次，改革现有金融市场准入审批制，逐步构建市场化准入制度。金融市场的准入审批是行政权力形成金融垄断的重要手段，打破我国的金融垄断，要抓住市场准入制度改革这个"牛鼻子"。最后，完善金融市场退出机制，实现金融市场的有效竞争。完善我国金融市场退出机制要树立金融产权和金融法治理念，推进金融机构逐步成长为独立自主、自负盈亏、自担责任的金融市场主体。2015 年 5 月 1 日生效的《存款保险条例》已为金融市场化退出机制的建立铺平了道路。此外，我们也应通过制度的激励作用，鼓励并引导更多的非国有资本进入金融市场，形成金融市场多元化的竞争格局。

2. 规范农村金融监管权力的行使

我国现有的农村金融监管制度是金融监管机构的权力来源，同时也是规范金融监管权力的制度依据。要从制度上规范农村金融监管权力的行使，第一，应从授权性规定上入手，合理地配置金融监管机构的实体权力，明确金融监管机构权力的具体内容，防止因金融监管权力边界模糊而形成监管失灵及市场失灵。这要求金融监管制度合理配置监管机构的行政审批权、日常监督管理权、行政处罚权及立法权等权力，即以金融市场发展规律为依据，以成本效益为考量，摒弃以往的行政化权力供给的全能监管，实现以市场需求为导向的有限监管。第二，完善金融监管程序性法律制度建设。我国现行金融监管制度中关于权力行使的规定有着原则性和模糊性的特征，程序性的技术规范相对缺乏。这导致金融监管权力的行使存在较大的随意性和自由裁量空间。因此，规范我国金融监管权力的行使更要注重程序性技术规范的作用。落实到具体的金融监管法律制度之中，则应以立法的形式完善金融监管机构行使金融监管权力的实施细则。第三，加强对金融监管权力的监督，建立金融监管的问责机制。这一方面要求我们拓展权力监督的途径，建立完善的金融监管信息披露制度来保障人大监督、党政机关监督、司法机关监督、新闻舆论监督及大众监督等监督方式的有效性；另一方面，违法成本的高低是决定腐败与否的关键因素，要打击金融监管腐败则必须提高腐败的违法成本，建立完善的金融监管问责机制及救济制度，对违反相关法律的金融监管机构及相关个人予以相应的处罚，造成损失的应承担赔偿责任，构成犯罪的则应当追究其刑事责任。除通过消极的制度约束来规范金融监管权力的行使以外，我们也应重视制度的激励作用，通过建立金融监管的绩效制度，将金融监管机构及相关个人的效益与金融监管的实际效益相挂钩，以此来促进有效金融监管的供给，抹平清廉收益与腐败收益之间的差距，减少金融监管腐败的滋生。

3. 引入成本收益理念和问责机制

诺贝尔经济学奖获得者斯蒂格勒认为，金融体系的安全性与稳定性是金融监管的核心，效率性是金融监管的生命，金融监管的关键在于从稳定性、效率性和公平性这三个目标之间寻求平衡①。效率性在金融监管中的价值和作用不容忽视，金融监管成本的存在决定了金融监管机构的权力不能无限制地行使，而必须限定在一定范围之内②。因而解决农村金融监管制度问题的重要途径之一即在于：分析金融监管的成本和收益，采取措施降低金融监管的成本③，提高金融监管的效率。这样的安排有利于促进金融监管机构在成本效益理念的制约下，更多地将监管资源投放到金融监管的领域，而不再过度干涉金融机构的具体业务。同时，应着力强化农村金融监管的问责机制，使监管者的权力行使保持理性。通过加大权力寻租者的寻租成本，使得因权力寻租所受处罚和被发现概率的乘积远大于租金收入，从而减少权力寻租。此外，在监管部门引入绩效考评机制，将成本收益的评价结果作为衡量监管制度好坏的标准，以此遏制金融监管机构的粗放型制度供给，使得其在进行

---

① George J. Stigler, "The Theory of Economic Regulation" [J], *The Bell Journal of Economics and Management*, 1971, Vol. 2, pp. 23 – 211.

② 巴曙松：《以明确权责边界为主线推进金融监管体系改革》，《中国经济时报》2013 年 6 月 18 日第 5 版。

③ 金融监管的成本是指金融监管部门为了实施有效监管，对监管工作从组织、运行、实施所做的必要投入，由于金融监管而使金融业在遵循监管方面的投入，以及业务发展和金融创新方面受到一定程度的限制而产生的损失。

制度供给时不得不考虑制度供给的成本和收益，减少无效益的制度供给模式，及时清理过时的监管制度。

4. 确保农村金融监管的独立性

通过对统一监管模式下的农村金融监管困境的分析可以发现，法律基础的缺失是农村金融法不独立的具象，监管目标异化是农村金融监管受行政干预的结果，主体权责不清是农村金融监管附庸行政体制的"后遗症"，监管资源不足是农村金融监管过于依附政府投放的后果。而将前述问题置于政府、市场、监管的关系框架来看，我国根深蒂固的行政化金融监管模式在农村金融监管领域不出意外地得以延续，监管机构的弱势性在农村金融市场监管中表现得更加淋漓尽致，并异化为对政府的强依赖。农村金融监管的不独立既表现为契合我国经济转轨期农村金融市场差异化监管需求的监管体制的缺失，也体现在农村金融监管对政府的制度依赖性、人事隶属性、预算捆绑性等多重依附性，还表现在政府政治经济目标对农村金融"支农"目标的干扰，而这些均是造成农村金融监管问题无法根治的主要原因，也是导致农村金融监管有效性不足的核心因素。从证伪的角度来看，农村金融监管现存问题足以说明独立性不足对农村金融监管有效性制约。因此，完善农村金融监管制度必须加强和确保金融监管的独立性。

8.4.2　农村金融监管独立性的价值分析

前述农村金融特质及其与统一监管的矛盾说明了建立独立农村金融监管的现实必要性，下文将从理论层面继续论证"为什么需要独立的农村金融监管"这一问题，进一步阐释农村金融监管独立性的价值。具体可以从以下三个视角来考证。

1. 独立的农村金融监管有利于提高监管有效性

（1）减少农村金融监管"俘获"的可能性。在货币经济时代，货币在资源配置与商事交易中的中介作用更加重要，金融对经济、政治、社会的重要性使得金融监管成为各方势力试图干预或控制的"必争之地"。在地方经济分权与政府绩效考核的背景下，金融资源的稀缺性及其对经济的"杠杆效应"使地方政府在财政预算约束紧张的情况下通过掌握监管权向监管对象"寻求租金"，或通过其辖区范围内的金融机构为地方财政融资（如地方债券置换）。出于对经济目标的追求，地方政府对地方性金融的非监管干预动因强烈，而农村金融监管的区域性使这种非正当干预的目标达成可能性更高。

除此之外，地方政府在一定程度上还参与了农村金融市场竞争，地方政府通过财政投资控股国有企业，再通过国有企业间接控股农村金融机构的现象并非少数。无疑，政府与农村金融机构在利益上的裙带关系会影响政府的中立立场。"身兼数职"的地方政府基于效益最大化"理性选择"在其实现政治目标、经济目标以及金融监管目标过程中，势必难以保证金融监管权行使的公正性，相较于城市金融监管核心主体——中央垂直管理的"一行两会"而言，地方政府受"俘获"可能性更大。而监管独立性可以降低金融监管机构被政府利用和监管对象"捕获"的可能性。一方面，独立的农村金融监管可以使监管目标更明确具体，确保农村金融监管从立法到执法甚至司法均以实现安全、效率、"支农"为目的，防止农村金融机构目标异化。独立的监管体系降低了对政府或利益集团在人、财、物方面的依附性，使监管机构能够公平客观执法，避免监管机构受制于地方财政而使农村金融监管受到政府短期政治目标的影响，减少突发政治因素对农村金融发展的影响。另一方面，监管独立性可以使农村金融监管以一种专业化与权威性的方式运作，独立性强调法治化的金融监管而非行政性监管，农村金融监管主体权力行使的依据、形式、过程、结果都要在法律授权范围内，这有利于破除传统固定僵化的官僚式行政管理体系。最后，独立的预算使监管机构能够以相对优厚的薪酬吸引专业监管人才，提高整体监管水平。因此，独立性从防止监管俘获以及提高监管科学性两方面来保障农村金融监管的有效性。

（2）提供充分的农村监管资源保障。在统一监管模式下，金融监管资源被更多地集中在城市地区，导致农村金融监管资源投放不足、分布不均衡。这已经成为制约我国农村金融监管有效性的重要问题。农村金融机构具有机构小但链条长、数量多、种类杂、分布广的特点，而与庞杂的监管对象相比，农村金融监管主体缺少基本的人员配置，监管执行者的个体素质不高，无论是专业水平还是监管效率均令人堪忧。"一行两会"中证监会在县域以下的地区基本无派出机构，银保监会在全国虽然有 1730 家办事处①，但其派出机构的监管人员寥寥无几。在课题组对河南省农村金融监管现状的调查过程中发现，该省银保监会部分县监管办或监管组仅有 2~3 名的监管人员。受制于行政化管理体制，原银监会派出机构在人事、薪资、办公经费等方面

---

① 刘志伟：《地方金融监管权的理性归位》，《法律科学（西北政法大学学报）》2016 年第 5 期。

并无独立性。随着农村金融准入门槛放宽，村镇银行、小额贷款公司等新型
金融机构数量的激增，再加上扶贫经济合作社等非正规金融机构的设立与发
展，"互联网＋"与农村金融结合形成的新业态的出现，原本"捉襟见肘"
的农村金融监管资源面对日益增长的监管需求更加鞭长莫及，在供给与需求
严重不匹配的情况下监管效果与效率可想而知。从地区差异来看，县域金融
监管资源更多的被投放至东部经济发达地区，中西部农村地区的监管资源无
论是从数量还是从质量上来看，都表现出明显不足，然而这些地区往往更需
要金融监管来引导金融资源，也是农村金融诈骗的高发区。这种非需求导向
的监管资源分配，常常是"监管失位"的原因之一。而独立的农村金融监管
体系可根据各地区农村金融的发展需求不断调整机构设置、人员编制以及预
算安排，从根本上解决监管资源不足导致监管有效性低下的问题。

2. 独立的农村金融监管有利于促进金融资源的公平分享

金融资源城乡配置不公集中体现在基础性金融资源、机构性金融资源、
商品性金融资源的城乡配置差异上，农业、乡镇企业、农户信贷供给不足，
农村金融机构"脱农"、"离农"，造成农村货币和资本资源逆流，金融产品
供给在种类、数量上都远不及城市地区。

造成金融资源配置不公的核心原因之一在于政府对金融资源数量、价
格、投向的强管制以及金融监管的错位。中央政府对金融资源的强管制导致
供求信息无法通过利率水平有效传递，金融资源被引导至国有企业、政府项
目、工业发展、城市建设等。地方政府获得地方金融资源控制权，为发展区
域内经济争取金融资源，进而干预辖区范围内金融机构的资本输出，导致金
融资源地区间流通不畅，加剧区域性失衡。受长期赶超战略的影响，金融监
管体制形成之初在目标设定上就存在偏差，强调国有经济的主导地位、国有
经济对国民经济的控制力在金融领域异化为对民间资本的歧视倾向，各种隐
性门槛将民间资本拒之门外，保证了国有金融机构的绝对垄断地位。国有金
融机构又为国有经济和政府建设服务，远离农业、农村、农民，这种金融资
源循环模式加剧了城乡资源的失衡。尽管国家设置了政策性金融机构弥补商
业性金融出现的失灵，旨在对农村地区投放扶持性金融资源，但由于缺少专
门立法对其进行规范，其"支农"价值并未实现，反而在某种程度上表现出
商业化倾向。

而独立的农村金融监管首先强调监管价值目标的独立、监管主体的独
立，其根本目的之一就是为了保障农村金融机构的支农性，保障农业、农

村、农民金融资源的可获得性。独立的农村金融监管通过采取差别化的监管方式、监管指标，对不同规模、不同属性的农村金融机构进行监管，降低其为应对监管而支出非必要性的成本，更注重对农村金融机构的涉农业务评估与规制，防止农村金融资源外流。同时，独立的金融监管可以减少政府（包括中央和地方政府）对农村金融市场的控制，打破人为的竞争壁垒，实现公平竞争的市场秩序，促进农村金融供给主体与形式多元化，提高金融资源内部有效供给。最后，农村金融监管的独立性还能保证在监管过程中根据客观需求实施适当的优惠政策与风险补偿机制，吸引金融资源进入农村市场，缩小金融资源配置的城乡差距。

3. 独立的农村金融监管有利于农村金融消费者的保护

农村金融消费者受制于地理位置、受教育水平、信息资源、生产特质等因素，对金融信息的获取能力、对金融风险的识别能力、融资担保能力以及发生金融纠纷后的维权能力的不足使其在农村金融市场的交易活动中处于劣势。金融机构基于利益最大化目的会利用其信息优势、专业优势、资本优势通过格式条款、不完全履行信息披露义务等方式有意或无意地侵犯到金融消费者的自主选择权、知情权、公平交易权、财产安全权、监督权等。此外，农村消费者可能会面临更多不可抗力（如自然灾害、征收等）造成的信用问题，尤其是自然灾害对农业生产的经济损失（包括减产）可能造成农户无法及时正常还贷，产生不良信用记录，这显然对"靠天吃饭"的农村金融消费者有失公平。因此有必要调整监管方式与监管指标引导农村金融机构对涉农贷款的相关信用制度进行改进，建立信用补救机制，维护农村消费者的信用信息权益。从维护金融公平的角度来讲，前述问题亟待通过外部监管加以矫正对农村金融消费者实施倾斜保护，但目前农村金融消费者保护既无专门立法又无专门机构，更无专门的纠纷解决机制，这使得农村金融消费者权益保护停滞不前。

目前，我国并未将金融消费者的权益保护列入农村金融监管职责之中。由于农村监管基础薄弱，监管机构驻扎基层的办事处在数量及专业人员的配置严重不足，无力做到对县域以下金融机构现场和非现场的监管，存在不少监管真空，面对日益庞杂的农村金融机构，监管工作力不从心。在缺乏有效监管的情况下，农村金融消费者的权益更容易受到侵犯。当农村金融消费者权益受到侵犯后，缺乏有效解决金融纠纷的途径，既无可投诉的监管部门，也无便捷的诉讼或仲裁程序。而事实上，金融消费者权益作为农村金融市场主体之一，其权益受到侵犯，不仅是个体权利保护的缺失，也是农村金融市场秩序混乱的表现，我国现行《反不正当竞争法》、《反垄断法》在立法价值上都体现了消费者权益保护对维护市场秩序的重要性。农村金融监管要维护农村金融市场秩序、安全与稳定，就必须重视金融消费者权益保护。造成目前农村金融消费者保护不足的一个重要原因就是监管资源的不足与专门救济机制的缺失，独立的农村金融监管正好可以解决这两大问题。一方面，独立的监管机构可以深入基层有效规范农村金融机构的交易行为，减少农村金融机构的侵权行为；另一方面，通过设置专门的诉讼或仲裁程序、行政投诉机制，解决农村金融纠纷，可以保障执法、司法的专业性、独立性及公正性。

综上所述，独立的农村金融监管在提高农村金融监管有效性、促进金融资源公平分配以及保护农村消费者权益等方面具有明显的效用价值。从经济法的视角来看，金融监管作为国家干预市场的手段之一，其根本目的也是基于矫正市场失灵，克服经济人"个体理性"导致的"集体非理性"，从而保障有效的资源配置、维护社会整体利益，缓解市场强弱势群体之间的失衡以实现实质公平。而农村金融监管独立性的外在价值正好契合了经济法中国家干预经济的内在要求。

8.4.3　农村金融监管独立性的内涵与表现形式

1. 农村金融监管独立性的内涵

将独立性问题置于农村金融监管的语境下，其内涵更加丰富。从现存问题及其归因可以发现，农村金融监管之所以对政府形成强依赖、监管效率低，其根本原因在于统一监管与农村金融特质的不契合。农村金融监管的独特价值在于其对农民、农村、农业发展所需金融资源的保障作用，在于保护处于劣势的农村金融消费者合法权利，在于矫正农村金融"自然垄断性"的市场缺陷，在于通过适当干预保障金融安全、金融效率、金融公平在农村地区得以实现。而独立的农村金融监管能维持前述监管价值的内在稳定性，并基于价值的独立性驱动农村金融监管者能够充分地自主行为，而这一目的的实现有赖于制度、人事、预算等方面的体系化安排，即独立的农村金融监管体系。独立的农村金融监管体系包含：不受其他政治经济目标干预的、独立的监管目标，符合农村金融发展规律和市场需求的、独立的法律制度供给，具备信息优势、专业优势、权责匹配、人财独立的农村金融监管主体，针对性强、标准科学、贴合农村金融市场主体特征的监管方式与监管内容等。

农村金融监管独立性之"独立"有两层含义：第一层是指与城市金融监管的差异性，基于农村金融的独立性，"独自存在"而非与城市金融监管混为一体，简言之为"体系的独立"，也是形式的独立；第二层指农村金融监管在目标、制度、人事、预算、运作等方面的"非从属性、非依附性"，即依法享有充分监管权与监管资源，不受制于其他主体，可以充分发挥自主性针对农村金融特质围绕监管目标通过立法、执法、司法等方式实施监管行为，也即"不受干预"。独立的监管体系、充分的权力与资源保障也从根本上降低了农村金融监管受"俘获"的可能性。

农村金融监管独立性既是农村金融监管的内在特质，也是其外在要求。但值得注意的是，根据马克思主义哲学唯物辩证法的基本观点，一切事物均处在普遍联系中，完全孤立的事物是不存在的。金融监管本质上是国家行政权力的一种，实质上无法完全脱离中央政府或代议制机构而完全独立；另外，权力若缺少制约与监督，也会衍生出权力滥用、权力寻租等负面问题，农村金融监管也需要受到制约。因此，农村金融监管独立性是相对的，并非绝对的。

综合前述，农村金融监管独立性是指在符合农村金融特质与现实需求的独立的农村金融监管体系内，依法享有监管权的主体能够在充分的权力与资源保障下，不受任何不当干预地、以实现农村金融监管目标而实施农村金融监管。该内涵更侧重强调独立的农村金融监管体系，而独立的农村金融监管体系又内含了不受干预的价值定位。

2. 农村金融监管独立性的表现形式

结合农村金融监管独立性的应有之义与特殊内涵，独立的农村金融监管不仅以监管权独立为核心、以主体独立性为形式，还表现为在金融"支农"为目标指导下农村金融监管体系的独立。

（1）独立的监管目标。农村金融监管目标的独立，表现为农村金融监管在唯一且确定的"支农"目标导向下，从立法到执法均以满足"三农"信贷需求、保障农村金融服务"三农"为目标。目标独立性根源于农村金融的支农性，要求农村金融监管政策的制定与实施排除监管主体部门利益、政治利益的影响，协调农村金融支农性与逐利性之间的矛盾，克服监管主体的自利性与短视性，通过立法保障"支农"目标的稳定性、连续性与确定性，防止农村金融监管目标的异化与偏离。

（2）独立的监管依据。独立的监管依据是指农村金融监管具有符合农村金融特质与现实监管需求的独立的制度供给，以保障农村金融监管的科学性与有效性，本质上就是农村金融法律制度的独立。这包括两个方面的要素：一是形式要素，即针对农村金融进行专门立法，强调监管依据的法律性，注重监管依据的形式理性，如法律条文的逻辑性、规范性，为农村金融监管提供独立且完备的制度基础；二是内容要素，即农村金融监管法律制度的内容体现农村金融发展规律与现实需求，以实现农村金融"支农"目标为价值导向，形成目标明确、内容科学、形式完备的制度基础。

（3）独立的监管主体。主体独立性是指农村金融监管主体在法律授权范围内，为实现其监管目标，依据监管需求自主制定监管规则、标准（包括制定规章、条例、办法等其他规范性文件的定规权与立法建议权）以及实施监督检查、采取处罚或强制性措施的权力。主要包括以下几方面：农村金融监管机构的独立，也即农村金融监管机构的组织独立性，指农村金融监管机构相对独立于传统的行政体制，能够按照农村金融监管需求对人员编制、高层人员任免决定与程序、组织结构、内部职权分配等拥有充分的自主权，各项决策程序透明不受干预。预算独立性是指农村金融监管机构在决定运转经费、监管人员的薪资、实施金融监管活动的预算规模、经费分配方面具有自主权，由农村金融监管机构自主决定。独立的农村金融监管离不开财务独立性的支持，预算独立是农村金融监管享有充分资源的保障。

（4）独立的监管模式。在"支农"目标的指引下，农村金融监管针对农村金融市场特征，实施不同于城市商业金融的监管模式。农村金融的支农性、二元性、市场不完全性等特征，决定了农村金融监管对象、监管目标、监管主体的独立性，也要求采用不同于城市金融的监管模式。农村金融支农性与逐利性的矛盾要求金融监管通过差别化的市场准入条件、风险监管指标、利率调控标准、市场退出机制、优惠政策等方式，激励农村金融机构服务"三农"、引导金融供给主体多元发展。同时，市场的不完全性决定了农村金融监管对制度供给的依赖性更强，需要通过强制性的"权力—职责"或"权利—义务"配置，改变市场主体的利益结构，规范农村金融供求双方的交易行为，用"法治监管"替代"行政监管"。

经过前述论证，我们可以明确，农村金融监管独立性根源于农村金融的独立价值及其根本特质，强调从监管理念、监管目标到监管手段，从立法到执法的全面独立。总之，从农村金融监管独立性的内涵来看，其实现机制主要依赖两个方面：一是建立独立的农村金融监管体系，二是保障金融监管权不受地方政府、被监管机构的不当影响。立足于经济法的分析视角，农村金融监管问题源于金融市场与政府的双重失灵。农村金融监管独立性的域外实践表明，可以通过农村金融法制化解决农村金融监管依据不独立、监管主体不独立、监管目标不独立等问题，保障农村金融服务"三农"发展。

8.4.4　农村金融监管"支农"目标的法定化

"支农"目标的法定化是实现农村金融监管目标独立性的关键。农村金融的形成与发展过程中需要解决的主要矛盾就是金融逐利性与支农性的矛盾，这也是造成农村金融与城市金融之间差异性以及农村金融独立性的主要原因。监管目标的确定应建立在对农村金融生成机理与发展规律的认知基础上，同时更应注重现实的监管需求，在效率、安全与公平等价值目标之间进行权衡。现阶段农村金融监管的重点在于引导金融资源向农民、农村、农业倾斜，增加有效的金融供给。故农村金融监管的目标为确保农村金融需求得到有效满足，实现农村金融的支农性。"支农性"内涵有两个维度，一是确保农村金融服务"三农"，二是确保农村金融有效支持"三农"，促进农村经济发展。

从美国、日本、法国的农村金融监管实践来看，在其农村金融法制化过程中均注重通过立法目的的设定，将农村金融监管的政策目标上升为法律目标，以强调农村金融支农目标的重要性。如美国《农业信贷法》就强调其立法目的为"鼓励农民参与、分享农业信贷系统的所有权与管理权，有效满足农民的信贷需求，增进农业信贷的效率。"我国农村金融发展长期置放于工业发展的目标函数内，农村金融监管不仅需要服从于整体监管的安全与效益目标，还要受到地方政府经济与政治绩效目标的干扰。因此，通过在农村金融立法中明确监管的支农目标十分必要。

当然，确立农村金融监管的支农性目标并不意味着对安全与效率价值的抛弃，反之，在确保农村金融服务农村经济发展的过程中，对金融安全与效率的要求更高，因为农村金融风险与低效必然对农村经济发展产生阻碍作用，故金融安全、金融效率、金融公平这三种价值取向实质上统一于"支农"目标内。要确保农村金融监管支农性目标的实现，必须将其制度化、法定化，并将其贯彻于农村金融监管的立法、执法过程中。

8.4.5　农村金融监管制度供给模式的法制化

农村金融制度供给的法制化是实现农村金融监管独立性的制度基础。从国外"立法先行"的监管经验来看，专门的农村金融立法是实现农村金融监管独立性的制度前提，农村金融法的独立性是农村金融监管独立性的基础。农村金融立法可以提供制度保障与监管依据、规范监管主体的行为、明确农村金融监管权的边界。农村金融法制化是克服政策异化的有效途径，将农村金融监管活动纳入法律制度框架内，通过系统、科学、完备、具体、稳定的法律制度调整农村金融监管关系，规范监管行为；通过设定强制性义务与惩罚性责任而非契约式委托代理机制，约束监管者与被监管者的机会主义行为，保障农村金融的支农性，防止监管目标异化。目前，我国农村金融监管低效的主要原因之一就是政策驱动型的农村金融监管模式，该模式导致监管目标模糊、法律文件效力低且分散、地方金融立法受到行政干预等。监管法律基础的缺失致使农村金融监管依附政府自上而下的制度供给，使农村金融监管缺少统筹性、稳定性、远视性，呈现出碎片化、断层化的特点，只能借助于过度管制和政府包办来解决问题，为解决这些问题，必须整合我国金融法律体系，构建一个完整的农村金融法制框架。具体而言，可以从以下几方面入手。

首先，在明确的立法目的指引下建立农村金融基本法，界定农村金融的法律性质与独立的市场地位。从立法上确认农村金融的支农目标，在此基础上建立农村金融的各项基本制度，如市场准入、市场运行、市场退出等，同时对农村金融监管权配置原则进行规范，对吊销金融许可牌照、营业执照等涉及剥夺主体资格等严重性的行政处罚进行规定，保障监管权的法定性。

其次，针对我国农村金融市场多元化的现状，根据不同性质的金融类型特征采用分别立法模式，明确合作金融的基础地位、商业性金融的主体地位以及政策性金融的补充地位，确定非正规金融的法律地位、法律性质。有必要出台农村合作金融法，明确农信社等合作金融组织的功能、地位、监管指标、业务范围、运营模式、内部治理机制等内容。同时，对政策性农村金融机构——农业发展银行也需要专门规制。关于农村商业性金融机构的法律规制，要充分考虑农村金融机构小法人的特点，侧重激励与引导。

最后，为保障农村金融法律体系的统一性与协调性，针对当前农村金融监管依据的混乱现状，有必要及时清理失效、矛盾、效力层次低的规范性文件，保留有用的部分文件并及时进行高位阶立法，提高农村金融法的规范性、协调性。此外，还要解决与其他现行法律法规的矛盾性，比如《商业银行法》中的农村商业银行准入门槛过高的问题，商业银行"支农"的社会责任问题，《物权法》和《担保法》中的农村土地流转和抵押的问题等。

8.4.6 构建独立的农村金融监管主体制度

权责明晰的主体制度缺失是造成我国农村金融监管失位、缺位、越位的主要原因。从相关国外经验来看，协调好监管权的横向与纵向配置问题是完善农村金融监管主体制度的关键。

1. 农村金融监管权合理配置

首先，要明确各个监管主体的职责及主次地位，否则只能引起监管体制的混乱，造成监管主体之间的相互掣肘，导致监管低效。合理界定、配置农村金融监管权迫在眉睫。从监管权的横向配置来看，现有"一行两会"体制尚无力针对涉农金融业务进行专门监管，尤其是在实施激励性监管政策方面。目前，国务院机构改革方案提出拟将发改委、财政部、农业部等部门的涉农投资监管职能整合，由新组建的农业农村部进行统一管理。可见，我国已经意识到对涉农资金进行专门管理的必要性。

基于此，本书认为农村金融监管以安全、效率为目标的宏观审慎监管职责由"一行两会"按照现有模式进行差别监管，而以实现金融公平、支农助农为目标的激励性监管职责拟由新设的农业农村部承担。对农村金融机构而言，强制性的"支农"要求并不能驱动其为"三农"服务，反而会造成其对支农政策的虚假执行，隐瞒实际支农情况。相较之，通过税收优惠、财政补贴等激励性监管方式弥补金融支农外部性下金融机构的利益失衡，更加契合当下农村金融机构发展的现实需求。美国就是采用这种模式，由农业信贷管理局负责保障信贷的支农性。

在监管权的纵向配置方面，最初赋予地方政府金融监管权是为了针对各地农村金融发展实际进行差别化的监管。但由于地方政府承担经济、政治、社会管理职能，存在自身的部门利益、地区利益，由其作为地方金融监管主体可能加剧财政风险金融化或金融风险财政化问题。因此，地方政府不适合作为金融监管主体。地方金融监管权仍应按照垂直管理模式，由"一行两会"及农业农村部设置派出机构进行监管，地方政府应配合监管工作，提供监管所需的市场信息。

其次，要提高农村金融监管机构的独立性应从明确其法律地位和性质入手。虽然"一行两会"以及拟设立的农业农村部是国务院下属部门，具有行政隶属性，但可以通过立法建立监管机构独立决策机制，以明确的法律条文规范监管机构的决策程序、标准，转变行政监管手段，依法进行金融监管，以金融法律法规为监管依据而不是行政命令。法律监管高于行政监管，不论是政府还是农村金融监管机构都受到法律的严格制约，在法律赋予的权力框架内行使职权，减少金融监管的随意性。

2. 农村金融监管主体独立性的法律保障

（1）组织保障。农村金融监管机构作为法律拟制的组织，其机构意志的行使必须依靠在机构内任职的人员完成，因此人事制度的合理安排是实现农村金融监管组织独立性的关键。首先，需要立法规定监管机构决策层的选任权以及其他监管人员的选任程序及标准，可以通过多元化的任命方式来减少行政干预；其次，通过法律规定各级监管机构的人员规模、薪酬、任期，减少对行政体制的依赖性；再次，还应在法律上建立一套合理且透明的人员管理制度，一方面监管者的任期由法律预先确定，除非违反相应规定，未经法定程序不会被政府或领导个人任意撤职、降职或罢免，给予监管者们充分的安全感，另一方面，对监管人员任职资格设置法定标准或限制，在保障金融监管专业性的同时，还可以避免"旋转门"现象带来的金融腐败；最后，还应设置合理的治理结构与议事规则以保证农村金融监管决策的公正性和科学性。农村金融的复杂性对监管专业性提出了一定要求，监管机构采用民主决策的合议制可能更有利于科学决策。同时，固定且公开的议事规制也有助于保障监管决策的独立性。

（2）权力保障。农村金融监管独立性的权力保障包括以下几个要点：第一，法律赋权，通过立法赋予农村金融监管机构充分的监管权限，包括定规权、检查权（现场与非现场）、必要时的紧急处置权以及处罚权；第二，赋予农村金融监管主体一定的自由裁量权，保障其可以根据实际情况灵活处理；第三，通过立法明晰农村金融监管主体执法行为的法律效力与后果，保障其公信力与权威性。

（3）预算保障。独立的财产是确保独立监管机构合法存续及独立开展工作的经济基础。农村金融监管独立性的预算保障主要强调经费来源及资金使用的独立。在经费来源上，可以借鉴美国的经验，初期由财政拨款设立，等运营基本成熟之后向被监管机构收取管理费或罚款作为经费来源。在经费管理及使用上，应该建立专门账户以及独立的经费管理机制，实行定期公开财务制度，保障机构经费合法合理使用。

（4）对主体独立性的制衡。农村金融监管主体独立性过大会造成监管过度、监管宽容以及监管失衡，影响监管有效性，不利于农村金融发展。对农村金融监管的监督与制衡是保障农村金融监管独立性价值实现的必要手段，可以从三个方面展开：一是通过政务公开约束农村金融监管独立性，即通过法律规定农村金融监管机构必须依法公开监管行为的法律依据、决策程序以及监管后果，强制性进行信息披露，通过这种公开公示制度，提高农村金融监管的透明度，将监管活动置于社会和公众的视野下，既制衡农村金融监管机构的独立性，也可以减少政府对金融监管活动的各种干预；二是通过正当法律程序要求，这主要是通过赋予农村金融组织或农村金融消费者对农村金融监管机构做出的监管行为的合法性与合理性提出异议并要求听证的权利来实现，事实上是一种事后救济程序；三是通过行业自律监管、公众监督适当分散农村金融监管机构的监管权，这也有利于提高农村金融监管的有效性。

8.4.7 建立独立的农村金融监管模式

这主要是基于农村金融产生与发展的金融生态环境、农村金融的支农性以及农村金融市场的不完全性而产生的监管需求。农村金融监管注重金融环境、金融主体、金融市场结构等方面的差异性，在识别这种差异性的基础上，倡导激励监管相容，采取合适的监管方式，以实现农村金融监管的目标。

1. 独立的监管规则

首先，在市场准入方面，打破实行统一核准主义的局面，有差别、有条件地引入准则主义，同时破除非正规金融的准入障碍。由于高风险、高交易成本、低利润等因素，我国农村地区一直是金融抑制的重灾区，金融需求得不到有效满足。为了尽力弥补农村金融供给与日益增长且多元化的农村金融市场需求之间的剧烈矛盾，一方面需要提高正规金融的供给在"质"与"量"上的多样性。有条件地适用准则主义，既可以减少农村金融机构或金融组织的市场进入成本，又可以保障准入条件的法定化与公示化，防止监管主体滥用裁量权、设置歧视性标准，还可以从根本上解决农村金融市场存在的严重自然垄断情况。在改变市场准入原则的基础上，应适当降低新型农村金融机构以及合作金融组织的市场准入标准，以构建多层次、广覆盖的组织体系，例如减少对金融业务牌照数量的限制，在股东资格、注册资本、内部治理结构等方面适当倾斜，减少准入手续费等。另一方面，对非正规金融尤其是民间借贷等应当在承认其合法性的基础上，对其发展进行引导与规范，如通过政府指导价对民间借贷利率进行合理规制，防止利率过高引发的社会矛盾与金融风险。

其次，农村金融监管规则应与农村金融的高风险特征相结合，以信用风险监管为例，基于农村地区信息传导机制的封闭性特征，交易主体双方可能存在严重信息不对称，加之有效担保机制尚未建立，农村信贷业务的放贷流程与城市地区存在差别，如不同于传统的贷款调查审批和贷后管理程序、贷款档案管理和抵质押品管理，传统的检查方法和风险评估标准可能无法准确反映风险状况，因此需要加强对贷款质量的监督。而基于农村金融的高风险性，需要建立弹性化的不良贷款考核机制等。

最后，在市场退出方面，由于我国金融机构破产制度尚不成熟，在统一监管模式下，行政主导的市场退出机制存在诸多弊端：监管机构的隐性担保责任下衍生的道德风险、债权人与金融消费者的合法权益得不到有效保障等。基于此，应当建立市场主导的退出机制，"包括从行政接管走向市场托管、从行政重组走向市场并购、从行政破产走向司法破产"。此外，农村监管机构可通过差别化存款准备金、再贷款、再贴现、利率、备付金比率等货币政策工具的运用以及支农绩效评估标准的建立矫正农村金融机构的"离农倾向"，防止支农资金外流。通过建立合理的责任约束机制，对享有制度红利却不履行支农义务的农村金融组织进行追责，对农村金融机构的经营进行外部约束。

2. 独立的监管方式

一方面，农村金融有着其特定的伦理、文化与社会环境，在这个以个人为中心、以亲缘和地缘为纽带的"熟人社会"中，在实施农村金融监管过程中，以实现激励相容监管为目标，应多采用协商式、指导式的监管手段，注重被监管对象与公众的参与，结合农村共同体的自治特点。

另一方面，适度干预本身就是经济法视野下国家干预经济市场的一项基本原则，作为国家干预的手段之一，适度干预理应成为金融监管必须遵守的基本原则。而对农村金融监管而言，适度干预的监管理念更为重要。这是基于农村金融市场的弱质性与特殊性，由于农村金融市场发育迟缓，一直存在对政府自上而下金融制度供给的路径依赖，农村金融的"市场性"被"计划性"所替代，基于培育、健全市场机制的需求，农村金融监管主体更应该减少对金融市场不必要的干预，将干预范围严格限定在"市场失灵导致的必要的监管需求"范围内。这一点，在对非正规金融的监管上尤其重要。从其产生和发展规律来看，非正规金融更能体现农村金融需求的多样性，而且之所以被称为"非正规金融"，正是基于其"产生于民间、发展于民间"的草根性，若按照正规金融的运行标准来监管非正规金融，只会约束其发展、抹杀其"市场性"，降低其满足农村金融需求的有效性。因此，在承认其合法性的基础上，对非正规金融的监管应该更注重对其进行法治化的矫正，即在交易原则、交易程序、交易责任方面的法制化改造，如确保基本的交易公平，防止出现过度侵犯他人财产权的情形，以及通过金融司法确保违约责任的实现等。

3. 独立的倾斜保护机制

由于受到教育背景、认知水平的限制以及农村信息传递机制封闭性的约束，农村金融消费者在农村金融市场交易中处于弱势地位，基于经济法的社会本位与人本主义理念要求，金融监管作为国家干预市场的方式之一，应当注重对弱势群体倾斜保护。基于此，本书认为可从以下角度实现。

首先，在独立农村金融监管主体制度内，设置专门的农村金融消费者权益保护内部机构，配备专职人员，深入市场，有效规范农村金融机构的交易行为，减少农村金融机构的侵权行为，提高弱势群体保护水平。由于农村金融消费者维权意识薄弱，某些情况下不能意识到金融机构交易行为的违法性，需要监管部门提高消费者权益保护的主动性，如建立农村金融机构格式合同备案机制，定期审查这类格式合同，防止金融机构利用专业优势、信息优势、资本优势侵犯农村金融消费者的公平交易权。

其次，需要强化农村金融机构的信息披露与说明义务。为保障农村金融消费者的知情权与财产安全权，农村金融机构和农村金融组织须对其提供的金融服务与产品以及提供的格式合同进行详尽的说明与解释。同时，为保障农村金融消费者的选择权与金融服务的可获得性，农村金融机构应该公示其交易标准、条件与程序。

最后，建立独立的农村金融纠纷解决机制，按照调解优先、仲裁前置、司法保障的逻辑顺序解决农村金融争议。基于农村金融消费者维权意识与维权能力的有限性，在其与农村金融机构发生纠纷后，监管机构的金融消费者权益保护内设机构应当提供必要的援助。在这一前提下，借鉴我国劳动者权益保护的模式，设置农村金融纠纷调解、仲裁程序以及行政投诉机制。为实现双方利益的协调与平衡，应当尊重纠纷双方主体的意志，调解优先，在监管人员的主持下进行，尽量实现纠纷的和平解决。同时，设置行政仲裁前置程序，由监管机构对纠纷进行行政仲裁，以提高纠纷解决的时效性与便捷度，降低农村金融消费者的维权成本。为防止监管机构不当仲裁行为对双方主体权益的侵犯，必须以司法作为最后的法治屏障。当然，作为事后救济机制，无论是调解还是仲裁与诉讼，都只能被动启动，而不能由监管主体主动适用。从另一角度看，通过农村金融消费者的投诉与起诉，监管机构也能及时获取农村金融机构的违法违规行为，建立社会监管渠道，增进农村金融监管效果。

第9章 农村金融制度创新与法治实践：协同与优化

农村金融制度创新既涉及农业、农村生产要素的科学配置和农业现代化发展，也涉及非农产业的要素反哺与非农产业的结构优化，更关系到国民经济的均衡增长与社会和谐稳定，是一项任务艰巨的系统工程。促进农村金融制度创新必须立足于国家整体经济社会发展战略的实践要求，根据我国各地区经济、社会发展现实格局进行科学规划，并提供有效的战略指导。从目前来看，乡村振兴战略是党的十九大提出的一项重大战略，是关系全面建设社会主义现代化国家的全局性、历史性任务。因此，确保农村金融制度创新与乡村振兴战略的协同推进并基于乡村振兴战略的阶段性目标不断调整优化，对于从全局和战略高度来把握和处理农村金融与农村经济的关系至关重要。

9.1 中国农村金融制度创新协同的初始状态与能力

习近平总书记指出"产业兴旺，是解决农村一切问题的前提，从'生产发展'到'产业兴旺'，反映了农业、农村经济适应市场需求变化、加快优化升级、促进产业融合的新要求"①。农村产业融合发展是实现乡村振兴战略中产业兴旺要求的重要途径，打好脱贫攻坚战是实施乡村振兴战略的优先任务②，而金融支持是乡村脱贫攻坚和农村产业融合发展的关键动力。因此，农村金融制度创新与乡村脱贫攻坚、农村产业融合发展的协同是乡村振兴战略的必然要求。

9.1.1 农村金融制度创新协同的初始状态

1. 农村金融制度创新与乡村脱贫攻坚协同的初始状态

金融扶贫作为我国脱贫攻坚的重要利器，是贫困人口形成自我"造

---

① 习近平：《把乡村振兴战略作为新时代"三农"工作总抓手》，《求是》2019年第11期。
② 习近平：《把乡村振兴战略作为新时代"三农"工作总抓手》，《求是》2019年第11期。

血"功能的重要途径，对于 2020 年实现农村贫困人口全面脱贫目标的实现具有重大的现实意义。自 1986 年以来，我国在金融扶贫领域的探索已有 30 余载，截至 2016 年 3 月初，农村贫困地区的人民币贷款总额达到了 4.4 万亿元，同比增长 17.4%，比全国平均增速高出 2.7 个百分点。在政策扶持方面，经过 2015 年、2016 年、2017 年三年的努力，现在已经累计放贷 4300 多亿元扶贫小额贷款，惠及了 1100 多万户建档立卡贫困户。中国人民银行也适时出台政策，积极推进实施扶贫再贷款。据统计，目前已经放贷超过 1600 亿元。另外，国家开发银行和农业发展银行发行 3500 亿元以上金融债，支持易地扶贫搬迁。在这一期间，我国农村贫困人口已从 66101 万人下降到 5575 万人，贫困发生率由 78.3% 下降至 5.7%，平均每年我国农村贫困人口减少 2000 万余人，近 7 亿多贫困人口脱离了贫困，我国成为首个实现"联合国千年发展目标"的国家，对全球贫困减缓的贡献率达到了 70%。

综观我国农村金融扶贫几十年来的工作历程，政府主导的救助式扶贫手段长期来看独力难支[1]，因而倡导通过满足农村贫困人口生产性金融需求，激发贫困人口的自身发展能力，进而建立扶贫的长效机制[2]。在金融扶贫模式上，我国深刻总结了历史经验教训，防控农村金融市场扭曲，提高信贷投放效率，除政策性金融外，积极推进商业性、合作性金融共同参与。近年来，越来越多的研究认为金融减贫是多种金融手段协同推进的结果[3][4]，我国也不再单纯依赖农村信贷支持的金融扶贫模式，一些地区积极开展了涉及保险、担保、信托等多种农村金融扶贫方式并进的改革试点。但是，总体来看这些改革探索现阶段实施基础薄弱，命题作文对于地方政府改革创新的指向性过强，短时间难以满足全国性推广的要求。伴随农村金融扶贫工作如火如荼地开展，相关道德风险问题也被推到了风口浪尖，乡村内部呈现大部分农贷资金被精英把控，"精英俘获"现象使得农贷市场结构扭曲、功能错位、

① 宁爱照、杜晓山：《新时期的中国金融扶贫》，《中国金融》2013 年第 16 期。

② 程恩江：《金融扶贫的新途径？中国贫困农村社区村级互助资金的发展探索》，《金融发展评论》2010 年第 2 期。

③ Rossel-Cambier K.，"Do Multiple Financial Services Enhance the Poverty Outreach of Microfinance Institutions?"，*Working Papers Ceb*，2010.

④ Akotey. JO，AdjasiCKD.，"Does Microcredit Increase Household Welfare in the Absence of Microinsurance?" [J]，*World Development*，2016，Vol. 77.

目标偏离①②，而在金融供给的主体层面，新型农村金融机构和小额贷款公司由于资本的逐利性和自身财务可持续发展需求，并且相关的财税支持缺位，导致"使命漂移"问题频发，影响了农村金融配置的均衡性和公平性③④。与此同时，随着脱贫攻坚的不断推进，新时期的农村贫困呈现出了新的特征，以满足基本农户生活、社交基本条件的脱贫目标⑤开始转变，农村和经济欠发达地区的贫困现象被承认具有动态化属性⑥，尽管我国农村绝对贫困得到了逐步缓解但相对贫困的情况却不容乐观⑦，贫困群体分化、脱贫又返贫现象逐渐显现，对农村金融扶贫制度创新提出了新的要求⑧。

2. 农村金融制度创新与农村产业融合发展协同的初始状态

在经济新常态下，随着农业"人口老龄化"和"农村过疏化"问题日益严重，中国农业发展既面临着"价格天花板"和"成本地板"的双重挤压，又面临着"红灯"和"黄线"的双重约束，转变农业发展方式势在必行。为此，2015 年中央一号文件提出，要推进农村一二三产业融合发展（以下简称"农村产业融合发展"）。国务院办公厅相继出台了《关于推进农村一二三产业融合发展的指导意见》、《关于进一步做好农村一二三产业融合发展试点示范工作的通知》等一系列政策文件，对农村产业融合发展进行了总体部署并为实践提供了行动指南。2017 年，党的十九大提出要实施乡村振兴战略，要求促进农村产业融合发展，支持和鼓励农民创业，拓宽增收渠道。2018 年《中共中央国务院关于实施乡村振兴战略的意见》和中央一号文件再次提出，乡村振兴战略的重点是产业兴旺，构建农村产业融合发展体系是实现产业兴

---

① 仝志辉、温铁军：《资本和部门下乡与小农户经济的组织化道路——兼对专业合作社道路提出质疑》，《开放时代》2009 年第 4 期，第 5～26 页。

② 温涛、朱炯、王小华：《中国农贷的"精英俘获"机制：贫困县与非贫困县的分层比较》，《经济研究》2016 年第 2 期，第 111～125 页。

③ 张正平：《微型金融机构双重目标的冲突与治理：研究进展述评》，《经济评论》2011 年第 5 期，第 139～150 页。

④ 温涛、刘达、王小华：《"双重底线"视角下微型金融机构经营效率的国际比较研究》，《中国软科学》2017 年第 4 期，第 25～40 页。

⑤ Townsend P.，"Poverty in the United Kingdom：a survey of household resources and standards of living"［J］，*Economic Journal*，1980，Vol. 90.

⑥ 叶普万：《贫困概念及其类型研究述评》，《经济学动态》2006 年第 7 期，第 67～69 页，第 119 页。

⑦ 陈宗胜、沈扬扬、周云波：《中国农村贫困状况的绝对与相对变动——兼论相对贫困线的设定》，《管理世界》2013 年第 1 期，第 67～75 页，第 76～77 页，第 187～188 页。

⑧ 杜晓山：《精准扶贫脱贫 走共同富裕之路》，《农村金融研究》2016 年第 9 期，第 7～12 页。

旺的关键举措。此后，《乡村振兴战略规划（2018—2022 年）》也多次提及农村产业融合发展的新载体新模式、农民利益联结机制等问题。

关于农村产业融合发展，代表性观点当属日本学者今村奈良臣首次提出的"六次产业"概念，① 意思是通过传统农业向第二三产业延伸，追求农产品附加值和农民收入的不断提高。农村产业融合发展并不是三次产业简单相加，而是通过技术创新、要素渗透和模式再造等方式打破产业边界，拓展农村生产、生活和生态功能，实现"1＋1＋1＞3"的融合效果。因此，可以说农村产业融合发展是中国经济发展进入新常态以后农业产业化发展的新任务，是农业产业化的延伸和发展，也是农业产业化的高级阶段和升级版②。但农村产业融合发展比农业产业化更加注重空间拓展和产业链横向拓宽，更加强调挖掘农业的非生产性功能，通过资金、技术等生产要素渗透形成多重产业交叉互动的新产业，跨界融合主导特征显著，产业边界更加模糊，内涵更加丰富③。

在总体处于金融抑制状态的农业农村领域，金融支持是促进农村产业融合发展的关键动力④，加强金融支持不仅有利于解决农村"融资难、融资贵、融资慢"等问题，从而培育能让农民分享第二、第三产业增值收益的新型经营主体，还有利于集成利用资源要素促进现代农业产业体系、生产体系和经营体系构建，推动农业产加销一体化融合发展，延伸产业链、提升价值链、重组供应链。然而，当前农村产业融合发展的实践中普遍存在金融产品与金融服务供给不足且结构失衡、资金使用效率低下、金融机构持续服务能力差等问题，金融支持不足成为了农村产业融合发展的短板，极大地制约了农村产业融合的发展进程。为此，2016 年 8 月中华人民共和国农业部与中国农业银行联合印发《关于金融支持农村一二三产业融合发展试点示范项目的通知》，2015 年中华人民共和国农业部与中国农业发展银行联合印发了《关于政策性金融支持农村一二三产业融合发展的通知》，2015 年国家发展改革委员会办公厅印发了《农村产业融合发展专项债券发行指引》，要求积极发挥

---

① 今村奈良臣：《把第六次产业的创造作为 21 世纪农业花形产业》，《月刊地域制作》1996 年第 1 期。

② 参见姜长云《实施乡村振兴战略需努力规避几种倾向》，《农业经济问题》2018 年第 1 期；国家发展改革委宏观院和农经司课题组：《推进我国农村一二三产业融合发展问题研究》，《经济研究参考》2016 年第 4 期。

③ 张红宇：《关于深化农村金融改革的四个问题》，《农业经济问题》2016 年第 7 期。

④ 张红宇：《新常态下的农民收入问题》，《决策探索（下半月）》2015 年第 4 期。

商业性金融、政策性金融、企业债务融资等对农村产业融合发展的支持作用，为新形势下金融支持农村产业融合发展提供了政策保障。

总之，在中央政府和监管当局的积极引导下，我国农村金融与农村产业融合协同发展形势总体向好，金融机构合规意识、服务意识、创新意识增强，农村金融服务实体经济、尤其是服务乡村振兴取得明显成效。例如，根据农村"三变"改革，积极探索开展了农村集体资产股份抵押贷款；依托农村集体经营性建设用地入市改革，创新推出了集体经营性建设用地使用权抵押融资；针对单独一种产权贷款额度低的问题，创新多种产权打包抵押、农村产权反担保贷款、"产权抵押＋保证保险质押"等多种产品；推动"龙头企业＋农户"、"龙头企业＋农民专业社＋农户"等农业供应链、产业链金融服务模式不断健全；引导金融机构对农业经营主体中长期贷款、多次贷款等需求，开展"一次授信、余额控制、循环使用"的服务创新；对符合条件的农村金融机构降准多次，支持银行发行专项金融债扩大涉农信贷资金来源，帮助乡村振兴企业在银行间市场发行短期融资券、中期票据等直接融资。然而，现有制度和政策大多从宏观层面为金融支持农村产业融合发展提供指导，微观层面的针对性和靶向性略显不足。农村产业融合发展是一项系统性、长期性、复杂性的工程，涉及到的点多面广，不同类型从业主体在贷款渠道、贷款规模、贷款方式、融资成本及构成等方面千差万别①，而且即使同一主体在不同发展阶段的金融需求也各不相同。因此，加快金融支持农村产业融合发展需要从微观视角深入调查研究，从而提出更加微观具体的行动方案和实践指南。

9.1.2 农村金融制度创新协同的能力基础

近年来，我国农村金融服务体系不断完善，金融机构涉农贷款稳步增长，债券、股票等直接融资和农业保险取得长足发展，农产品期货市场从无到有，多层次、广覆盖、适度竞争的农村金融服务体系建设继续推进，政策性金融、商业性金融与合作性金融功能互补、相互协作的格局正在形成，农村信用和支付体系建设日益完善，金融支持农村产业融合发展的基础条件不断形成。截至2016年末，全国主要涉农金融机构法人机构数、从业人员数和营业网点数不断增加，具体如表9－1所示。

---

① 王吉鹏、肖琴、李建平：《新型农业经营主体融资：困境、成因及对策——基于131个农业产业化综合开发产业化贷款贴息项目的调查》，《农业经济问题》2018年第2期。

表 9 - 1　全国部分涉农金融机构相关情况

金融机构	法人机构数（家）		从业人员数（人）		营业网点数（个）	
	2014 年	2016 年	2014 年	2016 年	2014 年	2016 年
中国农业发展银行	1	1	51251	51879	2177	2188
中国农业银行	1	1	510386	496698	23612	23682
中国邮政储蓄银行	1	1	185833	169735	39962	8490
农村信用社	1596	1125	423992	297083	42201	28285
农村商业银行	665	1114	373635	558172	32776	49307
农村合作银行	89	40	32614	13561	3269	1381
村镇银行	1153	1443	58935	81521	3088	4716
贷款公司	14	13	148	104	14	13
农村资金互助社	49	48	521	589	49	48
合计	3569	3786	1637315	1669342	147148	118110

资料来源：2014 年和 2016 年《中国农村金融服务报告》、2015 年和 2017 年《中国金融统计年鉴》。

具体来说，金融机构空白的乡镇从 2009 年 10 月的 2945 个减少到 2016 年的 1296 个，实现乡镇金融机构和乡镇金融基础服务双覆盖的省份从 2009 年 10 月的 9 个增加到 29 个；全国 1259 个县（市）核准设立村镇银行，已组建村镇银行 1519 家（其中 64.5% 设在中西部地区），县（市）覆盖率达到 67.0%；助农取款服务网点达 98 万个，覆盖行政村超过 50 万个，行政村覆盖率超 90.0%；中国人民银行指导各地结合实际情况，多渠道采取农户、家庭农场、农民专业合作社等农村地区生产经营主体的信用信息，在县（市）层面建立农户信用信息数据库，全国累计 1.72 亿农户已建立信用档案。

2007 ~ 2016 年末，全部金融机构涉农贷款余额从 6.1 万亿元增长到 28.2 万亿元，年均增速为 18.8%；全国支农、支小再贷款余额分别为 2089 亿元和 537 亿元，扶贫再贷款 1127 亿元；农业保险保费收入从 51.8 亿元增长到 417.1 亿元，参保农户从 4981 万户次增长到 2.04 亿户次，承包农作物从 2.3 亿亩增加到 17.2 亿亩，农产品价格保险试点品种达到 50 多个[1]。此外，到 2018 年末，33 家省级农担公司共设立分支机构 1520 家（其中自设机构 548 家，与地方政府或其他金融机构合作设立 972 家业务网点），共有专职员工 2457 人（其中分支机构专职员工 1499 人），对全国 1050 个主要农业县的业务覆盖率达到 90% 以上，已建成上下联动、紧密可控的农业信贷担保网络体系。

———————————

[1]　数据主要来源于《中国农村金融服务报告 2016》。

9.1.3 农村金融制度创新协同的能力缺陷

1. 金融机构农业贷款和农户贷款总量不足，新型农业经营主体资金缺口大

从全国情况看，龙头企业信贷资金需求与银行实际提供的资金缺口一般在30%~40%。从宏观统计数据来看，尽管金融机构本外币涉农贷款和农村贷款的余额总体上逐年增长，但涉农贷款余额和农村贷款余额占总贷款余额的比重却呈下降趋势，分别从2013年的27.3%和22.6%下降到了2016年的26.5%和21.6%，而且涉农贷款余额和农村贷款余额的同比增长率分别从2013年的18.5%和18.9%下降到2016年的7.1%和6.5%（见表9-2）。具体细分来看，农林牧渔业贷款余额和农户贷款余额占所有贷款余额的比重非常小，增长率也呈现逐年下降的趋势。2013~2016年，农林牧渔业贷款余额占所有贷款余额的比重一直低于或等于4.0%，增长率也从11.7%下降到4.2%；农户贷款余额占比也仅有6.4%左右，增长率从24.5%下降到15.2%。由此可见，目前金融机构涉农贷款中较大比重的涉农贷款并没有真正由农业部门和农户获得，这与日益增长的新型农业经营主体数量及其融资需求很不相称，农村产业融合发展的资金缺口仍然很大。课题组调查数据显示，78.3%的新型农业经营主体都存在资金短缺的问题，46.8%的新型农业经营主体表示没有或者只能获得较少的贷款，75.3%的新型农业经营主体表示所获得的贷款未能满足其资金需求，38.6%的新型农业经营主体表示都面临着不同程度的信贷数量配给，41.2%的新型农业经营主体认为资金短缺是发展中的最大难题。

表9-2　2013~2016年金融机构本外币涉农贷款余额

单位：亿元,%

年份	涉农贷款			农村（县及县以下）贷款			农业（含农林牧渔）贷款			农户贷款		
	余额	占比	增长率	余额	占比	增长率	余额	占比	增长率	余额	占比	增长率
2013	208893	27.3	18.5	173025	22.6	18.9	30437	4.0	11.7	45047	5.9	24.5
2014	236002	28.1	13.0	194383	23.2	12.4	33394	4.0	9.7	53587	6.4	19.0
2015	263522	27.8	11.7	216055	22.8	11.2	35137	3.7	5.2	61488	6.5	14.8
2016	282336	26.5	7.1	230092	21.6	6.5	36627	3.4	4.2	70846	6.6	15.2

资料来源：笔者从历年《中国金融年鉴》和中国人民银行网站整理得到。

2. 金融机构中长期大额贷款供给不足，生产经营主体金融需求满足度低

随着农村产业融合发展，从业主体的生产经营规模不断扩大、产业链条不断延伸，购买生产资料所需的流动性资金和生产设备等固定资产投资的需求不断扩大，小额信贷已不能满足从业主体的资金需求。张红宇等的研究表明，农业企业 80% 的贷款都是短期贷款，中长期贷款仅占 20%，不少龙头企业由于中长期贷款不足而不得不占用流动资金贷款，使得企业流动资金贷款更加紧张；① 大多数家庭农场都希望贷款额度从现有的 5 万元提高到 20 万元以上，其中 50.2% 以上的家庭农场希望将贷款额度提高到 50 万元以上，贷款期限延长至 5 年以上。② 2013~2016 年，中国农业银行、中国农业发展银行和中国邮政储蓄银行等主要涉农金融机构本外币中长期贷款的占比都处于40.9%~64.8%，整体增长趋势较缓慢（见表 9 - 3）。课题组调查数据显示，被调查从业主体从金融机构获得的贷款大多为 3 年以内 10 万元以下的短期贷款，占比高达 86.5%；77.9 的被调查主体认为现有短期小额涉农贷款对缓解资金周转困难的作用不大，希望贷款期限延长至 5~8 年，58.1% 的被调查主体希望贷款金额能提高到 30 万元以上。

表 9 - 3　2013~2016 年涉农金融机构本外币中长期贷款余额及占比

单位：亿元，%

年份	中国农业银行			中国邮政储蓄银行			中国农业发展银行		
	中长期贷款	总贷款	占比	中长期贷款	总贷款	占比	中长期贷款	总贷款	占比
2013	40819.790	68661.830	59.5	7010.860	14632.600	47.9	10397.830	24230.770	42.9
2014	47251.180	77003.480	61.4	9645.730	18317.690	52.7	11241.230	27516.180	40.9
2015	52944.210	85066.750	62.2	13807.440	24125.950	57.2	14489.910	33471.990	43.3
2016	60388.570	93193.640	64.8	17964.130	29392.170	61.1	19598.370	39809.210	49.2

资料来源：作者从历年《中国金融年鉴》中整理得到。

---

① 参见张红宇等《金融支持农村一二三产业融合发展问题研究》，中国金融出版社，2016。
② 马天禄：《金融支持新型农业经营主体发展的思考》，《金融时报》2014 年 6 月 9 日。

3. 农村直接融资渠道不畅，农业企业直接融资规模与农业增加值贡献极不相称

从融资渠道来看，农村绝大多数专业大户、家庭农场、农民专业合作社等主要新型农业经营主体都只能通过银行类金融机构进行间接融资，只有少数规模较大的农业产业化龙头企业才能在资本市场上直接融资。然而，农业产业化龙头企业的数量在新型农业经营主体总数中占比非常小，农业企业直接融资规模与农业增加值占 GDP 的比重很不相称。2016 年底，全国新型农业经营主体数量达到了 280 万个，但各类农业产业化龙头企业仅有 12.9 万家，占比为 4.6%①。截至 2016 年，新三板挂牌涉农企业累计 386 家，2016年全年共完成股票定向发行 101 次，但累计融资仅为 39.54 亿元。2016 年，涉农企业共发行债券 48 只，融资 344.1 亿元，发行涉农资产支持证券 2 只，融资 7 亿元。2017 年，全国共有上市公司 3341 家，其中农业行业仅有 84 家，占比为 2.5%；所有 84 家农业 A 股上市公司营业收入总额仅为 4431.83 亿元，比中国石化、中国石油等 13 家单个上市公司营业收入还低。在 2017 年上市公司 500 强中，农业上市公司仅有 6 家，每家上市公司的总资产和总市值都比较小（见表 9-4）。调查数据显示，在被调查的 24 家农业产业化龙头企业中，只有四川通威股份、吉峰农机股份公司和湖北武昌鱼股份公司 3 家企业在 A 股上市，其他 21 家农业产业化龙头企业目前都没有上市，只能通过银行贷款的间接融资模式筹集资金。

表 9-4　2017 年农业上市公司入选 500 强情况

指标及排名	温氏股份	新希望	通威股份	大北农	正邦科技	海大集团
总资产（亿元）	414.380	373.850	213.990	152.580	122.590	102.880
500 强排名	42	128	313	335	353	367
营业收入（亿元）	556.570	625.570	260.890	187.420	206.150	325.570
行业排名	2	1	4	7	5	3

资料来源：华顿经济研究院和中商产业研究院。

4. 农村金融产品和金融服务创新力度不足，可持续性有待加强

农村金融需求的多样性、层次性和地域性决定了农村金融产品和金融服务需要不断创新。尤其是随着新型农业经营主体的不断成长和农村产业融合

---

① 余瑶：《我国新型农业经营主体数量达 280 万个》，《农民日报》2017 年 3 月 8 日。

发展进程的不断加快，新型农业经营主体日益扩张的金融需求与其较弱的融资能力之间的矛盾，更需要通过金融产品创新和金融服务创新来加以解决。调查发现（见表 9 - 5），涉农金融机构的金融产品和金融服务的创新力度明显不足，金融供给与金融需求之间的结构性失衡愈演愈烈。银行类金融机构贷款产品创新不足，贷款模式传统且简单，大多数被调查新型农业经营主体目前都主要采用信用贷款、抵押贷款、联保贷款和担保贷款等贷款形式。其中，10.1% 的农户获得信用贷款，12.4% 的农户获得联保贷款，34.8% 的农户获得房屋抵押贷款，18.4% 的农户获得土地承包经营权抵押贷款，仅有 1 家新型农业经营主体从当地农村商业银行获得了农产品商标权抵押贷款，1 家新型农业经营主体获得了应收账款抵押贷款。截至 2016 年末，全国 232 个农地抵押贷款试点县的贷款余额仅为 140 亿元，59 个农房抵押贷款试点县的贷款余额仅为 126 亿元。调查表明，58.1% 的新型农业经营主体表示银行贷款的门槛条件高、程序复杂，贷款难问题仍较严重；46.8% 的新型农业经营主体表示商业银行贷款产品难以满足自身需求；仅有 5 家农村商业银行负责人表示已经开始尝试根据当地实际情况创新信贷产品和信贷模式，但同时表示新型涉农信贷产品和信贷模式的推广难度大、风险控制成本高，能否持续创新有待观望。

表 9 - 5　被调查农户获得贷款的主要形式

农户	信用贷款	农户联保贷款	房屋抵押贷款	土地承包经营权抵押贷款	保证（担保）贷款	农产品商标权抵押贷款	应收账款抵押贷款	保单联合信用贷款
户数（户）	27	33	93	49	12	1	1	2
占比（%）	10.1	12.4	34.8	18.4	4.5	0.4	0.4	0.8

资料来源：调查数据整理得到。

5. 在金融扶贫的供给主体层面，农村金融机构的内在动力依然不足

现阶段，除政策性金融外，我国农村金融扶贫机构主要由四支力量组成：一是商业性金融机构。尽管政策引导商业性金融机构参与扶贫，但金融扶贫的公益性导致商业性金融机构内生动力明显不足，金融扶贫功能的有效发挥受到"委托代理"问题制约，即金融资源支持扶贫中存在"精英俘获"和"使命漂移"现象。二是新型农村金融机构。以村镇银行、小额贷款公司等为代表的新型农村金融机构作为金融扶贫主体的重要组成部分，普遍面临发展规模小、资金压力大、抗风险能力弱、服务方式单一、缺乏便捷的结算

方式等问题，为贫困农户提供金融服务的能力十分有限。三是合作性金融机构。尽管合作性金融具备天生的内源式优势，但目前尚处于发展阶段，仍需较长时期的培育，难以在现阶段担任金融扶贫的主力军。四是具有政府"背景"的涉农融资担保公司。当前，这些公司普遍面临较大的经营压力和风险防控压力，加之金融扶贫服务及产品创新动力不足严重影响其可持续发展能力。

6. 在金融需求主体层面，部分贫困户缺乏自我发展动力和成长空间

在金融需求层面上来看，如果需求主体没有形成有效需求，有可能限制金融扶贫功能发挥，导致金融信贷的主动性排斥。为此，在宏观层面，中央政府高度重视贫困人口的能力培养，但在基层的实践过程中存在诸多难题。一是贫困户受教育程度低。前述调查数据显示，仍未脱贫贫困户户主受教育程度多为初中及以下学历，86.17%的受访农户为小学文化水平及文盲。二是贫困户劳动技能缺乏。从劳动力水平和劳动技能来看，近95.04%的未脱贫贫困户家庭劳动力不具备特殊技能。其中，62.76%的贫困户认为致贫原因是由于自身缺乏专业技能和经营能力。三是贫困户发展主动性不强。大部分仍未脱贫贫困户更乐意于坐享其成，"等、靠、要"思想严重，这就导致了扶贫贷款发展生产的内生动力不足。

7. 协同服务机制尚不健全，金融支持农村产业融合发展的效率偏低

金融支持农村产业融合发展涉及政府部门、金融机构和第三方中介服务机构等多个相关主体。课题组调研发现，政府部门、金融机构和第三方中介机构等相关主体目前尚处于单打独斗各自为战的局面，尚未建立完善的多部门协同服务机制，65.2%的新型农业经营主体面临着"信用贷款难、抵押贷款慢"的问题。一方面，地方政府对金融机构的引导不足，仅有4家被调查金融机构得到了政府的政策支持和优惠政策，金融机构支持农村产业融合发展缺乏具有针对性、靶向性的具体操作指南或行动方案，15家金融机构目前在支持农村产业融合发展过程中仍实行农业经营主体主动申请、银行审批的被动模式发放抵押贷款。政策性金融、商业性金融、合作性金融之间缺乏明确的分工与合作，实践中存在明显的错位、缺位和叠加并存现象，金融支持农村产业融合发展的效率偏低。调查数据表明，仅有10家农户获得了政府的财政资金补贴，仅有4%的新型农业经营主体表示所获得的贷款支持能满足资金需求，18.4%的新型农业经营主体目前没有获得任何的贷款支持。另一方面，银行类金融机构与农业保险公司、农业担保公司、信用评级机构、

抵押物评估与处置机构等非银行类金融机构之间缺乏有机联系，银行发放贷款面临信用征集、抵押物评估处置等诸多难题。目前，仅有 3 家农村商业银行与保险公司签订了长期合作协议，但仅有 2 家新型农业经营主体利用农业保险保单获得了信用贷款；有 2 家村镇银行与抵押物评估机构签订合作协议，农户申请贷款所提供的抵押物由合作机构进行评估，如果农户贷款违约则由合作机构负责处置抵押物并按合作协议偿还银行贷款；有 1 家村镇银行与担保公司合作，合作担保公司为农户申请贷款提供担保，农户与担保公司签订反担保协议；有 2 家农村商业银行与农民专业合作社合作，农村商业银行向入社的会员集体授信，合作社统一负责发放贷款和偿还贷款。

总之，对标全面建成小康社会"三农"工作必须完成的硬任务和适应国内外复杂形势变化对农村改革发展提出的新要求，农村金融服务乡村振兴目前尚处于探索期，认知不足、理解不深、瞻前顾后、资金短缺、创新针对性不足、风险分摊及监管等多种问题共存，需要各级政府的引导和扶持，加快建立健全农村金融与乡村产业协同发展的体制机制。

9.2　中国农村金融制度创新协同的着力点与关键环节

前述分析，既表明了农村金融制度创新协同的必要性，也反映了农村金融制度创新与乡村振兴协同的现实困境和能力缺陷，有利于进一步找准未来我国农村金融制度创新协同的着力点与关键环节。

9.2.1　农村金融制度创新协同的着力点

农村金融制度创新、乡村振兴战略实施本身各自就是任务艰巨的系统工程，而二者的协同推进更需要找准着力点、精准发力、科学施策。其着力点与关键环节如图 9 - 1 所示。首先，必须准确立足于国家整体经济社会发展战略的实践要求，根据我国各地区经济、社会发展的现实格局进行科学规划并系统总结各地区的关联模式，确保农村金融制度改革创新的正确方向。其次，要针对既有能力缺陷，以金融产品与服务创新作为突破口，设计各类金融与农村产业融合协同发展的体制与机制、组织与模式。再次，拓展农村金融制度创新与农村脱贫攻坚、农村产业融合发展协同成长的路径，探索农村商业性金融制度、合作性金融制度、政策性金融制度及普惠性金融制度创新的协同框架。最后据此揭示其对重点行业、重点区域及农村金融风险防控的实际要求和改进路径，以期为确保我国农村金融制度创新的科学性提供有效政策指导。

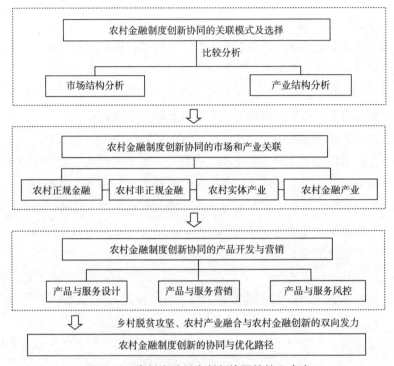

图 9 - 1　农村金融制度创新协同的核心内容

9.2.2　农村金融制度创新协同的关键环节

1. 农村金融制度创新协同的市场和产业关联

一是充分把握农村金融制度创新协同的市场关联及影响。依据我国农村金融现实，把农村金融市场细分为正规和非正规金融及其不同行业（如银行类金融机构、保险、信托、担保等）、区域（东、中、西部地区）市场，并从不同层次和结构角度，分析农村金融制度创新协同的"市场关联"——农村金融产业内部基于不同行业或区域的不同层面或结构的农村金融市场的相互关系；然后，据此分析农村金融不同行业和区域市场关联方式影响我国农村脱贫攻坚、产业融合与农村金融制度创新协同成长的模式和制度安排。二是准确定位农村金融制度创新协同的产业关联及影响。结合国际国内金融产业与实体产业相互渗透、融合的现实发展趋势，从我国农村金融产业与农村实体经济产业协调的角度，精准定位农村金融制度创新协同的"产业关联"——农村金融产业及其不同行业，在全国和区域层面，分别与农村实体经济产业的相互关系；然后，据此分析农村金融不同行业和农村产业融合的关联方式及其协同成长的模式和制度安排。

2. 农村金融制度创新协同的产品开发与营销

农村金融制度创新协同的成效最终将反映到具体的产品和服务分类提供与创新上，因此，要重点探索不同类型金融（商业性、合作性、政策性及普惠性金融）产品和服务各自的针对性及协调配合。具体内容包括：一是协同基础下金融产品开发的目标与要求。要立足于各类农村金融需求与农村金融市场环境特点，制定适宜的新产品设计目标，明确新产品应用的领域、要求与程序。二是协同基础下金融产品开发的运行机制。要根据农村经济发展的要求，从政府主导、市场主导、政府与市场协调配合等层面探索各类金融产品开发的动力机制、激励机制、约束机制、调控机制等。三是协同基础下金融产品开发的模式选择。要建立商业性、合作性、政策性、普惠性金融有机结合的运营模式，并立足于农村金融市场各种类型金融机构的企业能力确定其独立开发、协作开发、技术引进开发等多种模式的现实选择。四是协同基础下金融产品开发的类型及其营销策略。要针对我国农村市场的不同客户定位，科学设计具体的金融服务和产品，包括产品发明、产品改进、产品组合及风险控制，并探索各类产品适用范围、定价模式、营销与推广策略。

3. 农村金融制度创新的协同与优化路径

农村金融制度创新的协同应当定位为加强农业、农村经济主体和金融机构各自的企业能力，基于乡村脱贫攻坚、农村产业融合与农村金融创新的双向发力，增强金融机构的金融产品与服务创新能力，由此通过金融创新拓展"三农"发展的金融服务手段，通过金融创新改善防范、抵御和化解金融风险的能力，实现"支农"与"盈利"的双赢。因此，要立足企业能力理论与风险管理的视角，探索现代农业经营主体培植和农村金融自身财务可持续为核心的制度优化，并构建一个基于微观企业能力的服务创新与风险控制的制度协同框架，为协调推进我国农村脱贫攻坚、农村产业融合发展与农村金融自身可持续发展提供全新的战略管理指导，并据此提出若干可操作性的政策建议，为实现双向协同发展提供重要的决策参考。

9.3 中国农村金融制度创新协同的关联模式

农村金融制度创新与乡村振兴战略的协同实施要充分发挥政府部门、金融机构、社会组织以及农村产业融合从业主体的作用和比较优势，因地制宜、因势利导选择最优的金融服务模式以提高金融服务效率。针对当前面临的现实困境，促进产业融合发展、推动脱贫攻坚目标实现，农村金融制度创新与乡村振兴战略协同推进主要可以采取以下几种重要模式。

9.3.1 政银保多位一体模式

以政府、银行、保险以及其他相关社会机构为核心主体的政银保多位一体模式有助于建立健全多部门协同服务机制，为涵盖贫困农户的农业农村从业主体提供全方位、系统性的金融支持，提高金融支持乡村脱贫攻坚和农村产业融合发展的效率，有助于促使各参与主体在专业分工的基础上密切合作，从而获得合作的溢出效应，可以获得产业交叉融合的红利，从而实现范围经济。该模式运用市场化手段防范、分散和化解信贷风险，在实践过程中既可以是政府部门、商业银行、保险公司和社会机构等多方共同参与，又可以是以商业银行为核心，金融机构根据实际需要选择其他组织予以协助的形式。该模式一方面需要财政部门、金融监管部门等充分发挥引导、协调和监督作用，另一方面要求政府具有一定的财政实力，需要政府出资建立担保基金或提供补贴。以广东佛山市三水区农林牧渔局联合三水信用社、人保财险三水支公司推出的惠农产品为例，其基本运行机制如图 9-2 所示。

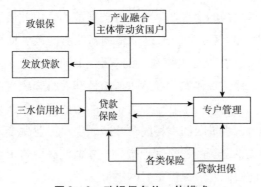

图 9-2 政银保多位一体模式

　　具体来看，由三水区政府投入 1000 万元成立担保基金，专门为农户、农业企业等农村产业融合主体提供融资担保，担保基金由区政银保办公室在三水信用社开设专户管理，同时接受证监局监督。在担保基金的支持下，农户提供承包合同、身份证和结婚证等材料即可向三水信用社申请无抵押贷款，个人贷款最高额度为 70 万元，贷款利率按照同期同档次贷款基准利率执行。三水信用社接到贷款申请以后，下派信贷员下乡实地调查，逐层向镇（街）信用社、政银保办公室审批，通过审批的贷款申请一般能在两周以内获得贷款。在实践过程中，三水信用社采用"政银保一卡通"业务模式，不对贷款申请者提供现金，而是一个信用透支额，在一定时期内，申请人可以灵活随借随还，只针对透支部分计算利息。保险公司一方面为各类产业融合主体提供生产经营保险，另一方面为农户信用贷款提供保险，当贷款发生损失时，保险公司、三水信用社和政府担保基金按照合同约定比例分摊损失。保险合同设定免赔率和最高赔付限额，单笔赔付免赔额为贷款金额的 20%，最高赔付金额为年度保险保费总额的 150%。当贷款本金发生损失时，免赔部分由合作社承担；超过免赔额在保险公司年度赔付总额以内的，合作保险公司承担剩余损失；损失超过保险公司年度赔付总额的，超额部分由合作银行承担20%，政银保担保基金承担 80%。

9.3.2　内部信用合作模式

　　为了有效解决融资难、融资贵、融资慢的问题，一些生产经营规模小、无有效抵押物的经营主体依托农民专业合作社，按照合作金融理念开展合作社内部信用合作模式，依靠成员之间的合作资金聚沙成塔调剂余缺。合作社内部信用合作模式是在成员内部之间信息对称的前提下，所有成员共同出资、互助使用，将金融机构的一对多运行模式转变成多对多的合作模式，能够低成本、便利化地为从业主体提供融资服务，有助于贫困社员和农村产业融合发展从业主体获得方便、灵活、高效、快捷的融资支持，从而在一定程度上解决农村产业融合发展从业主体的融资需求。内部成员之间相互熟悉、信息对称，又通过血缘、亲缘、地缘、业缘关系约束道德风险，有效解决了正规金融机构无法避免的信息成本和借款人道德风险问题，以草根金融的形式实现了对正规金融的替代和补充。该模式的实施需要良好的农村社区信用环境和一个内部管理制度比较完善的农民专业合作社，其服务对象主要是本村或邻村信息对称的熟人社会。以安徽省级示范社金寨县全军乡剑毫茶叶专业合作社的"股金＋合作资金"信用合作模式为例，其运行机理如图 9 - 3 所示。

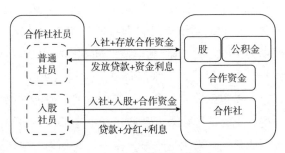

图 9 - 3　内部信用合作模式

具体来看，信用合作资金以入股社员缴纳的股金为主，以社员零散存放合作资金、合作社提取的公积金、上级拨付的专项资金为辅。由全军村和邻村的 218 户专业大户发起成立农民专业合作社，由入社社员以现金的形式自愿参与信用合作，单个入股社员的入股资金一般不低于 1 万元，最高不超过入股资金总额的 5%，入股后由合作社发放股金证。剑毫茶叶专业合作社共有 26 户社员参与入股，共缴纳入股资金 169 万元。社员平时的闲散资金可以作为合作资金存放到合作社，单笔存放最高额度不高于合作社入股资金总额的 4%，合作社出具合作资金存放凭证，合作社按照 3.6% 的利率向入股社员支付股金存放利息。合作社信用合作机构按照"小额、分散、短期"的投放原则，采用"以信誉担保为主、经济担保为辅"的方式为社员、各农业产业主体分散发放贷款，单笔贷款额度不超过 10 万元，贷款利率为年息 12%，贷款期限不超过 1 年，在社员还款困难时可以延期一次。成员借款只需经过借款申请、受理、调查、审批和发放几个环节，一般在 1 天内即可完成。贷款担保采用合作社内部成员互保、联保、农村房屋产权证担保、土地承包经营权担保、信誉担保等多种形式。借用资金的入股成员按照约定的方式归还资金本金和使用费。每年年终时，合作社根据年度运行情况进行股权分红。

9.3.3　产业链金融模式

该模式主要以促进农村产业融合发展为核心目标。农村产业融合发展最大的特征就是新型农业经营主体的经营范围不断向上下游延伸，将农业生产资料供应、农产品生产及加工、农产品储藏与运输、农产品销售等多个环节集于一体，形成独特的农业产业链。产业链金融是推进农业产业链整合和价值链提升的重要金融支持模式，正好契合农村产业融合发展的特点和发展趋势。农业产业链金融就是指商业银行以农业产业链的核心从业主体为依托和支撑，利用农业企业的信用为农户的信用增级，将单个主体的不可控风险转变为供应链整体的可控风险，针对产业链中的各个环节设计个性化、标准化、综合性的金融服务与金融产品，以满足农业产业链上各环节各主体融资需求的一种系统性金融服务模式。农业产业链上下游企业之间相互依存，同一层级的不同企业之间相似性非常高，金融机构可以根据特征制定标准化、综合性金融服务方案，实施批量化处理以节约经营成本。该模式必须以良好的信用环境为基础，依托在整个产业链中具有一定的市场地位和话语权的核心企业，主要为本村或邻村从事同一产业或关联产业的农户提供金融服务。以湖南省沅陵县凉水井镇王家岭养鸡专业合作社为核心的"专业合作社 + 农户 + 农业企业 + 金融机构"的融资模式为例，其运行机理和操作步骤如图 9 - 4 所示。

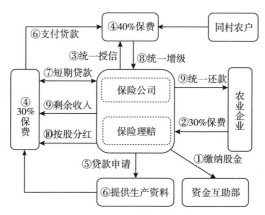

图 9 - 4 产业链金融模式

凉水井镇王家岭养鸡专业合作社于 2014 年成立资金互助部，共吸收入股资金 400 万元，其中合作社占股 60%，社员占股 40%。合作社将部分股金作为保证金存入当地农村商业银行，农村商业银行按照 1∶10 的比例放大授信额度，当信用合作资金不够内部借贷时，社员按照"以产定贷"的方式提出申请，资金使用评议小组审查通过后向银行出具担保函，贷款到期后由合作社负责统一偿还。合作社借助内部交易信息数据库对社员进行信用评级，一级信用户最高贷款额为 10 万元，二级信用户最高贷款额为 5 万元，三级信用户最高贷款额为 2 万元。合作社、农户、政府按照 4∶3∶3 的比例承担保费购买农业保险，为互助资金建立风险保障。当社员出现资金困难时可以向合作社申请贷款，合作社互助资金部实行"以产定贷"的互助方式，按照蛋鸡养殖户社员 10 元/只鸡、蔬菜种植户社员 5000 元/亩地的标准提出资金互助申请，具体发放额度参照社员信用等级，由合作社管理人员、互助资金部工作人员和社员代表组成的资金使用评议小组审查决定，以现金、实物折抵两种方式记入社员账户。为了保证互助资金的安全，合作社对每个社员的单次贷款金额、期限、年利率等都做了严格的规定。互助金到期后，由合作社从统一销售社员生产的蛋鸡、肉鸡、蔬菜的货款中直接抵扣并统一还款，对确实有困难的社员给予一定的延展期。每年年底，合作社先从盈余中提取 20% 的风险准备金，剩下盈余对社员按股分红。沅陵县这种产业链金融模式实质是一种"产业依托、社员合作、结构稳定、资金互助"的"产业合作＋信用合作"融资模式，有效地解决了农户融资难和银行信贷资金安全问题，实现了合作社、农户和银行的多方共赢。

9.3.4 政策性产业基金模式

该模式的核心目标同样在于促进农村产业融合发展。农村产业融合发展具有明显的正外部性，对农村经济增长和农民增收等多个方面都具有显著的促进作用，而且农村产业融合发展当前处于起步探索阶段，需要政府的引导和大力支持。财政资金是政府支持农村产业融合发展的最有效手段，但仅靠政府财政资金难以满足农村产业融合发展巨大的资金需求，亟须金融资本和社会资本的参与和补充以拓宽经营主体的直接融资渠道。政策性发展基金模式为金融资本和社会资本参与支持农村产业融合发展提供了切入口。由政府财政或政策性银行主导，吸引商业性金融资本和社会资本参与共同成立政策性农村产业发展基金，以股权投资、低息长期贷款等形式直接为农村产业融合发展从业主体提供资金支持，促进农产品加工业、休闲观光农业、农产品电子商务等新兴业态的快速发展。政策性发展基金在为农村产业融合发展从业主体提供资金支持的同时，可以获得股权分红、利息收入，实现自身的保值增值。政策性产业基金获利以后，少部分的利润作为回报归财政或政策性银行所有，大部分利润让渡给商业金融资本和社会资本，保护商业资本和社会资金的正常利益，提高商业资本和社会资本参与积极性和服务持续性。以中国农业产业发展基金为例，其运行机制如图 9 - 5 所示。

2012 年 12 月 17 日，由国务院批复，财政部联合中国农业发展银行、中

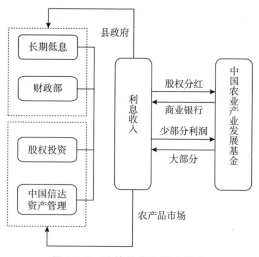

图 9 - 5 政策性产业基金模式

国信达资产管理公司和中国中信集团有限公司，每家单位出资 10 亿元发起成立了中国农业产业发展基金，总规模 40 亿元，存续期 15 年。中国农业产业发展基金通过与中国农业银行、中国建设银行、中国交通银行和中国光大银行等多家金融机构签订战略合作协议，以投贷结合的方式撬动约 700 亿元的信贷资金，发挥了财政"引子"资金"四两拨千斤"的效应，引导社会金融资本向农村农业领域流动，投资农业产业化龙头企业、重点农村服务业企业等农村产业融合发展从业主体，有效地扩宽了农村产业融合发展从业主体的融资渠道。中国农业产业发展基金自成立以来，总体运营顺利，首年便实现盈利，截至 2013 年底已投资 9 个项目，总投资额为 14.47 亿元，2013 年和 2014 年分别实现净利润 0.092 亿元和 0.388 亿元，国有资本保值增值率为 100.1% 和 102.4%，基金净资产 2014 年末已达到 40.5 亿元，初步实现了可持续发展目标。中国农业产业发展基金严格把控项目遴选，筛选比例近 60∶1，主要投资农业产业化龙头企业，项目涉及农业种植、养殖、农产品加工、农资和农机等 5 大门类。这种模式充分发挥了政府"有形的手"的作用，将资金投向和产业发展战略有机结合，有效地解决了利润导向和风险规避背景下商业性金融支持农村农业不足的问题，以政府的公益性和公共性弥补了市场失灵，有效地提高了农村产业融合发展从业主体的资金可得性。

综合来看，以上四种农村金融制度创新与乡村振兴战略的协同推进模式都具有各自的实施条件、适用范围和比较优势。全国各地在金融支持乡村振兴战略实施的具体实践中需要根据自身实际情况，因地制宜选择最适宜的创新模式。政府财政实力相对雄厚、农村金融体系较健全、市场化程度较高的地区可以选择政银保多位一体模式，充分发挥政府财政对银行、保险等金融机构的引导和支持，为各类农业生产经营主体提供便捷的中长期大额贷款。农民专业合作社和农业产业化龙头企业发展良好、农村内部信用环境较好的地区可以选择农民合作社内部信用合作模式和以农民专业合作社或龙头企业为核心的产业链金融模式，为普通农户和适度规模经营主体提供短期小额贷款。农业经济发展快、金融资本和社会资本较充裕的地区，可以在政府引导下选择政策性产业基金模式，利用财政资金撬动社会资本和商业资本为农业龙头企业等生产经营规模较大的新型农业经营主体提供融资支持。

9.4　中国农村金融制度创新的协同与优化路径

金融服务乡村振兴战略不仅需要根据现实困境选择科学的支持模式，更需要加强各政策的整合和协同，以确保政策的有效性和针对性。针对当前已有的基础和实践中的现实困境，本研究认为农村金融制度创新与乡村振兴战略的协同推进还需要从以下几方面着手改进和优化。

9.4.1　立足乡村振兴，全面深化金融供给侧结构性改革

立足乡村振兴的金融供给侧结构性改革就是要满足农村市场需求和政治经济需求，要通过市场化改革和相应制度重构来达到目的。

第一，要满足贫困农户、普通农户、新型农业经营主体尤其是农村产业融合发展的各类从业主体生产发展的差异化金融需求。对产业融合发展的涉农企业、科技创新和业态创新的新型农业经营主体、普通中小农户、贫困农户等，都应提供更具针对性的差异化金融服务。

第二，要丰富农村金融市场层次，满足金融机构拓展业务的需求。要加快构建多层次、多元化、多渠道、广覆盖的普惠金融组织体系，引导合作性—商业性—政策性"三位一体"的金融服务体系向着定位明确、职能清晰的方向前进。要减少行政管制，允许各类金融机构根据市场需求开展业务创新，依照市场规则自行承担风险。要防范单个金融机构的风险外溢，主要依靠金融机构依法进行"自治"，金融机构的"外治"应定位于引导性、应急性选择。

第三，要鼓励针对性金融创新，丰富金融产品，更多地满足农村居民生活的金融需求。农村居民生活的金融需求包括务农务工等收入的管理、日常消费的金融服务、保障性金融服务、理财金融服务等。特别应在确保安全经营的前提下积极开辟农村信贷市场，努力走出传统信贷的标准桎梏，通过金融创新和差异化的金融服务，使得那些潜在的有效需求得到更好的识别和满足。

第四，满足地区发展战略和安全需求。任何地区的金融体系归根结底是为这个地区的整体发展战略和安全服务的。因此，在谋划和实施服务乡村振兴的金融制度构架时，必须进行顶层设计，做好战略规划与管理，切实遵循地区战略利益最大化和长期化原则。

9.4.2　强化政府引导，建立健全财政金融协同服务模式

金融服务乡村振兴目前尚处于探索试点初期，认知不足、理解不深、瞻前顾后、资金短缺等多种问题共存，需要各级政府的引导和扶持，加快建立健全财政金融协同服务模式与机制。

第一，加快建立农村产业融合发展的引导机制和激励模式。对于当地政府和老百姓高度认可的融合主体，及时总结和提炼其成功的经验，加强宣传推介和培训推广，发挥正向的典型示范作用；同时利用好专门的产业扶持基金和风险补偿基金，加大针对农村产业融合发展从业主体的财政资金补贴力度和补贴范围，支持和引导更多的新型农业经营主体向这些方面发展。

第二，积极探索建立国家支持政策和从业主体经营效益的共享模式。将财政补贴资金量化给农民后以入股方式参与农业产业化经营，让农民成为股东，获得一二三产业融合发展的更多收益。以龙头企业为核心、农民合作社为纽带、家庭农场与专业大户为基础培育和发展农业产业化联合体，形成更加紧密和更加稳定的新型组织联盟，共享农业产业融合发展的增值效益。

第三，强化各级政府对金融机构的引导和鼓励。综合运用定向降准、支农再贷款、支小再贷款和再贴现等多种货币政策工具，增加金融机构支持乡村振兴的资金来源。落实县域金融机构涉农贷款增量奖励政策，完善农村金融机构定向费用补贴政策和税收优惠政策，降低农户和新型农业经营主体的融资成本。完善政府支持的担保机构体系，引导各担保机构秉持保本微利经营原则调低融资担保和再担保业务收费标准，为农业经营主体提供有效的贷款担保服务。

第四，政府引导营造有利于金融支持乡村产业发展的外部生态环境。由农业部门联合金融部门、社会机构认定乡村振兴产业融合发展主体，建立从业主体名录并实施分类管理。开展新型农业经营主体信用信息征集评价，推进信用区域创建，促进信息共享与应用，建立守信激励和失信惩戒相结合的长效机制，为金融机构信贷提供参考。

9.4.3 满足多样化金融需求，创新农村金融产品和金融服务

与农村产业融合发展主体金融需求特征相适应的多元化金融产品和服务是金融支持农村产业融合发展的基础和条件，也是农村金融制度创新与乡村振兴战略协同推进的重点。

首先，加快农村金融机构的信贷产品创新。政策性金融机构在强化政策性功能定位、安排政策性支农资金的同时，在年度总资金中确定一定比例用于设立专门的中长期低息贷款。根据产业融合发展从业主体的特征，开发设计农村承包土地经营权抵押贷款、农民住房财产权抵押贷款、集体经营性建设用地使用权抵押贷款、农村电商经营贷款、原料收购贷款、休闲农业经营户贷款、土地流转收益保证贷款、应收账款质押贷款、农民工还乡创业贷款、扶贫贴息贷款、农户联保小额贷款、大学生农村创业贷款、农村社团家庭财产担保贷款、龙头企业担保贷款、农村小微企业联保贷款、商品融资贷款、农村企业固定资产抵押贷款、农机器抵押贷款等多种贷款形式。以供应链核心企业为中心，探索开发"公司＋银行＋政府＋科技"、"农业协会＋农户"、"农业龙头企业＋农户"、"农业生产园区＋农民合作社"、"农民专合组织＋农户"、"特色产业＋经营农户"等多种新型贷款。

其次，加快金融服务创新，扩大农村金融业务范围。大型银行利用机构和网点优势，按照战略事业部模式建立农村产业融合发展小微专业支行或小微业务部，专门负责相关业务的深度开发。支持中小型银行优化网点渠道建设，下沉服务重心，强化农村社区零售金融服务，在新型农村社区或居民集中居住区布设 ATM、POS、EPOS 等自动终端服务设施，为农民提供查询、转账、汇款、小额提现、网上缴费等基础金融服务。积极开展金融管理服务、贷款手续办理、财务规划制定、产业链整体包装服务、融资计划设计等多项金融咨询和经营辅导服务。运用互联网、云计算、大数据等新技术创设网络终端普惠金融服务，开设农村产业融合发展绿色通道，提供跨地域电话支付结算、视频转账等新型服务，促进金融科技与农村金融规范发展。

9.4.4　完善金融支农配套，构建金融扶贫协同发展模式

第一，创新驱动金融扶贫主体加速成长。一是激发商业性金融的资本活力，引导金融机构创新金融产品，提高服务质量，发挥好金融资源的撬动作用。支持金融机构在贫困农户就业、教育、医疗等方面，有针对性地推出信贷、保险、担保、信托等创新性金融服务，既有效拓展金融机构自身业务能力，又有效满足金融扶贫对象的合理金融需求。二是加快农村合作性金融互助组织的创新发展。根据合作性金融组织扶贫效果、经营情况给予适当的财税支持与政策倾斜。适时推进差别化的存款准备金率、信贷补贴、风险补偿、税收优惠、定向费用补贴、增量奖励等措施，完善其治理体系和有问题的金融机构的退出机制，进而引导新型合作金融机构健康成长，坚定为农服务的发展目标。三是完善农村金融扶贫的风险保障体系。创新银行类金融机构、非银行类金融机构及政府间相互协调配合的工作机制，科学构建风险分摊模式，切实有效地提高农村金融机构可持续发展能力，进而不断提升农村贫困地区的金融包容性。

第二，科学应对贫困群体层级分化现象。经过 30 多年的扶贫，我国现存贫困群体已经形成了明显的层级和类别分化。金融扶贫所服务的对象应当是具备劳动能力的贫困户，为了有效提升金融扶贫效率，对于因病、因残而丧失劳动能力的贫困户而言，应将其纳入社会保障兜底的范围之内，同时加强子女的教育，以人力资本培育斩断贫困的代际传递。而对于具备劳动能力的贫困户而言，则应根据各自层级分类施策。一是对于具备一定独立发展能力、倾向自主经营的贫困户，应发挥出合作社的指导作用，保证金融扶贫的精准性，提高生产发展水平、提升抗市场风险能力；二是对于独立发展能力偏弱、倾向合作经营的贫困户，应充分发挥新型农业经营主体和乡村能人的模范带头作用，引导贫困农户参加合作经营方针，为贫困农户提供必要的技术指导和管理经验；三是对于缺乏自我发展能力、倾向以集体形式入股分红的贫困户，应以制度形式规定其必须参与到生产管理当中，从而逐步培育贫困户的发展能力。

第三，构建金融扶贫供求双方的协同发展模式。实现金融服务脱贫攻坚离不开金融供求双方的共同成长。从金融需求主体层面来看，一是要切实提高贫困农户的生产发展能力，形成有效信贷需求，破除主动性信贷约束。要着力于传播先进农业生产技术和经验，加之充分的产业特惠政策扶持，激活

贫困农户自身的"造血功能"。二是培养农村信用环境，加强贫困人口的思想教育，防范金融借贷的"道德风险"。需密切掌握扶贫贷款使用取向，保障扶贫贷款的专款专用。从金融供给主体层面来看，一是要建立起严格、完善的监管体系，对金融资源进行精细化部署，落实各类机构组织的金融扶贫责任，尤其是对于扶贫贴息这类具有优惠性质的金融资源，保证对接到户，确保支持对象精准；二是辅之以合理的优惠性政策，降低金融机构的交易成本，实现财务上的可持续性。

第四，完善金融扶贫支农的配套措施。一是完善农户信用评价体系。做到信用评价指标体系与贫困农户信息的紧密结合，建立起精准扶贫和农户信用评价的信息平台，充分利用大数据、智能化等手段做到信息的及时更新，实现动态化管理，保障金融扶贫的精准、高效。二是继续加大农村产权抵押制度的改革力度。尽快建立并完善农村产权抵押的法律顶层设计，研究并建立农村产权评估机制、处置机制、仲裁机制及相关配套措施等。与此同时，扎实推进贷款流程的进一步简化，提高放贷效率，并积极引导扶贫金融机构在农村产权抵押贷款领域提升服务创新能力，提高金融产品研发力度，进一步增强扶贫金融的益贫性和金融包容性。三是健全功能完备的村级金融服务体系。例如，可建立专门服务"三农"的金融服务办事处。积极发挥政府的公共服务职能，充分调动基层组织力量，如安排驻村干部和乡村能人参与到服务贫困农户的金融工作中去。同时，引导各类金融机构给予正规化的金融指导和支持，编制设立基层金融服务组织的财政预算，对相关服务人员按工作情况适当发放补助予以支持。除此之外，基层金融服务组织应充分利用基层信息优势和正规金融机构紧密配合，从而向"正规金融机构＋基层金融服务组织＋贫困农户"的联结服务模式转变。与此同时，构建基层金融服务组织，还需着力于激励和监督制度体系建设，杜绝"精英俘获"现象发生。

9.4.5 促进银证担保多元合力，完善各类金融互补合作机制

农村金融服务乡村振兴战略需要银行、证券、保险、担保、基金、期货、租赁、信托等各类金融机构的共同努力和协同合作。

第一，完善农村资本市场建设，提高从业主体直接融资比重。加速农村产权制度改革，促进农村土地、房屋、山林等农村资产通过出租、抵押、合作或者入股等方式实现农村资产资本化或证券化。支持农业龙头企业通过兼并、重组、收购、控股等方式组建大型企业集团，鼓励和支持符合条件的合

作社和龙头企业上市融资、吸引风险投资、发行企业债券和私募债券。在农村产业融合发展领域引入 PPP 融资模式，强化社会资本的参与和支持。完善农村融资租赁市场，将工厂化农业生产设施、农产品加工仓储、农产品冷链运输设施、餐饮住宿设施设备、直销门店等纳入融资租赁范围。积极探索发展大宗农产品期货市场，不断创新农产品期货种类，鼓励农村产业融合发展从业主体利用农产品期货市场实现套期保值。

第二，完善农业保险体系，扩大农业保险覆盖面。通过采用对商业保险公司涉农保险收入免税、减税、补贴等多种方式鼓励保险公司开展涉农保险；建立健全农业再保险体系，逐步建立以财政支持为主导的农业巨灾风险转移分散机制。扩大价格保险、产量保险、收入保险、天气指数保险等新型保险产品试点范围，通过研发投入支持保险公司开发适合农村产业发展特点和实际需求的新型保险产品。积极推进调控通俗化和服务标准化，在风险可控和法律允许范围内适当简化涉农保险流程，降低保险公司经营成本和从业主体的投保理赔成本。积极探索建立涉农信贷与涉农保险的互动机制，商业银行可以将涉农保险投保情况作为授信要素，扩展涉农保险保单质押的范围和品种，保险公司也可为商业银行提供涉农信贷资金保险。

第三，加强担保信贷技术革新，灵活化反担保方式。引导金融机构在农村产权抵押贷款利率、期限、额度、担保、风险控制等方面加快创新进度，简化贷款流程，拓宽贫困农户的融资渠道。积极开展涉及林权、农房、土地经营权、农地附着物等担保信贷产品创新，全面盘活农村"沉睡"资产，为农民、农企增信。农业担保公司要充分利用大数据、信息手段创新反担保方式，降低运营风险和管理成本，并结合农户或农企需求特点对现有产品服务和担保机制进行适时调整，通过加强行业内交流、定期组织培训学习，推广成功经验。

第四，建立各类金融机构间的协同服务和风险分摊机制。探索建立主办行制度，加强银行业金融机构与证券机构、保险公司、租赁公司、担保公司等金融同业的合作与风险共担，为乡村从业主体提供全方位便捷式金融服务，降低从业主体金融服务获取成本。

9.4.6　加强资金流向监管，提高资金使用效率和精准性

在金融资源总量有限的情况下，金融服务乡村振兴需要加强项目资金的流向监管以提高资金使用效率。

首先，提高财政专项资金预算管理的科学化、精细化水平，制定不同地区不同类型从业主体的补贴标准、先后顺序及其相应的条件，明确资金的使用流程和使用范围。利用"互联网＋"技术与理念，高标准地建立市级统一的集"报备备案、公开公示、预警监管、信息共享、政策宣传、统一分析"等多功能于一体的乡村振兴专项资金监管平台。由市级相关部门负责人员统一"发货"，并电话通知各从业主体提醒"收货"，各区县相关人员负责具体的资金"派送"，各从业主体"验货"后在平台上点击"确认收货"。如果资金没有在规定的时间内顺利到达相关从业主体手中，系统将自动发出风险预警提醒。系统上设置匿名举报窗口，任何普通农户和从业主体都可以在系统上匿名举报挪用、乱用资金等不正之风和基层官员贪污受贿行为，从源头开始抓专项资金的扶持效率。

其次，加强金融机构涉农贷款的追踪调查和管理。制定针对乡村振兴专项贷款的管理办法，明确责任要求。规范专项贷款资金的监管流程、明确主管部门和业务经理的监管职责、监督检查的方式和程序；明确贷款追踪调查的主要内容、调查报告撰写及上报程序；规范业务经理及相关管理人员的职责范围、绩效考核办法以及相应的奖惩办法，使专项贷款监督管理工作责任分工明确。加强业务经理和主管人员的业务技能培训，特别是贷后调查的分析判断能力。强化业务经理的职责意识，要求业务经理经常主动与从业主体保持联系，经常到从业主体的生产基地和家中走访考察，了解从业主体的发展动态和财务变化情况，评估从业主体的还贷能力，掌握从业主体贷款资金的使用去向，并与贷款合同中的相关栏目进行对比，发现问题及时上报并提出相关解决办法，以及协助主管领导处理和催收贷款。

最后，完善农村金融风险预警和风险监控机制。针对风险监测识别、评估预警和化解处置三个金融风险防控的重要环节，从机构、客户、资金、市场、区域和重点领域六个维度，构建覆盖乡村实体经济、传统金融体系内及体系外金融的全面防控区域金融风险工作框架。同时，充分发挥存款保险补充监管功能，通过风险差别费率对投保金融机构实施差异化管理。在此基础上，运用风险警示、早期纠正等措施约束投保金融机构的风险行为，降低风险程度，及时化解问题机构的风险。

第 10 章　中国特色农村金融法制化：
理论与实践

　　法制化是农村金融制度创新的目标和归宿。制度创新不仅意味着创新在现有制度中的弥散，更意味着创新对现有制度的改变。制度创新的合法化是决定制度创新成败的关键。发达国家的转型经验表明，农村金融法制化是使农村资金高效转化为农村生产资本、加快农村经济发展、实现农业现代化的必由之路。既往研究尽管意识到法律在农村金融制度创新中的重要意义，但未及深入，罕有对农村金融制度创新法制化的系统研究。基于此，本章以农村金融法制化为研究对象，并以此作为"农村金融制度创新"应用对策研究的落脚点，拟解决的主要问题包括：一是界定农村金融法制化的内涵；二是明确中国农村金融法制化的效应及偏差；三是找准中国农村金融法制化的关键突破点；四是建立现代农村金融法律制度的基本框架；五是提出中国农村金融立法思路及要点。

10.1　中国特色农村金融法制化的基本内涵

　　农村金融问题是转型期中国经济社会发展不可逾越的关键问题。自 1979 年 2 月中国农业银行恢复以来，中国已经进行四十多年的农村金融体制改革。2004～2019 年，连续 16 个中央一号文件更是持续强调了农村金融问题的现实性、重要性和紧迫性。随着农村金融改革的深入推进，一方面，"政策推进、行政主导"的改革模式不断受到反思和质疑[①]；另一方面，法律制度在农村金融权利配置和市场培育中的地位和作用不断得到领会和认同。[②]

---

① 王煜宇、邓怡：《农村金融政策异化：问题、根源与法制化破解方案》，《西南大学学报（社会科学版）》2017 年第 2 期。

② 参见王煜宇《农村金融法律制度改革与创新：基于法经济学的分析范式》，法律出版社，2012；刘振伟：《日本涉农法律制度及政策调整》，《中国农村经济》2018 年第 8 期。

10.1.1　农村金融法制化命题的核心理念

2013 年，时任原银监会主席尚福林向全国人大常委会作报告时提出"农村金融存在的部分问题无法通过市场和行政手段解决，需要实施启动相关立法"；朗胜、王毅、陈达恒等十二届全国人大常委会委员在第七次常委会议上提出"积极推动农村金融立法"；2013 年 6 月，我国第十二届全国人大常委会第三次会议审议并通过了《关于农村金融改革发展情况的报告》，提出了适时启动农村金融立法的建议；2014 年 6 月，全国人大正式启动"农村金融立法程序"；2015 年，时任全国人大副委员长吉炳轩指出"深化农村金融改革迫在眉睫，搞好农村金融人心所盼，应抓紧启动农村金融立法，运用法律手段为农村的经济社会发展提供金融保证"。2015 年中央 1 号文件首次明确提出"积极推进农村金融立法"，2017 年中央 1 号文件再次强调"积极推进农村金融立法"——这标志着延续四十余年"政策推进、行政主导"的中国农村金融改革已然步入法制化的新阶段。农村金融法制化是当前和今后一个时期内持续推进我国农村金融改革的主要命题。

农村金融作为"世界难题"，其核心在于"金融"与"支农"的本质矛盾。解决农村金融世界难题，必须通过强制性国家干预，立法拟制农村金融机构，培育农村金融市场，逐步实现"金融"有效支持"三农"的长效性和可持续性。强制性政府干预的主要手段包括政策、计划指导、行政命令和法律制度。与政策、计划指导、行政命令相比，法律制度更具有科学性、远视性、效率性、统筹性和强制力。只有通过法律制度的科学性，才能准确把握农村金融的本质特征，明确农村金融发展的根本问题；只有通过法律的远视性，才能克服农村金融主体的自利倾向和政府部门的短期利益选择倾向；只有通过法律的效率性，才能培育符合需求的农村金融主体，降低交易成本、有效配置资源；只有通过法律的统筹性，才能整合相关资源、协调部门政策、推进有效监管；只有通过法律的强制力，才能配置权利义务、严格市场准入、明晰政府边界。

农村金融问题本质上就是法律拟制问题，法制化是解决农村金融问题的必由之路。所谓农村金融法制化，是指通过系统立法，将处于现代农村经济核心的各种金融主体、金融活动及其相互关系纳入正式法律制度的调整范畴，以法律技术理性、结构理性和程序理性克服政府主导政策运作模式的局限，促进金融服务"三农"的实现。就农村金融法制化与农村金融法律制度的关系而言，农村金融法制化是动态的过程，是构建农村金融法律制度的必经过程；而农村金融法律制度是静态的结果，是农村金融法制化的必然产物。

10.1.2　农村金融法制化命题的内在维度

农村金融法制化命题包含"什么是农村金融法制化？农村金融为什么要法制化？农村金融如何法制化？"三个内在维度。其中，"农村金融如何法制化？"是难点和关键。

从 19 世纪晚期开始，发达国家已经意识到农村金融的特殊性和为农村金融专门立法的必要性，并为之展开了专门而持续的农村金融立法实践，生动回应了"农村金融如何法制化？"（见表 10－1）。美国于 1916 年颁布《联邦农业贷款法》（*The Federal Farm Loan Act*），又于 1923 年颁布了《农业信贷法》（*The Emergency Farm Mortgage Act*），后于 1933 年两法统一为《农业信贷法》并于 1933 年、1971 年、1985 年、1987 年、2009 年多次修订。加拿大于 1959 年颁布《农场信贷法》，成立农场信贷公司。日本于 1945 年颁布《农林渔业金融公库法》，创设日本农林渔业金融公库（AFFFC）；1947 年颁布《农业协同组织法》及 12 个附属法令创设成立包括基层农协中的信用合作机构、都道府县的信用联合机构和中央的农林中央金库等三个层次的农村合作信用体系。

不仅如此，部分发展中国家也逐步意识到法律制度在农村金融权利配置和市场培育中的核心地位，通过颁布针对性法律制度，解决农村金融问题。比较典型的当属孟加拉国格莱珉银行立法。正如尤努斯博士所说"说服政府为小额信贷机构颁布专门法律，并逐步修改这一法律是格莱珉银行发展 30 年来遇到的最大的困难，同时也是取得的最大的成功"。

表 10－1　主要发达国家和部分发展中国家农村金融法制化简表

国别	农村金融立法	拟制的农村金融主体
美国	《联邦农业贷款法》（1916），《农业信贷法》（1923 年，1933 年，1971 年，1985 年，1987 年，2009 年）	农业信贷银行、农业信贷协会（生产信贷协会、联邦土地银行协会）
加拿大	《农民债权人安排法》，《农场信贷法》，《农场改善贷款法》，《草原谷物生产者临时资金筹措法》，《农业开发贷款法》，《农业信贷法》，《农场改善和市场开发合作贷款法》，《加拿大农场信用法》，《农场借款调解法》	农场信贷局、农场信贷公司、金融类合作社（信用合作社、保险合作社、信托合作社）

国别	农村金融立法	拟制的农村金融主体
法国	《土地银行法》，《农业信贷银行宪章》（1920）	农业信贷银行、农业信贷地区银行、农业信贷地方银行
德国	《中央合作银行法》（1895），《德意志合作银行法》（1949），《德国合作银行法》（1976），《产业及经济合作社法》（1871），《合作银行法》（1889），《德国经营和经济合作社法》（2008）	德意志合作银行、经营和经济合作社
澳大利亚	《各州援助（农村调整）法》（1976，1988），《各州与北方地区援助（农业调整）法》（1979，1985），《各州合作社法》（1992）	合作社金融机构
新西兰	《新西兰农村银行金融公司法》（1989），《农村居间信用法》（1927）	农村银行、农村金融公司
日本	《农林渔业金融公库法》（1945），《中小企业金融公库法》（1953），《农业合作法》（1945），《农业协同组织法》（1947）以及《农协会合助成法》，《农业协同组合财务处理基准令》，《关于农业协同组织监查士选任资格》等	农林渔业金融公库、农协的合作金融机构
韩国	《农业协同组合法》（1956，1961，1988，1999），《农协法》（1984）	中央协会银行、基层农协互助金融
孟加拉国	《格莱珉银行法》（1983，1990，2013）	格莱珉银行

发达国家农村金融法制化的成功实践充分证明：农村金融法律制度是一个相对独立的法律部门，它具有"政策性"、"合作性"、"保障性"等本质特征；农村金融法律制度的独立性根源于其调整对象的独立，农村金融法律制度的本质特征是物质基础在上层建筑中的必然反映；农村金融法制化则是使农村资金高效转化为农村生产资本，加快农业、农村经济发展，进而推进工业化、城镇化，实现城乡经济一体化发展格局的关键环节。"农村金融如何法制化"，作为解读农村金融法制化命题的难点和关键，集中体现了民族国家对农村金融问题的认识能力、法律智慧与立法技术。对"农村金融如何法制化"的回答水平，决定了农村金融权利的配置状况和农村金融市场的繁荣程度，并从根本上制约着民族国家农村金融和农村经济的发展水平。

10.1.3 农村金融法制化的基本功能

历史经验和理论逻辑都无一例外地证明，"降低农村金融市场交易成本，维护农村金融市场交易秩序，促进农村金融市场健康发展，并最终使农村资金高效转化为农村生产资本，加快农村经济发展、实现城乡一体化"①，是农村金融法制化的基本功能，但这些方面是经过各国实践检验的外化的实然功能。本部分将从农村金融法制化的内在应然功能出发，予以进一步的阐释和说明。

一是以顶层设计形成规范发展的依据。"顶层设计"是最近的一个热词，强调所谓登高望远、从长计议、不动摇、不懈怠、不折腾。这既体现了极高的政治智慧，也是法制的内在功能。美国在这方面的确值得借鉴，以《农业信贷法》为例，自 1916 年颁布至今，不断地在这一顶层设计的指导下实现一个又一个制度目标，历经百余年，以政策性金融为导引、合作性金融为基础，最终通过制度引流，政府适时退出、市场闪亮登场，实现农村金融政府与市场有效结合。从摸着石头过河到强调顶层设计，我国在这方面也必须在学习中成长。

二是约束政府行政权力。具体来说，就是约束农村金融监管机构，主要是一行两会以及地方政府的权力。政府的权威性在集中力量办大事方面很有好处，但是发展到一定阶段，就必须予以限制，把权力关进制度的笼子里。按《立法法》第 71 条规定："国务院各部、委员会、中国人民银行、审计署和具有行政管理职能的直属机构，可以根据法律和国务院的行政法规、决定、命令，在本部门的权限范围内，制定规章"。我国农村金融监管机构不仅有行政权，还有立法权，权力太大就容易产生问题；而且由于监管部门相互独立，出于各自利益出台的相关监管容易产生矛盾、发生制肘，这也是农村金融久未破题的重要原因。而在法律之下，一方面政府权力受到限制，避免随意性和出现"一抓就抓死、一放就乱放"的局面；另一方面，各监管机构在法律面前一律平等，更容易实现监管协调。

三是节约交易成本，促进交易达成。在统一规则下，不需要单个重复谈判，农业信贷优惠多少个点、农业保险补贴多少个点等问题均由法律明确规定，能够节约缔约成本和时间。另外，国家强制力能够促进交易达成。如果农业贷款利息太低，金融机构不愿履约，国家强制力可以帮助农户，强制金融机构依法履约。如果没有这种国家强制性，农村金融天然就是一个被资本

---

① 王煜宇：《农村金融法律制度改革与创新：基于法经济学的分析范式》，法律出版社，2012，第 286～288 页。

遗忘的角落。而法律，按罗尔斯的说法，是矫正的正义，在它的矫正下，农村金融才有可能实现可持续发展，农业现代化转型才有可能最终实现。

10.2 中国特色农村金融法制化的效应评估

我国农村金融改革与变迁历程总体上反映了其自身独特的制度调整模式，形成了我国农村金融法制化的特有进程、具体表现、实施偏差及主要根源。

10.2.1 农村金融法制化进程的推进模式

首先，必须明确我国农村金融制度的改革和调整模式。这是一个怎样的模式，简而言之，就是"政策＋暂行规定"模式或者称为"红头文件＋暂行规定"模式。这一模式由于缺乏对调整对象的深入分析和全面把握，实质上并没有脱离计划金融"简单行政命令"的窠臼，严重滞后于农村经济发展的客观需求。不论从形式上还是内容上，既有的农村金融制度供给既缺乏应有的独立性和稳定性，又完全疏离于"政策性"、"合作性"、"保障性"等本质特征，造成农村金融制度供给与需求失衡、农村金融制度改革与整体金融制度改革失调、农村金融制度改革滞后于农村经济发展。课题组的统计表明，农村金融立法层级最高的是 2012 年颁布、2013 年 3 月 1 日起实施的《农业保险条例》，属于国务院通过的行政法规，此外没有一部专门法律。这不但与 16 个中央一号文件对农村金融立法加以强调的重要性不相匹配，而且严重影响了农村金融法作为法学研究对象的重要价值。因为没有立法，所以农村金融问题不被视为法律问题。"政策＋暂行规定"制度供给模式的特征可以归纳为以下几点。

其一，被动性。尽管我国农村金融法律制度渊源已久，并且改革开放后特别是近年以来，农村金融机构以及相应的法律制度建设取得了较大的进展。但由于忽视农村金融法律制度供给与需求之间的均衡性，忽视农村金融法律制度改革与城市金融法律制度改革的协调性，忽视农村金融法律制度改革的整体性，农村金融法律制度变迁仍然被动地服从于政府的经济发展战略，所体现的主要是中央政府和地方政府以及各类金融机构之间的利益关系，未能真正做到主动面向农村经济发展。尽管 1979 年以来，主管金融机构、国务院、中国人民银行通过和颁布了为数不少的与农村金融相关的《规定》、《办法》和《文件》，但这些《规定》、《办法》和《文件》大多是应急性的、暂时性的，其内容要么是对农村金融机构功能性质业务范围的不断反复调整，要么是对某一农村金融组织的断然取缔，要么是"新型农村金融机构"的一哄而上。

其二，单一性。由于欠缺对农村金融法律关系全面、深入、立体的理解和把握，法律对于农村金融改革的回应显得被动、机械和片面。新中国成立以来，尽管颁布了为数众多的有关农村金融的政策、法规，但其仅仅围绕农村金融机构调整进行，法律制度建设局限于农村金融机构立法，具有典型的"唯机构"的"单一性"特征。不论是计划经济时期对农村信用社和农业银行的反复调整，还是近年来新型农村金融机构的创立和发展，都体现了这一特色。

其三，短期性。由农村金融法律制度的被动性和单一性所衍生，农村金融法律制度建设体现出急于求成的趋向，忽视金融系统和法律制度应有的稳定性，法规和部门（主要是中国人民银行）规章的出台过于频繁，前后之间的连续性不强，与相关基本法（如《担保法》、《公司法》）之间的关系体现得不够充分。

其四，反复性。以农村信用合作社为例，党的十一届三中全会以后，我国农村合作金融法律制度供给主要围绕农村信用合作社展开，在形式上表现为以政策为依据的主管金融机构（原来的中国农业银行）、国务院、中国人民银行所通过和颁布的《规定》、《办法》以及相关《文件》；在内容上表现为对农村信用合作社的产权、性质、业务范围的不断反复调整。在这样的制度供给之下，农村信用合作社发展历经了：1979 年划归农业银行领导走上官办道路→1984 年要求恢复合作性质"自主经营、自负盈亏"→1986 年划归中国人民银行统一管理→1996 年与农业银行的正式脱钩、恢复合作性质→2003 年肯定信用社可以采取合作制、股份制、股份合作制等多种产权改革模式→2006 年明确商业化市场化改革方向的不断反复。农村信用合作社"被折腾"的后果直接表现为：自愿、民主、互助互利等合作原则消失殆尽，合作制名存实亡，农村信用合作社已演变为实质上的商业性金融机构。

显然，以被动性、单一性、短期性、反复性为主要特征的现行制度供给模式，实质上并没有脱离计划金融"简单行政命令"的窠臼，急功近利、积重难返，它的主要问题和与法制化的差距在于制度模式非法制、制度供给非均衡、资源配置无效率，这是导致我国农村金融 40 余年尚未破题的根本原因。

10.2.2　农村金融法制化进程的总体研判

与发达国家工业化进程中农村金融法制化有条不紊的实践形成鲜明对照的，是我国农村金融改革的步履蹒跚、亦步亦趋。农村金融的法律调整没有体现出其应有的独立性，而是从属于政府的经济发展战略，政府完全介入农村金融的所有制定位和经营业务上，农村金融逐渐发生异变，成为政府实现其经济战略和发展战略的工具。农村金融资源的配置以政府为中心，政府对农村资金的来源和运用具有垄断性支配权。迄今为止，中国还没有一部由全国人大（常委会）通过的正式农村金融立法，没有解决农村金融问题的系统立法规划。工业化、城市化、国有企业改革、国有金融改革、加入 WTO、化解金融风险、防范金融危机、脱贫攻坚、乡村振兴等一系列重要战略的实施，无一不直接或间接地牵引和左右着农村金融改革调整的方向。农村金融的法律制度供给及其调整变化充分体现了其在政府心目中"附属"和"基层"的定位，而政府也开始为农村金融的制度失败支付巨额的改革成本。[①]时至今日，农村资金依然短缺，农户融资依然困难，农村金融问题依然严峻。[②]

与发达国家较早将农村金融问题转化为农村金融法制化命题不同，"政策＋暂行规定"的发布与执行，是四十多年来我国农村金融改革的主要方式。中央、国务院以及国家农村金融监管机关是农村金融政策的制定与发布主体，地方政府（从省级行政区划界定，主要包括各省、自治区、直辖市等）以及各金融机构（主要包括各大商业银行、政策性银行、农信社等）是中国农村金融政策的主要执行主体。中央 1 号文件是我国治理"三农"问题的"最高"政策文件。统计分析 1982～1986 年、2004～2016 年总共 21 份中央 1 号文件可以发现，农村金融在 20 份中央 1 号文件中均有专条、专项甚至专章规定。系统梳理这 20 份关涉农村金融问题的中央 1 号文件可以发现，尽管对于农村金融问题的发展阶段与具体措施有着不同的认识与规定，但是对

---

① 2002 年中央财政"花钱买机制"投入 2000 亿元化解农村信用社坏账之后，截至 2008 年底，农信社又积累了约 6500 亿元巨额坏账。

② 王煜宇：《农村金融法制化的他国镜鉴》，《改革》2017 年第 4 期。

于农村金融改革服务"三农"，农村金融发展旨为"支农"的政策目标从未偏移。①

　　然而，农村金融制度改革与政策执行结果却与中央一号文件规定的政策目标相距甚远。统计数据显示，1979 年以来，农村地区的大量储蓄通过商业银行、农村信用社等途径流出农村，流入城市，流向国有部门、大型项目以及房地产等领域。这反映出 1979 年以来，我国农村金融制度改革的执行效应

---

①　1982 年第 1 个中央 1 号文件蕴含着政策制定者积极扶持"三农"、予以资金帮助和指导的预期目标，虽然未明确提出农村金融"支农"以及农村金融改革，但为之后的农村金融政策的出台奠定了基础；1983 年中央 1 号文件明确表明了发挥包括农业银行和信用社在内的农村金融机构支持"三农"发展以及发展农村合作金融的预期目标，首次提出农村金融服务"三农"的概念；1984 年中央 1 号文件表达了对信用社以及农业银行优先支持农业发展的期望，明确了金融要支持农业、农村发展的原则；1985 年中央 1 号文件，体现了政策制定者对信用社发挥良好"支农"功能的期盼；1986 年中央 1 号文件表现了中央扶持农业、农村发展，保证农业健康发展的信贷需求得以满足的预期目标，同时也体现了中央强烈要求切实落实农村金融政策的决心；2004 年中央 1 号文件多处论及农村金融政策初衷在于拓宽信贷资金支农渠道，增加农户和农村企业贷款资源，切实提高农村金融服务水平，缓解农村资金外流，其根本目的是促进"三农"稳定健康发展；2005 年中央 1 号文件明确了农业银行等国有商业银行服务三农的信贷责任，鼓励农村发展银行发挥"支农"功能；2006 年中央 1 号文件明确金融机构支持"三农"的义务和信贷比例，提出鼓励支持小额贷款组织机构设立，加快发展小额信贷业务，其根本目的在于发挥金融服务"三农"的作用；2007 年中央 1 号文件明确农村金融改革的总体目标，即形成完善、系统、多元的农村金融体系，继续加大农村金融"支农"力度，增加农村信贷资金资源；2008 年中央 1 号文件放宽农村金融机构准入门槛，培育多元农村金融机构，农村金融"支农"目的性更强；2009 年 1 号文件要求发展多种形式新型农村金融组织，拓宽农村微小型金融组织融资渠道，出台涉农贷款税费优惠办法，加大发挥多元化金融机构"支农"支持力度；2009 年 1 号文件要求发展多种形式新型农村金融组织，拓宽农村微小型金融组织融资渠道，出台涉农贷款税费优惠办法，加大发挥多元化金融机构"支农"力度；2010 年中央 1 号文件要求银行业金融机构增加涉农信贷投放，发展服务农村的新型金融机构，旨在引导资金流向"三农"，解决农村融资难题；2011 年中央 1 号文件以"水利"为主题，未涉及农村金融方面的内容；2012 年中央 1 号文件要求涉农贷款增速高于平均增速，鼓励民间资本进入农村金融服务领域，提高涉农贷款风险容忍度，强调发挥金融服务"三农"功能；2013 年中央 1 号文件首次明确优先满足农户信贷需求，支持社会资本充分流向农村金融领域，明确农村金融的首要职能是服务、支持三农发展，优先满足三农资金需求；2014 年中央 1 号文件首次专章对农村金融做出详尽规定，要求创新农村金融制度，充分发挥金融组织"支农"功能，制定农村合作金融发展管理办法，分别对各类金融机构提出服务三农要求，强调切实发挥金融"支农"功能；2015 年中央 1 号文件最大亮点在于提出推动农村金融立法，尝试通过建立健全法律制度发挥农村金融服务"三农"的功能，强化农村普惠金融，确保金融资源继续向"三农"倾斜；2016 年中央 1 号文件提出加快构建多层次、广覆盖、可持续的农村金融服务体系，发展农村普惠金融，降低融资成本，推动金融资源更多向农村倾斜，全面激活农村金融服务链条。参见各年度中央 1 号文件。

一定程度上悖离农村金融支持"三农"的目标预设，直至走向制度和政策设立目标的反面。[①]

10.2.3 农村金融法制化进程的偏差表现

在农村金融制度调整改革的运行过程中，农村金融制度执行处于中心和中枢地位，是预设目标能否实现的关键所在。因此，我国农村金融法制化的偏差主要发生在农村金融制度及相应政策执行环节，其偏差主要集中于执行异化，具体表现为农村金融制度及相应政策的象征性执行、选择性执行、替换式执行和观望式执行。

1. 农村金融制度及政策的象征性执行

农村金融制度及政策的象征性执行典型表现为"阳奉阴违"，是指在执行过程中，执行者并不采取具体措施执行农村金融制度和政策，而是应付式地执行制度改革、政策调整内容，执行程度基本为零。从历年中央一号文件的执行情况可以看出，农村金融制度及政策的象征性执行问题严重。譬如，1983 年中央 1 号文件要求制度及政策执行者应在农村信贷和农业资金支持等方面发挥应有作用，但是据统计数据显示，1983 年农村贷款与存款之比值为32.5%，处于历年最低水平；文件要求农村信用合作社坚持合作金融组织性质，但是一方面社员对于合作社没有实际控制权，另一方面大量农村存款通过合作社流出农村，农村信用合作社事实上抛弃了合作金融组织农村互助作用。再如，2004 年中央 1 号文件明确县域内各金融机构为"三农"服务的义务，但是在地方政府与金融机构组成利益联盟的格局下，大量信贷资金优先发放给国有部门、地方扶持项目以及房地产等领域，"三农"贷款难问题依旧严重；2004 年农村存款与贷款余额差值为 8380.2 亿元，继续呈现扩大趋势；农业贷款占全国贷款余额的比重为 5.52%，占比仍然过小。此外，2007 年以后中央 1 号文件年年要求制度和政策执行者增加对"三农"的信贷投放，但是统计数据显示，2007～2014 年农业贷款占全国贷款余额的比重呈连续下降趋势，从 5.56% 降至 3.85%，与农业农村经济在国民经济中的地位极不匹配。由此可见，农村金融制度和政策的象征性执行使得农村金融制度和政策束之高阁，制度和政策执行者事实上并没有采取有效措施执行相关制度

---

① 王煜宇、邓怡：《农村金融政策异化：问题、根源与法制化破解方案》，《西南大学学报（社会科学版）》2017 年第 2 期。

及政策，服务"三农"的预设目标也没有得到真正实现①。

2. 农村金融制度及政策的选择性执行

农村金融制度及政策的选择性执行典型表现为"断章取义"，是指执行者从自身利益出发，选择性地执行农村金融制度及政策，对于本地区、本部门有利的予以执行，对于本地区、本部门不利的予以排除。2009 年、2010 年中央 1 号文件规定对涉农贷款定向实行税收减免和费用补贴，这对于制度及政策执行者而言是重大利好，意味着既有财政上的补贴，又有税收上的优惠，因此该条制度及政策得到良好执行。然而，同样是 2010 年中央 1 号文件的规定，"引导更多信贷资金投向'三农'，切实解决农村融资难问题"；"农业银行、农村信用社、邮政储蓄银行等银行业金融机构都要进一步增加涉农信贷投放"等制度规定却被选择性排除，"三农"资金需求依旧难以得到有效满足。统计数据显示，2010 年农业贷款占全国贷款余额的比重仅为4.53%，比 2009 年下降 0.55%，居于"十一五"期间最低水平；农户储蓄与农业贷款的差值达到 36035.4 亿元，农业贷款占农户储蓄的比重仅为39%。② 由此可见，农村金融制度及政策的选择性执行以执行主体的自身利益为执行行为选择的主要考虑因素，制度及政策执行者认为有利则积极执行，不利则消极对待，置整体效益于不顾，削弱了农村金融制度的整体性和实效性，严重阻碍制度及政策预设目标的实现。

3. 农村金融制度及政策的替换式执行

农村金融制度及政策的替换式执行典型表现为"上有政策，下有对策"，是指制度及政策执行者认为农村金融制度及政策的预设目标与自身的期望不相符，于是对制度及政策进行部分或者全部替换，制定与农村金融制度及政策表面一致，实际偏离、背离预设目标的"变形"执行措施，阻止中央农村金融制度预设目标的实现。以农业银行河南分行为例，2012 年中央 1 号文件提出"增加农村信贷投入"、"强化农村信贷服务"等近十条"支农"制度及政策措施。但是，处于农业大省的农业银行河南分行在安排部署 2012 年"三农"业务工作中，近 1000 字文件的重点在于"以产业化龙头企业为重点，强化省市县三级行联动营销，不断巩固对华英、众品、双汇等横跨城乡的'龙型产业'、'龙型集团'客户的金融服务市场占有率；强化对重点医

---

① 相关数据来源于历年《中国金融年鉴》和《中国农村金融服务报告》。
② 相关数据来源于历年《中国金融年鉴》和《中国农村金融服务报告》。

院、学校和优质房地产等客户的综合营销，提高县域对公业务竞争力；以产业集聚区为载体，完善产业集聚区'金融服务站'功能，择优扶持优质中小企业和微小企业，促进对产业集聚区的资产业务和金融服务覆盖率'双提升'"①。其实质在于将"增加农村信贷投入"、"强化农村信贷服务"等近十条"支农"制度及政策替换、变形为"垒大户"，偏离支农、支小的制度及政策目标。由此看出，当农村金融制度及政策预设目标与执行者期望不符时，执行者在制定具体执行措施时，往往进行替换、变形，以达到表面执行、实际背离的目的，完全偏离了服务"三农"的轨道。

4. 农村金融制度及政策的观望式执行

农村金融制度及政策的观望式执行典型表现为"左顾右盼"，是指不以实现农村金融制度预设目标为目的，而是视制度制定者的态度而行事，执行者的态度往往成为决定制度及政策执行效果的关键因素。如果制定者态度坚决，那么执行效果可能相对较好；如果制定者态度相对不坚决，那么执行者可能应付式执行，最终影响农村金融制度预设目标的实现。1986 年中央 1 号文件正文部分两次强调加强农村金融制度及政策的落实；2006 年中央 1 号文件明确县域金融机构承担支持"三农"义务以及用于支持农业和农村经济发展的比例；2007 年中央 1 号文件明确县域内各金融机构新增存款投放当地的比例；2012 年中央 1 号文件要求持续增加农村信贷投入，确保银行业金融机构涉农贷款增速高于全部贷款平均增速；2014 年中央 1 号文件要求提高存贷比和涉农贷款比例，将涉农信贷投放情况纳入信贷政策导向效果评估和综合考评体系；2015 年中央 1 号文件强调农业信贷总量持续增加、涉农贷款比例不降低。分析历年中央 1 号文件可以发现，如果农村金融制度及政策明确了量化指标、反复强调制度政策的落实或者将执行情况纳入考评体系，那么执行者会认为制定者的态度是坚决的，因此会较好地执行农村金融制度及政策。但是，在除上述提到年份之外的其他中央 1 号文件，其内容更多是原则性的指导甚至类似于口号性质的呼吁，因此制度及政策执行者基于自身利益的考量，往往采取观望式执行行为，背离农村金融制度的预设目标。

10.2.4 农村金融法制化进程偏差的根源

农村金融制度及政策的执行环节既是农村金融制度异化的主要环节，也

---

① 相关信息请参阅中国农业银行三农服务网站，http://www.abchina.com.cn/RuralSvc/Information/News/201203/t20120313_785474.htm，最后访问日期：2016 年 3 月 31 日。

是农村金融制度异化问题的根源。农村金融制度及政策异化问题根源于农村金融执行关系的两个方面：其一源于农村金融制度及政策本身的局限性，即农村金融制度及政策执行客体方面的原因；其二源于农村金融制度及政策执行过程委托代理关系的失效，即农村金融制度及政策执行主体方面的原因。

1. 农村金融制度及政策本身的局限性

以"政策＋暂行规定"等形式存在的农村金融制度及政策缺乏系统性、具体性、严密性、稳定性、可操作性和强制性，为制度及政策执行者留下异化的空间。农村金融制度及政策本身存在的缺陷与漏洞是农村金融制度及政策异化问题产生的根本原因。

（1）农村金融制度及政策具有不完全性，具体可操作性弱

通过分析历年农村金融制度改革与调整，可以发现，农村金融制度及政策往往是指导性的规定，有些甚至更像是口号式的号召，笼统概括。根据西蒙的有限理性理论，农村金融制度的制定者只具备不完全理性，无法掌握可供选择的备选方案和举措可能带来的所有结果。因此，由有限理性的制定者制定的农村金融制度及政策，也就必然具有不完全性，指导性的原则规定多，缺乏可操作的具体规定。而地方政府或金融机构在执行不完全的农村金融制度之前，必须进行制度及政策的细化规定。在这一过程中，执行者为了谋求本地区利益或部门利益最大化，则极可能在制度及政策的"再制定"过程中变通、虚假执行中央制度及政策措施，违背制度及政策的初衷。由此可见，正是由于农村金融制度及政策的不完全性、笼统性，不具备标准性规范所应有的可操作性，所以农村金融制度及政策在实际执行中往往容易被地方政府错误理解或者别有用心地规避，导致的后果即是制定者蕴含于农村金融制度及政策中的"支农"预期目标因执行者基于自身利益刻意规避而难以实现，给农村金融制度异化留下巨大的操作空间。

（2）农村金融制度及政策具有不确定性，缺乏稳定性和连续性

通过对比分析可以发现，历年中央 1 号文件在金融机构服务"三农"的义务、吸引社会资本及民间资本服务"三农"、放宽农村地区金融机构准入条件、落实农村金融税费优惠和补贴政策、放宽金融机构对涉农贷款的呆账核销条件、发展农村地区合作金融及小额贷款、推进农村金融立法等方面的规定都存在确定性较弱的问题。1982～2019 年共 38 年间，其中 1982～1986 年、2004～2019 年两个时期每年出台一份中央 1 号文件，而 1987～2003 年中央 1 号文件处于"断流"期，连续"缺位"17 年，可见农村金融制度事实

上存在整体不稳定的现状，容易受到外部环境因素的干扰，缺乏稳定性。此外，无论是对相邻两年的农村金融制度及政策进行的比较，还是对历年农村金融制度及政策进行系统梳理，都可以发现，我国农村金融制度及政策具有极强的不确定性和易变性，政策自我否定和反复的情况极为常见①。长此以往，制度及政策执行者往往被置于无法预期的状态，执行意愿降低，执行效果削弱，农村金融制度异化程度加剧。

（3）农村金融制度及政策的强制性弱，责任性规定缺失

农村金融制度及政策强制性弱，缺乏针对地方政府不执行或执行不力导致制度政策预期目标无法实现的责任性规定，这是农村金融制度异化问题的另一大原因。责任的第一功能是制裁。从农村金融制度异化的视角出发，责任应当是对执行者的农村金融制度及政策异化行为的一种制裁。责任的第二功能应当是预防，也即通过制裁等一系列不利后果的承担，教育、引导、威慑责任人（即农村金融制度及政策异化的行为人），促使其理性选择执行行为，忠实于政策制定者的意图。然而，正是因为农村金融制度缺乏责任性规定，责任的制裁功能与预防功能无法发挥，故而导致农村金融制度异化问题愈演愈烈。综观1982~1986年和2004~2019年的中央1号文件，几乎没有一年的中央1号文件对农村金融制度及政策不执行或执行不力导致决策层"支农"预期目标未能实现的责任加以规定。历年中央1号文件中不乏"必须"、"要"、"应当"、"可以"等约束性字眼，这实际上是对农村金融制度及政策执行的一种约束，但因为缺乏相配套的具体的责任制度设计，导致农村金融制度异化问题不断加重。如果把有效执行农村金融制度及政策并实现制定者设定的预期目标当作第一性的义务，那么责任性规定就是对农村金融制度及政策异化行为的第二性义务约束。正是缺乏对制度异化的第二性义务的明确、系统的规定，才会导致农村金融制度及政策异化问题的产生并且愈发严重而且长期无法完善解决。实际上，决策层早已经认识到农村金融制度及政策异化问题的存在，并在制度改革、政策调整中提出严格落实的要求，例如：1986年1月1日，中共中央、国务院印发《关于1986年农村工作的部署》（即第5个中央1号文件）两次提到"落实政策"，第一次是在总体要求中提道，"落实政策，深入改革"；第二次是在正文中提道，"中央去年一

① 王煜宇：《农村金融法制化：国际经验与启示》，《农业经济问题》2011年第8期，第108页。

号文件对信用社规定的各项政策和国务院有关信用社体制改革的各项规定，应逐项落实"。但是，由于制度及政策制定者针对农村金融制度异化问题而提出的责任性要求十分虚化空洞，没有实质性的责任内容，因而强制力与约束力不强，落实效果差。

总而言之，农村金融制度及政策天然具有的不完全性、缺乏具体可操作性，不确定性、缺乏稳定性与连续性以及弱强制性、缺乏责任性规定等特性，是导致农村金融制度异化问题产生的内在根本因素。彻底破解农村金融制度异化问题，还需从农村金融制度自身入手进行变革。

2. 农村金融制度及政策执行中委托代理关系的失效

委托代理关系是指根据被代理人的委托授权而产生的代理关系。在委托代理关系中，被代理人又称为委托人，代理人又称为被委托人。委托代理关系的产生基于一定的基础法律关系，由委托人授予被委托人代理权，被委托人代理处理委托人的事务。将委托代理关系理论模型引入农村金融制度及政策的执行过程，可以将制度及政策制定者看作委托人，把制度及政策执行者看作被委托人。制度及政策制定者基于与制度及政策执行者之间的上下级关系，授予制度及政策执行者具体执行农村金融制度及政策的权力，由制度及政策执行者代理制度及政策制定者具体执行农村金融制度及政策。理论上，在制度及政策执行过程中，执行者必须基于制定者的利益行事，必须以实现制度及政策的预设目标作为执行的最终目的。但是在实践中，作为被委托人的执行者并非完全忠实于作为委托人的制定者。执行者往往为了自身的利益，如地区利益、部门利益等，偏离、背离制度及政策服务"三农"的预设目标，导致农村金融制度及政策执行中制定者与执行者之间的委托代理关系的失效。农村金融制度及政策执行过程中的制定者与执行者之间的委托代理关系的失效，是农村金融制度异化问题的直接原因。具体而言，可以从中央政府与地方政府以及中央政府与金融机构之间的委托代理关系两个方面展开分析。

（1）中央政府与地方政府间委托代理关系的失效

在委托代理结构之下，地方政府本应完全忠实于中央政府的农村金融制度预期目标，履行被委托人实现委托人利益的义务。但是，在农村金融制度及政策实践中，地方政府往往为了自身利益而异化制度和政策，偏离、背离制度及政策预设目标，不履行被委托人义务，中央政府与地方政府在农村金融发展上的委托代理关系事实上处于部分失效状态。

1994 年分税制的实行，标志着地方政府作为一个相对独立的利益主体而存在。按照公共选择理论的观点，地方政府本身也是具有有限理性的"经济人"，其往往从本地区、本部门利益出发，追求自身利益最大化。当中央制定的农村金融制度及政策的预设目标与地方政府目标一致时，地方政府会积极执行农村金融制度及政策；当二者目标不一致，严格执行农村金融制度及政策会损害地方政府自身的利益时，地方政府便会通过"象征性执行"、"选择性执行"、"替换式执行"、"观望式执行"等方式异化执行农村金融制度及政策。

（2）中央政府与金融机构间委托代理关系的失效

农村金融制度及政策的执行者，除了地方政府，还包括金融机构。按照现行金融体制的运行模式，在农村金融制度及政策执行过程中，中央政府与金融机构的关系也可以视为委托代理关系。中央政府制定旨在服务"三农"的农村金融制度及政策，委托金融机构具体执行，由金融机构具体落实制度及政策，实现金融服务"三农"的预期目标。其中，中央政府是委托人，金融机构是被委托人。从应然层面，作为被委托人的金融机构应当切实落实委托人制定的制度及政策，以实现中央政府制定农村金融制度及政策的意图为己任。但是，在具体执行农村金融制度及政策实践中，金融机构往往出于自身利益考虑，为了维护部门利益而异化执行农村金融制度及政策，致使中央政府预期目标落空，造成农村金融制度异化。

在"三农"领域，金融机构是不容忽视的利益群体，"三农"的发展离不开金融机构强有力的资金支持，"三农"发展的最大瓶颈在于资金供给的不足。农业天然风险大、农民收入不稳定及风险承担能力弱、农村融资担保机制不完善等特性，决定了涉农贷款具有风险大、周期长、收益率低的特征。而金融机构为了追求自身利益最大化、降低信贷风险、提高信贷收益，往往自发选择偏离"三农"。不仅如此，各级金融机构为了最大化自身利益，还会利用自己的金融信息优势千方百计制造中央政府与其之间信息不对称的情形。当农村金融制度预设目标与金融机构自身利益不一致时，作为独立利益群体的金融机构往往会滥用信息提供者的优势地位，向中央政府隐瞒获得的农村金融信息或者制造虚假的农村金融信息，虚与委蛇，并通过"象征性执行"、"选择性执行"、"替换式执行"、"观望式执行"等方式以实现自身利益最大化。

10.3　中国特色农村金融法制化的关键突破

上文已经阐述"政策＋暂行规定"的农村金融制度供给模式自身具有的局限性，即缺乏系统性、具体性、严密性、稳定性、可操作性和强制性等特性，为执行者留下异化制度的空间。正是由于农村金融制度及政策本身存在的缺陷与漏洞，农村金融制度及政策异化严重。相较于"政策＋暂行规定"，农村金融法律制度具有完全性、可操作性、明确性、稳定性、连续性、强制性、约束性、系统性、整体性等优质特性。农村金融法制化能够有效弥补既有农村金融制度供给模式自身的漏洞，解决农村金融制度异化问题。

10.3.1　农村金融法律制度对既有农村金融制度漏洞的弥补

1. 农村金融法律制度具有完全性、可操作性和实用性

既有农村金融制度供给模式的不完全性及具体可操作性弱，是产生农村金融制度异化的内在因素之一。与既有"政策＋暂行规定"不同，农村金融法律制度具有完整的结构和严密的逻辑，既有基础性的法律概念和技术性规定，又有指导性的原则规定，还有具体性的操作规则，具有完全性、可操作性和实用性，可以在很大程度上减少执行中的"再制定"，克服执行者在细化既有规定的过程中为了自身利益而变通执行及虚假执行的弊端，进而降低异化的可能。农村金融法制化的完全性、可操作性和实用性正好可以裨补既有农村金融制度供给模式的局限，从而大大增加执行者刻意规避法律制度的难度、降低法律制度被误解的可能性、缩小乃至消除农村金融中的异化空间，从而促进农村金融制度及政策异化问题的解决。

2. 农村金融法律制度具有明确性、稳定性、连续性

相较于"政策＋暂行规定"，农村金融法律制度无论在结构上还是内容上，都具有既有农村金融制度供给模式所不具备的明确性；农村金融法律制度具有稳定性，不会一直处于变化不定、难以预期的状态，只有在不适应农村金融发展时才进行统一的修订；农村金融法律制度具有连续性，一旦制定颁布则不会随意变更、频繁变动，对外部因素的影响具有较强的抗性。总体而言，农村金融法律制度体系是一个具有明确性、稳定性、连续性的体系，农村金融法制化能够避免执行者因制度不明确、不稳定、不连续的弊端而处于无法预期的状态、不愿真正执行落实以及弱化执行效果的不良后果，消除农村金融制度及政策的缺陷对农村金融组织的负面影响，提高执行者的积极性以及执行过程的可操作性，从而有助于解决农村金融制度异化问题。

3. 农村金融法律制度具有强制性、约束性

"政策＋暂行规定"制度供给模式强制性及约束力弱，责任设计缺乏，是导致农村金融制度异化的又一重要原因。相反，农村金融法律制度是由国家强制力保障实施、以国家强制力为后盾、由国家强制力保证其作用的发挥、由国家对违反法律制度的行为实行限制或制裁，具有很强的强制性和约束性。此外，法律制度的责任规定明确详细、责任条款可操作性强，能够充分发挥法律责任的制裁、预防等功能。农村金融法制化能够通过国家强制力对违反法律制度规定的行为施以强制措施，强制其承担法律责任，通过法律责任的承担对违反者进行惩罚，教育、引导、威慑责任人以及其他农村金融主体，以此保障农村金融法律制度目标的实现。由此可见，农村金融法制化所带来的国家强制性能够在很大程度上破解农村金融制度及政策的严重异化，促使执行者理性选择执行行为，忠实于制定者的预期目标，从而加速形成农村金融服务"三农"发展的局面。

4. 农村金融法律制度具有系统性、整体性

系统是由各组成部分相互依赖、共同构成的一个整体，整体的性质和功能优于部分。农村金融法律制度体系主要包括农村金融组织法律制度、农村金融市场法律制度、农村金融服务法律制度以及农村金融监管法律制度等①。农村金融法律制度体系具有系统性以及整体性，整体表现出优于各个组成要素的功能，各个具体法律制度相互配合、相互作用，共同支撑农村金融法律制度体系的整体功能。农村金融法制化的系统性和整体性优势是"政策＋暂行规定"制度供给模式所不具备的，有利于破除农村金融制度政策条块切割、分散凌乱的缺陷，克服以往模式下的局部执行的局限，从系统、整体层面上执行农村金融法律制度相关规定，进而促进农村金融制度异化问题的解决。

10.3.2 农村金融法律制度对委托代理关系失效的对冲

在现行模式下，农村金融制度及政策的执行以及预设目标的实现过度依赖于中央政府与地方政府、金融机构之间的委托代理结构。亦即这种制度及

---

① 王煜宇：《农村金融法律制度改革与创新：基于法经济学的分析范式》，法律出版社，2012，第 61～71 页，第 98、269 页。

政策制定者与执行者之间的委托代理结构是农村金融制度及政策得以执行的必要条件。在这种运作模式下，如果中央政府与地方政府、金融机构之间的委托代理关系失效，那么农村金融制度及政策预设目标就无法实现，农村金融制度异化问题也就伴随产生。

正是因为意识到农村金融制度及政策执行过度依赖委托代理结构的弊端，所以需要寻找一条新的路径，这条路径自身是相对较优的、科学的，既能在应然层面设定金融服务"三农"的根本目的，确保通过新路径制定的规范性文件是科学的；在实践上，其具体的执行以及目的的实现又无须依赖于类似农村金融制度及政策执行中的委托代理结构，而是通过另一种更加系统、高效的执行方式以及完善的责任机制，以此保障通过新路径制定的规范性文件的良好执行以及服务"三农"根本目的的实现①。

正如上文所述，与"政策＋暂行规定"的制度供给模式不同，农村金融法律制度具有完全性、可操作性、稳定性、强制性、系统性等诸多优势，体现了法律制度自身的科学性。农村金融法律制度由最高权力机关及其常设机关——全国人大及其常委会制定，在我国现行立法体制下属于狭义上的法律，在效力层级上仅次于宪法而高于法规；在基本性质上，农村金融法律制度具有国家意志性和国家强制性，并由此具有普遍适用性和特殊权威性；在法律主体上，农村金融法律制度至少应当包括农村金融市场主体、监管主体等，具体包括农村金融机构、农民及农村企业等融资者和农村金融监管部门等；在内容上，农村金融法律制度应当是以农村金融各法律主体的权利与义务、职权与职责为主要内容。农村金融法律制度本身是一个科学的、完善的系统，各个组成要素共同构成完整的、系统的农村金融法律制度体系，为法律制度的执行以及立法目的的实现奠定前提基础。

此外，农村金融法律制度的执行及目的的实现并不依赖于政策执行过程中的委托代理结构。法律制度的良好执行以及立法目的的实现主要依赖于权利、职权、义务、职责的享有与行使以及承担与履行。现代法律制度主要是通过明确规定各法律主体之间享有的权利和职权以及承担的义务和职责，以此影响法律主体的行为动机，指引法律主体的行为方式，规范法律主体的行为过程，进而实现蕴含于法律制度深处的立法目的。由此可见，农村金融法制化摒弃了农村金融制度及政策执行所依赖的不完善的委托代理结构，引入

---

① 高晋康：《民间金融法制化的界限与路径选择》，《中国法学》2008 年第 4 期。

一种新的运作模式——权利（职权）—义务（职责）结构。农村金融法律制度的良好执行以及立法目的的实现依赖于法律制度中各农村金融法律主体的权利、义务、职权及职责的明确规定，依赖于农村金融法律主体对权利和职权的行使以及对义务和职责的履行。因此，可以说，权利（职权）—义务（职责）结构是实现农村金融法律制度的基本运作模式。

10.4 中国特色农村金融法制化的目标定位

农村金融法制化能够弥补既有农村金融制度供给自身的漏洞，有效对冲引致农村金融制度异化的委托代理失效问题，是深化我国农村金融制度改革创新的科学选择。美国农村金融的法制化进程见证了一百多年来美国人应对"农村金融"这一世界难题的认识能力、法律智慧与立法技术，是回答我国农村金融如何法制化的有益范本。

10.4.1 农村金融法制化的国际范本

美国农业人口不足3%，之所以能拥有世界上最大、最强和最现代化的市场农业，与美国政府很早就重视农村金融法制化命题、立法拟制农村金融机构、培育农村金融市场密不可分。一百多年来，美国通过《农业信贷法》这一农村金融法制化"顶层设计"，不断完善农村金融体系，化解农村金融风险，加强农村金融监管，提升农村金融效率，为其最终建成世界上最大、最强和最现代化的市场化农业提供了资本保障。与其他国家的农村金融成文法相比（见表10-1），美国《农业信贷法》在立法目的、演进逻辑、体例结构等方面独具特色，堪称"科学立法"的典范。美国《农业信贷法》无疑能够为我国提供"农村金融如何法制化"的"巨人肩膀"和制度蓝图。

1. 美国农业信贷法的立法目的

立法目的，是立法者通过制定法律文本，意图有效地调控社会关系的内在动机，它既是法律创制也是法律实施的内在动因。与一般较为原则的立法目的[①]相比，美国《农业信贷法》立法"目的和政策"具体明确、环环相

---

① 相较美国《农业信贷法》，美国其他联邦立法的立法目的都较为抽象，较为愿景化，并不落实到具体机构、制度上，如美国《统一商法典》的立法目的是"协调在不同的州之间进行的商业交易，并促进合同法现代化"。

扣。首先说明"可靠充足、极具建设性的农业信贷"系统对于农业发展和联邦立国的重要意义；其次将这一系统定位为"农民所有的合作农业信贷系统"；接下来明确法律通过赋予"农民和农场主身份的借款人分享农业信贷系统的所有权并参与其管理和控制"来保障"农民所有的合作农业信贷系统"并满足"农民的信贷需求"；最后将这一需求锁定"在任何情况下，农业信贷系统机构的利率应低于类似贷款的竞争性市场利率和替代性贷款的利率"上，并将"低利率"作为用法律加以维护的国家政策。这不仅体现了立法者对农村金融立法认识的逻辑深化和层层落地，也体现了立法强烈的问题主义导向和以解决问题为宗旨的根本精神。

2. 美国农业信贷法的演进逻辑

1732 年，当康涅狄格州的新伦敦成立第一个农业合作信贷组织的时候，美国人就开始意识到为农民提供稳定信贷资源的重要性。但直到 19 世纪，1862 年《宅地法》颁布后，美国西部广袤的农场开发亟须长期稳定的信贷资源支持，而当时的商业银行又难以满足时，政府和国会才开始意识到农村金融的重要性和农村金融专门立法的必要性。1908 年，西奥多·罗斯福总统任内的国会相关委员会研究了当时占全国大多数的农村家庭所面临的困难，认为农村金融的可得性是其中最为棘手的问题之一。1912 年和 1913 年，威廉·霍华德·塔夫脱总统和伍德罗·威尔逊派委员会赴欧洲学习土地抵押信用合作社、农业信贷工会以及其他促进农业和农村发展的相关制度，威尔逊委员会提议通过建立提供长短期贷款和土地抵押贷款的农业银行体系以满足农业贷款需求。在此背景下，参照德国的相关立法，美国国会于 1916 年颁布了联邦第一部成文的农业信贷法——《联邦农业贷款法案》（*the Federal Farm Loan Act*），自此至今，根据不断变化的农业经济形势和农村金融需求，美国农业信贷法历经近 30 次修改，其旨在建立"可靠充足、极具建设性的农民所有的合作农业信贷机构"的立法目标却从未改变。

结合相应的时代背景、制度形态和制度功能，美国农业信贷法的历史演进分为四个不同的阶段：初创阶段（1916～1933 年）、调整阶段（1933～1968 年）、成型阶段（1968～1987 年）和成熟阶段（1987 年至今）。初创阶段（1916～1933 年）初步建立起以联邦农业贷款委员会、联邦土地银行、国家农业信贷协会和联邦居间信贷银行为主体的专门农业信贷体系。调整阶段（1933～1968 年）为应对大萧条所引发的国家农业信贷协会大规模倒闭，作为"罗斯福新政"的重要举措，国会连续颁布《紧急农业抵押法案（1933）》

（the Emergency Farm Mortgage Act of 1933），并修订通过《农业信贷法（1933）》（the Farm Credit Act of 1933），其中《紧急农业抵押法案（1933）》通过延长贷款还款期限和提供紧急融资以救助无法按时偿还贷款的农民，有效化解了存量风险。而《农业信贷法（1933）》通过新建一系列农业信贷机构，从增量上加强了美国农村信贷系统的实力。1968 年，农业信贷系统中各个机构的政府出资均获清偿，标志着美国农业信贷系统真正成为由农民借款人所有的合作性金融机构，也表明美国《农业信贷法》立法目标经过 50 多年后顺利达成，《农业信贷法》步入成型期。成型阶段（1968～1987 年）通过《农业信贷法（1971）》、《农业信贷法（1985）》和《农业信贷法（1987）》的相继颁布，美国农业信贷系统由最初的单一农业信贷银行系统逐步演变为一个涵盖农业信贷银行系统、农业信贷支持系统、农业信贷保险系统、农业信贷监管系统和农业抵押贷款二级市场系统在内的有机整体。1987 年以后，为了保障《农业信贷法（1987）》政策目标的实现，国会又通过了《农业信贷银行与协会安全稳健法案（1992）》、《联邦信贷系统改革法（1996）》，保障了农业信贷系统对联邦援助的有效清偿，加强了联邦农业抵押贷款公司（Farmer Mac，AGM）的职权①，并强化了调解在农业信贷司法纠纷中的作用。美国的农业信贷展现出从立法到司法全面独立的趋势。②

综上所述，自美国第一部专门调整农业信贷的法律颁布至今，美国《农业信贷法》经过百年的历史演进，在始终如一而又明确具体的立法目标指引下，以联邦成文法典的形式，立足长远、与时俱进、有条不紊，不断调整农业信贷机构，完善农业信贷组织，加强农业信贷监管，化解农业信贷风险，稳定农业信贷市场，保护农民借款人权利，创立以调解为主的农业信贷纠纷解决机制，最终将纷繁脆弱的农业信贷关系调整成为主体明确、市场完备、运营合规、监管科学、执法有力、司法有效、系统独立的农业信贷体系，充分展现出法律制度在农业信贷市场培育和权利配置中的基础地位和核心价值。

---

① 《联邦信贷系统改革法（1996）》颁布之前，联邦农业抵押贷款公司仅有权为其他零售借款人发行的证券提供担保。通过赋予联邦农业抵押贷款公司以担保价格支付本金利息用于购买、共有以及发行抵押权支持证券的权力，强化联邦农业抵押贷款公司在二级市场的主体地位。

② 王煜宇：《农村金融法制化：国际经验与启示》，《农业经济问题》2011 年第 8 期。

3. 美国《农业信贷法》的体例结构

作为被编入《美国法典》（U.S.C）第 12 卷"银行和银行业"的联邦成文法典，美国现行《农业信贷法》包括序言及 8 个章节等 9 个部分，共 216 条，10 余万字。[①] 通过对农业信贷关系的全面调整，美国《农业信贷法》形成了以农业信贷银行系统法律制度为核心，农业信贷系统支持法律制度、农民借款人保护法律制度、农业信贷系统风险控制法律制度、农业信贷系统保险法律制度和农业信贷系统监管法律制度为支持的分工具体、权责明确、系统完善的农业信贷法律关系体系，成为美国农业信贷系统和信贷活动据以运行的制度蓝图。

（1）农业信贷银行系统法律制度

依据美国《农业信贷法》，农业信贷主体包括农业信贷银行、联邦土地银行协会、生产信贷协会以及作为该系统一部分的其他机构。通过对农业信贷银行和农业信贷协会的创设、规范和调整，美国《农业信贷法》实现了建成"农民所有的合作农业信贷系统"的立法目标，在"农业信贷银行—农业信贷协会—农民借款人"的信贷链条中，前者为后者提供贷款，后者是前者的股东，通过层层控股，农业信贷银行实际成为农民借款人所有的专门银行，这从根本上保证了农民借款人信贷需求的满足。涵盖农业信贷银行法律制度和农业信贷协

[①] 第 1 章农业信贷银行，共 13 条，分别规定了农业信贷银行的设立、章程、名称、分支机构，董事会，一般公司权力，资产，贷款权，利率及其他收费，贷款人资格，担保及贷款期限，贷款额度限制，相关服务，协会或代理人贷款，股票留置权和税收等。第 2 章农业信贷协会，共 15 条，分别规定了生产信用协会、联邦土地银行协会的组织设立，一般公司权力，资产，贷款权限，条件，利率，担保，留置权和税收等。第 3 章合作社银行，共 24 条，分别规定了合作社银行、合作社联合银行以及合作社国家银行的组织设立，公司权力，董事会，股票，借款人权力，贷款人资格，利率、担保、留置、撤销、债务适用，清算及解散资产分配，税收，赞助池，合并及合并报告等。第 4 章系统内两个以上机构的适用条款，共 39 条，包括资金运转，解散，借款人权力与贷款重置，系统内机构的活动范围，服务组织，保险售卖以及其他规定等 7 个部分。第 5 章农业信贷管理机构，共 56 条，包括农业信贷管理机构，农业信贷管理机构的执行权力，其他规定以及农业信贷系统保险公司等 4 个部分。第 6 章农业信贷系统的援助，共 26 条，规定的是特定历史背景下的农业信贷系统援助制度，包括农业援助委员会和金融援助公司。第 7 章农业信贷系统机构重组，共 12 条，包括 1 个农业信贷区内的银行合并，合并、资产转让以及 1 个农业信贷区内的协会权力，信息披露许可与章程颁布，相似机构合并以及合并机构税收等 5 个部分。第 8 章农业抵押二级市场，共 22 条，包括联邦农业抵押公司的建立与行为能力，联邦农业抵押公司的金融安全与稳健规范等两个部分。Statutes are codified in the U. S. Code, which contains the general and permanent laws of the United States. The Farm Credit Act of 1971, as amended, is classified as 12 U. S. C. §§ 2001 – 2279cc.

会法律制度的农业信贷主体法律制度由此成为美国《农业信贷法》的核心，其他制度安排都围绕这一核心进行①。

(2) 农业信贷系统支持法律制度

为确保农业信贷银行和农业信贷协会的顺利运转，美国《农业信贷法》从资金、组织、利率、税收等方面为农业信贷系统提供了全方位的法律支持。在资金支持上，《农业信贷法》规定，除了在特殊时期为农业信贷系统提供特殊的临时性资金支持外②还通过赋予农业信贷银行借款、发债和投资权力，成立联邦农业信贷银行融资公司，发展农业抵押二级市场等来保证农业信贷系统运营的资金周转。在组织支持上，《农业信贷法》规定，农业信贷系统银行先后成立了 AgVantis 股份有限公司③、农业信贷金融合作伙伴公司、农业信贷系统建筑协会、农业信贷基金会等公司向合作社④、合格借款人、农业生产者以及农村公共事业提供技术、设施设备添置、管理维护以及人力资源管理等专业服务，进一步增强了农业信贷银行系统运转的效能和效力。在利率支持上，美国《农业信贷法》明确，"在任何情况下，农业信贷系统机构的利率应低于类似贷款的竞争性市场利率和替代性贷款的利率"。在税收支持上，美国《农业信贷法》将农业信贷系统及其相关机构视为美国国家政策工具，明确规定"农业信贷银行、联邦土地银行协会及其资本，储备金和盈余以及由此产生的收益所得，应免除联邦、州、市和当地的税收"。⑤

(3) 农民借款人保护法律制度

农民借款人作为农业信贷系统的所有者和服务对象，处在信贷链的末端，总体来说比较弱势。为达到借款人与系统机构之间的利益平衡，实现立法宗旨，美国《农业信贷法》通过借款人股票的回购，保留借款人合作社成员资

---

① Farm Credit Net Work. History [EB/OL], http：//www.farmcreditnetwork.com/about/our-history.

② Cheryl L. , "Cooper. The Role of Mediation in Farm Credit Disputes" [J], *Tulsa Law Review*, Vol. 29 (1993), Art. 4, p5.

③ AgVantis 股份有限公司由 CoBank 农业信贷银行及其 16 家合作社所有，向 CoBank 农业信贷银行的合作社提供技术相关服务和其他的支持服务。农业信贷租赁服务公司（由 CoBank 农业信贷银行全资所有），向合格借款人，包括农业生产者、合作社以及农村公共事业提供设备租赁服务。

④ 农业信贷基金会由 45 家参加组织所有（包括 AgriBank 农业信贷银行及其合作社、CoBank 农业信贷银行合作社以及 AgVantis 股份有限公司），负责添置、管理以及维护农业信贷管理局总部以及外地办事处工作人员的设施，向用人单位提供人力资源服务，包括薪资处理、福利管理、集中供应商管理以及劳动力管理与运营。

⑤ 参见美国《农业信贷法》1. 15 条和 2. 16 条。

格，禁止流抵、禁止提前还款等规定，法律强制为 YBS （Young，Beginning，Small）借款人制定并提供合理、建设性信贷及其服务的计划等，维护农民借款人特别是 YBS 借款人的权益，禁止系统机构实施损害借款人重大权益的行为。

（4）农业信贷系统风险控制法律制度

20 世纪 70 年代的繁荣期内，美国农业信贷系统放松了对风险的监测，导致整个系统陷入危机。1985 ~ 1987 年通过连续的立法调整，加强了对农业信贷系统安全稳健的要求，增加和提高了农业信贷系统风险防范的指标，强化了资本充足率要求，并加强了减资、参与贷款、贷款重组、二级市场等各个易发风险环节的限制和监管。在资本充足率方面，将对资本充足率进行规定和监测的权力全权赋予农业信贷管理局；农业信贷管理局通过设立最低资本限额和其他的适当方式使系统机构获得并保持足够的资金。在减资方面，《农业信贷法》以资本充足率为标准对减资的最高限度进行法律限制。在联合贷款方面，严格限制贷款总额高于其资本总额的 10%；联合贷款总额大于等于贷款本金的 50%，或联合贷款累计总额大于等于贷款本金的 50%；联合贷款累计总额超过其资产总额的 15% 的联合贷款。在贷款重组方面，《农业信贷法》规定，贷款人有权对不良贷款进行重组，若贷款人确定其发放的某笔贷款已成为不良贷款，应书面通知借款人，说明该贷款适合重组，贷款人应选择成本最低的计划进行贷款重组，重组方式由各银行董事会依法制定。在农业抵押二级市场方面，《农业信贷法》规定了联邦农业抵押贷款公司的分级强制、资本重组制度以及农业信贷管理局对联邦农业抵押贷款公司的监督检查和报告制度。

（5）农业信贷系统保险法律制度

根据《农业信贷法》，农业信贷系统保险法律制度包括两个方面：其一是依据 4.29 条相关规定，由农业信贷系统银行、协会以及其他经过批准的私人保险人为农民、农场主和其他相关农业实体提供的保险；其二是依据 5.58 条规定，设立专门的农业信贷系统保险公司为农业信贷系统提供保险。前者属于农业保险，后者属于金融保险，金融保险通过农业信贷系统保险公司实施，它作为一个独立的由政府发起并控制的公司，旨在通过及时支付参保农业信贷系统银行发行的票据、债券的本息，保护系统债权人和投资者，并担任农业信贷系统机构的管理人或接管人。

（6）农业信贷系统监管法律制度

根据《农业信贷法》，农业信贷管理局作为独立的联邦行政机构，是确保农村地区有安全、稳健以及独立的信贷资源和相关服务的专门监管机关。

农业信贷管理局履行两项主要职责：第一，颁布规章为农业信贷系统机构进行后续指导；第二，检查农业信贷系统银行及协会，确保其安全稳健并遵章守法。为确保农业信贷管理局切实履行职责，该法赋予了农业信贷管理局包括一般性权力、检查权及执行权在内的广泛职权。农业信贷管理局的核心机构是农业信贷管理局委员会（Farm Credit Administration Board），委员会由总统任命的三位成员组成，总统再指定一位成员担任委员会的主任。①

4. 美国《农业信贷法》的制度效应

经过不断的修正与完善，美国《农业信贷法》形成了以农业信贷银行系统法律制度为核心，农业信贷系统支持法律制度、农民借款人保护法律制度、农业信贷系统风险控制法律制度、农业信贷系统保险法律制度、农业信贷系统监管法律制度为辅助的结构完整、内容详尽、功能协调的农业信贷系统法律制度。经过百年的制度实践，美国《农业信贷法》不仅实现了建设"可靠充足、极具建设性的农民所有的合作农业信贷机构"的立法目标，而且成功破解了"金融支农"的世界难题，实现了"金融"与"支农"的完美统一。在《农业信贷法》的持续拟制下，美国目前的农业信贷银行体系由82家农业信贷银行和农业信贷协会构成，CoBank、AgriBank、AgFirst以及FCB of Texas 4家农业信贷银行向76家农业信贷协会以及2家独立的联邦土地信贷协会提供贷款，这78家农业信贷协会得到贷款后再向合格的农民借款人发放。通过对农业信贷银行和农业信贷协会的创设、规范和调整，美国《农业信贷法》实现了建成"农民所有的合作农业信贷系统"的立法目标，这从根本上保证了农民借款人信贷需求的满足，也维护了农业信贷机构的可持续性。这不仅雄辩地证明了美国《农业信贷法》的实施效果，也充分展示了美国《农业信贷法》的立法效应。②

综上，在分析了我国农村金融制度改革的现实偏差和发达国家农村金融

---

① Palmer，Walter B.，"The Federal Farm Loan Act"［J］，*Publications of the American Statistical Association*，Vol. 15，No. 115（Sep. 1916），pp. 292 – 312.

② 截至2013年12月31日，美国农业信贷银行的总资产已超过2304亿美元，总贷款量超过1792亿美元，净收入超过20亿美元，同时期农业信贷协会的总资产、总贷款量、净收入分别超过1571亿美元、1469亿美元、33亿美元，与2005～2012年相比，总体呈上升趋势；同时期，农业信贷银行的不良贷款比率仅为0.18%，农业信贷协会的不良贷款比率为1.17%，与2009～2012年相比，总体呈下降趋势。数据来源：联邦农业信贷资金公司年度信息披露；2013年12月31日美国农业信贷管理局联合报告系统，以及联邦农业信贷基金公司季报信息披露。

制度建设的成功经验之后，可以得出农村金融法制化必要性的必然结论，这是已被国内外历史和实践证明的客观真理。

10.4.2　农村金融法制化的中国定位

1. 农村金融法制化必须做到目的明确与程序科学

法律是立法活动的结果，立法质量决定法律质量和法律效果。在明确了法律是解决农村金融问题的必要手段之后，科学立法成为解决农村金融问题的关键。科学立法首先要求准确把握立法对象的本质特征和发展规律，确定立法目的。而要准确把握立法对象的本质特征和发展规律，必须遵循科学合理的立法程序。一百多年来，美国《农业信贷法》立法始终恪守"程序正义"。以《农业信贷法》的最早渊源——《联邦农业信贷法》为例，其立法是在总统倡议、国会专门委员会主导下，历经"调查研究发现问题"—"学习讨论研究对策"—"欧洲考察借鉴经验"—"归纳对策辩论比较"—"明确目的移植立法"—"立足国情调整创新"等立法阶段，严格遵循立法程序，历时 8 年订立而成的。其立法阶段和立法程序的科学性（问题导向性、客观性、专业性、学习性、民主性、交涉性、长期性和理性化）保障了农业信贷立法对农村金融本质特征和发展规律的深入理解和准确把握。在此基础上，借鉴欧洲的有益经验，美国农业信贷立法确立了"建设农民所有的合作农业信贷系统"的立法目的，这一明确具体的立法目的既是对农村金融本质特征和发展规律的科学回应，也是解决农村金融问题、满足农民金融需求的必然选择。

新中国成立以来，由于初始条件不足和经济发展战略使然以及这种战略在市场经济条件下的延续，农村金融制度设计始终被置于国家的工业化目标函数之内和服务于"三农"的目标函数之外，处于"是农非农"的尴尬境地。农村金融发展不但长期缺乏对其自身规律的认识总结、缺乏明确的目标定位，而且一直从属于政府的经济发展战略。农村金融资源的配置以政府为中心，政府对农村资金的来源和运用具有垄断性支配权。[①] 政府完全介入农村金融的所有制定位和业务经营上，农村金融逐渐发生异变，成为政府实现其经济发展战略的工具。四十多年来，中国农村金融制度变迁所体现的主要

---

① Jonathan Rose，"A Primer on Farm Mortgage Debt Relief Programs during the 1930s FCS［EB/OL］." ［2015 – 04 – 07］http：//www. federalreserve. gov/pubs/feds/2013/201333/201333pap. pdf.

是中央政府和地方政府以及各类金融机构之间的利益关系，未能真正把握农村金融关系的本质特征和发展规律。这一路径依赖反映在正规营利性金融领域，直接表现为政府主导下农村信贷资金供给的契约型信用与农户资金需求的关系型信用不相吻合；反映在正规非营利性金融领域，直接表现为政府效用函数与农村经济主体的效用函数不一致所导致的双方行为冲突。政府集金融需求者、供给者和管理者于一身，通过"命令—服从"的行政手段和层层委托代理关系实施具体农村金融调整，农村金融关系本身的独立性和规律性被忽视，致使政府对农村金融关系的调整屡屡失败。中国农村金融问题的最终解决，必须"站在巨人的肩上"，充分意识到法律制度在权利配置和市场培育中的基础地位和核心作用，凝聚共识、统筹谋划、对症下药，积极推进农村金融立法，逐步将农村金融真正纳入法制轨道。①

中国农村金融法制化，首先必须把握立法对象，明确立法目的，注重程序科学，当前应遵循"需求分析—目标定位—顶层设计—重点界定—难点突破—风险监控—协同优化—立法规范"的思路，科学论证农村金融法制化的现实基础与内在要求，准确定位现代农村金融法律制度的目的与功能，系统构造新形势下现代农村金融法律制度的完整框架，并结合国内外成功经验与本国具体国情提出立法规划和立法方案。

2. 农村金融法制化必须坚持一以贯之与循序渐进

在准确把握立法对象、确立立法目的之后，农村金融法制化还要求立法既一以贯之又循序渐进，处理好立法的稳定性与变动性的关系，在变动中保持稳定和连续。立法的变动性是科学立法的客观要求，立法的稳定性是科学立法的衡量标准，二者都是科学立法的表现形式，既不能因为立法的变动性否认立法的稳定性，也不能因为立法的稳定性否认立法的变动性，二者既相互矛盾，又对立统一。美国《农业信贷法》较好地处理了立法稳定性与立法变动性的关系：整体来看，一百多年来，美国《农业信贷法》扎实稳健、一以贯之，一直致力于建设和完善"农民所有的合作农业信贷系统"和有效满足各类农业生产者的信贷需求。② 此外，根据不同历史时期的农业发展格局

---

① Peters. Gerhard, Woolley. John T. Franklin D. Roosevelt, "Executive Order 6084 Consolidating Federal Farm Credit Agencies" [J], The American Presidency Project, University of California-Santa Barbara. Retrieved June 30, 2013.

② Cheryl L. Cooper, "The Role of Mediation in Farm Credit Disputes" [J], *Tulsa Law Review*, Vol. 29, 1993. Iss. 1, Art. 4, p5.

和金融机构面临的冲击，美国《农业信贷法》又不断因时而变、因地制宜，不断调整立法重点、优化立法内容、改革具体制度、完善配套措施，成功地将立法的稳定性与变动性协调统一，既提高了立法的效率、维护了立法的权威，又体现了立法的科学性。

长期以来，我国农村金融改革，受"工具金融观"、"机构金融观"、"政府金融观"等计划经济金融观的影响，缺乏对农村金融长远战略目标的清晰定位，总停留在"就事论事"、"分分合合"的层面上。其"政策＋暂行规定"的运作模式，缺乏对调整对象的深入分析和全面把握，实质上并没有脱离计划金融"简单行政命令"的窠臼。尽管 1979 年以来，主管机构、国务院、中国人民银行通过和颁布了为数不少的与农村金融相关的《规定》、《办法》和《文件》，但大多是应急性的、暂时性的，其内容要么是对农村金融机构功能性质业务范围的不断反复调整，要么是对某一农村金融组织的断然取缔，要么是"新型农村金融机构"的一哄而上。以农村信用社为例，现行有效的农村信用社拟制渊源和监管文件共计 178 部，除两部司法解释外，其余 176 部全部是由国务院、中国人民银行、中国农业银行、原银监会颁布的《意见》、《通知》、《试点工作方案》等"红头"规范性文件，法律、行政法规、部门规章等正式法律文件长期缺位。[①] 与美国一百多年来持续以联邦成文立法推动农村金融发展形成鲜明对比的是，迄今为止，中国还没有一部由全国人大（常委会）通过的正式农村金融立法，没有解决农村金融问题的系统立法规划。农村金融制度调整的方向，仓促易变、自相矛盾、急功近利、积重难返，既没有"一以贯之"的长远智慧，更缺乏"循序渐进"的扎实推动，持续 40 多年的中国农村金融改革至今"尚未破题"。

中国农村金融问题的解决，必须"站在巨人肩上"，以美国《农业信贷法》持续一百年的"一以贯之"和"循序渐进"为榜样，充分意识到"作为调整处于现代经济核心的各种金融主体、金融活动及其相互关系的法律规范的总称，农村金融法律制度的独立性根源于其调整对象的独立性"；充分意识到"农村金融法律制度是降低农村金融市场交易成本、维护农村金融市场交易秩序、促进农村金融市场健康发展，并最终使农村资金高效转化为农村生产资本、加快农村经济发展、实现城镇化的必由之路"。在牢牢把握农

[①]　根据"北大法宝"的统计，农村信用社制度渊源含司法解释 2 部，国务院规范性文件 4 部，部门规范性文件 172 部。

村金融法律制度本身所具有的政策性、合作性、保障性等本质特征的基础上，扎实推进农村金融立法。在立法中，始终坚持"政策性、合作性、保障性"的基本原则，结合我国农村金融发展的客观实际，通过制度的创新拟制，有步骤分阶段地分解接力，以农村金融法律的科学性、远视性、效率性、统筹性和强制力，逐步培育农村金融主体、扶持农村金融市场、降低农村金融风险、完善农村金融监管，推动农村金融可持续发展。

3. 农村金融法制化必须实现制度协调与形式理性

立法内容的科学性是科学立法的另一重要表现。在明确立法目的后，立法的具体制度安排必须通过逻辑手段来进行汇集和理性化，使得具有法律效力的一些规则成为内在逻辑一致的抽象法律制度；在方法论上，这些制度安排应"仿效自然科学家所采用的科学方式"，明确、具体、严谨，具有技术性、确定性和可操作性。美国《农业信贷法》无疑符合科学立法对立法内容的基本要求。在制度安排上，美国《农业信贷法》以农业信贷银行系统法律制度为主体，农业信贷系统支持法律制度、农民借款人保护法律制度、农业信贷系统风险控制法律制度、农业信贷系统保险法律制度、农业信贷系统监管法律制度为辅助。其中，农业信贷系统支持法律制度和农民借款人保护法律制度是农业信贷银行系统有效运行的内在保障；农业信贷系统风险控制法律制度、农业信贷系统保险法律制度、农业信贷系统监管法律制度为农业信贷系统有效运行提供外在支持。农业信贷银行系统法律制度又以农业合作银行系统法律制度为主体，通过农业信贷协会的"零售"桥梁，为农民提供全面充实的信贷支持。这样的制度安排使美国农业信贷体系最终演变为内外协调、目的一致的有机整体，为农民、农场主和农村贷款人提供了充足而持续的信贷资源。作为实现上述制度安排的内在要求，在立法技术上，美国《农业信贷法》注重规范性条文与非规范性条文之间的排列组合和联结，制度安排以规范性条文为主，结构完整、要件完善、格式规范、语言简洁、具体、明确、可操作性强。①

与美国制度协调、形式理性的农村金融立法相比，我国农村金融立法条块分割、支离破碎。除了农业法、农民专业合作社法等相关法律的个别条款

---

① 美国《统一和标准法案起草规则》对立法的结构、内容、条文、语言文字均作出了具体规定。参见周旺生《立法质量与质量立法——欧美台立法质量立法研究》，北京大学立法学研究中心网站，http：//w3.pku.edu.cn/academic/legislation/lilunxueshuqianyan/qy_lfzlyzllf.htm，最后访问日期：2017年5月4日。

对农村金融作出原则规定以外，农村金融领域立法层级最高的乃属国务院2012 年颁布的行政法规《农业保险条例》，政策性与合作性农村金融立法均处空白。这不仅严重滞后于农业法律、金融法律的发展，严重滞后于农村金融发展的实践，而且与连续中央 1 号文件对农村金融问题的高度重视极不匹配。由于忽视农村金融法律制度供给与需求之间的均衡性，忽视农村金融法律制度改革与城市金融法律制度改革的协调性，忽视农村金融法律制度改革的整体性，农村金融制度变迁充分体现出农村金融在政府心目中"附属"和"基层"的定位，农村金融制度建设体现出急于求成的趋向，非法律性质的规范性"红头"文件出台过多过繁，前后之间自相矛盾，政府不断为农村金融的制度失败支付巨额的改革成本。

中国农村金融问题的解决，必须"站在巨人肩上"，以美国《农业信贷法》"制度协调、形式理性"为榜样，做到存量调整与增量改进相协调，在对现有规范性文件进行分类、清理、修改和完善的基础上，采取农村政策性金融、农村合作性金融、农业保险分别立法的立法模式，注重法律制度供给的均衡性、整体性和协调性，警惕市场化冒进的潜在威胁。当前应尽快完成农村政策性金融和农村合作性金融的立法工作，以法律的形式稳定规范农村政策性金融机构的性质、地位、功能、经营目标、业务范围、管理方式、考核指标、资本来源、融资方式、会计核算原则、融资方式和法律责任等，明确界定其与政府、财政、中央银行、银行业监管机构及其他外部主体的关系，以正常稳定地发挥农村政策性金融诱导培育功能；在农村合作性金融立法中明确农村合作金融的法律地位、性质、设立条件、程序和监管方式，将自愿、民主、互助互利作为农村合作金融法律制度的基本原则，使农村资金互助社、扶贫基金、农民合作社内部信用合作组织等新型农村合作金融机构能够依法设立、有法可依、受法律保护和监管，顺应农村合作性金融内生于农村经济的客观现实，确保农村合作金融的基础地位。

农村金融法制化是解决我国农村金融改革困境的必由之路。农村金融法制化能够弥补农村金融政策自身的漏洞，有效降低层层委托代理制度成本，提升制度效应。2015 年中央 1 号文件"积极推进农村金融立法"的战略部署，既是对我国历经 40 多年尚未破题的农村金融改革的经验总结，也为我们明确了农村金融改革的未来方向。在现阶段，尤其需要立足长远、冷静谋划，在立法中，努力做到程序科学、目的明确、一以贯之、循序渐进、制度协调、形式理性，积极完成全国人大"农村金融科学立法"的工作安排，早日建成符合中国国情的，效益突出、效应显著的农村金融法律体系。

10.5　中国特色农村金融法制化的推进策略与具体方案

深化我国农村金融制度改革创新，必须"站在巨人肩上"，树立法制意识，完善顶层设计，加快推进农村金融立法，贯彻"目的明确、程序科学"，"一以贯之、循序渐进"，"制度协调、形式理性"的科学立法总思路。本部分是应用对策研究的归宿，中国农村金融法制化解决方案应遵循由"法律关系解构→制度供给要求→法律制度框架→存量调整→增量创新"的立法思路（见图 10 - 1）科学展开。

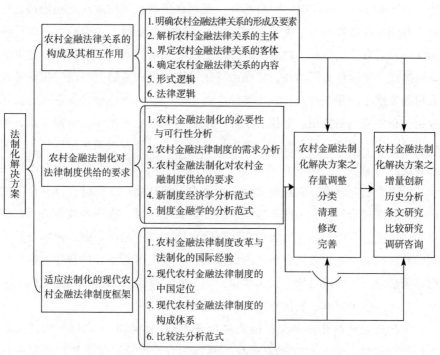

图 10 - 1　农村金融立法思路及要点

10.5.1　界定农村金融法律关系的构成及其相互作用

立法机构必须以法律关系理论为指导，遵循唯物辩证法的方法论，从运动的、历史的、系统的和辩证的角度认识和把握农村金融法律制度调整对象，采用形式逻辑和法律逻辑相结合的方法解构农村金融法律关系。具体内容包括：一是明确农村金融法律关系的形成及要素；二是解析农村金融法律关系的主体，即农村金融法律关系中依法享受权利和承担义务的参加者；三是界定农村金融法律关系的客体，即农村金融法律关系主体的权利义务所共同指向的对象，包括货币、信贷、保险等金融资源以及违反国家金融管理法律规范的行为；四是确定农村金融法律关系的内容，即农村金融法律关系主体所享有的权利和所承担的义务，重点包括其独立性、权利能力、行为能力、责任承担以及主体行为的相互关联等。

10.5.2　明确农村金融法制化对农村金融制度供给的要求

在界定我国农村金融法律关系的构成及其相互作用后，立法机构必须进一步明确农村金融法制化对农村金融法律制度供给的内在要求。具体内容包括：一是基于新制度经济学和制度金融学的分析范式探索农村金融法制化的必要性与可行性。要依据我国农村经济与金融现实，分析清楚为什么实现农村金融可持续发展、提升农村金融服务功能，必须推进农村金融法制化。要通过对农村金融法制化现实条件的分析，揭示其在我国目前经济社会环境中的可行性。二是基于充分的立法调研做好农村金融法律制度的需求分析。要通过对发达地区、欠发达地区、贫困地区的农户、新型农业经营主体、农村金融机构、监管部门及地方政府进行广泛而深刻的调查研究，充分掌握农村金融法律制度的现实需求。三是基于立法前评估明确农村金融法制化对农村金融制度供给的要求。在立法调研基础上，科学界定农村金融法制化对农村金融制度供给的内在要求。在充分把握我国农村金融制度供给现状的基础上，探讨其与"法制化"的差距，找出制度供给与制度需求之间不协调所产生的"错位"、"越位"和"缺位"等问题。要通过立法前评估，找准如何有效克服前述问题的实施方案。

10.5.3　构建适应法制化的现代农村金融法律制度框架

在明确我国农村金融法制化对农村金融制度供给的要求后，立法机构要运用比较法的分析范式，充分借鉴国际国内成功经验和教训，做好构建现代农村金融法律制度基本框架的立法论证。具体内容包括：一是进一步深入总结归纳农村金融法律制度改革与法制化的国际经验。主要涉及代表性国家及地区农村金融法律制度与法制化进程的比较分析，总结其成功经验及教训，探索其实现机制与成长模式，并由此明确中国的可能选择。二是形成现代农村金融法律制度的中国定位。包括有效整合城乡一体化和农业集约化、专业化、组织化、社会化发展背景下现代农村金融法律制度的价值、微观功能定位、宏观功能定位等。三是提出现代农村金融法律制度的构成体系。包括现实背景下农村金融机构组织与运营、市场交易与运行、产品设计与定价、风险防范与监管的纵向分类体系，以及农村商业性金融、合作性金融、政策性金融、普惠性金融和民间金融法律制度的横向分类体系。

10.5.4　农村金融法制化解决方案之存量调整

在提出现代农村金融法律制度的基本框架后，立法机构必须基于现实国情对不合时宜的现行农村金融法律法规进行分类、清理、修改和完善。具体内容包括：一是对涉及农村信贷、担保、保险、证券、期货、信托、租赁、征信等相关法律法规按商业性金融、合作性金融、政策性金融、普惠性金融和民间金融法律制度进行横向归类、整理，逐一清理不合时宜的制度规定；二是按前述机构组织与运营、市场交易与运行、产品设计与定价、风险防范与监管的纵向体系，对农村金融从资本构成、微观治理、运营管理、内部控制、产品设计与定价到宏观政策激励、市场准入与退出、竞争调控、危机应对及监管协同等内容进行全方位审核，并对相关制度条文进行劣汰和修改完善，确保其既能够满足农村金融与农村经济协调发展的需要，又能够充分适应农村金融法制化的现实要求。

10.5.5　农村金融法制化解决方案之增量创新

本阶段将根据上一部分对我国农村金融现行法律法规分类清理的结果，结合农村金融发展的现实需求由立法机构提出农村金融法律制度的创新供给。立法机构要在历史分析、条文研究、比较研究和调研咨询等基础上，形成一系列相关法律文本草案。立法是法治化的第一步。充分科学的立法调研和立法前评估，是立法的第一步。在此基础上要注意三个方面的问题：一是做好农村金融的顶层设计，立足长远、冷静谋划、对症下药，充分意识到法律制度在权利配置和市场培育中的基础地位和核心作用，逐步将农村金融真正纳入法制轨道；必须在把握农村金融法律制度本质特征的基础上，突出政策性金融法律制度、合作性金融法律制度和农业保险法律制度在整个制度体系中的主体地位。二是确定整体框架，依照现行相关立法，可以将农村金融法律制度的基本类别分为农村政策性金融法律制度、农村商业性金融法律制度、农村合作性金融法律制度、农村民间金融法律制度和农业保险法律制度，目前应将存量调整与增量改进相协调，在对现有法律法规进行分类、清理、修改和完善的基础上，注重法律制度供给的均衡性、整体性和协调性，警惕市场化冒进的潜在威胁。三是结合立法调研和评估结果，按照农村金融发展的现实需求，推进重点包括：合作金融法（草案）、政策性金融支持法（草案）、民间金融法（草案）、小额信贷机构法（草案）、农业保险法（草案）、金融机构投资法（草案）、社区再投资法（草案）等。最终，在此基础上提出涵盖现有法律法规完善、新法制定（草案）、法治环境培育及配套制度建设的一揽子解决方案。

第 11 章 研究结论与政策建议

11.1 研究结论

1. 农村金融发展理论及实践表明，农村金融与经济的良性互动循环，有赖于科学的理论指导、充分的现实把握和合理的制度设计

发达国家农业农村金融的服务体系和制度体系建设，以及金融支持农业集约化、专业化、组织化、社会化经营的实践创新已经形成了一系列成功经验。尤其是它们将理论探索、应用研究与立法实践相结合，不断推进农村金融法制化，这也是我们必须重视的关键环节。然而，中国具体国情以及农业经济和经营环境的特殊条件对其他国家的模式与经验应用构成了明显的约束。中国农村金融发展，必须基于国内外农村金融经典理论及成功实践，紧密围绕党和国家的重大战略方针，紧扣农业农村自身特色，从实际国情出发对发达国家的经验进行必要的扬弃和创新。随着中国农村金融体制改革的深入，理论界和学术界高度重视农村金融对农业农村经济乃至整个国民经济的重要作用，农村金融制度研究的侧重点相应出现了适应性调整，呈现出动态变化特征，农村金融及其制度创新的理论内涵和外延也不断丰富。深化农村金融制度改革与创新，应当科学确立理论指导、精准把握现实背景、合理借鉴国际经验、认真汲取既有教训、加快突破传统思维定式，真正实现农村金融发展中国家政府与市场的有效结合，进而破解农村金融的门槛制约，降低农村金融服务的交易成本，充分发挥农村金融的服务功能，维护农村金融的安全运行。

2. 农村金融问题是新时期中国经济社会发展不可逾越的关键问题，既有的针对农村金融机构的制度调控收效不佳，农村金融制度改革仍未破题

自中国农业银行恢复以来，我国已经进行了四十多年的农村金融体制改革，农村金融已经取得了重大进展，为城乡经济发展和社会转型做出了重大贡献。然而，受制于农村金融制度建设相对滞后，既有的针对农村金融机构的密集调控收效甚微，农村金融的产品供给、服务创新、市场竞争、风险管控及财务可持续等领域依然存在尚未解决的痼疾，导致"三农"领域的金融需求与农村金融体系的扩张并未有效契合，农村金融制度绩效也呈现下降态势，未能形成有效促进城乡一体化发展的作用机制。农村商业银行和农村合作银行的不良贷款率逐年攀高，农村信用社的不良贷款率近年来也明显上升，而且远高于全部金融机构的不良贷款率。被监管层寄予厚望的新型农村金融机构不仅资金匮乏、服务方向偏移，而且经营状况欠佳、风险较大。与此同时，新型农村金融机构农户贷款占比基本上不超过一半，已经表现出明显的"弃农"倾向，甚至开始沦为地方政府的融资工具。农村金融的种种问题使我国的农村金融成为整个金融体系的瓶颈和"短板"，难以满足农村金融服务多样化的需要，也难以适应乡村振兴和城乡一体化发展的需要。农村金融自身可持续发展能力不足，严重制约了农村金融服务体系的功能发挥，由此抑制了农村经济的健康发展，农村金融改革亟待破题。

3. 中国农村金融问题的根本原因在于制度抑制的长期积累，而解决问题的关键恰恰在于对既有制度供给形式与内容的改革与创新

改革开放以来，由于初始条件不足和经济发展战略使然，以及这种战略在市场经济条件下的延续，农村金融制度设计始终被置于国家的工业化、城镇化目标函数之内和服务于"三农"的目标函数之外，处于"是农非农"的尴尬境地。这种以"阶段式宏观经济目标"和"阶梯式的区域发展战略"为主要特征的非均衡增长战略和政府主导的自上而下强制性制度变迁，虽然在过去也取得了较大的总体经济绩效，但总体表现为体制内的适应性调整和频繁修改，同时也带来某些深远影响和诸多不良经济后果。其"政策＋暂行规定"的运作模式，缺乏对调整对象的深入分析和全面把握，实质上并没有脱离计划金融"简单行政命令"的窠臼，严重滞后于农业农村经济发展的客观需求。不论从形式上还是内容上，既有的农村金融制度供给既缺乏应有的独立性和稳定性，又完全疏离"政策性"、"合作性"、"保障性"等本质特征，造成农村金融制度供给与需求失衡、农村金融制度改革与整体金融制度改革失调、农村金融制度改革滞后于农村经济发展。主要表现为农村经济和农业现代化发展相对滞后、城乡居民收入差距长期居高不下、城乡二元经济结构和二元金融结构形成固化。这不仅给社会稳定和经济发展带来了巨大危害，也进一步削弱了农村金融可持续发展的经济基础。农村金融必须加快对既有制度供给形式与内容的调整，进一步推进改革创新。

4. 深化中国农村金融制度改革必须基于长远性和全局性的战略考量，立足服务"三农"与自身可持续发展能力提升，找准重点、突破难点、严控风险、协同推进

尽管我国农村金融改革已经形成一系列宏观方向性结论，一些基本政策相应稳定下来，试点工作也不断铺开。但是，由于缺乏对农村金融战略目标的清晰定位，农村金融制度供给一直陷入"双重抑制"的境地。一方面，缺乏对农村金融市场基础条件、宏观环境和运行监管等顶层设计的有效供给；另一方面，现存制度集中于对农村金融机构的调整，体现出"唯机构"的"单一性"特征，仓促易变、自相矛盾、急功近利、积重难返。制度运行存在严重的绩效偏差，有着较为严重的"越位"、"错位"和"缺位"问题，致使目前农村资金依然短缺、农户融资依然困难、农村金融风险问题日益严峻，农村中小金融机构的风险管理和监管水平亟待提高。近年来，农村金融在市场准入、内控制度和政府管制等方面的制度问题开始受到关注，但系统的理论整合远未形成，深化农村金融体制改革的顶层基础和制度规范仍未夯实。破解农村金融发展的困境、实现农村金融自身可持续发展和服务"三农"发展同步，必须突破传统思维定式，以克服重点难点带动全局，用新的思路探索农村金融制度的系统整合、科学创新与协同推进路径。

5. 中国农村金融问题的最终解决，必须充分意识到法律制度在权利配置和市场培育中的基础地位和核心作用，通过科学的顶层设计逐步将农村金融真正纳入法制轨道

长期以来，我国农村金融制度改革，受"工具金融观"、"机构金融观"、"政府金融观"等计划经济金融观的影响，总停留在"就事论事"、"分分合合"的层面上，农村金融体系的建设总是忽略法律制度的保障，而农村金融制度的改革又往往脱离农村金融、经济的现实需求。历史经验和理论逻辑都无一例外地证明，农村金融法制化是降低农村金融市场交易成本、维护农村金融市场交易秩序，促进农村金融市场健康发展，并最终使农村资金高效转化为农村生产资本，加快农村经济发展、实现城乡统筹的必由之路。只有通过法律制度的科学性，才能准确把握农村金融的本质特征，明确农村金融发展的根本问题；只有通过法律的远视性，才能克服农村金融主体的自利倾向和政府部门短期利益选择；只有通过法律的效率性，才能培育符合需求的农村金融主体、降低交易成本、有效配置资源；只有通过法律的统筹性，才能整合相关资源、协调部门政策、推进有效监管；只有通过法律的强制力，才能配置权利义务、严格市场准入、明晰政府边界。进一步深化中国农村金融制度改革与创新应当向法制化建设层面推进，必须在把握农村金融制度本质特征的基础上，科学论证农村金融顶层设计的现实基础与内在要求，准确定位现代农村金融制度的功能与地位，系统构造新形势下现代农村金融法律制度的完整框架，并结合国内外成功经验与本国具体国情提出具体实施方案。

11.2　政策建议

1. 通过顶层设计与配套制度的有效供给，为农村金融市场有序运行保驾护航

一是加快农村金融法律法规体系建设。农村金融发展的实践经验表明，农村金融市场有序运行且高效发挥其服务功能，需要科学立法予以保障。目前，农村产权抵押、农民合作社内部信用合作、金融扶贫、风险控制的法律及监管缺位需要通过立法予以尽快调整。二是推动农村金融相关配套制度建设。改革创新需要突破农村金融市场上银行类机构"一股独大"的格局，加快在保险、担保、证券、租赁、期货期权等领域形成全面配套和协同服务机制。三是加强农村金融内部治理与外部监管机制建设。一方面，要引导农村金融机构建立现代的风险管理模式，提高风险的免疫能力；另一方面，要针对风险监测识别、评估预警和化解处置三个金融风险防控的重要环节，从机构、客户、资金、市场、区域和重点领域六个维度，健全和优化全面监管的工作机制。总之，进一步深化中国农村金融改革与创新应当遵循"需求分析—目标定位—顶层设计—重点界定—难点突破—风险监控—协同优化—立法规范"的思路，向法制化建设层面推进。

2. 加快乡村地区金融基础设施建设，实现城乡金融互联互通，并由此建立健全普惠金融体系

一是加快建设好乡村支付体系。完善的支付体系不仅能够提升清算效率，而且能够便捷、安全地进行交易，从而为农业农村提供高质量的现代金融服务。二是加快建设好乡村征信体系。良好的征信体系能够有效减少金融服务过程中借贷双方的信息不对称问题，避免道德风险与逆向选择，从而有利于降低交易费用与信用风险，优化金融业务的资产质量。三是加快建设好乡村网络体系。应充分发挥国家开发银行作为开发性金融机构的平台功能，推动乡村网络体系以及移动手机终端建设，实现城乡金融的互联互通，并由此建立健全普惠金融体系，为贫困地区农户破除地理障碍和获取高效的数字金融、智慧金融服务提供现实可能。四是加快建设好乡村金融宣传教育体系和权益保护体系。要尽快实现农村地区金融宣传教育全覆盖，增强农村金融消费者的风险意识和识别违法违规金融活动的能力，畅通消费者投诉的处理渠道，构建农村地区良好的金融生态环境，保障金融扶贫资源分配的精准性与金融市场成长的普惠性。

3. 根据各类金融功能定位和业务范围，分类为乡村从业主体提供全方位便捷式金融服务

一是根据市场需求调查明确各类金融的功能定位。要充分重视正规金融与非正规金融的协调性与互补性，有效把握农村金融与城市金融的整体性与相关性，厘清政策性金融、商业性金融、合作性金融与普惠性金融的功能特色和作用边界，明确各自业务重点并形成多层次、多维度、多类别的服务体系。二是多元合力驱动金融分工合作机制完善。要加快农村资本市场建设，支持符合条件的大型合作社和龙头企业上市融资、吸引风险投资、发行企业债券和私募债券；要完善农村融资租赁市场，将工厂化农业生产设施、农产品加工仓储、农产品冷链运输设施等纳入融资租赁范围；要积极探索发展大宗农产品期货市场，鼓励农业经营主体利用期货市场实现套期保值；要鼓励保险公司开发适合农村产业发展特点和实际需求的新型保险产品，积极探索建立涉农信贷与涉农保险的互动机制；要促进担保服务创新，充分利用大数据、信息化手段创新反担保方式，全面盘活农村"沉睡"资产，为农民、农企增信。三是科学构建风险分摊机制与成本控制模式。金融支持乡村振兴需要进一步加强银行业金融机构与证券机构、保险公司、租赁公司、担保公司、期货公司等金融同业的合作与风险共担，降低农业农村从业主体金融服务获取成本。

4. 营造良好的发展环境，保障金融市场的公平性与正义性，淡化显性的差别对待和隐性的政策排斥

一是要通过一系列倡导"良治"与"善治"的行政法规体系和市场监管体系营造良好的市场环境。农村金融市场是在外部政策资源注入下持续运行的，中央政府及宏观政策提供的面向"小微"、"三农"的定向降准、降息是国家层面"善意"的体现。然而在宏观经济波动、乡村基层治理变迁的多重作用下，金融市场中存在大量农贷资金被农村中的精英把控的现象，其中不乏不法分子通过非法手段俘获农贷资金，甚至投放到高利贷之中。这对一系列倡导"良治"与"善治"的行政法规体系颁布实施和市场监管体系成型提出了现实要求，处理违规违法事件、淡化不公平现象是纠正劣化市场环境的基础，在此之上开展的农村金融才能长期、可持续地服务"三农"。二是要在制度层面矫正对农村金融机构的金融压抑和过度干预，在政策层面确保不同成分金融机构的同等待遇与激励公平。近年来，一些农村金融机构受政府"善意"的干预过重，另一些又苦于优惠政策无法覆盖。农村金融市场结构的形成带有浓厚的行政意志，既往的金融体系修补和市场调整更多体现的是供给导向和监管倾向，很大程度上忽视了需求方的行为特征及其产生效果的过程，因而不断调整的农村金融市场也无法有效满足具有庞大基数的普通农民的金融需求。可见，只有在政策层面淡化对不同农村金融机构显性的差别对待和隐性的政策排斥，才有望通过多种形式满足"三农"金融需求，进而迎合农民的利益诉求、农村经济实体的发展动机和传统农业弱质性的修复要求。

5. 以内嵌于农村社会的角色提供适应乡土社会经济、文化和历史的现代金融服务

一是农村金融未来发展需要其在变革与调整中审视农村金融生态、环境和伦理，提供适应乡土社会经济、文化和历史的现代金融服务。要有效把握"熟人社会"、"村庄共同体"及农户的知识信息能力特点，以内嵌于农村社会的角色提供金融服务。要激励与引导大型金融机构在业务拓展、运作模式、企业文化、风险控制等方面实现服务乡村振兴与自身运行并重。二是农村金融未来发展需要准确把握乡村发展新动态，加快推动金融与现代科技在乡村的有效结合。要根植于乡村实际情况与产业特色，将互联网金融、大数据、云计算与本地农业农村特色相结合，实现金融产品与服务的多样性与实用性，有效对接不同主体、不同行业、不同规模和不同期限的金融需求。三是农村金融未来发展需要重塑乡村伙伴式产融关系，通过精细分工针对性加强金融产品与服务创新能力。要通过面向乡土社会的金融创新促进供需双方协同成长，通过金融创新拓展金融产品和服务手段，通过金融创新改善防范、抵御和化解金融风险的能力，通过金融创新促进农村金融的适度有序竞争，从而使农村金融更好地适应乡村振兴的现实需要，最终实现"支农"与"盈利"的双赢。

参考文献

中文文献

[1] 马克思：《资本论》（第 1～3 卷），中共中央马克思恩格斯列宁斯大林著作编译局编译，人民出版社，1975。

[2] 《邓小平文选》（第 1～2 卷），人民出版社，1993。

[3] 《邓小平文选》（第 3 卷），人民出版社，1993。

[4] 《习近平谈治国理政》第 2 卷，外文出版社，2017。

[5] 道格拉斯·C·诺思：《经济史中的结构与变迁》，陈郁等译，上海三联书店，1991。

[6] 约翰·G. 格利，爱德华·S. 肖：《金融理论中的货币》，贝多广译，上海人民出版社，1996。

[7] R. 科斯等：《财产权利与制度变迁：产权学派与新制度学派译文集》（新 1 版），上海人民出版社，2000。

[8] 艾里克·马斯金、许成钢：《软预算约束理论：从中央计划到市场》，王信译，《经济社会体制比较》2000 年第 4 期。

[9] 安东尼·吉登斯：《社会的构成——结构化理论大纲》，李康等译，三联书店，1998。

[10] 巴曙松等：《当前农村信用联社体制的缺陷及出路》，《中国农村经济》，2007 年第 S1 期。

[11] 白钦先、曲昭光：《各国政策性金融机构比较》，中国金融出版社，1993。

[12] 白钦先等：《金融可持续发展研究导论》，中国金融出版社，2001。

[13] 白晓燕、李锋：《我国农业政策性金融对农业经济增长贡献的实证研究》，《农业经济问题》2005 年第 7 期。

[14] 白永秀等：《城乡发展一体化水平评价报告》，中国经济出版社，2015。

［15］ 保罗.G.马哈尼：《从普通法与大陆法的比较看中国法制改革》，王衡涛译，《环球法律评论》2007年第1期。

［16］ 北京大学中国经济研究中心宏观组：《金融不是虚拟经济》，《金融信息参考》2002年第4期。

［17］ 蔡昉、都阳：《转型中的中国城市发展——城市级层结构、融资能力与迁移政策》，《经济研究》2003年第6期。

［18］ 蔡四平、岳意定：《中国农村金融组织体系重构：基于功能视角的研究》，经济科学出版社，2007。

［19］ 蔡四平：《利益博弈：功能视角的农村金融组织体系重构的逻辑依据》，《财经理论与实践》2008年第1期。

［20］ 曹雷：《新时期我国农村金融改革效果评估：基于总体的视角》，《农业经济问题》2016年第1期。

［21］ 曹力群、庞丽华：《改革以来农户生活消费的变动特征及近期的发展趋势》，《中国农村经济》2000年第11期。

［22］ 曾康霖：《我国农村金融模式的选择》，《金融研究》2001年第10期。

［23］ 曾康霖等：《金融经济学》，西南财经大学出版社，2002。

［24］ 曾康霖：《推进我国农村金融改革中值得思考的几个问题》，《财经科学》2006年第12期。

［25］ 陈斌开、林毅夫：《发展战略、城市化与中国城乡收入差距》，《中国社会科学》2013年第4期。

［26］ 陈昌银：《农业担保公司运作模式及其创新——以四川农业担保公司为个案》，《农村经济》2013年第7期。

［27］ 陈放：《乡村振兴进程中农村金融体制改革面临的问题与制度构建》，《探索》2018年第3期。

［28］ 陈雪飞：《合作制与股份制：不同经济背景下农村信用社的制度选择》，《金融研究》2003年第6期。

［29］ 陈依婷：《我国数字普惠金融监管法律问题初探》，硕士学位论文，西南政法大学，2018。

［30］ 陈雨露、马勇：《中国农村金融论纲》，中国金融出版社，2010。

［31］ 陈雨露：《中国农村金融发展的五个核心问题》，《中国金融》2010年第Z1期。

［32］ 陈志武：《金融的逻辑2：通往自由之路》，西北大学出版社，2015。

[33] 陈治：《财政激励、金融支农与法制化——基于财政与农村金融互动的视角》，《当代财经》2010 年第 10 期。

[34] 程恩江主编：《中国非政府小额信贷和农村金融》，浙江大学出版社，2007。

[35] 程凯、张庆亮：《对我国村镇银行监管的思考》，《时代金融》2010 年第 6 期。

[36] 程郁等：《供给配给与需求压抑交互影响下的正规信贷约束：来自 1874 户农户金融需求行为考察》，《世界经济》2009 年第 5 期。

[37] 程郁、罗丹：《信贷约束下农户的创业选择——基于中国农户调查的实证分析》，《中国农村经济》2009 年第 11 期。

[38] 道格拉斯·C. 诺思：《制度、制度变迁与经济绩效》，杭行译，上海人民出版社，2014。

[39] 道格拉斯·C. 诺思：《经济史中的结构与变迁》，厉以平译，商务印书馆，1992。

[40] 邓乐平、皮天雷：《法与金融的最新研究进展述评》，《经济学动态》2007 年第 1 期。

[41] 邓怡：《论农村金融监管的独立性》，硕士学位论文，西南政法大学，2018。

[42] 刁怀宏：《信息不对称、风险规避与农地金融合约——基于农户与贷款者的分析》，《中央财经大学学报》2005 年第 9 期。

[43] 丁汝俊、段亚威：《农村金融体系构建：加快我国城镇化发展的重要推动力》，《财经科学》2014 年第 1 期。

[44] 丁志国等：《农村金融对减少贫困的作用研究》，《农业经济问题》2011 年第 11 期。

[45] 丁志国等：《农村金融有效促进了我国农村经济发展吗》，《农业经济问题》2012 年第 9 期。

[46] 丁志国等：《我国城乡收入差距的库兹涅茨效应识别与农村金融政策应对路径选择》，《金融研究》2011 年第 7 期。

[47] 丁忠民等：《农村产权抵押融资视阈下金融机构风险生成机理》，《农村经济》2016 年第 9 期。

[48] 杜朝运：《制度变迁背景下的农村非正规金融研究》，《农业经济问题》2001 年第 3 期。

［49］ 杜晓山：《农村金融体系框架、农村信用社改革和小额信贷》，《中国农村经济》2002 年第 8 期。

［50］ 段应碧：《关于农村管理体制改革的几点思考——在 2005 年中国农业经济学会年会结束时的讲话（摘要)》，《农业经济问题》2006 年第 1 期。

［51］ 樊纲等：《中国各地区市场化相对进程报告》，《经济研究》2003 年第 3 期。

［52］ 费孝通：《江村经济——中国农民的生活》，商务印书馆，2001。

［53］ 费孝通：《乡土中国》，中华书局，2013。

［54］ 冯果、李安安：《问题券商市场退出法律机制之审思——在资本市场法治化的拷问之下》，《证券法苑》2010 年第 2 期。

［55］ 冯果、李安安：《包容性监管理念的提出及其正当性分析——以农村金融监管为中心》，《江淮论坛》2013 年第 1 期。

［56］ 冯果：《深化我国农村合作金融制度改革的若干法律思考》，《法学杂志》2005 年第 6 期。

［57］ 冯果：《金融法的"三足定理"及中国金融法制的变革》，《法学》2011 年第 9 期。

［58］ 冯开文：《一场诱致性制度变迁：改革开放以来中国农村经济制度变迁的反观与思考》，《中国农村经济》1998 年第 7 期。

［59］ 冯科：《金融监管学》，北京大学出版社，2015。

［60］ J·D·冯匹斯克斯等编著：《发展中经济的农村金融》，汤世生等译，中国金融出版社，1990。

［61］ 冯兴元等：《试论中国农村金融的多元化——一种局部知识范式视角》，《中国农村观察》2004 年第 5 期。

［62］ 冯兴元等：《乡村振兴战略背景下农村金融改革与发展的理论和实践逻辑》，《社会科学战线》2019 年第 2 期。

［63］ 傅秋子、黄益平：《数字金融对农村金融需求的异质性影响——来自中国家庭金融调查与北京大学数字普惠金融指数的证据》，《金融研究》2018 年第 11 期。

［64］ 盖丽丽：《中国农村金融监管：变迁、效果及改进》，博士学位论文，中国海洋大学，2010。

［65］ 甘犁等：《中国家庭金融调查报告（2012）》，西南财经大学出版

社，2012。

[66] 甘培忠、雷驰：《对金融创新的信义义务法律规制》，《法学》2009年第10期。

[67] 高东、石瑾：《我国农村金融体系建设和金融产品供给中的问题与对策》，《农业经济》2009年第8期。

[68] 高帆、汪亚楠：《城乡收入差距是如何影响全要素生产率的?》，《数量经济技术经济研究》2016年第1期。

[69] 高鸿钧：《比较法研究的反思：当代挑战与范式转换》，《中国社会科学》2009年第6期。

[70] 高晋康：《民间金融法制化的界限与路径选择》，《中国法学》2008年第4期。

[71] 高沛星、王修华：《我国农村金融排斥的区域差异与影响因素——基于省际数据的实证分析》，《农业技术经济》2011年第4期。

[72] 高圣平、刘萍：《农村金融制度中的信贷担保物：困境与出路》，《金融研究》2009年第2期。

[73] 高圣平：《农地金融化的法律困境及出路》，《中国社会科学》2014年第8期。

[74] 高述涛：《我国农村金融监管中存在的问题及监管体系创新》，《商业时代》2010年第23期。

[75] 高祥：《澳大利亚农村金融法律与服务研究》，《比较法研究》2011年第1期。

[76] 高艳：《我国农村非正规金融的绩效分析》，《金融研究》2007年第12A期。

[77] 高阳：《地方政府政策性担保支农政策有效性及风险研究》，《财政研究》2015年第8期。

[78] 高远东等：《中国财政金融支农政策减贫效应的空间计量研究》，《经济科学》2013年第1期。

[79] 雷蒙德·W. 戈德史密斯：《金融结构与金融发展》，周朔等译，上海三联书店，1990。

[80] 葛永波等：《新型农村金融机构可持续发展的影响因素与对策透视》，《农业经济问题》2011年第12期。

[81] 龚明华：《发展中经济金融制度与银行体系研究》，中国人民大学出版

社，2004。

[82] 谷慎、李成：《金融制度缺陷：我国农村金融效率低下的根源》，《财经科学》2006 年第 9 期。

[83] 广西农业信贷担保有限公司课题组、覃静、郑培明：《广西政策性农业信贷担保发展研究——以广西农业信贷担保公司为例》，《经济研究参考》2017 年第 53 期。

[84] 桂祥：《我国金融监管纵向变迁与地方金融监管创新研究》，《西南金融》2017 年第 4 期。

[85] 郭军等：《农户农业保险排斥的区域差异：供给不足还是需求不足——基于北方 6 省 12 县种植业保险的调研》，《农业技术经济》2019 年第 2 期。

[86] 国风：《中国农村经济制度创新分析》，商务印书馆，2000。

[87] 国务院发展研究中心课题组：《中国新农村建设推进情况总报告——对 17 个省（市、区）2749 个村庄的调查》，《改革》2007 年第 6 期。

[88] 国务院农村综合改革工作小组办公室课题组：《建立现代农村金融制度问题研究》，中国财政经济出版社，2011。

[89] 韩俊：《推进农村金融体制的整体改革》，《中国金融》2003 年第 17 期。

[90] 韩俊：《统筹城乡发展缩小城乡居民收入差距》，《人民论坛》2004 年第 2 期。

[91] 韩俊等：《中国农村金融调查》，上海远东出版社，2007。

[92] 韩俊等：《中国农村金融现状调查及其政策建议》，《复印报刊资料：农业经济导刊》2007 年第 5 期。

[93] 韩俊：《加快建立普惠型的农村金融体系》，《教学与研究》2008 年第 12 期。

[94] 郝朝艳等：《农户的创业选择及其影响因素——来自"农村金融调查"的证据》，《中国农村经济》2012 年第 4 期。

[95] 何大安：《中国农村金融市场风险的理论分析》，《中国农村经济》2009 年第 7 期。

[96] 何德旭、饶明：《我国农村金融市场供求失衡的成因分析：金融排斥性视角》，《经济社会体制比较》2008 年第 2 期。

[97] 何广文等：《再议农户信贷需求及其信贷可得性》，《农业经济问题》

2018 年第 2 期。

[98] 何广文、李莉莉：《大型商业银行的小额信贷之路——兼论与新型农村金融机构间的合作机制》，《农村金融研究》2011 年第 5 期。

[99] 何广文、欧阳海洪：《把握农村金融需求特点完善农村金融服务体系》，《中国金融》2003 年第 11 期。

[100] 何广文：《对农村政策金融改革的理性思考》，《农业经济问题》2004 年第 3 期。

[101] 何广文：《中国农村金融转型与金融机构多元化》，《中国农村观察》2004 年第 2 期。

[102] 何广文：《构建社区导向型新农村建设金融服务机制》，《西南金融》2007 年第 1 期。

[103] 何婧等：《互联网金融离农户有多远——欠发达地区农户互联网金融排斥及影响因素分析》，《财贸经济》2017 年第 11 期。

[104] 何田：《"地下经济"与管制效率：民间信用合法性问题实证研究》，《金融研究》2002 年第 11 期。

[105] 洪艳蓉：《金融监管治理——关于证券监管独立性的思考》，北京大学出版社，2017。

[106] 洪正：《新型农村金融机构改革可行吗？——基于监督效率视角的分析》，《经济研究》2011 年第 2 期。

[107] 洪正等：《道德风险、监督结构与农村融资机制设计——兼论我国农村金融体系改革》，《金融研究》2010 年第 6 期。

[108] 侯林萍、王蕾蕾：《论金融监管机构的独立性》，《金融与经济》2006 年第 8 期。

[109] 胡必亮等：《农村金融与村庄发展：基本理论、国际经验与实证分析》，商务印书馆，2006。

[110] 胡金焱、董鹏：《农村金融发展与农民收入的关系：山东例证》，《改革》2008 年第 2 期。

[111] 胡金焱、张乐：《非正规金融与小额信贷：一个理论述评》，《金融研究》2004 年第 7 期。

[112] 胡静、姚凤阁：《我国农村金融体系存在的问题及完善对策》，《学术交流》2017 年第 2 期。

[113] 胡旭阳：《转型经济的法与金融研究及评述》，《财经论丛》2007 年第

6 期。

［114］ 胡兆峰、杜征征：《银行市场参与者结构对监管独立性的作用研究》，《上海金融》2011 年第 5 期。

［115］ 黄惠春、褚保金：《我国县域农村金融市场竞争度研究——基于降低市场准入条件下江苏 37 个县域的经验数据》，《金融研究》2011 年第 8 期。

［116］ 黄惠春等：《农村金融市场结构和农村信用社绩效关系研究——基于江苏省农村区域经济差异的视角》，《农业经济问题》2010 年第 2 期。

［117］ 黄惠春、李静：《利率市场化、市场势力与农村金融市场效率损失——以江苏为例》，《南京农业大学学报（社会科学版）》2015 年第 1 期。

［118］ 黄继忠：《省级财政支出制度：委托代理关系下的分析》，《经济社会体制比较》2003 年第 6 期。

［119］ 黄延信、李伟毅：《城乡统筹背景下的农村金融改革创新——重庆市的实践与启示》，《农业经济问题》2012 年第 5 期。

［120］ 黄振香、谢志忠：《法经济学视域下的农村金融监管制度创新—供求均衡视角分析》，《福建论坛（人文社会科学版）》2011 年第 11 期

［121］ 黄宗智：《中国的隐性农业革命》，法律出版社，2010。

［122］ 黄宗智：《明清以来的乡村社会经济变迁：历史、理论与现实：卷一，华北的小农经济与社会变迁》，法律出版社，2014。

［123］ 季凯文、武鹏：《农村金融深化与农村经济增长的动态关系——基于中国农村统计数据的时间序列分析》，《经济评论》2008 年第 4 期。

［124］ 江春、许立成：《金融监管与金融发展：理论框架与实证检验》，《金融研究》2005 年第 4 期。

［125］ 江春：《论金融的实质及制度前提》，《经济研究》1999 年第 7 期。

［126］ 江春：《新制度金融学探索》，《经济学动态》2002 年第 6 期。

［127］ 江春：《我国民间信用中的产权问题》，《经济科学》1998 年第 1 期。

［128］ 江曙霞等：《贫困农户金融服务：研究综述与展望》，《财经理论与实践》2007 年第 6 期。

［129］ 姜宏鸿：《对我国银行监管治理的评析与思考》，《北方经济》2008 年第 19 期。

［130］ 姜旭朝、杨杨：《合作金融的制度视角》，《山东大学学报（哲学社会科学版）》2004 年第 1 期。

[131] 焦兵：《基于农户金融需求特点的农村金融发展模式》，《求索》2006 年第 9 期。

[132] 焦瑾璞：《我国农村金融服务现状分析与改革展望》，《经济研究参考》2008 年第 31 期。

[133] 孔祥毅：《金融协调的若干理论问题》，《经济学动态》2003 年第 10 期。

[134] 让－雅克·拉丰、大卫·马赫蒂摩：《激励理论：〈第一卷，委托代理模型〉》，中国人民大学出版社，2002。

[135] 黎世才等：《广西农村金融法制现状及建设研究》，《区域金融研究》2016 年第 7 期。

[136] 李爱喜：《农户金融合作行为及其影响因素研究》，《农业经济问题》2009 年第 8 期。

[137] 李昌麒：《经济法理念研究》，法律出版社，2009。

[138] 李刚：《农村金融深化对农村经济发展的相关性分析》，《财经科学》2005 年第 4 期。

[139] 李晗、杨滢滢：《法经济学的批判与生成——对以波斯纳为代表的现代主流法经济学的反思》，《求索》2009 年第 7 期。

[140] 李红玉等：《村镇银行主发起行控股：模式选择与发展比较——基于中国 899 家村镇银行的经验证据》，《农业经济问题》2017 年第 3 期。

[141] 李剑阁、韩俊：《解决我国新阶段三农问题的政策思路》，《改革》2004 年第 2 期。

[142] 李明贤、李学文：《我国农村金融发展的经济基础分析》，《农业经济问题》2007 年第 12 期。

[143] 李铭、张艳：《"保险＋期货"服务农业风险管理的若干问题》，《农业经济问题》2019 年第 2 期。

[144] 李锐、朱喜：《农户金融抑制及其福利损失的计量分析》，《经济研究》2007 年第 2 期。

[145] 李树杰：《农村银行业金融市场准入政策规定中的几个问题》，《金融理论与实践》2007 年第 7 期。

[146] 李树生等：《中国农村金融创新研究》，中国金融出版社，2008。

[147] 李树生：《农村经济发展与金融市场化研究》，中国金融出版社，1999。

[148] 李涛：《商业银行监管的国际比较：模式及影响——兼论中国的商业

银行监管模式选择》,《经济研究》2003 年第 12 期。

[149] 李喜梅、彭建刚:《经济变迁中的中国农村金融体系:一个从隐功能角度的解释框架》,《农业经济问题》2005 年第 10 期。

[150] 李宪宝、高强:《行为逻辑、分化结果与发展前景——对 1978 年以来我国农户分化行为的考察》,《农业经济问题》2013 年第 2 期。

[151] 李学春、王家传:《功能视角下农村金融促进农村经济增长机制研究》,《财政研究》2009 年第 2 期。

[152] 李雪莲、张运鹏:《监管独立与金融稳定》,《财经问题研究》2003 年第 6 期。

[153] 李亚茹、孙蓉:《农产品期货价格保险及其在价格机制改革中的作用》,《保险研究》2017 年第 3 期。

[154] 李延敏、罗剑朝:《农户借贷行为区域差异分析及金融对策》,《农村经济》2006 年第 11 期。

[155] 李祎雯、张兵:《非正规金融对农村家庭创业的影响机制研究》,《经济科学》2016 年第 2 期。

[156] 李义奇:《金融发展与政府退出:一个政治经济学的分析》,《金融研究》2005 年第 3 期。

[157] 李勇等:《关于完善农村金融制度加大对三农金融支持若干问题的思考》,《金融研究》2005 年第 11 期。

[158] 廖红伟、杨良平:《乡村振兴背景下农村金融体系深化改革研究——基于交易成本理论视角》,《现代经济探讨》2019 年第 1 期。

[159] 林雅娜等:《农村金融市场竞争对农村信用社信贷风险的影响研究——基于福建县级农村信用社数据》,《农业技术经济》2017 年第 1 期。

[160] 林毅夫、孙希芳:《信息、非正规金融与中小企业融资》,《经济研究》2005 年第 7 期。

[161] 林毅夫:《制度、技术与中国农业发展》,上海三联书店,1992。

[162] 林毅夫:《金融改革与农村经济发展》,《上海改革》2003 年第 10 期。

[163] 林毅夫:《培育农村金融本土力量》,《财经》2008 年第 15 期。

[164] 刘春志等:《银行集中度的下降是否缓解了涉农信贷配给——基于省级面板数据（2008～2013 年）的实证研究》,《农业经济问题》2015 年第 12 期。

[165] 刘丹冰:《金融创新与法律制度演进关系探讨》,《法学杂志》2013 年

第 5 期。

[166] 刘红梅等：《中国城乡一体化影响因素分析——基于省级面板数据的引力模型》，《中国农村经济》2012 年第 8 期。

[167] 刘家养、黄念兵：《基于城乡公平视角的我国省级地方财政支农资金效率研究》，《宏观经济研究》2015 年第 5 期。

[168] 刘景东：《农村民间金融组织的稳定性和脆弱性研究——基于社会网络的研究视角》，《金融经济学研究》2016 年第 4 期。

[169] 刘莉亚等：《农户融资现状及其成因分析——基于中国东部、中部、西部千社万户的调查》，《中国农村观察》2009 年第 3 期。

[170] 刘莉亚：《河北省农村金融监管的现状、问题及对策》，《河北大学学报（哲学社会科学版）》2009 年第 5 期。

[171] 刘玲玲等：《中国农村金融发展研究：2006 汇丰—清华经管学院中国农村金融发展研究报告》，清华大学出版社，2007。

[172] 刘璐等：《政府支农政策对农业保险需求的影响机制研究》，《农业经济问题》2016 年第 10 期。

[173] 刘璐、韩浩：《效用货币化的农业保险补贴机制研究——基于补偿变化与等价变化的消费者剩余理论》，《农业经济问题》2015 年第 7 期。

[174] 刘民权等：《中国农村金融市场研究》，中国人民大学出版社，2006。

[175] 刘明康：《新型农村金融机构要"低门槛，严监管"》，《农村工作通讯》2011 年第 12 期。

[176] 刘牧晗：《完善我国农村金融监管的法律分析》，《经济研究导刊》2009 年第 23 期。

[177] 刘仁伍：《区域金融结构和金融发展理论与实证研究》，经济管理出版社，2003。

[178] 刘西川等：《小额信贷的目标上移：现象描述与理论解释——基于三省（区）小额信贷项目区的农户调查》，《中国农村经济》2007 年第 8 期。

[179] 刘西川等：《农户信贷市场的正规部门与非正规部门：替代还是互补?》，《经济研究》2014 年第 11 期。

[180] 刘锡良、齐稚平：《城乡统筹视野的城市金融与农村金融对接：成都个案》，《改革》2010 年第 2 期。

[181] 刘锡良、王磊：《转型时期我国农村金融改革政策研究——基于四川省

梓潼县的案例研究（下)》,《经济与管理研究》2007 年第 2 期。

[182] 刘锡良：《中国转型期农村金融体系研究》,中国金融出版社,2006。

[183] 刘锡良：《合作制、合伙制的金融体系是当前农村最合适的金融组织形式》,《经济研究参考》2009 年第 12 期。

[184] 刘泽仁、孙从海：《中国农村金融发展：制度与效率》,《农业经济问题》2007 年第 1 期。

[185] 刘志刚：《推进城乡一体化发展的财政政策研究》,中国财政经济出版社,2013。

[186] 刘志伟：《地方金融监管权的理性归位》,《法律科学（西北政法大学学报)》2016 年第 5 期。

[187] 龙保勇：《对开展农产品目标价格保险的思考》,《中国保险》2017 年第 6 期。

[188] 鲁靖：《我国农村金融体系中的金融压制与突破》,《农业经济问题》2007 年第 11 期。

[189] 陆磊：《以行政资源和市场资源重塑三层次农村金融服务体系》,《金融研究》2003 年第 6 期。

[190] 陆智强等：《新型农村金融机构：治理困境与解决对策》,《农业经济问题》2001 年第 8 期。

[191] 罗来武等：《从机构观到功能观：中国农村金融制度创新的路径选择》,《中国农村经济》2004 年第 8 期。

[192] 罗纳德·I. 麦金农：《经济发展中的货币与资本》,卢骢译,上海三联书店、上海人民出版社,1997。

[193] 罗兴等：《农村互联网信贷："互联网＋"的技术逻辑还是"社会网＋"的社会逻辑?》,《中国农村经济》2018 年第 8 期。

[194] 吕勇斌、赵培培：《我国农村金融发展与反贫困绩效：基于 2003 ～ 2010 年的经验证据》,《农业经济问题》2014 年第 1 期。

[195] 马九杰、沈杰：《中国农村金融排斥态势与金融普惠策略分析》,《农村金融研究》2010 年第 5 期。

[196] 马九杰、吴本健：《利率浮动政策、差别定价策略与金融机构对农户的信贷配给》,《金融研究》2012 年第 4 期。

[197] 马晓河：《统筹城乡发展、建设新农村及其政策建议》,《改革》2006 年第 1 期。

[198] 马勇、陈雨露：《农村金融中的政府角色：理论诠释与中国的选择》，《经济体制改革》2009 年第 4 期。

[199] 马勇、陈雨露：《作为"边际增量"的农村新型金融机构：几个基本问题》，《经济体制改革》2010 年第 1 期。

[200] 马勇：《监管独立性、金融稳定与金融效率》，《国际金融研究》2010 年第 11 期。

[201] 孟飞：《农村金融服务可获得性：监管问题与制度创新》，《财经科学》2009 年第 8 期。

[202] 米建国、李建伟：《我国金融发展与经济增长关系的理论思考与实证分析》，《管理世界》2002 年第 4 期。

[203] 年志远、马宁：《我国新型农村金融机构制度安排的缺陷及其完善》，《经济纵横》2009 年第 9 期。

[204] 钮中阳、乔均：《新型农村金融机构风险评价体系实证研究》，《南京社会科学》2018 年第 7 期。

[205] 农业部财务司：《建设可持续的政策性农业信贷担保体系》，《中国农村金融》2016 年第 22 期。

[206] 农业银行山东省枣庄市分行课题组、甄彦忠：《集群式贷款：欠发达县支行实施蓝海战略的着力点──以山东省枣庄市山亭区支行为例》，《农村金融研究》2008 年第 7 期。

[207] 欧阳志刚：《中国城乡经济一体化的推进是否阻滞了城乡收入差距的扩大》，《世界经济》2014 年第 2 期。

[208] 潘朝顺：《农村信贷需求与非正规金融供给的耦合──广东的实证》，《农业经济问题》2009 年第 9 期。

[209] 潘文轩：《农地经营权抵押贷款中的风险问题研究》，《南京农业大学学报（社会科学版）》，2015 年第 5 期。

[210] 潘席龙、贾艳辉：《农村金融创新模式：贷款代理人制度分析》，《农村经济》2008 年第 7 期。

[211] 彭晓博、秦雪征：《医疗保险会引发事前道德风险吗？理论分析与经验证据》，《经济学》2015 年第 1 期。

[212] 彭兴韵：《金融发展的路径依赖与金融自由化》，上海三联书店，2002。

[213] 祁敬宇：《我国农村金融的协调发展及其监管》，中国金融出版社，2010。

[214] 钱水土、陈鑫云：《新形势下农村信用社风险控制策略研究》，《农业

经济问题》2015 年第 2 期。

[215] 钱水土、陈鑫云:《农村信用社区域性风险影响因素分析——基于面板数据 Logit 模型》,《金融研究》2016 年第 9 期。

[216] 钱水土、姚耀军:《中国农村金融服务体系创新研究》,中国经济出版社,2010。

[217] 钱颖一:《市场与法治》,《经济社会体制比较》2000 年第 3 期。

[218] 乔桂明、段康伟:《乡镇企业融资担保问题研究——以江苏省为例》,《农业经济问题》2009 年第 1 期。

[219] 邱波、郑龙龙:《巨灾风险视角下的我国政策性农业保险效率研究》,《农业经济问题》2016 年第 5 期。

[220] 瞿强:《经济发展中的政策金融—若干案例研究》,中国人民大学出版社,2000。

[221] 冉光和等:《中国农村经济发展的金融约束效应研究》,《中国软科学》2008 年第 7 期。

[222] 冉光和等:《金融产业可持续发展理论研究》,商务印书馆,2004。

[223] 任劼等:《农户信贷风险配给识别及其影响因素——来自陕西 730 户农户调查数据分析》,《中国农村经济》2015 年第 3 期。

[224] 邵传林:《制度变迁下的中国农村非正规金融研究——自农户视角观察》,中国经济出版社,2015。

[225] 邵明波:《法律起源与金融发展:一个文献综述》,《社会科学战线》2009 年第 8 期。

[226] 沈杰、马九杰:《我国新型农村金融机构发展状况调查》,《经济纵横》2010 年第 6 期。

[227] 沈坤荣、李莉:《银行监管:防范危机还是促进发展?——基于跨国数据的实证研究及其对中国的启示》,《管理世界》2005 年第 10 期。

[228] 西奥多·W. 舒尔茨:《改造传统农业》,梁小民译,商务印书馆,1987。

[229] 宋刚、胡丽华:《浅析农业政策性金融发展中的贷款担保问题》,《农村经济》2008 年第 7 期。

[230] 宋宏谋:《中国农村金融发展问题研究》,山西经济出版社,2003。

[231] 宋磊、李俊丽:《农户信贷需求与农村金融市场非均衡态势的实证分析——基于泰安市农户信贷供求现状的调查》,《农业经济问题》2006 年第 7 期。

[232] 苏春江：《河南省城乡一体化评价指标体系研究》，《农业经济问题》2009 年第 7 期。

[233] 苏明：《我国城乡发展一体化与财政政策思路（上）》，《财会研究》2014 年第 7 期。

[234] 苏士儒等：《农村非正规金融发展与金融体系建设》，《金融研究》2006 年第 5 期。

[235] 粟芳、方蕾：《中国农村金融排斥的区域差异：供给不足还是需求不足？——银行、保险和互联网金融的比较分析》，《管理世界》2016 年第 9 期。

[236] 孙彩虹、秦秀红：《浅析发达国家农村金融法制建设及对我国的启示》，《农业经济》2014 年第 6 期。

[237] 孙天琦：《货币政策：统一性前提下部分内容的区域差别化研究》，《金融研究》2004 年第 5 期。

[238] 孙秀清：《对我国农业保险发展模式的探讨》，《经济问题》2004 年第 10 期。

[239] 谭燕芝等：《什么因素在多大程度上导致农村金融排斥难题——基于 2010 年中部六省 667 县（区）数据的实证分析》，《经济评论》2014 年第 1 期。

[240] 汤云龙、常飞：《金融监管独立性的法经济学反思》，《现代管理科学》2012 年第 1 期。

[241] 唐成：《中国的政策性金融和邮政储蓄的关系研究》，《经济研究》2002 年第 11 期。

[242] 唐峻：《论我国农村金融监管制度的改革与完善》，《上海金融》2010 年第 6 期。

[243] 唐双宁：《新型农村银行金融机构需严防风险》[EB/OL].（2007 - 03 - 10）[2022 - 4 - 13]. http://finance.ce.cn/bank/scroll/200703/10/t20070310_10644180.shtml。

[244] 田辉：《我国发展农产品价格保险的难点及原则》，《经济纵横》2016 年第 6 期。

[245] 田力、胡改导、王东方：《中国农村金融融量问题研究》，《金融研究》2004 年第 3 期。

[246] 万广华、史清华、汤树梅：《转型经济中农户储蓄行为：中国农村的

实证研究》,《经济研究》2003 年第 5 期。

[247] 汪丁丁:《制度创新的一般理论》,《经济研究》1992 年第 5 期。

[248] 汪丁丁:《回顾"金融革命"》,《经济研究》1997 年第 12 期。

[249] 汪三贵等:《中国新时期农村扶贫与村级贫困瞄准》,《管理世界》2007 年第 1 期。

[250] 汪小亚:《掌握需求特点改善农户金融服务:基于 2 万户样本"农户借贷情况问卷调查"的分析》,《中国金融》2009 年第 20 期。

[251] 汪小亚:《农村金融制度创新重点》,《中国金融》2013 年第 19 期。

[252] 汪小亚:《农村金融体制改革研究》,中国金融出版社,2009。

[253] 汪小亚等:《农村金融改革:重点领域和基本途径》,中国金融出版社,2014。

[254] 王定祥等:《贫困型农户信贷需求与信贷行为实证研究》,《金融研究》2011 年第 5 期。

[255] 王芳:《我国农村金融需求与农村金融制度:一个理论框架》,《金融研究》2005 年第 4 期。

[256] 王汉杰等:《贫困地区政府主导的农贷资源注入能够有效减贫吗?——基于连片特困地区微观农户调查》,《经济科学》2019 年第 1 期。

[257] 王沪宁:《转变中的中国政治文化结构》,《复旦学报(社会科学版)》1998 年第 3 期。

[258] 王家传、张乐柱:《农村信用社经营目标与发展模式再探》,《中国农村经济》2003 年第 10 期。

[259] 王娟:《新时期我国农村金融监管的现状分析与对策探讨》,《农业经济》2016 年第 7 期。

[260] 王克等:《农业保险保障水平的影响因素及提升策略》,《中国农村经济》2018 年第 7 期。

[261] 王少平、欧阳志刚:《我国城乡收入差距的度量及其对经济增长的效应》,《经济研究》2007 年第 10 期。

[262] 王绍仪主编《财政与农村金融》,中国农业出版社,2002。

[263] 王曙光、王东宾:《双重二元金融结构、农户信贷需求与农村金融改革—基于 11 省 14 县市的田野调查》,《财贸经济》2011 年第 5 期。

[264] 王曙光:《农村金融与新农村建设》,华夏出版社,2006。

[265] 王曙光:《乡土重建:农村金融与农民合作》,中国发展出版

社，2009。

[266] 王曙光：《告别贫困：中国农村金融创新与反贫困》，中国发展出版社，2012。

[267] 王曙光：《普惠金融：中国农村金融重建中的制度创新与法律框架》，北京大学出版社，2013。

[268] 王曙光：《问道乡野：农村发展、制度创新与反贫困》，北京大学出版社，2014。

[269] 王曙光：《农村金融监管需要科学的顶层设计》，《农村经营管理》2016 年第 7 期。

[270] 王锡桐：《城乡统筹与我国农业保险发展》，《经济体制改革》，2004 年第 1 期。

[271] 王冼民等：《粮食安全视角下的农业资源与环境要素的效用分析》，《中国农业资源与区划》2017 年第 2 期。

[272] 王小华等：《县域农村金融抑制与农民收入内部不平等》，《经济科学》2014 年第 2 期。

[273] 王醒男：《基于需求与发展视角的农村金融改革逻辑再考》，《金融研究》2006 年第 7 期。

[274] 王修华、贺小金、何婧：《村镇银行发展的制度约束及优化设计》，《农业经济问题》2010 年第 8 期。

[275] 王修华、邱兆祥：《农村金融排斥：现实困境与破解对策》，《中央财经大学学报》2010 年第 10 期。

[276] 王修华、邱兆祥：《农村金融发展对城乡收入差距的影响机理与实证研究》，《经济学动态》2011 年第 2 期。

[277] 王修华、周再清：《功能观视角下农村金融制度的创新》，《统计与决策》2008 年第 18 期。

[278] 王煜宇、刘乃梁：《新型农村金融机构的制度障碍与法律完善》，《西北农林科技大学学报（社会科学版）》2016 年第 2 期。

[279] 王煜宇等：《西部地区农村投融资体制改革问题研究》，法律出版社，2009。

[280] 王煜宇：《农村金融法制化：国际经验与启示》，《农业经济问题》2011 年第 8 期。

[281] 王煜宇：《中国特色农村金融法律制度：历史语境、现实障碍与未来

选择》，《浙江社会科学》2011 年第 2 期。

［282］王煜宇：《新型农村金融服务主体与发展定位：解析村镇银行》，《改革》2012 年第 4 期。

［283］王煜宇：《我国金融监管制度供给过剩的法经济学分析》，《现代法学》2014 年第 5 期。

［284］王煜宇：《美国〈农业信贷法〉：法典述评与立法启示》，《西南政法大学学报》2017 年第 4 期。

［285］王煜宇：《农村金融法制化的他国镜鉴》，《改革》2017 年第 4 期。

［286］王煜宇等编著：《金融法学》，武汉大学出版社，2010。

［287］王征、鲁钊阳：《农村金融发展与城乡收入差距——基于我国省级动态面板数据模型的实证研究》，《财贸经济》2011 年第 7 期。

［288］王自力：《金融稳定与货币稳定关系论》，《金融研究》2005 年第 5 期。

［289］魏登峰《杜晓山：重塑农村金融支农功能》，《农村工作通讯》2007 年第 2 期。

［290］温涛等：《基于 Lotka – Volterra 模型的中国农村金融市场竞争关系分析》，《中国农村经济》2015 年第 10 期。

［291］温涛、冉光和、熊德平：《中国金融发展与农民收入增长》，《经济研究》2005 年第 9 期。

［292］温涛、王汉杰、王小华：《"一带一路"沿线国家的金融扶贫：模式比较、经验共享与中国选择》，《农业经济问题》2018 年第 5 期。

［293］温涛、王煜宇：《政府主导的农业信贷、财政支农模式的经济效应——基于中国 1952～2002 年的经验验证》，《中国农村经济》2005 年第 10 期。

［294］温涛：《新形势下推进农村金融服务创新的现实思考——基于城乡综合配套改革试验区重庆的调查》，《农业经济问题》2010 年第 10 期。

［295］温铁军、姜柏林：《把合作金融还给农民——重构"服务三农的农村金融体系"的建议》，《农村金融研究》2007 年第 1 期。

［296］温铁军：《农村基本经营制度研究》，中国经济出版社，2001。

［297］吴东立、谢凤杰：《改革开放 40 年我国农业保险制度的演进轨迹及前路展望》，《农业经济问题》2018 年第 10 期。

［298］吴敬琏：《借助金融创新　实现经济增长》，《农村金融研究》2006 年第 12 期。

[299] 吴晓灵：《建立现代农村金融制度的若干问题》，《中国金融》2010 年第 10 期。

[300] 伍海华：《西方货币金融理论》，中国金融出版社，2002。

[301] 西南财经大学中国金融研究中心调研组：《农村金融改革值得探讨的几个理论问题——基于重庆市农村信用社改革成效的跟踪调查》，《金融研究》2006 年第 8 期。

[302] 肖诗顺、高锋：《农村金融机构农户贷款模式研究——基于农村土地产权的视角》，《农业经济问题》2010 年第 4 期。

[303] 肖雄、施海波、栾敬东：《我国农产品目标价格保险发展现状及未来政策选择》，《长春理工大学学报（社会科学版）》2018 年第 1 期。

[304] 谢家智、冉光和：《中国农村金融制度变迁的路径依赖》，《农业经济问题》2000 年第 5 期。

[305] 谢平、陆磊：《利益共同体的胁迫与共谋行为：论金融监管腐败的一般特征与部门特征》，《金融研究》2003 年第 7 期。

[306] 谢平、陆磊：《中国金融腐败的经济学分析》，中信出版社，2005。

[307] 谢平、徐忠、沈明高：《农村信用社改革绩效评价》，《金融研究》2006 年第 1 期。

[308] 谢平、徐忠：《公共财政、金融支农与农村金融改革——基于贵州省及其样本县的调查分析》，《经济研究》2006 年第 4 期。

[309] 谢平：《中国农村信用合作社体制改革的争论》，《金融研究》2001 年第 1 期。

[310] 熊德平、陆智强、李红玉：《农村金融供给、主发起行跨区经营与村镇银行网点数量——基于中国 865 家村镇银行数据的实证分析》，《中国农村经济》2017 年第 4 期。

[311] 熊建国：《中国农户融资的现状分析与民间金融——来自江西省上饶市的个案调查与思考》，《中国农村经济》2006 年第 3 期。

[312] 徐良平、黄俊青、覃展辉：《金融与经济关系研究的功能范式：一个初步分析框架》，《经济评论》2004 年第 1 期。

[313] 徐雪高、齐皓天、许卫健：《水稻目标价格保险实施的个案调查》，《经济纵横》2017 年第 12 期。

[314] 徐勇、邓大才：《社会化小农：解释当今农户的一种视角》，《学术月刊》2006 年第 7 期。

［315］徐璋勇、郭梅亮：《转型时期农村非正规金融生成逻辑的理论分析——兼对农村二元金融结构现象的解释》，《经济学家》2008 年第 5 期。

［316］徐志文、王礼力、谢方：《农村公共投资促进城乡经济一体化的效率及其影响因素》，《农林经济管理学报》2015 年第 3 期。

［317］徐忠、程恩江：《利率政策、农村金融机构行为与农村信贷短缺》，《金融研究》2004 年第 12 期。

［318］徐忠等：《中国贫困地区农村金融发展研究：构造政府与市场之间的平衡》，中国金融出版社，2009。

［319］许成钢：《法律、执法与金融监管——介绍"法律的不完备性"理论》，《经济社会体制比较》2001 年第 5 期。

［320］许月丽、翟文杰：《农村金融补贴政策功能界定：市场失灵的弥补意味着什么？》，《金融研究》2015 年第 2 期。

［321］严谷军：《经济发达地区农村信用社的体制创新——基于金融需求视角的分析》，《商业研究》2004 年第 17 期。

［322］阎庆民、蔡红艳：《商业银行操作风险管理框架评价研究》，《金融研究》2006 年第 6 期。

［323］阎庆民、向恒：《农村合作金融产权制度改革研究》，《金融研究》2001 年第 7 期。

［324］杨德平、圣文：《结构视角下的农村金融问题研究》，《财经问题研究》2014 年第 3 期。

［325］杨军、张龙耀、姜岩：《社区金融资源、家庭融资与农户创业——基于 CHARLS 调查数据》，《农业技术经济》2013 年第 11 期。

［326］杨亦民、高梅玉、王梓龙：《农村新型金融组织员工创新意愿的影响因素》，《西北农林科技大学学报（社会科学版）》2018 年第 2 期。

［327］姚亮：《完善我国农村金融监管的构想》，《商业研究》2009 年第 4 期。

［328］姚曙光、傅昌銮：《农村金融市场发展与小微企业信贷可获得性——基于浙江省的数据》，《浙江社会科学》2015 年第 6 期。

［329］姚耀军：《中国农村金融发展水平及其金融结构分析》，《中国软科学》2004 年第 11 期。

［330］姚耀军：《中国农村金融研究的进展》，《浙江社会科学》2005 年第 4 期。

[331] 姚耀军：《中国农村金融发展状况分析》，《财经研究》2006 年第 4 期。

[332] 姚耀军：《中国农村金融体系的资金配置功能分析》，《财经理论与实践》2006 年第 4 期。

[333] 姚耀军：《中国农村金融发展与经济增长关系的实证分析》，《经济科学》2004 年第 5 期。

[334] 叶朝晖：《关于完善我国农业保险制度的思考》，《金融研究》2018 年第 12 期。

[335] 叶敬忠、朱炎洁、杨洪萍：《社会学视角的农户金融需求与农村金融供给》，《中国农村经济》2004 年第 8 期。

[336] 叶明华：《农产品目标价格保险的政策定位与发展策略》，《中州学刊》2015 年第 12 期。

[337] 殷本杰：《金融约束：新农村建设的金融制度安排》，《中国农村经济》2006 年第 6 期。

[338] 殷浩栋、王瑜、汪三贵：《贫困村互助资金与农户正规金融、非正规金融：替代还是互补？》，《金融研究》2018 年第 5 期。

[339] 殷俊华：《金融缺口、非正规金融与农村金融制度改革——沈阳农村民间借贷研究》，《金融研究》2006 年第 8 期。

[340] 应寅锋、赵岩青：《国外的农村金融》，中国社会出版社，2006。

[341] 余新平、熊晶白、熊德平：《中国农村金融发展与农民收入增长》，《中国农村经济》2010 年第 6 期。

[342] 约翰·G·格利、爱德华·S·肖：《金融理论中货币》，上海人民出版社，1995。

[343] 岳彩申：《民间借贷规制的重点及立法建议》，《中国法学》2011 年第 5 期。

[344] 岳意定、胡愈、陈伯军：《中国农村金融组织架构的帕累托最优状态分析》，《系统工程》2006 年第 12 期。

[345] 岳意定、刘立新：《农村金融效率：研究现状及借鉴》，《财经理论与实践》2013 年第 4 期。

[346] 岳意定、刘志仁、张璇：《国外农村土地信托：研究现状及借鉴》，《财经理论与实践》2007 年第 2 期。

[347] 詹玉荣：《中国农村金融史》，北京农业大学出版社，1991。

[348] 张兵、朱建华、贾红刚：《我国农村金融深化的实证检验与比较研究》，《南京农业大学学报》2002 年第 2 期。

[349] 张朝晖、蒋定之：《化解农村中小金融机构风险》，《中国证券报》2008 年 12 月 4 日。

[350] 张承惠、郑醒尘：《中国农村金融发展报告 2014》，中国发展出版社，2014。

[351] 张承惠：《资本市场系统风险现状与产生原因》，《中国金融》2008 年第 1 期。

[352] 张红宇：《城乡居民收入差距的平抑机制：工业化中期阶段的经济增长与政府行为选择》，《管理世界》2004 年第 4 期。

[353] 张红展：《城乡统筹背景下农村金融市场监管法律问题研究》，华中农业大学硕士学位论文，2013。

[354] 张惠：《银行监管独立性与银行系统健全性关系的实证研究》，《上海金融》2006 年第 12 期。

[355] 张健华：《改善农村金融服务建立现代农村金融制度》，中央政府门户网站，最后访问日期：2023 年 5 月 1 日。

[356] 张杰、刘东：《金融结构、金融生态与农村金融体系的建构——来自江苏农村地区的案例解析》，《当代经济科学》2006 年第 4 期。

[357] 张杰：《中国金融制度的结构与变迁》，山西经济出版社，1998。

[358] 张杰：《中国农村金融制度：结构、变迁与政策》，中国人民大学出版社，2003。

[359] 张杰：《中国农村金融制度调整的绩效：金融需求视角》，中国人民大学出版社，2007。

[360] 张杰：《中国金融制度的结构与变迁》，中国人民大学出版社，2011。

[361] 张杰：《金融分析的制度范式：哲学观及其他》，《金融评论》2013 年第 2 期。

[362] 张晶、王克：《农产品目标价格改革试点：例证大豆产业》，《改革》2016 年第 7 期。

[363] 张敬石、郭沛：《中国农村金融发展对农村内部收入差距的影响——基于 VAR 模型的分析》，《农业技术经济》2011 年第 1 期。

[364] 张军：《改革后中国农村的非正规金融部门：温州案例》，中国财政经济出版社，1999。

[365] 张乐柱、曹俊勇：《农村金融改革：反思、偏差与路径校正》，《农村经济》2016 年第 1 期。

[366] 张乐柱、胡浩民：《小额信贷"郁南模式"的制度性解析——农村金融改革发展新探索》，《学术研究》2011 年第 1 期。

[367] 张立军、湛泳：《我国农村金融发展对城乡收入差距的影响》，《财经科学》2006 年第 4 期。

[368] 张林、温涛：《农村金融发展的现实困境、模式创新与政策协同——基于产业融合视角》，《财经问题研究》2019 年第 2 期。

[369] 张龙耀、江春：《中国农村金融市场中非价格信贷配给的理论和实证分析》，《金融研究》2011 年第 7 期。

[370] 张龙耀、王梦珺、刘俊杰：《农地产权制度改革对农村金融市场的影响——机制与微观证据》，《中国农村经济》2015 年第 12 期。

[371] 张龙耀、杨军、张海宁：《金融发展、家庭创业与城乡居民收入——基于微观视角的经验分析》，《中国农村经济》2013 年第 7 期。

[372] 张峭、汪必旺：《农产品目标价格保险的思考》，《中国保险报》2014 年6 月 9 日。

[373] 张胜林、李英民、王银光：《交易成本与自发激励：对传统农业区民间借贷的调查》，《金融研究》2002 年第 2 期。

[374] 张书清：《民间借贷的制度性压制及其解决途径》，《法学》2008 年第9 期。

[375] 张雯丽、龙文军：《蔬菜价格保险和生产保险的探索与思考》，《农业经济问题》2014 年第 1 期。

[376] 张应良、高静、张建峰：《创业农户正规金融信贷约束研究——基于939 份农户创业调查的实证分析》，《农业技术经济》2015 年第 1 期。

[377] 张永亮：《村镇银行市场准入法律制度之检讨与重构》，《法商研究》2017 年第 1 期。

[378] 张勇、黄小强：《农村金融法制的经济学分析》，《金融纵横》2010 年第 3 期。

[379] 张宇哲：《法农贷样板》，《财经》2007 年第 15 期。

[380] 张占仓：《中国农业供给侧结构性改革的若干战略思考》，《中国农村经济》2017 年第 10 期。

[381] 张哲晰、穆月英、侯玲玲：《参加农业保险能优化要素配置吗？——

农户投保行为内生化的生产效应分析》，《中国农村经济》2018 年第
10 期。

[382] 张正平、江千舟：《互联网金融发展、市场竞争与农村金融机构绩
效》，《农业经济问题》2018 年第 2 期。

[383] 张正平、杨丹丹：《市场竞争、新型农村金融机构扩张与普惠金融发
展——基于省级面板数据的检验与比较》，《中国农村经济》2017 年
第 1 期。

[384] 张子荣：《中国农村的金融生态问题》，知识产权出版社，2016。

[385] 章奇：《中国农村金融现状与政策分析》，香港中文大学中国研究服务
中心，2004。

[386] 赵洪丹：《中国农村金融发展与农村经济发展的关系——基于 1978～
2009 年数据的实证研究》，《经济学家》2011 年第 11 期。

[387] 赵姜、龚晶、孟鹤：《关于鲜活农产品目标价格保险政策的认识与思
考——基于上海、成都两地的调查分析》，《农村经济》2016 年第 4 期。

[388] 赵静梅、吴风云：《大部委制下金融监管的独立性与制衡机制》，《宏
观经济研究》2009 年第 10 期。

[389] 赵锡军、刘炳辉、李悦：《亚洲统一债券市场的进程、挑战与推进策
略研究》，《财贸经济》2006 年第 5 期。

[390] 赵晓康：《金融中介理论及其演变》，《经济学动态》2003 年第
1 期。

[391] 郑风田、孙谨：《从生存到发展——论我国失地农民创业支持体系的
构建》，《经济学家》2006 年第 1 期。

[392] 郑景元：《公私合作：我国农村信用社存续的有效路径——域外立法
经验及其借鉴》，《法商研究》2014 年第 1 期。

[393] 中国农村金融需求与农村信用社改革课题组：《中国农村金融现状
调查及其政策建议》，《复印报刊资料：农业经济导刊》2007 年第
5 期。

[394] 中国人民银行成都分行课题组、李明昌：《贫弱地区农村金融制度绩
效研究——甘孜州案例分析》，《金融研究》2006 年第 9 期。

[395] 中国人民银行广州分行课题组：《从民间借贷到民营金融：产业组织
与交易规则》，《金融研究》2002 年第 10 期。

[396] 中国人民银行怀化市中心支行课题组、韩正清、盛勇炜等：《农村合

作金融所有权—经营权制度研究：经理人员的选择权与激励问题》，《金融研究》2001 年第 1 期。

[397] 中国人民银行农村金融服务研究小组：《中国农村金融服务报告 2012》，中国金融出版社，2012。

[398] 中国人民银行上饶中心支行课题组、方培林：《农村产业结构调整与政策性金融支持的理论及实证分析——农村产业与金融视角下的市场融资失灵和政策导向》，《金融研究》2006 年第 10 期。

[399] 周江燕、白永秀：《中国省域城乡发展一体化水平：理论与测度》，《中国农村经济》2014 年第 6 期。

[400] 周立、周向阳：《中国农村金融体系的形成与发展逻辑》，《经济学家》2009 年第 8 期。

[401] 周立：《中国金融改革要求金融制度转变》，《世界经济》2001 年第 2 期。

[402] 周立：《中国各地区金融发展与经济增长（1978~2000）》，清华大学出版社，2003。

[403] 周立：《农村金融市场四大问题及其演化逻辑》，《财贸经济》2007 年第 2 期。

[404] 周立：《中国农村金融：市场体系与实践调查》，中国农业科学技术出版社，2010。

[405] 周脉伏、徐进前：《信息成本、不完全契约与农村金融机构设置——从农户融资视角的分析》，《中国农村观察》2004 年第 5 期。

[406] 周梅：《论城镇化背景下的农村金融制度创新路径》，《中国农业资源与区划》2017 年第 1 期。

[407] 周孟亮、李明贤：《中国农村金融"双线"改革思路：比较与协调》，《经济社会体制比较》2011 年第 4 期。

[408] 周妮笛：《基于 AHP - DEA 模型的农村金融生态环境评价——以湖南省为例》，《中国农村观察》2010 年第 4 期。

[409] 周素彦、周文平、张双英：《我国新型农村金融机构的监管问题探析》，《华北金融》2010 年第 11 期。

[410] 周霆、邓焕民：《中国农村金融制度创新论：基于"三农"视角的分析》，中国财政经济出版社，2005。

[411] 周小川：《关于农村金融改革的几点思路》，《经济学动态》2004 年第

8 期。

[412] 周小川：《农村金融市场化改革路线图》，《金融时报》2004 年 6 月 21 日。

[413] 周小川：《完善法律环境，打造金融生态》，《金融时报》2004 年 12 月 7 日。

[414] 周小川：《深化农村金融改革　进一步提升农村信用社资本及其质量》，《投资研究》2012 年第 1 期。

[415] 周小亮：《论外在制度创新的差异性与多样性》，《经济评论》2002 年第 3 期。

[416] 周仲飞：《银行监管机构独立性的法律保障机制》，《法学研究》2008 年第 1 期。

[417] 朱湖英、肖国安、王文涛：《论粮食质量安全的政府责任体系》，《湖南科技大学学报（社会科学版）》2017 年第 2 期。

[418] 朱乾宇、马九杰：《农业担保公司的担保能力建设》，《中国金融》2012 年第 14 期。

[419] 朱守银、张照新、张海阳等：《中国农村金融市场供给和需求——以传统农区为例》，《管理世界》2003 年第 3 期。

[420] 朱喜、马晓青、史清华：《信誉、财富与农村信贷配给——欠发达地区不同农村金融机构的供给行为研究》，《财经研究》2009 年第 8 期。

[421] 朱元檠：《中国农业政策性金融导论》，中国财政经济出版社，1996。

[422] 邹新阳：《碳金融本土化与农村金融创新研究——基于金融产业的视角》，《中国软科学》2011 年第 8 期。

[423] 左臣明、马九杰、罗兴：《建立政策性农业担保体系需处理好四大关系》，《当代农村财经》2017 年第 7 期。

外文文献

[1] Acharya V. V., Sundaram R. K., John K., "Cross-country variations in capital structures: the role of bankruptcy codes" [J], *Journal of Financial Intermediation*, 2011, Vol. 20 (1), pp. 25 – 54.

[2] Adams M., Hillier D., "The effect of captive insurer formation on stock returns: An empirical test from the UK" [J], *Journal of Banking & Finance*, 2000, Vol. 24 (11), pp. 1787 – 1807.

[3] Ahmed F., Brown B., William S. P., "Is it time to regulate microfinance?" [J], *Progress in Development Studies*, 2013, Vol. 13 (3), pp. 121 – 135.

[4] Allen F., Demirhuc-Kunt A., Klapper L. et al., "The foundations of financial inclusion: understanding ownership and use of formal accounts" [J], *Journal of Financial Intermediation*, 2012, Vol. 27, pp. 1 – 30.

[5] Aluni S. N., Ray S., "Road to sustainable SHG-bank linkage programme: formulating strategies for managing credit risk with respect to rural Bengal" [J], *IIM Kozhikode Society & Management Review*, 2015, Vol. 4 (2), pp. 146 – 151.

[6] Appleyard L., "Community Development Finance Institutions: geographies of financial inclusion in the US and UK" [J], *Geoforum*, 2011, Vol. 42 (2), pp. 250 – 258.

[7] Arun T., Kamath R., "Financial inclusion: policies and practices" [J], *IIMB Management Review*, 2015, Vol. 27 (4), pp. 267 – 287.

[8] Awojobi O., Bein M. A., "Microfinancing for poverty reduction and economic development: A case for Nigeria" [J], *International Research Journal of Finance and Economics*, 2011, Vol. 72, pp. 159 – 168.

[9] Awrey D., "Toward a supply-side theory of financial innovation" [J], *Journal of Comparative Economics*, 2013, Vol. 41 (2), pp. 401 – 419.

[10] Balkenhol B., *Microfinance and Public Policy: Outreach, Performance and Efficiency* [M], UK: Palgrave Macmillan, 2007.

[11] Banerjee A. V., Newman A. F., "Occupational choice and the process of development" [J], *Journal of political economy*, 1993, Vol. 101 (2), pp. 274 – 298.

[12] Banerjee A., Duflo E., Glennerster R. et al., "The miracle of microfinance? Evidence from a randomized evaluation" [J], *American Economics Journal-Applied Economics*, 2015, Vol. 7 (1), pp. 22 – 53.

[13] Bank A. D. 2000., "Finance for the Poor: microfinance development Stategy".

[14] Barr M. S., "Banking the poor" [J], *Yale Journal on Regulation*, 2004, Vol. 21 (1), pp. 1 – 104.

[15] Barr M. S. , "Microfinance and financial development" [J], *Social Science Electronic Publishing*, 2004, Vol. 1 (1), pp. 9 – 12.

[16] Barro R. J. , "The loan market, collateral, and rates of interest" [J], *Journal of money*, *Credit and banking*, 1976, Vol. 8 (4), pp. 439 – 456.

[17] Bayero M. A. , "Effects of cashless economy policy on financial inclusion in Nigeria: An exploratory study" [J], *Procedia-Social and Behavioral Sciences*, 2015, Vol. 172, pp. 49 – 56.

[18] Beck T. , Demirgue-Kunt A. , Levine R. , "Bank supervision and corruption in lending" [J], *Journal of Monetary Economics*, 2006, Vol. 53 (8), pp. 2131 – 2163.

[19] Bianchi M. , "Financial development, entrepreneurship, and job satisfaction" [J], *Review of Economics and Statistics*, 2012, Vol. 94 (1), pp. 273 – 286.

[20] Binswanger H. P. , Khandker S. R. , "The impact of formal finance on the rural economy of India" [J], *Journal of Development Study*, 1995, Vol. 32 (2), pp. 234 – 262.

[21] Black S. E. , Strahan P. E. , "Entrepreneurship and bank credit availability" [J], *The Journal of Finance*, 2002, Vol. 57 (6), pp. 2807 – 2833.

[22] Bloom D. E. , Williamson J. G. , "Demographic transitions and economic miracles in emerging Asia" [J], *The World Bank Economic Review*, 1998, Vol. 12 (3), pp. 419 – 455.

[23] Boehlje M. , Lins D. A. , "Risks and risk management in an industrialized agriculture" [J], *Agricultural Finance Review*, 1998, Vol. 58, pp. 1 – 16.

[24] Boot A. W. A. , Thakor A. V. , "Moral hazard and secured lending in an infinitely repeated credit market game" [J], *International economic review*, 1994, Vol. 35 (4), pp. 899 – 920.

[25] Bos J. W. , Millone M. , "Practice What You Preach: Microfinance Business Models and Operational Efficiency" [J], *World Development*, 2015, Vol. 70, pp. 28 – 42.

[26] Bottomley A. , "Interest rate determination in underdeveloped rural areas" [J], *American Journal of Agricultural Economics*, 1975, Vol. 57 (2), pp. 279 – 291.

[27] Brau J. C. , Woller G. M. , "Microfinance: a comprehensive review of the

existing literature" [J], *Journal of Entrepreneurial Finance*, 2004, Vol. 9 (1), pp. 1 – 28.

[28] Bravermam A. , Guasch J. L. , *The theory of rural credit markets* [M], University of California, 1990.

[29] Buch C. M. , "Information or regulation: what drives the international activities of commercial banks?" [J], *Journal of Money, Credit and Banking*, 2003, Vol. 35 (6a), pp. 851 – 869.

[30] Burlando A. , Canidio A. , "The allocation of capital in rural credit markets" [J], *Journal of International Development*, 2016, Vol. 28 (8), pp. 1381 – 1395.

[31] Caballera R. J. , "A fallacy of composition" [J], *American Economic Review*, 1992, Vol. 82 (5), pp. 1279 – 1292.

[32] Cantillon R. , *Essays on the nature of commerce in general* [M], *Transaction Publishers*, 1755.

[33] Carruthers, Bruce G. , "Diverging derivatives: law, governance, and modern financial markets" [J], *Journal of Comparative Economics*, 2013, Vol. 41 (2), pp. 386 – 400.

[34] Cass D. , "Optimum growth in an aggregative model of capital accumulation" [J], *The Review of Economic Studies*, 1965, Vol. 32 (3), pp. 233 – 240.

[35] Chakrabarty K. C. , "Financial inclusion-issues in measurement and analysis" [R], *RBI Bulletin*, 2012, pp. 2257 – 2270.

[36] Chan Y. S. , Kanatas G. , "Asymmetric valuations and the role of collateral in loan agreements" [J], *Journal of money, credit and banking*, 1985, Vol. 17 (1), pp. 84 – 95.

[37] Chayanov A. V. , *The Theory of Peasant Economy* [M], Madison: University of Wisconsin Press. Levine R, 2002.

[38] Choudhury H. A. , Das A. , Rahman A. , "The effectiveness of micro-credit programmes focusing on household income, expenditure and savings: Evidence from Bangladesh" [J], *Journal of Competiveness*, 2017, Vol. 9 (2), pp. 34 – 44.

[39] Christopoulos D. K. , Tsionas E. G. , "Financial development and economic

growth: evidence from panel unit root and cointegration tests" [J], *Journal of Development Economics*, 2004, Vol. 73 (1), pp. 55 – 74.

[40] Churchill S. A. , "The macroeconomy and microfinance outreach: a panel data analysis" [J], *Applied Economics*, 2019, Vol. 51 (21), pp. 2266 – 2274.

[41] Cooper C. L. , "The role of mediation in farm credit disputes" [J], *Tulsa Law Review*, 1993, Vol. 29 (1), pp. 159 – 182.

[42] Cooper R. , John A. , "Coordinating coordination failures in Keynesian model" [J], *Quarterly Journal of Economics*, 1988, Vol. 103 (3), pp. 441 – 463.

[43] Cull R. , Navajas S. , Nishida I. et al. , "A new index of the business environment for microfinance" [J], *World Development*, 2013, Vol. 70, pp. 357 – 388.

[44] Curtiss J. , "Determinants of financial capital use: review of theories and implications for rural businesse" [J], *s. Factor Markets Working Papers*, 2012, Vol. 2 (19), pp. 1 – 41.

[45] Das U. S. , Quintyn M. , Taylor M. W. , "Financial regulators need independence" [J], *Finance & Development*, 2002, Vol. 4 (39), pp. 23 – 25.

[46] De Koker L. , Jentzsch N. , "Financial inclusion and financial integrity: aligned incentives?" [J], *World Development*, 2013, Vol. 44, pp. 267 – 280.

[47] Demirgü? -Kunt A. , Beck T. H. , Honohan P. , "Finance for all? policies and pitfalls in expanding access" [R], World Bank Policy Research Report. Washington D C: World Bank, 2008.

[48] Ding H. , Qin C. , Shi K. , "Who benefit from government-led microfinance projects? evidence from rural China" [J], *Journal of Comparative Economics*, 2018, Vol. 46 (4), pp. 1253 – 1272.

[49] Diniz E. , Birochi R. , Pozzebon M. , "Triggers and barriers to financial inclusion: The use of ICT-based branchless banking in an Amazon county" [J], *Electronic Commerce Research and Applications*, 2012, Vol. 11 (5), pp. 484 – 494.

［50］ Duong P. B. , Yoichi I. , "Rural development finance in Vietnam: A microeconometric analysis of household surveys" ［J］, *World Development*, 2002, Vol. 30 (2), pp. 319 – 335.

［51］ Dutrénit G. , Rocha-Lackiz A. , Vera-Cruz A. O. , "Functions of the intermediary organizations for agricultural innovation in Mexico: the Chiapas produce foundation" ［J］, *Review of Policy Research*, 2012, Vol. 29 (6), pp. 693 – 712.

［52］ Elhorst J. P. , *Linear Spatial Dependence Models for Cross-Section Data*［M］, Berlin, Springer, 2014.

［53］ Evans D. S. , Jovanovic B. , "An estimated model of entrepreneurial choice under liquidity constraints" ［J］, *The Journal of Political Economy*, 1989, Vol. 97 (4), pp. 808 – 827.

［54］ Evans P. , Karras G. , "Are government activities productive? evidence from a panel of US states" ［J］, *Review of Economics & Statistics*, 1994, Vol. 76 (1), pp. 1 – 11.

［55］ Feder G. , Lawrence J. L. , Justin Y. L. , Luo X. , "The relationship between credit and productivity in Chinese agriculture: A microeconomic model of disequilibrium" ［J］, *American Journal of Agricultural Economics*, 1990, Vol. 72 (5), pp. 1151 – 1157.

［56］ Finau G. , Rika N. , Samuwai J. , "Perceptions of digital financial services in rural Fiji" ［J］, *Information Technologies & International Development*, 2016, Vol. 12 (4), pp. 11 – 21.

［57］ Fleisig H. , "The right to borrow: legal and regulatory barriers that limit access to credit by small farmers and businesses" ［J］, *World Bank Other Operational Studies*, 1995, Vol. 10 (5), pp. 877 – 879.

［58］ Galor O. , Joseph Z. , "Income distribution and macroeconomics" ［J］, *Review of Economic Studies*, 1993, Vol. 60 (1), pp. 35 – 52.

［59］ García – Pealosa C. , Turnovsky S. J. , "Growth, income inequality, and fiscal policy: What are the relevant trade-off?" ［J］, *Journal of Money, Credit and Banking*, 2007, Vol. 39 (2), pp. 1 – 30.

［60］ Garmaise M. J. , Natividad G. , "Cheap credit, lending operations, and international politics: the case of global microfinance" ［J］, *The Journal of*

Finance, 2013, Vol. 68 (4), pp. 1551 – 1576.

[61] Ghosh S. , Van Tassel E. , "Funding microfinance under asymmetric information" [J], *Jounal of Development Economics*, 2013, Vol. 101, pp. 8 – 15.

[62] Giannetti M. , "Do better institutions mitigate agency problems? Evidence from corporate finance choices" [J], *Journal of Financial and Quantitative Analysis*, 2003, Vol. 38 (1), pp. 185 – 212.

[63] Greenwood J. , Jovanovic B. , "Financial development, growth, and the distribution of income" [J], *The Journal of Political Economy*, 1990, Vol. 98 (10), pp. 1076 – 1107.

[64] Hakelius K. , "Cooperative values: Farmers' cooperatives in the minds of farmers" [D], Sweden: Swedish University of Agricultural Sciences, Department of Economics, 1996.

[65] Han J. , Wang J. , Ma X. , "Effects of farmers' participation in inclusive finance on their vulnerability to poverty: evidence from Qinba poverty-stricken area in China" [J], *Emerging Markets Finance and Trade*, 2019, Vol. 55 (5), pp. 998 – 1013.

[66] Harris J. R. , Todaro M. P. , "Migration, unemployment and development: A two-sector analysis" [J], *The American Economic Review*, 1970, Vol. 60 (1), pp. 126 – 142.

[67] Hartarska V. , Shen X. , Mersland R. , "Scale economies and input price elasticities in microfinance institutions" [J], *Journal of Banking and Finance*, 2013, Vol. 37 (1), pp. 118 – 131.

[68] Hartmann P. , Rojassuarez L. , Goodhart C. et al. , *Financial regulation: Why, how and where now*? [M], Routledge, 1998.

[69] Haselmann R. , Pistor K. , Vig V. , "How law affects lending" [J], *The Review of Financial Studies*, 2009, Vol. 23 (2), pp. 549 – 580.

[70] Haselmann, R. F. H. , V. Vig. , "Legal Change and the Composition of Loan Supply (Mimeo)" [D], London Business School, 2008.

[71] Henry O. I. , "Reviving the debate on micro finance as a poverty reduction and development policy instrument: Edo state micro credit scheme revisited" [J], *Developing Country Studies*, 2015, Vol. 5 (8), pp. 37 – 45.

[72] Heywood W. Fleisig, "Nuria de la Peña" *Lea Theme Paper for Paving the Way Forward for Rural Finance*: an International Conference on Best Practices[C], 2003.

[73] Hoff K. , Stiglitz J. E. , "Imperfect information and rural credit markets: puzzles and policy perspectives" [J], *The World Bank Economic Review*, 1990, Vol. 4 (3), pp. 235 – 250.

[74] Home O. , "Agricultural policies in OECD countries monitoring and evaluation" [J], *Sourceoedc Agriculture & Food*, 2009, Vol. 2002 (3), pp. 1 – 262.

[75] Hosseini S. M. , Dourandish A. , Ghorbani M. et al. , "Agricultural insurance and intensification investment: case study of Khorasan Razavi province" [J], Journal of Agricultural Science and Technology, 2017, Vol. 19 (1), pp. 1 – 10.

[76] Hulme D. , Paul M. , Finance against Poverty [M], Routledge Press, 1996.

[77] IFAD. , "Rural financial services in China" [J], *Thematic Study*, 2001, Vol. 5 (1147).

[78] Jalan J. , Ravallion M. , "Geographic poverty traps? a micro model of consumption growth in rural China" [J], *Journal of Applied Econometrics*, 2002, Vol. 17 (4), pp. 329 – 346.

[79] Jensen F. E. , "The farm credit system as a government-sponsored enterprise" [J], *Review of Agricultural Economics*, 2000, Vol. 22 (2), pp. 326 – 335.

[80] Jensen N. , Barrett C. , "Agricultural index insurance for developmen" [J], *Applied Economics Perspectives and Policy*, 2017, Vol. 39 (2), pp. 199 – 219.

[81] Jones P. A. , "From tackling poverty to achieving financial inclusion-The changing role of British credit unions in low income communities" [J], *The Journal of Socio-Economics*, 2008, Vol. 37 (6), pp. 2141 – 2154.

[82] Kapoor A. , "Financial inclusion and the future of the Indian economy" [J], *Futures*, 2014, Vol. 56, pp. 35 – 42.

[83] Karaivanov A. , "Financial constraints and occupational choice in Thai

villages" [J], *Journal of Development Economics*, 2012, Vol. 97 (2), pp. 201 – 220.

[84] Kath J., Mushtaq H., Henry R., "Index insurance benefits agricultural producers exposed to excessive rainfall risk" [J], *Weather and Climate Extremes*, 2018, Vol. 22, pp. 1 – 9.

[85] Kemderdine T., "Insurance plus futures: Agricultural commodity price reform in China" [J], *Asia & The Pacific Policy Studies*, 2018, Vol. 5 (2), pp. 331 – 346.

[86] King R. G., Levine R., "Finance and growth: Schumpeter might be right" [J], *Policy Research Working Papers Seris*, 1993, Vol. 108 (3), pp. 717 – 737.

[87] Klapper L., Laeven L., Rajan R., "Entry regulation as a barrier to entrepreneurship" [J], *Journal of financial Economics*, 2006, Vol. 82 (3), pp. 591 – 629.

[88] Klychova G. S., Fakhretdinova E. N., Klychova A. S. et al., "Development of accounting and financial reporting for small and medium-sized businesses in accordance with international financial reporting standards" [J], *Asian Social Science*, 2015, Vol. 11 (11), pp. 318 – 322.

[89] Krahnen J. P., Schmidt R. H., *Developing Finance as Institution Builder* [M], Westlaw, 1994.

[90] Kropp E., et al., *Linking Self-help Groups and Banks in Developing Countrie* [M], GTZ-Verlag, 1989.

[91] Krueger A. O., "The political economy of rent-seeking society" [J], *American Economic Review*, 1974, Vol. 64 (3), pp. 291 – 303.

[92] Lal T., "Measuring impact of financial inclusion on rural development through cooperatives" [J], *International Journal of Social Economics*, 2019, Vol. 46 (3), pp. 352 – 376.

[93] Lastra R., Group L., Central banking and banking regulation [M], London School of Econimics, 1996.

[94] Leatherman S., Geissler K., "Health financing: a new role for microfinance institutions?" [J], *Journal of International Development*, 2013, Vol. 25 (7), pp. 881 – 896.

[95] Lee L. F., Yu J., "Estimation of spatial autoregressive panel data models with fixed effects" [J], *Journal of Econometrics*, 2010, Vol. 154 (2),

pp. 165 – 185.

[96] Lesage J. P. , Cashell B. A. , "A comparison of vector autoregressive forecasting performance: spatial versus non-spatial Bayesian priors" [J], *The Annals of Regional Science*, 2015, Vol. 54 (2), pp. 533 – 560.

[97] Levine R. , "The legal environment, banks, and long-run economic growth" [J], *Journal of Money, Credit and Banking*, 1998, Vol. 30, pp. 596 – 613.

[98] Lewis W. A. , "Economic development with unlimited supplies of labour" [J], *The Manchester School*, 1954, Vol. 22 (2), pp. 139 – 191.

[99] Leyshon A. , Thrift N. , "The restructuring of the U. K. financial services industry in the 1990s: a reversal of fortune?" [J], *Journal of Rural Studies*, 1993, Vol. 9 (3), pp. 223 – 241.

[100] Long H. , Zou J. , Liu Y. , "Differentiation of rural development driven by industrialization and urbanization in eastern coastal China" [J], *Habitat International*, 2009, Vol. 33 (4), pp. 454 – 462.

[101] Maitra D. , Upadhyay P. , "Fostering rural financial services through technology: The case of FINO PayTech" [J], *Asian Case Research Journal*, 2017, Vol. 21 (1), p. 81.

[102] Mariyono J. , "Micro-credit as catalyst for improving rural livelihoods through agribusiness sector in Indonesia" [J], *Journal of Entrepreneurship in Emerging Economies*, 2019, Vol. 11 (1), pp. 98 – 121.

[103] Mark Drabenstott L. M. , "Financing rural America: a conference summary" [J], *Economic Review*, 1997, Vol. 82 (2), pp. 89 – 98.

[104] Matin I. , Hulme D. , Rutherford S. , "Finance for the poor: from microcredit to microfinancial services" [J], *Journal of International Development*, 2002, Vol. 14 (2), pp. 273 – 294.

[105] Mckinnon R. I. , "Money and capital in economic development" [J], *American Political Science Association*, 1973, Vol. 163 (41), pp. 679 – 702.

[106] Mckinon R. I. , *The order of economic liberalization: financial control in the transition to a market economy* [M], John Hopkins University Press, 1991.

[107] Mendoza R. , Rivera J. P. R. , "The effect of credit risk and capital adequacy on the profitability of rural banks in the Philippines" [J],

Scientific Annals of Economics and Business, 2017, Vol. 64 (1), pp. 83 – 96.

［108］ Meyer R. L. Nagarajan G. , "Rural financial markets in Asia: flagships and failures " ［R］, *Paper for Mini-Symposium on Building Financial Markets in Developing Countries for Tomorrow's Agriculture: Status, Reforms, and Innovations*, 2000.

［109］ Miller C. , Jones L. , *Agricultural value chain finance: tools and lessons* ［M］, Food and Agriculture Organization of the United Nations, Practice Action Publishing, 2010.

［110］ Montiel P. J. , "Pierre-Richard Agenor, Nadeem Ul. Haque. , *Informal Financial Markets in Developing Countries: A Macroeconomics Analysis* ［M］, Basil Blackwell, 1993.

［111］ Nurkse R. , "Problems of capital formation in underdeveloped countries" ［J］, *International Journal of Economics & Management*, 1953, Vol. 6 (3), pp. 413 – 420.

［112］ Odedokun M. O. , "Alternative econometric approaches for analysing the role of the financial sector in economic growth: Time-series evidence from LDCs" ［J］, *Journal of Development Economics*, 1996, Vol. 50 (1), pp. 119 – 146.

［113］ Ojo M. , "Role of regulation in micro finance: jurisdictional analysis" ［J］, *MPRA Paper. Germany: University Library of Munich*, 2013.

［114］ Pagano M. , "Financial market and growth" ［J］, *European Economic Review*, 2013, Vol. 37 (2 – 3), pp. 613 – 622.

［115］ Palme W. B. , "The federal farm loan act" ［J］, *Publications of the American Statistical Association*, 1916, Vol. 15 (115), pp. 292 – 312.

［116］ Parente S. L. , Prescott E. C. , "Barriers to technology adoption and development" ［J］, *Journal of Political Economy*, 1994, Vol. 102 (2), pp. 298 – 321.

［117］ Patrick H. T. , "Financial development and ecnomic growth in underdeveloped countries" ［J］, *Journal of Ecnomic Development and Cultural Change*, 1966, Vol. 14 (2), pp. 174 – 189.

［118］ Paulson A. L. , Townsend R. , "Entrepreneurship and financial constraints in Thailand" [J], *Journal of Corporate Finance*, 2004, Vol. 10 (2), pp. 229 – 262.

[119] Perotti E. C. , "Finance and inequality: channels and evidence" [J], *Journal of Comparative Economics*, 2007, Vol. 35 (4), pp. 748 – 773.

[120] Peter Situ. , "Guarantee funds for inclusive finance in China" [R], China: Working Group on Inclusive Finance in China, GIZ-Deutsche Gesellschaft für Internationale Zusammenarbeit GmbH, World Microfinance Forum Geneva, 2011.

[121] Pischke, Adams D. W. , Donald G. , *Rural Financial Market in Developing Countries. Baltimr and London* [M], The Johns Hopkins University Press, 1978.

[122] Pistor K. , Chengang Xu. , "Law enforcement under incomplete law: theory and evidence from financial market regulation" [J], *Columbia Law and Economic Working Paper No. 222*, 2002.

[123] Pistor K. , Raiser M. , Gelfer S. , "Law and finance in transition economies" [J], *European Bank for Reconstruction and Development Working Paper*, 2000, Vol. 8, pp. 325 – 368.

[124] Pistor K. , "Patterns of legal change: shareholder and creditor rights in transition economies" [J], *European Business Organization Law Review*, 2000, Vol. 1 (1), pp. 59 – 107.

[125] Pistor K. , "A legal theory of finance" [J], *Journal of Comparative Economics*, 2013, Vol. 41 (2), pp. 315 – 330.

[126] Pistor K. , "Law in Finance" [J], *Journal of Comparative Economics*, 2013, Vol. 41 (2), pp. 311 – 314.

[127] Porta R. L. , Lopez-De-Silanes F. , Shleifer A. , et al. , "Law and Finance" [J], *Journal of Political Economy*, 1998, Vol. 106 (6), pp. 1113 – 1155.

[128] Porta, R. L. , Lopez-De-Silanes F. , Shleifer A. "The economic consequences of legal origins" [J], *Journal of Economic Literature*, 2008, Vol. 46 (2), pp. 285 – 332.

[129] Pozzebon M. , Christopoulos T. P. , Lavoie F. , "The transferability of financial inclusion models: a process-based approach" [J], *Business &*

Society, 2019, Vol. 58 (4), pp. 841 – 882.

[130] Qian J. , Strahan P. E. , "How laws and institutions shape financial contracts: the case of bank loans" [J] , *The Journal of Finance*, 2007, Vol. 62 (6), pp. 2803 – 2834.

[131] Rains G. , Fei J. C. , "A theory of economic development" [J] , *The American Economic Review*, 1961, Vol. 51 (4), pp. 533 – 565.

[132] Rajan R. , Zingales L. , "Financial development and growth" [J] , *American Economic Review*, 1998, Vol. 88 (3), pp. 559 – 586.

[133] Ramsey F. , "A mathematical theory of saving" [J] , *Economic Journal*, 1928, Vol. 38 (152), pp. 543 – 559.

[134] Rankin K. N. , "Manufacturing rural finance in Asia: Institutional assemblages, market societies, entrepreneurial subjects" [J] , *Geoforum*, 2008, Vol. 39 (6), pp. 1965 – 1977.

[135] Ribas R. P. , *Direct and indirect effects of cash transfers on entrepreneurship* [M] , Social Science Electronic Publishing, 2014.

[136] Roberts P. W. , *The profit orientation of microfinance institutions and effective interest rates* [M] , World Development, 2012, Vol. 41, pp. 120 – 131.

[137] Saint-Paul G. , "Technological choice, financial markets and economic development" [J] , *European Economic Review*, 1992, Vol. 36 (4), pp. 763 – 781.

[138] Schmidt-Mohr U. , "Rationing versus collateralization in competitive and monopolistic credit markets with asymmetric information" [J] , *European Economic Review*, 1997, Vol. 41 (7), pp. 1321 – 1342.

[139] Schooner H. M. , Taylor M. , "United Kingdom and United States responses to the regulatory challenges of modern financial markets" [J] , *Texas International Law Journal*, 2003, Vol. 38 (2), p. 317.

[140] Schumpeter J. , *The Theory of Economic Development Cambridge* [M] , Harvard University Press, 1912.

[141] Schwittay A. , "The financial inclusion assemblage: subjects, technics, rationalitie" [J] , *Critique of anthropology*, 2011, Vol. 31 (4), pp. 381 – 401.

[142] Seibel H. D. , *Financial systems development and microfinance* [M], TZ-Verlagsgesellschaft, Rossdorf, & GTZ, Eschborn. , 1996.

[143] Shaw E. S. , *Financial Deepening in Economic Development* [M], Oxford University Press, 1973.

[144] Shleifer A. , Vishny R. W. , "Corruption" [J], *NBER Working Papers*, 1993, Vol. 108 (3), pp. 599 – 617.

[145] Snowdon B. , Vane H. R. , *Understanding Modern Macroeconomics* [M], Cambridge University Press, 1999.

[146] Somboon S. , "Credit scoring system for managing risk in agricultural loan portfolio of the Thai rural financial market" [J], *Applied Economics Journal*, 2015, Vol. 22 (1), pp. 27 – 50.

[147] Sriram M. S. , "Microfinance: a fairy tale turns into a nightmare" [J], *Economic & Political Weekly*, 2010, Vol. 45 (43), pp. 10 – 13.

[148] Stiglitz J. E. , Weiss A. , "Credit rationing in markets with imperfect information" [J], *American Economic Review*, 1981, Vol. 71 (3), pp. 393 – 410.

[149] Swamy V. , "Institutional reforms in finance to the poor" [J], *ASCI Journal of Management*, 2013, Vol. 43 (1), pp. 39 – 66.

[150] Taylor M. W. , Quintyn M. G. , Ramirez S. , "The fear of freedom: politicians and the independence and accountability of fnancial setor supervisors" [J], *IMF Working Paper*, 2007, Vol. 7 (25), pp. 63 – 116.

[151] Taylor M. W. , Quintyn M. G. , "Regulatory and supervisory independence and financial stability" [J], *IMF Working Papers*, 2002, Vol. 46 (2), pp. 259 – 294.

[152] Taylor M. W. , Quintyn M. G. , "Regulatory and supervisory independence and financial stability" [R], *IMF Working Papers*, 2002, Vol. 46 (2), pp. 259 – 294.

[153] Taylor M. W. , Quintyn M. , "Regulatory and supervisory independence and financial stability" [R], *IMF Working Papers*, 2003, Vol. 2 (2), pp. 259 – 294.

[154] Tian J. Q. , "Reorganizing rural public finance: reforms and consequences. Journal of Current Chinese Affairs" [J], 2009, Vol. 38 (4), pp. 145 – 171.

[155] Toxopeus H. S. , Lensink R. , *Remittances and financial inclusion in development*[M], Palgrave MacMillan, 2007.

[156] Tsai K. S. , "Imperfect substitutes: the local political economy of informal finance and microfinance in rural China and India" [J], *World Development*, 2004, Vol. 32 (9), pp. 1487 – 1507.

[157] Vitaliano P. , "Cooperative enterprise: an alternative conceptual basis for analyzing a complex institution" [R], *American Journal of Agricultural Economics*, 1983, Vol. 65 (5), pp. 1078 – 1083.

[158] Volberda H. W. , Van d W. N. , Verwaal E. et al. , "Contingency fit, institutional fit, and firm performance: a metafit approach to organization-environment relationships" [J], *Organization Science*, 2012, Vol. 23 (4), pp. 1040 – 1054.

[159] Wolcott S. , "The contraction of Indian rural credit markets 1951 – 1971: a cautionary tale of financial formalization" [J], *Journal of Economic History*, 2018, Vol. 78 (2), p. 629.

[160] World Bank. , *Building Institutions for Markets* [R], Oxford University Press, 2002.

[161] World Bank. , *Rural finance innovations-topics and case studies*[R], World Bank Other Operational Studies.

[162] Xiaohe Z. , Findlay C. , Watson A. , "Growth of China's rural enterprises: impact on urban-rural relations" [J], *The Journal of Development Studies*, 2006, Vol. 31 (4), pp. 567 – 584.

[163] Yao Y. , Fan S. , "Evolution of income and fiscal disparity in rural China" [Z], This paper is prepared for presentation at the International Association of Agricultural Economists Conference Paper, Gold Coast, Australia, 2006.

[164] Yaron J. , Benjamin M. , Piprek G. , "Rural finance: Issues, design, and best practices" [G], The World Bank, Enviromentally and Socially Sustainable Development Studies and Monographs Series, 1997.

[165] Yaron J. , "What makes rural finance institutions successful?" [J], *World Bank Research Observer*, 1994, Vol. 9 (1), pp. 49 – 70.

[166] Yuan Y. , Xu L. , "Are poor able to access the informal credit market? Evidence from rural households in China" [J], *China Economics Review*,

2015, Vol. 33 (2), pp. 232 – 246.

[167] Yuandong G. , Tao W. , Wen Y. et al. , "A Spatial econometric study on effects of fiscal and financial supports for agriculture in China" [J], *Agricultural Economics*, 2013, Vol. 59 (7), pp. 315 – 332.

[168] Zeller M. , "Models of rural financial institutions" [C], Lead Theme Paper of Paving the Way Forward for Rural Finance: an International Conference on Best Practices, 2003.

[169] Zins A. , Weill L. , "The determinants of financial inclusion in Africa" [J], *Review of Development Finance*, 2016, Vol. 6 (1), pp. 46 – 57.

图书在版编目（CIP）数据

中国特色农村金融制度创新与法治实践：基于法经
济学分析范式／王煜宇等著 . -- 北京：社会科学文献
出版社，2024.11
　　（"中国特色金融法治智库"丛书）
　　ISBN 978 - 7 - 5228 - 2816 - 9

　　Ⅰ. ①中… 　Ⅱ. ①王… 　Ⅲ. ①农村金融 - 金融制度 -
研究 - 中国 　Ⅳ. ①F832.35

　　中国国家版本馆 CIP 数据核字（2023）第 219460 号

·"中国特色金融法治智库"丛书·

中国特色农村金融制度创新与法治实践：基于法经济学分析范式

著　　者／王煜宇　等

出　版　人／冀祥德
责任编辑／李　晨
责任印制／王京美

出　　版／社会科学文献出版社·法治分社（010）59367161
　　　　　　地址：北京市北三环中路甲29号院华龙大厦　邮编：100029
　　　　　　网址：www. ssap. com. cn
发　　行／社会科学文献出版社（010）59367028
印　　装／三河市龙林印务有限公司

规　　格／开　本：787mm × 1092mm　1/16
　　　　　　印　张：26.25　字　数：455 千字
版　　次／2024 年 11 月第 1 版　2024 年 11 月第 1 次印刷
书　　号／ISBN 978 - 7 - 5228 - 2816 - 9
定　　价／89.00 元

读者服务电话：4008918866